新时代创新发展与供给侧结构性改革

——2018浦江创新论坛

中国科学技术发展战略研究院　编

科学技术文献出版社
SCIENTIFIC AND TECHNICAL DOCUMENTATION PRESS
·北京·

图书在版编目（CIP）数据

新时代创新发展与供给侧结构性改革：2018浦江创新论坛 / 中国科学技术发展战略研究院编. —北京：科学技术文献出版社，2019. 5
ISBN 978-7-5189-5419-3

Ⅰ. ①新…　Ⅱ. ①中…　Ⅲ. ①中国经济—经济体制改革—学术会议—文集
Ⅳ. ① F121-53

中国版本图书馆 CIP 数据核字（2019）第 066497 号

新时代创新发展与供给侧结构性改革——2018浦江创新论坛

策划编辑：李　蕊　责任编辑：王瑞瑞　马新娟　责任校对：文　浩　责任出版：张志平

出 版 者　科学技术文献出版社
地　　址　北京市复兴路15号　邮编 100038
编 务 部　（010）58882938，58882087（传真）
发 行 部　（010）58882868，58882870（传真）
邮 购 部　（010）58882873
官方网址　www.stdp.com.cn
发 行 者　科学技术文献出版社发行　全国各地新华书店经销
印 刷 者　北京时尚印佳彩色印刷有限公司
版　　次　2019 年 5 月第 1 版　2019 年 5 月第 1 次印刷
开　　本　787 × 1092　1/16
字　　数　446千
印　　张　22.75
书　　号　ISBN 978-7-5189-5419-3
定　　价　78.00元

《浦江创新论坛创新研究丛书》

编委会

浦江创新论坛简介

创设于2008年的浦江创新论坛是由中华人民共和国科学技术部和上海市人民政府共同主办的高层次、开放式、国际化科技创新论坛，论坛主席为科技部前部长徐冠华院士。论坛始终围绕“创新”主题，紧扣时代脉搏，携手全球创新力量，聚焦创新驱动战略，关注创新体系建设，洞悉产业变革风云，以全球视野谋划和推动创新。

论坛已成功举办11届，共吸引了来自海内外政界、学界、企业界近千位高层知名人士作精彩演讲，逾万名代表参会，数百家境内外主流媒体广泛报道，并针对全球创新领域中的各类热点问题展开深度交流探讨，形成了一批对经济发展和创新活动具有重要价值的深刻见解，产生了重要的社会影响力。

论坛自2012年起创设主宾国（省）机制以来，有效促进了国际科技创新合作，其科技外交平台作用日益凸显。近2年来，论坛在国内外的影响力更是迈上了一个新的台阶。2014年论坛上，习近平主席和主宾国俄罗斯总统普京为论坛发来贺信；2015年论坛上，李克强总理和主宾国以色列总理内塔尼亚胡分别向论坛致贺信；在刚刚过去的2018年论坛上，主宾国葡萄牙共和国总理安东尼奥·科斯塔向论坛致贺信，有200余位发言嘉宾（其中，科学家和学者约占48%，企业家约占28%，政府官员约占24%；外籍嘉宾约占25%）和近4000名代表参会，人数创历届之最。论坛期间举办了一系列科技交流活动，促成了一批合作意向，凝聚了许多共识，取得了显著成效。这场万众瞩目的“思想盛宴”已成为国际科技交流与创新合作的一张闪亮名片。

前　言

当今世界迎来了百年未有之大变局，国际上单边主义和贸易保护主义抬头，搅乱国际政治经济秩序，全球治理面临新的挑战。2018年，在隆重纪念改革开放40周年之际，中国正深入学习贯彻习近平新时代中国特色社会主义思想，全面贯彻落实党的十九大精神。上海正加快建设具有全球影响力的科技创新中心，成为中国融入全球创新合作的重要力量。浦江创新论坛已成为观察全球科技创新发展态势和上海科创中心建设进展的重要窗口。

2018年浦江创新论坛以“新时代创新发展与供给侧结构性改革”为主题，通过全体大会、主宾国论坛和多场专题论坛，以及场外交流活动等形式，围绕青年创业者、企业、产业、区域、政策、文化、科技金融、未来科学和“一带一路”科技合作等方面，展开广泛而深入的研讨交流，共商全面创新和协同部署，共谋创新事业行稳致远。

衷心希望2018年浦江创新论坛成果集能够进一步将论坛先进理念和智慧火花传播出去，为深刻领会党的十九大精神和习近平新时代中国特色社会主义思想，准确理解基本方略和宏伟蓝图，牢牢把握科技创新发展大势和时代使命，加快创新型国家建设，推动更广泛科技创新国际合作，实现我国建设现代化经济体系和全球共同繁荣宏伟目标再添新贡献！

Contents 目 录

第1章

开幕式与全体大会

2018年10月30日，由科技部和上海市政府共同主办的2018浦江创新论坛在上海东郊宾馆隆重开幕。这个已步入第10个年头的论坛，坚守创新初心，一如既往地为创新领域的各类主体打造交流、传播、互动、对话、合作的平台。本届论坛以“新时代创新发展与供给侧结构性改革”为主题，及时响应世界各国创新发展的新关切，紧扣我国推进高质量发展的新要求，深入探讨科技创新推动质量变革、效率变革、动力变革，得到了国内外社会各界的广泛关注和积极参与。

上海市委书记李强出席开幕式暨全体大会并做主旨演讲，科技部部长王志刚在会上做主旨演讲，上海市委副书记、市长应勇致辞。开幕式上，本届论坛主宾国代表、葡萄牙驻华大使杜傲杰宣读了葡萄牙共和国总理安东尼奥·科斯塔给2018浦江创新论坛发来的贺信，主宾省代表、广东省副省长黄宁生致辞。科技部副部长李萌、国务院发展研究中心副主任王一鸣、上海市委副书记尹弘及相关省、高校、央企负责同志出席，全球千余位政界高层、学界泰斗和商界精英参加了会议。开幕式暨全体大会由浦江创新论坛主席、中科院院士徐冠华主持。大会演讲由同济大学副校长吴志强院士主持。

1 致 辞

努力成为全球科技创新领域重要的信号释放地、话题引领地和论述策源地

徐冠华　浦江创新论坛主席、中国科学院院士

尊敬的各位领导，各位来宾，女士们、先生们、朋友们，大家上午好！

2018 浦江创新论坛现在开幕。首先请允许我向大家介绍出席今天开幕式的领导和贵宾，其中中方嘉宾有中央政治局委员、上海市委书记李强先生，科技部部长、党组书记王志刚先生，上海市委副书记、市长应勇先生，科技部副部长李萌先生，上海市委副书记尹弘先生，上海市委常委常务副市长周波先生；外方嘉宾有本届论坛主宾国葡萄牙代表团团长、葡萄牙驻华大使杜傲杰先生，葡萄牙科技基金会主席 Paulo Ferrao 先生，法国国家科研中心主席 Antoine Petit 先生，2004 年度诺贝尔物理奖得主、李政道研究所首任所长 Frank Wilczek 先生。出席今天开幕式的还有来自国家有关部委、机构和上海市有关部门地区的领导，来自主宾国葡萄牙的代表，主宾省广东省的代表，历届论坛嘉宾代表及来自国内外科技界、学术界、产业界、金融界和新闻媒体的代表和朋友们。在此，我谨代表浦江创新论坛理事会对各位领导、各位嘉宾莅临表示热烈的欢迎，并向长期以来支持浦江创新论坛的新老朋友们表示衷心的感谢。

当今世界全球新一轮科技革命和产业变革蓄势待发，将对人类的生产方式、生活方式乃至思维方式产生前所未有的深刻影响。中国正深入实施创新驱动发展战略，提升自主创新能力，主动融入全球经济网络，努力建成创新型国家和世界科技强国。作为国家战略，上海正加快建设具有全球影响力的科技创新中心，发挥着重要的示范和引领作用。浦江创新论坛自 2008 年创设以来，始终坚持以科技创新为主题，坚持国际视野，坚持国家需求，聚焦国内外各类创新热点问题，开展深度研讨和思想交流，平台功能不断提升，社会影响力明显增强。习近平主席、李克强总理曾先后为论坛发来贺信。新十年新起点新发展，浦江创新论坛将在未来进一步汇聚全球力量，汲取全球智慧，努力成为全球科技创新领域的重要信号释放地、重要话题引领地、重要论述策源地。

2018 年浦江创新论坛以“新时代创新发展与供给侧结构性改革”为主题，将通过系列专题讨论和活动展开广泛而深入地研讨、对话和交流，我衷心希望大家能够以更广阔的视野洞察，以更精彩的思想碰撞，以更耀眼的智慧火花，为新时代的中国和世界在推进科技创新、实现高质量发展贡献真知灼见。

探索符合上海实际的创新驱动发展之路
为建设世界科技强国贡献力量

应勇　上海市市长

当今世界正面临百年未有之变局，新一轮科技革命与产业革命正在重构全球的创新版图，重塑全球经济的结构，以科技创新为支撑和引领发展，正在成为越来越多国家的战略选择。本届论坛以“新时代创新发展与供给侧结构性改革”为主题，具有鲜明的时代特征和深刻的现实意义。新时代呼唤新作为，在上海加快建设具有全球影响力的科技创新中心的进程中，必须以国际视野、战略思维积极探索新时代创新驱动发展的新举措、新模式。我们要着力打造自主创新的新高地，以张江综合性国家科学中心为载体，瞄准科技前沿和国家战略需求，努力攻克关键核心技术。我们要着力探索体制机制创新的新路径，以市场为导向，优化资源配置；以企业为主体，强化协同创新；拆除阻碍科技成果转化的篱笆墙，跑出我们产业化的加速度。我们要着力形成开放创新的新格局，全方位地汇聚全球创新资源和人才，更加主动地发起和参与国际创新合作，努力使上海成为全球创新网络的重要节点。我们要着力掀起大众创业万众创新的新热潮，营造更加立体、开放、包容的创新生态，让更多的创新之树开花结果。

当今的时代是一个创新无限、希望无限的时代，我们比以往任何时候都更加需要下好创新的先手棋。我衷心希望与会的各位嘉宾能够在本次论坛上碰撞思想火花，分享真知灼见，共谋创新发展，为上海创新中心，为全球的科技创新事业的发展建言献策，贡献智慧。

创造开放性的创新局面，加强中国和葡萄牙之间的合作

安东尼奥科斯塔　葡萄牙共和国总理

（由参会的葡萄牙共和国驻华大使杜傲杰在大会上宣读）

葡萄牙非常荣幸能够作为2018浦江创新论坛的主宾国参与这次会议，这对于我们的经济发展和国家发展有着重大的意义。同时，我们也在不断地加强与中国的合作，共同应对21世纪所面临的挑战。我相信这次论坛将会为加强中国和葡萄牙之间的合作，创造一个开放性的创新局面，我们的现代社会及经济都能够从合作中受益。我们希望能够更好地造福子孙后代。把这些理念运用于实践当中，我们相信创造力得以很好地传输。在一个知识互享的时代，全球互联日益加强的过程当中，加强两国之间的科技和创新领域国家层面的合作将会使两国受益。我们的主要目的是希望能够让大学、研究中心、企业、政府各方更好地紧密合作起来，增强国家的综合竞争力。我们也在不断地增加研发领域的投资，研发强度为3%。到2030年，我们希望能够更好地让我们的互联网技术满足市场需求，强化人们的技能培训。葡萄牙是欧洲一个非常擅长投资和创新的国家，我们希望能够抓住各种机会，更好地促进创业企业的发展。现在我们的生态体系是在全世界范围内具有影响力，并且促进全球创新网络的创造。我们相信这次浦江创新论坛是一次重要的大会，我也愿意借此机会邀请在座的嘉宾能够拜访葡萄牙，进一步寻求未来合作的机遇。

广东以推进粤港澳大湾区建设为新契机，把创新发展不断推向深入

黄宁生　广东省副省长

习近平总书记多次强调抓创新就是抓发展，谋创新就是谋未来，按照习近平总书记的要求，在科技部和兄弟省市的指导与帮助下，广东省委省政府坚定不移把创新驱动发展作为核心战略和总抓手，扎实推进粤港澳大湾区国际科技创新中心和科技创新强省建设，取得了积极进展。2017 年广东研发经费投入总量达到 2343 亿元，占 GDP 的比例达到 2.61%，投入总量居全国首位。2017 年广东国家高新技术企业净增 1.3 万家，存量达到 3.3 万余家，保持全国第一。有效发明专利、PCT 国际专利申请量和专利综合实力连续多年名列全国前茅。与此同时，在创新驱动新动能培育方面发展势头良好，2018 年 1—8 月全省 23 家国家级和省级高新区实现营业收入 2.34 亿元，同比增长 16%。2018 年前三季度广东高技术制造业增加值同比增长 9.2%，高技术制造业投资增长 16%。习近平总书记对广东的创新发展寄予厚望，就在刚刚过去的上一周，总书记亲临广东视察工作，提出了四个方面的要求，要求广东深化改革开放、推动高质量发展、提高发展平衡性和协调性、加强党的领导和党的建设。特别在推动高质量发展方面，总书记再一次强调广东要坚持创新是第一动力。当前，广东全省上下正在深入贯彻落实习近平总书记视察广东时的重要讲话精神，以改革开放 40 年为新起点，以推进粤港澳大湾区建设为新契机，把创新发展不断推向深入。

在创新发展和科技供给侧结构性改革方面，我们近期将重点推进以下工作。一是加强基础和应用基础研究，组织实施重点领域核心技术攻关。二是发挥企业创新主体和市场导向作用，加快建设技术创新体系。三是大力发展新一代信息技术、高端装备制造、绿色低碳、生物医药、数字经济、新材料、海洋经济、现代工程技术、现代种业和精准农业等战略性新兴产业，建设现代化产业体系。四是将科技创新政策供给、科技创新平台载体供给、科技创新生态环境营造作为重点领域，从供给侧发力，建设开放型区域创新体系。五是抓住粤港澳大湾区建设的重大历史机遇，在科技体制机制改革、重大科研创新平台建设、科技成果转移转化等方面加强与港澳合作，共同推进粤港澳大湾区国际科技创新中心建设。

今年是我国改革开放 40 年，广东又是改革开放的先行地，我们将按照要求改革不停顿、开放不止步，进一步加强国际和地区间的交流合作。浦江创新论坛作为科技部和上海市合作打造的高层次国际论坛，以全球化视野谋划和推动创新，特别是今年的论坛以“新时代创新发展与供给侧结构性改革”为主题，切合广东当前大力推进创新发展的实际，对广东具有很好的启发和学习借鉴意义。我们希望以此次论坛为契机，进一步加强与科

技部、上海市各兄弟省市的合作和交流，共同为科技强国建设做出更大的贡献。我们也热切期望与全球创新机构、创新人才加强合作和交流，建立更加密切的合作关系。广东是一方创新创业的热土，这里有良好的自然生态，更有良好的创新生态，这里有雄厚的制造业基础，更有企业家对科技的旺盛需求。这里既是珠三角国家自主创新示范区，也是珠三角国家科技成果转移转化示范区，还是正在建设中的粤港澳大湾区国际科技创新中心的核心地区。因此，我诚挚地邀请各位嘉宾朋友们多到广东走一走、看一看，参与广东的科技创新事业，分享广东的创新发展成果。

2　主旨演讲

加快向具有全球影响力的科技创新中心进军

李强　上海市委书记

> 上海要坚定不移走开放、协同的创新之路，努力成为全球学术新思想、科学新发现、技术新发明、产业新方向的重要策源地，努力营造充满生机活力的创新生态。

2014年5月，习近平总书记在视察上海时明确提出，上海要在推进科技创新实施创新驱动发展战略方面走在全国前头，加快向具有全球影响力的科技创新中心进军。这赋予了上海重大的时代使命，创新的浪潮在上海这座城市澎湃激荡。

第一，坚定不移走开放协同的创新之路。科学技术已经进入了全球开放协同创新的大科学时代，凭一己之力的单打独斗难有大的建树。人工智能之所以在最近能够快速发展，背后是互联网、物联网、大数据、超级计算等众多技术。上海要建设国际科创中心，就必须在更大范围内集聚配置创新资源和创新要素。这几年上海市国际科创中心建设正是朝着这个目标迈进，并且已经取得了积极的进展。张江实验室、脑科学南方研究中心、李政道研究所、中美肝细胞中心等高水平的研究机构已经先后落户，即将建成全球光刻机领域功能最强的大科学设施群，在脑科学与人工智能、干细胞、材料基因组、量子通信等前沿领域涌现了一批重要的成果，在高端医疗装备、集成电路、大飞机、超导带材、生物医药等重要领域实现了一批产业关键技术的突破，这些都为上海加快向具有全球影响力的科技创新中心进军奠定了坚实的基础。开放是上海的最大优势，协同是科技创新的必然趋势。我们将坚定不移走开放协同的创新之路，搭建国际创新大平台，促进全球技术、资本、人才有效对接、有力协同、有机联动，使上海成为开放度高、吸引力强、能出成果的创新首创之地。

第二，把提高创新策源能力作为重中之重。综观历史，凡是科技经济发展领先的国家和地区都有极强的创新策源能力。英国策源了第一次工业革命，成了当时的头号强国。美国独占了信息化时代的科技制高点，长期称霸世界。以色列凭借着众多的创新策源，从人口小国变成创新大国。策源是策动、起源，所谓创新策源能力强，就是要能够在一些无人区实现从零到一的原创性突破，我们在推进国际科创中心建设当中坚持勇当创新发展先行者的定位，把提高创新策源能力作为我们的核心能力，作为我们的重中之重。明确提出要使上海成为全球学术新思想、科学新发现、技术新发明、产业新方向的重要策源地。在四个“新”当中，学术新思想旨在为科技创新提供理论支撑，科学新发现旨在抢占科技尖端和前沿领域，技术新发明旨在实现关键技术的突破，产业新方向旨在打通科研成果从概念到样品再到产品最后到商品的全链条转化。我认为这四个“新”是相互联系彼此贯通的，体现了把科学技术变成先进生产力的全过程。

围绕提高创新策源能力，上海将在推进国际科创中心建设中，进一步突出三个主攻方向。一是强化基础研究，上海的高校和科研院所比较多，基础研究力量强，关键是下定决心夯实根基，十年磨一剑下好先手棋，我们的目标就是集聚前沿性原始创新，整合国内外跨学科、跨领域的创新资源，发起和参与国际大科学计划和工程，形成更多具有全球引领性、原始创新的源头活水。二是强化关键核心技术的突破，重点聚焦人工智能、集成电路、生物医药、航天航空、海洋工程等上海有基础的领域，组织开展重大技术攻关突破，努力在重要科技领域成为领跑者，在新鲜前沿交叉领域成为开拓者，打造引领技术创新突破的风向标。三是强化技术开发应用的示范带动，把技术突破可能的应用开发出来，把应用场景活生生地展现出来，把从概念到商品产业化的路径探索出来，进而定义产业、引领产业，真正把科技这盏明灯照亮产业发展的前景，充分彰显科技促进生产力发展的成效、威力和效力。

第三，努力营造充满生机活力的创新生态。从国内外一些城市的发展实践来看，创新要素的集聚并不必然带来创新活力的迸发，具备创新要素只是必要条件，而不是充分条件。更为重要的是要营造充满生机活力的创新生态。这样的城市、地区非常多，像国内的深圳，像美国的圣地亚哥，这些地方过去并没有著名的大学，但是他们却吸引了大量的优秀人才，成了当今培育高成长创业公司最具成效的地区之一。在创新生态的营造当中，上海要求各级政府当好“店小二”，做到有求必应，提供事业创新气候和丰富的创新土壤。一是鼓励多样性，有人把创新生态形容为热带雨林，雨林生态的最大特点就是物种的多样性。建设国际科创中心，人才要来自五湖四海，机构要来自全球各地，企业主体也应该有各种不同的所有制，创新方式更需要多式多样。二是扩大协同性，鼓励各类创新主体用开放的方式，而不是封闭的方式开展创新活动，形成更加专业更加精准的分工协作，鼓励众包、众筹、众创，支持科研单位推动资源开放共享，在协同中打破各种壁垒，构建创新网络。三是增强包容性，创新具有灵感的瞬间性、方式的灵活性、路径的不确定性，我们对待新生事物一定要包容，多一份欣赏、宽容，少一些苛求。我们常讲创新是引领发展的第一动力，这个第一动力背后关键因素是人才，一切创新成果都是人做出来的，鼓励创新说到底就是要调动人的积极性、主动性和创造性。上海将聚天下英才而用之，落实项目评审、人才评价、机构评估等改革举措，最大限度地解除束缚科学家的繁文缛节，激发企业家的蓬勃热情。在全世界大力推动理念创新、制度创新、文化创新、管理创新、工作创新，让各类创新活动都能找到合适的平台，使所有的创新成果都能获得应有的回报。

科技支撑创新引领加快推进经济高质量发展

王志刚　科技部部长、党组书记

要着力优化科技力量“新布局”，谋划科技发展“新蓝图”，激发科技改革“新活力”，构建科技创新“新生态”，打造区域创新“新高地”，开拓创新合作“新空间”，弘扬求真务实“新风尚”。

浦江创新论坛每年围绕科技创新确定一个鲜明的主题，研讨中国科技改革发展的一系列重要问题，今年的主题是“新时代创新发展与供给侧结构性改革”，对深入实施创新驱动发展战略、加快建设创新型国家具有重要的决策支撑价值。10 年来，浦江创新论坛见证了中国科技创新发生的历史性、格局性变化，为科技改革发展积极建言献策，已经成为国内外各界人士共商创新大计的重要智库平台。当前社会各界关注创新、支持创新、参与创新的氛围日益浓厚，对科技创新在国家发展中的重要地位和作用认识不断深化。2018 年诺贝尔经济学奖得主之一是保罗·罗默，内生增长理论的奠基人。内生增长理论把科技创新融入现代经济增长的理论框架，认为对创新、知识、人类资本的投资是经济增长的核心动力，科技创新越来越成为一个国家综合国力的决定性因素。历史上世界经济中心几度转移，科技创新一直是支撑经济地位的强大力量，一个国家竞争能力的核心就是科技和人才。回顾世界发展进程，现代化强国无一不是科技创新强国，工业革命每次都由重大工业突破引发带动的，第一次工业革命以热力学为基础，蒸汽机大量使用，机械工业代替了农业和手工作坊，进入工业化时代。19 世纪中期兴起的第二次工业革命以电磁场理论为基础，电动机发明被广泛应用，进入电气化时代。20 世纪 50 年代以来兴起的信息技术革命，以电子学为基础，以计算机为代表的生产工具和产品大量出现，在电子信息技术驱动下进入信息化时代。人类社会发展与进步革命在于不断提高社会生产力，核心是人们对自然现象和观察事实所包含的知识的认识越来越深化，以及技术的不断创新和应用。中国近代落后的重要原因是与历次科技革命失之交臂。今天实现中华民族伟大复兴的中国梦，必须真正用好科学技术这个最高意义的革命力量和有力杠杆。

当前，新一轮科技革命和产业变革加速演进，科技创新进入空前密集活跃的时期，不断改变人类的生产、生活方式，信息技术、生命科学、新材料、新能源、先进制造等领域加速突破应用，带来一系列深刻变化。一是变革方向日益清晰，一些前沿科学和重大技术领域的群体突破态势更加明显。二是变革的速度明显加快，各领域深度交叉融合，一些重大颠覆性技术对传统产业产生效应。三是国际科技竞争日益激烈，正在重塑全球创新版图和世界格局。世界各国都出台了一系列科技创新的重要战略举措。四是科技创新带来了新的社会风险，社会公共治理面临新的挑战。科技创新正在加快推动全球产业价值链的重构和经济形态的转型，不断催生新产品、新产业、新业态，为传统产业赋能，加快转型升级。例如，"互联网+"的应用和融合催生了电子商务、物联网、在线交易、移动支付等新业态，生物技术的发展带动了生物芯片、类脑智能等一系列新产业，神经网络等新技术推动了材料、信息、生命科学等领域的交叉融合。我们要理解和把握好科技创新与新兴产业发展的关系，一个充分条件和一个必要条件。技术创新供给是新兴产业发展的充分条件，随着若干重要领域的科学问题和关键技术的不断突破，颠覆性技术大量涌现的时期即将到来，集成电路、数码相机、核能利用、互联网、全球定位系统等是广泛认同的颠覆性技术，改变了整个产业结构甚至人类的生活方式。面向未来，量子信息、碳材料及器件、过程化学及催化、脑成像、基因编辑、人工智能等是国内外认可度较高的颠覆性技术。竞争导致的产业生态重构是新兴产业发展的必要条件，通过改革创新、政策引领、金融支持、加快开放等制度安排，为新业态新产品新产业壮大提供了发展空间，商业模式创新、资本运作模式创新是助推力，基础设施及配套工程的完善是重要支撑，政府产业扶持政策是重要的引领。

经过改革开放40年的高速增长，当前中国经济正面临关键选择，进入高质量发展阶段。经济增长遇到的问题表面看是增速问题，实质上是结构问题；表面看是需求问题，实质上是供给问题；表面看是产业问题，实质上是能力问题。从要素驱动向创新驱动转变，是经济高质量发展的鲜明特征和必然选择。科技创新是引领高质量发展的核心驱动力，为高质量发展提供了新的成长空间、关键着力点和主要的支撑体系。本次论坛的主题是"新时代创新发展与供给侧结构性改革"，供给侧结构性改革的核心是提升全要素生产率，而破题之举就是科技创新。要在创新源头、创新转化、创新生态3个环节上下功夫。一是做好基础研究、应用基础研究、技术创新这篇大文章，要加强基础研究和应用基础研究，更加注重技术创新。技术创新需要以科学发现为基础，但要仔细研究科学与技术的复杂且相互作用的关系，用于指导我们的科技创新活动，提供高质量科技供给，从而在更多领域形成创新引领的战略市场。二是提高创新转化的效率，破除制约科技成果转移转化的制度障碍，大力推动科技型创业，积极培育新技术、新产品、新产业，促进战略性新兴产业集群式发展。三是营造创新良好生态，完善法律政策、社会文化环境，充分调动各类创新主体的积极性，在全社会大力弘扬科学精神、工匠精神和企业家精神，形成鼓励创新、宽容失败的良好氛围。

创新就是从人观念上突破开始的。例如，火的利用，当人碰到火的时候首先想到灾难，但由于用火烧食品人类文明就进了一大步。我们原来以为对太阳光认识得很好了，但是当牛顿发明了三棱镜的时候，对太阳光的认识又进了一步。创新也是对原来认识的一种否定，例如，哥白尼提出了日心说，对太阳系进行了解释，这是对原来地心说的否定。同时科学家之间也要相互学习，以建设性和科学理智的态度进行学术上的质疑、讨论，从而不断丰富和发展科学技术和创新。例如，霍姆霍兹提出了能量守恒定律，由于他的推荐，电磁理论才得以扩散和得到认同。他还带出一个著名的学生——赫兹。创新还需要胆识，没有胆不能创，创新要承受失败的成本。

党的十八大以来，以习近平同志为核心的党中央高度重视科技创新，提出科技创新“三步走”的战略目标，党的十九大把创新作为引领发展的第一动力，对加快建设创新型国家做出全面部署。面向未来，中国科技创新发展要坚持以习近平新时代中国特色社会主义思想为指导，有力支撑四个全面和五位一体，走出一条从人才强、科技强到产业强、经济强、国家强的发展之路。要强化战略导向、目标导向和问题导向，在关乎国家重大战略力和产业竞争力的关键领域，将政府的决策主导作用和市场机制有机结合，加强科技宏观统筹，优化科技创新资源配置，增强科技创新的体系能力。一是优化科技力量新布局。围绕现代化经济体系建设，面向国家重大战略需求，加强关键核心技术攻关，真正发挥好科技创新对经济社会发展的支撑引领作用，做好科技重大专项梯次衔接，构建面向 2035 年的科技攻关系统和完善布局，完善国家创新体系顶层设计，推动企业加快成为技术创新主体，在重大创新领域组建国家实验室，调整优化国家重点实验室布局，打造国家战略科技力量。二是谋划科技发展新蓝图。按照党的十九大提出的战略目标，谋划编制 2021—2035 年中长期科技发展规划，以建设世界科技强国的重大需求为牵引，突出战略性、前瞻性、科学性，广泛调动科技界和社会各界的力量，提出 2035 年跻身创新型国家前列的实施路径和重大举措。三是激发科技改革的新活力。党的十八大以来，党中央国务院出台了一系列深化科技体制改革的重要举措，当前要投入更多力量、下更大力气，推动各项改革举措落实见效，切实增强科研人员的获得感，同时加强科技创新政策与经济产业政策的协调对接，促进改革集成、政策配套、体系建设协同推进。四是构建科技创新新生态。按照国家创新体系建设的新要求，明确各类创新主体的功能定位，促进产学研用协同创新，构建顺畅流动、高效配置的生态系统和创新网络。以科技人员为主体，以科技成果转化为重点，提高创新创业孵化载体的专业化、市场化、国际化水平，进一步提升双创的科技含量。五是打造区域创新新高地。加快北京、上海科技创新中心建设步伐，建设更多创新省份和创新城市，加强粤港澳大湾区、雄安新区科技创新的顶层设计，促进东西部科技创新合作交流和区域协同发展，探索各具特色的创新发展模式，强化国家自主创新示范区和高新区的战略使命，增强引领辐射带动能力，打造一批新的区域增长极。六是拓展创新合作新空间。更加积极主动融入全球创新网络，以扩大自身科技对外开放、加强国际创新合作能力，充分利用全球创新资源，积极落实一带一路科技创新合作行动计划，打造沿线国家科技创新共同体，牵头组织国家大科学计划和工程，提升中国科技创新的全球影响力和贡献度。七是弘扬求真务实的新风尚。在全社会大力弘扬爱国奉献、攻坚克难、勇攀高峰的时代精神，反对浮夸浮躁、急功近利。坚持激励和约束并重，加强科研诚信建设，对科研不当行为零容忍。

今年是改革开放40年，40年来科技改革发展始终走在改革开放的前列，我们坚持以科技创新之动力服务国家发展之所需，积极探索实现中国特色自主创新道路，面向未来科技创新肩负更加重要的历史使命，科技体制改革仍需破冰前行。要充分激发各方面的创新创造活力，让创新驱动发展成为国家意志和全社会的共同行动。昨天上午召开了科技创新青年造就者圆桌峰会，青年才俊们共话科技蓝图，只有青年的不断增长，科学的发展才会有灿烂的明天。正如李强书记在演讲当中所说的，上海正在加快建设具有全球影响力的科技创新中心，坚持面向全球开放创新，坚持提升科技创新的策源能力，坚持构建多样、包容、协同的创新生态，把“四新”作为国际科技创新的工作目标，我们相信在科技创新的引领下，新时代的上海一定能成为创新驱动发展的排头兵，再铸改革开放的新辉煌。

“一带一路”倡议下中葡合作的关键创新

Paulo Ferrao　葡萄牙科技基金会主席

葡萄牙需要开放的科技，可以进一步拓展丝绸之路的概念，和很多葡语国家一起与中国合作。葡萄牙希望与中国在深海、深空领域继续深化科技合作。

上海是科技之城，上海是具有科技创新影响力的城市。科学领域需要人才、创意和机构。葡萄牙非常重视人才和教育，也非常重视创意，能够进一步促进科学技术项目的发展，能够有很好的机制和组织，促进科学的发展，带来很好的经济效应。葡萄牙需要开放的科技，需要有多学科的融合，需要有新的机制，这些机制本身是多学科的，可以把科学的力量转化成经济的力量，这点我认为是非常重要的，这也需要合作，这也是为什么葡萄牙今天能够在这里讨论习近平主席所倡导的“一带一路”。两国的合作历史悠久。我们需要胆识才能创新，我非常欣赏这句话。葡萄牙一直以来都是非常有勇气的，15—

16 世纪，我们就已经乘风破浪来到了中国，那个时候葡萄牙的创新十分领先，而且打造了很多欧洲的海洋学院。当时葡萄牙是沿着海航线来导航的，是葡萄牙到中国，现在是中国到葡萄牙，我们非常认真地看待这段合作关系。

人才和机构，需要进一步现代化并大力资助。葡萄牙科技基金会为人才投资的预算占到了总预算的 37%，一些机构出资用于国际合作的预算超过了 30%，这些合作至关重要。葡萄牙也可以进一步拓展丝绸之路的概念，和很多葡语国家，像巴西及一些非洲国家一起合作。这些国家和中国的合作也很紧密。

早在 1515 年，葡萄牙就和中国有过沟通和交流了，打造了双边互信，这个互信一直沿袭到现在，当时通过海航线的丝绸之路已经建立起来了，这些都是我们在人才上做的投资。我们需要有很好的机制，能够成为各个机构之间的桥梁。我们在葡萄牙有很多机构，首先我们有一个国际纳米技术研究中心，这是由葡萄牙和西班牙两国打造的机构，在纳米技术上受到世界广泛认知，拥有来自 32 个国家的科学家，在纳米纤维材料方面都是非常好的技术。多个机构之间进行协调，促进产学研交流，打造生态和网络。如何让环境和食品方面的技术给人类带来福祉是很重要的，尤其是可再生能源等领域。我们非常认同人才要和产业界合作的说法。我们有知识产权的合作，通过模型向大家证明有些技术是能够马上为人类带来利益的。我们会和公司及相关人员合作，加快这方面的技术落实。

工程和产品发展中心（CEiiA）从一个国际实验室变成了各个机构之间交流的载体。CEiiA 把在大学里学到的知识和工程团队、设计团队结合起来，例如，现在大家在一些机翼设计和零部件设计上的合作非常紧密，在海洋领域我们也注重于海洋潜水技术的合作。我们需要有这样的能力来设计机制和工具，还要有新材料，但是现在要创新就一定需要整个产业链和平台的整合和掌握。在葡萄牙我们对于一些电子设备的了解和技术掌握是非常领先的，今天我们也有一些相关的人员过来。莱里亚理工学院（Polytechnic of Leiria）有 12 000 名学生，很多是来自于中国的，该学院和北京的大学建立了紧密的合作。还有中葡和葡中翻译方面也有很多合作，过去好几年有几十名学生互访。TEKEVER 是一家公司，这家公司在航空领域、卫星领域有很多成就，他们在里斯本有办公室，在其他城市会有分支办公室，在欧洲其他地方正在建设一些无人机的实验基地。例如，这些飞机上的监测和导航系统都是我之前提到的一些研究机构所提供的，这就是一个很好的企业和研究机构合作的例子，我们很希望在上海有类似的合作。我们和欧洲的防空体系有着多年的合作经验，包括提供卫星上的支持。我们通过减少卫星的体积，以确保在同一片天空里卫星的数量可以增多，这样我们的沟通和交流就更加顺畅了。我们在上海的一些实验室做了很多的知识产权方面的交流，如果要发展创新，要用开放的视角和国际合作，这是我们过去一直致力于做的。

我们想和中国开展太空方面的合作。为什么葡萄牙要关注太空呢？葡萄牙有自己的太空发展计划，有自己的卫星发射计划，在大西洋当中发射火箭卫星，太空和海洋有着广阔的合作空间。我们相信彼此能成为卓有成效的合作伙伴，我们和中国科学院也有很好的合作关系。我们需要科学手段探索深海和深空，探索空间当中的深海领域，需要复杂和全面的系统将卫星和探测设备结合起来进入深海，同时还需要借助传感器及机器人的手段进行探索，还需要通过卫星进一步精密探测和测量。这些都是我们需要加强合作的领域。

过去 40 多年我们与中国有着紧密的合作，更好地促进那些创业企业的发展，我们也相信今天是一个非常具有历史意义的时刻。我们鼓励那些航海航空等先进领域的创业企业，更好地把深海的传感器与空间结合起来。现在信息时代产生了很多的数据，海量数据能够带来价值的转化、机构的转化及整个资源利用的转化和革新。2016 年我与中国科学院院长会面，自那之后我们就有着多次接洽和会谈。我们和中华人民共和国科学技术部部长及上海相关领导都有多次会面和探讨。葡萄牙和中国正在紧密合作促进创新，尤其是在关键的科技领域，我们希望能够更好地通过科学和知识的分享来提升人类的福祉，因为我们的服务和产品创新的提升目的就是如此。“一带一路”的成功实施也会促进沿线区域的进一步发展。我们将会进一步和中华人民共和国科学技术部、上海加强合作，我相信浦江创新论坛将是合作中浓墨重彩的一笔。

3 大会演讲

法国国家科学研究中心（CNRS）与科技创新

Antoine Petit　法国国家科研中心主席

这次论坛的主题是关于创新、新的创意及国际合作，此次参会恰恰就是跨部门、跨国界合作的良好范例。此次论坛参会者的背景非常广泛，各个参会方可以携手通过自己的创造力让世界变得更美好。法国国家科学研究中心做过很多的创新，总统先生亦认为法国的未来使命在于创新。作为法国国家科学研究中心的主席，很高兴看到作为欧洲最大的基础科学研究中心之一的法国国家科学研究中心（CNRS）能够在促进基础科学研究方面做出自己的贡献。

CNRS 是一个由法国高等教育研究和创新部门直接领导的公共研究中心，2017 年对该科学研究中心的研发投入占到了法国国家研发投入的 20%。其工作服务于整个社会，并且涉足几乎所有科学领域，科学研究中心共有 33 000 名员工、1000 个研究小组，和很多非政府组织和私营公司均保持着非常紧密的合作。科学研究中心在很多研究领域都非常杰出，全球排名名列前茅，2017 年的排名雄踞世界第二，评价指标在于出版论文的数量，法国国家科学研究中心和中国科学院的排名非常接近。路透社也有一个类似排名，其称赞法国国家科学研究中心是全世界最具创新力的研究中心，共有 22 个诺贝尔奖获得者。CNRS 在国际舞台上非常活跃，40 年之前与中国即开始了合作。CNRS 是第一个和中国签订双边合作关系的法国机构，早在 1978 年就签署了合作关系。CNRS 和中国合作伙伴有着紧密的合作关系，1994 年和中国自然科学基金委员会签署合作协议，着眼于长期合作伙伴关系；CNRS 于 1995 年在北京开设了代表处，目前 CNRS 在中法两国科研合作方面发挥了重要作用。中法合作发表的论文出版物有 70% 是由 CNRS 完成的。CNRS 的实验室也向中国学生敞开大门，因此吸引了越来越多的中国学生来到实验室。CNRS 和中国在不同的科研领域有 100 多个合作项目，将在中国本土开展一些大项目，例如，2021 年 CNRS 要和中方联合发射一些卫星。CNRS 希望可以找到具体的应用领域，通过和中方的实验室合作把技术带到市场。CNRS 实验室有多年的研究经验，和很多合作伙伴一起合作，创造新的技术、新的发明及新的创新型企业。

CNRS 促进突破性创新的产生，主要有以下四点。第一，创新。CNRS 带来很多具有非常强大创新元素的项目。第二，和产业进行合作。从创业企业到跨国企业，CNRS 总是能够找到更好的私营领域合作伙伴进行能力建设。同时和企业紧密合作，通过 CNRS 的公司联合研究实验室来实现这样的合作。第三，知识传播。CNRS 希望能够更好地进行知识传播，通过和行业合作伙伴进行合作，使 CNRS 能够创建一个良好的知识产权体系，从而加强研究和创新，CNRS 也有专利池。同时，希望能够使投资与创新的资本获得更好的回报，希望通过知识传播、专家咨询、区域性融合，使 CNRS 的研究领域和行业产业进行更好的紧密合作。第四，创业公司孵化。CNRS 希望能够更好地支持研究者及其创业行为，在每一个创业阶段都给予大力支持，通过更好地简化体制，更好地给予金融支持及通过股本融资、投资的方式帮助创业企业孵化。同时参与种子基金发展，支持创业公司的孵化。每年 CNRS 都能孵化 80 家左右的创新型创业企业。

CNRS 每年创造 1000 个研究合作伙伴关系，6000 个专利，签署 20 个以上框架性合作协议，其中创新发挥着至关重要的作用。CNRS Innovation 是 CNRS 所属负责创新型知识向产业转移的一家专业企业，于 1992 年创建，目前拥有 45 名员工，已经签署了 2200 份研究合同。CNRS 也希望能够促进与行业的紧密合作，同时把自身的项目进行更好的海外拓展，自身也有能力与各个方面的合作伙伴开展紧密合作。在距离今天论坛会址不远的地方，CNRS 和一家企业建立了合作组织，并且和华东师范大学、复旦大学进行紧密合作，开发绿色化学产业。科技创新是法国经济增长的重要驱动力，新的技术将会造福社会，并且能够提升法国民众的生活质量和水平。我深信这些研究项目将会扩大中法两国的国际合作成效。法国是最早和中国签署科学技术合作协议的国家之一，并且是在 40 年之前就签署的。今年 12 月将在北京重新签署或者续约签署，CNRS 与相关部门领导将会带领法国代表团参与到联合性的研讨会当中。今天早上和科技部部长进行了卓有成效的交谈，在谈话中得知加强国与国之间的合作将会是关键性步骤，帮助法国更好地发展中法两国之间的友好关系。

以体制创新推动科技创新实现新突破

王一鸣　国务院发展研究中心副主任

科技创新存在薄弱环节和深层次的问题，根源在体制机制。必须通过进一步深化改革、弥补制度短板、完善激励机制、优化创新体系、健全要素高效配置的新体制，营造有利于创新发展的制度和政策环境。

近年来中国科技创新取得了重大进展，科技实力和创新能力都有了进一步增强。根据世界知识产权组织数据显示，中国的全球创新指数排名已经跃升至第 17 位，中国是跻身全球 20 强唯一的中等收入经济体，已经成为具有重要影响力的科技大国。但是，和中国高质量发展的战略目标和建设世界科技强国的要求相比，科技创新还存在薄弱环节和深层次的问题需要进一步研究解决。突出表现在以下几个方面。

第一，创新激励的体制机制还不健全，高端领军人才数量不足。中国的绝大多数大学科研机构都是公立的，按事业单位管理，受体制机制的约束，对科研人员的激励措施不到位，创新难以获得相应的回报，抑制了部分科研人员的积极性。特别是职务科技成果的产权激励机制还不到位，科技人员的创新潜力尚未得到充分发挥，比较重人才引进的数量，轻人才建设的环境。我国科技人员总量居世界前列，但高端领军人才仍然比较缺乏，创新型企业家数量有限。

第二，基础研究和原始创新能力不足，关键核心技术短板还比较明显。过去我们比较重应用技术研发和技术的产业化，对基础研究重视不够，作为前沿技术源头的基础研究欠账还比较多，基础研究占研发投入的比重长期徘徊在 5% 左右，远低于美国、法国、英国 15% ～ 20% 的水平。由于原创性基础研究的前端环节投入不足，支撑产业升级引领前沿技术突破的源头技术储备相对不足，不少领域核心技术和关键零部件还依赖进口，关键核心技术受制于人的局面尚未得到根本性改变，在一些领域我们还是在别人的地基上建房子。在个别西方国家对我国技术封锁升级的背景下，技术卡脖子的问题开始凸显，也成为我们科技发展当中需要高度关注的问题。

第三，科技投入比较分散、低效，创新体系整体效率还不高。尽管近年来科技研发投入增长较快，研发经费总量已经居世界第二，投入强度超过了欧盟创始国的平均水平。但科技投入比较分散，产出效率不高。政府的科技经费投入因缺乏有效的统筹协调机制，创新链条上各环节的资金断裂与交叉重复并存，存在碎片化和低水平重复的现象。我们部署了一批重大项目和重点任务，但重大突破还不如预期。

第四，开放创新还不足，对国际创新资源利用还不充分。随着全球创新资源加速流动，开放创新成为重大趋势，但现行的政策对创新要素的跨境流动还存在约束，影响了企业利用全球创新资源开展高水平开放创新。尽管在政策上外籍人才出入境、在华长期居留政策环境有所改善，但享受国内公共服务包括一系列社会保障等方面的政策还遇到一些体制障碍。

上述问题的根源在体制机制，必须通过进一步深化改革、弥补制度短板、完善激励机制、优化创新体系、健全要素高效配置的新体制，营造有利于创新发展的制度和政策环境。今年是改革开放40周年，纪念改革开放40周年最好的办法就是继续推进改革开放。通过体制创新来推进科技创新取得新的突破。

第一，我们要探索赋予科研人员科技成果所有权，产权激励是最好的激励。党的十九大确立的体制改革目标模式中就强调要实现产权有效激励，科技体制改革同样要考虑产权有效激励的改革目标，要承认科技人员的脑力和知识投入与所在单位资金、设备的投入都是投入，科研人员应该分享共同投入形成的科技成果的产权。目前我们科技人员创新潜力还没有充分释放，根源就在于激励机制还不到位，特别是产权激励机制不到位。今年两会期间李克强总理在政府工作报告当中明确提出要探索赋予科技人员科技成果所有权和长期使用权，这是解决这一问题的根本途径。这对推动科技创新驱动发展战略的实施、进一步解放和发展科技生产力意义十分重大。这一做法在国际上也是有先例可循的，美国1980年颁布的《拜杜法》、英国修订的《发明开发法》均有相关的规定。对这些国家加快科技成果转化发挥了重要作用。瑞典有教授特权制度，规定公共财政资助的大学科学研究取得专利权归属发明人本人。我们虽然不能完全照搬，但可以探索符合国情的办法。探索赋予科技人员科技成果所有权最重要的途径就是推进科技成果初始权益的分配改革，立项之前明确科研团队与单位之间在知识产权处置和科技成果分配上的比例，让科研项目研究与研发人员的收益直接挂钩，激发科技人员创造的积极性，提高科技供给的质量和效率。现在很多地方已经在探索，包括重庆、成都、浙江、上海，它的核心就是分割确权在先，即先确认职务发明人的科技成果所有权再进行研发和科技成果转化，这比确权在后有更大的制度优越性。从经济学的角度看确权在先有以下几个好处。第一，产权明晰后好做事，明晰了产权人就有了动力，就会忘我地投入。第二，可以降低不确定性。如果预期不稳定就不会长期投入和努力。第三，只有个人有产权才会有最大的动力去考虑产业化，有利于促进科技与经济的结合。第四，事先进行确权可以解除高校和事业单位国有资产流失的担忧。虽然《促进科技成果转化法》规定了对科技成果转化的奖励，高的可以到50%，有些地方规定75%，但是产权激励就像是分地，而奖励像是分粮食，分粮食好还是分地好，我们的改革不早就证明了吗？目前我们要探索落实产权激励的政策，特别是要明确和细化职务科技成果股权与激励对象方式、条件和程序，使这些政策真正能够落地，激发科研人员创新创造的积极性。

第二，加强基础研究和原始创新能力。随着我国科技水平逐步进入到国际前沿地带，利用后发优势的空间日趋缩小，只有加强前瞻性基础研究、提升原始创新能力，才能真正掌握主动权。要进一步加大基础研究和共性基础研究投入，增强源头技术的供给，增加研发经费投向基础研究和应用基础研究的比例，以基础研究的突破引领原创成果、战略性技术产品的重大突破。要改革科学研究项目的决策机制，实现自上而下与自下而上的相互结合，实现自由探索和需求导向的相互结合，优化科学研究的支出结构，增加面向需求的基础研究支出，提高基础研究对创新的支撑作用，改进科学研究的评价机制，实行分类评价和分类管理。对于满足国家战略需求的研究项目，以目标评价为主。

第三，提高创新体系的整体效率。关键是要进一步理顺政府和市场在推动创新发展中的关系，政府主要在市场失灵的领域发挥作用，在企业无力和不愿意投入的环节增加投入。同时充分发挥市场机制配置创新资源的作用，市场更有效率的领域应该交给市场去做。在政府层面要进一步优化政府科技资源的配置方式，提高公共支出的利用效率。加强创新链各环节政府科技经费的统筹协调，提高国家科技重大专项的组织管理效率，落实目标导向的管理模式，注重集成性协同攻关。在其他领域改革政府的投入方式主要通过购买服务等支持产学研合作和产业重大共性关键技术的研发，对不同技术路线和各类企业实行公平竞争的激励机制，政府重点是支持早期的研究开发、示范项目和服务平台建设，技术路线交给市场去决定和选择。市场层面要建立完善、公平、透明、有序的市场竞争环境，有效发挥市场激励创新的作用，特别是保证市场的公平准入，减少垄断，为各种所有制、规模、技术路线的企业提供公平获得创新资源和参与竞争的机会。与此同时还要增加有利于创新发展的制度供给，构建鼓励创新、包容审慎的监管制度，为新产品、新模式、新业态进入市场拓宽空间。在提升监管有效性的同时切实降低企业创新的风险和成本。

第四，扩大创新体系的开放度，开放创新已经成为世界潮流，必须以全球视野谋划和推动，构建高水平的开放创新体制，促进创新要素跨境流动，有效利用国际创新资源。要放松对创新要素流动的管制，鼓励国外高端人才来华创新创业，放宽外籍高端创业人才办理签证和绿卡的限制，简化其创办科技型企业的审批，提高国家科技计划对外开放水平，促进跨国公司融入中国创新体系。现在一些文件是行得通了，但是做起来还是有各种隐形障碍。与此同时，为国内企业使用境外风险投资及境外人员在国内开展科技成果转化活动提供结汇便利。

上海正在打造具有全球影响力的科技创新中心，要在全球范围内集聚创新要素，上海在开放创新上更应该走在前列，成为开放创新的样板。

如何帮助科学研究展开更高品质的研究

Frank Wilczek 2004年诺贝尔物理学奖得主、李政道研究所首任所长

人类历史上成功的研究机构和组织的共同特征是把人才聚集在一起，这些人才之间最好是互补的，让科学家负责科学，从技术问题当中获得灵感，充分使用卓越的科研工具。

我今天的话题是“增加科研的质量”。我有一些独到的想法，尤其是基础研究，可以和大家分享一下我的经验。我现在是李政道研究所的第一任所长，对增强科研的质量做了一些研究。我的演讲分三个部分，第一，我的生平感受；第二，我从认知科学中学到的一些经验教训，包括研究认知科学方面的文献，如何增强我们的学习及创造力；第三，过去的创新机制和机构的成功秘诀。

先从我自己谈起，从照片上你可能认不出来这是我。我周围都是玩具，我不知道该怎么办，这是圣诞节。当时我四五岁，我的父母并不是非常富裕的人，但他们非常爱我，对我的未来成长给予了很大的支持，我非常感激。这张照片对我来说意义非凡。搞科研需要有来自家庭的滋养。研究是一个长期的投资，很难预测什么时候能取得成果。因此，我们需要从一开始就给年轻人提供滋养，为他们着眼未来进行远期规划，实现从摇篮到机构的漫长科研能力发展。我们依然记得第二次世界大战时期原子弹的爆炸，20多年以后科学家们开始把这一领域里的研究视为国家发展或者科技发展的重中之重，很多国家都很重视，成为国家发展的重点领域。因为大家都担心会在技术上落后，因而会在冷战当中丧失先机，输给苏联。我本人从学校的投资中获益，我父母在我的成长生涯当中不仅鼓励我玩玩具，而且鼓励我阅读书籍。我的父亲非常聪明，他会带我去书店找一些科学和数学方面的书籍给我读，如果我自己想要读那些文学作品或者科幻小说，我得自己花钱买。我非常感谢我的父母、老师，我去了纽约的一家公立学校，那里孕育了很多诺贝尔奖获得者和科学家，这个高中在纽约很有名。这是一家规模很大的学校，每年有1000名学生毕业，学校有很多的多元化项目，使学生能够在各种不同的项目当中得以成长。之后我去了芝加哥大学，这是一家杰出的高等院校。在中国，我看到了一种机制化、规律化的设定，那些来自于平常之家的孩子通过教育体制能够逐步向前走，最后进入国际知名的教育机构求学。我在普林斯顿大学碰到很多杰出的科学家，我从他们身上学到很多，他们教会我知识、事实，我们亲眼看见这些科学家如何能够化腐朽为神奇，这是来自于我自己生平的点点滴滴，我们考虑的是如何培养下一代的科学家，人类科学的未来在他们身上。我本人在认知科学领域做了一些探索，当然我不见得是专家，但是学到了一些简单的想法，研究人的想法、创造力及如何来激发创造性思维，这些是我在过去

认知科学领域里面研究的想法和感受。

首先，人的大脑一旦在早期定型，不属于最佳状态，之后再弥补就很难了，它会影响整个人的发展。我们要对母亲和婴儿有很好的关爱。另外，十几岁的青少年应该要有足够的睡眠，很多研究告诉我们随着年龄增长，睡眠循环得以改变。大多数人十几岁的时候喜欢熬夜，待到深夜，第二天早上通常是很晚才起床，又不得不按时到学校，他们起床很痛苦。随之而来的就是学业生涯极为痛苦。最后一点，我自己个人的体验之一，在教育过程当中给予学生足够多的反馈，很多小型考试要比最后考一次大试的效果好很多。教育要注重交互、互动及反馈，教师应该和学生开展高质量互动。

现在我们再来谈一谈科学历史。科学发展有着悠久的历史，人类历史上出现了许多重大发明，并建立了很多成功的研究机构和组织。尽管从微观来看，研究的结果是不可预测的，我们依然能识别一些赋予创造力和研究成果的要素。其中一个事例就是在英国的一个创新举措，与工业革命同步发生的是科学革命。这里所发生的很多情况和美国类似，竞争带来技术发展，使英国领先于世界其他国家，尤其是在它和法国的竞争当中胜出。它在国际贸易及工业发展当中拔得头筹。同时一些科学企业行为的机制化也是取得成功的要素之一。例如，来自贫穷家庭的某人，他大多数成长是通过自我教育，但幸运的是他后来获得了皇家学院的经济支持，以激励其创造力的发展。当时的科学创新与公众生活是紧密相连的，尽管在科学领域里投资的动力来自于科技创新和工业创新对社会的益处，如蒸汽机的发明等。以好奇心而驱动的研究在很大程度上带来了电磁理论的发展及现代技术的进步。卡文迪许实验室是创新的源头和基础科学研究之地，这一实验室的设计绝大部分来自于一个非常著名的物理学家，他认为建立一个伟大的实验室需要付出巨大的努力，之后这一实验室被另外一个著名的物理学家所接手。由此可以看出，这一杰出实验室的成功受益于代际相传的杰出科学家的支持。从电磁学理论到核物理、生物学、结构化 DNA 研究，都是来自于卡文迪许实验室。另外一个例子就是贝尔实验室，现在从特性上来说已经有所改变。它建立在新泽西地区，有着独特的历史。贝尔实验室之所以存在，是因为贝尔电话公司有主宰地位，并且受到行业管制，也享有政府独特的待遇，不会受到反垄断法的起诉和控制。这样他们就能够把资源中的相当一部分用于研究，从而建立贝尔实验室。因此，他们有着先见之明，非常之长远的战略意识。他们考虑的是如何改变人们的交流模式，如何改变那些基于真空管、电力线及固件的基本人类沟通方式转化为无线沟通，随着他的创新，我们的电信行业得以改变。因此，我们看到了这些科学创新为社会带来巨大福祉。

当时研发晶体管的几个科学家采用的设备比较简陋，但是在当时那个时代是非常先进的，也是在贝尔实验室能够有的最好的技术。贝尔实验室把各方面专家，像应用材料、电子领域专家聚集在一起。还有一位科学家有管理经验，可以为大家把好脉，找对方向。这非常具有象征意义，说明怎么通过合作来赋能，跨领域合作，很好地解决问题。还有一个例子，IBM 的实验室，为大家在计算机领域带来很多的创新。IBM 实验室最早是哥伦比亚大学里面的一座建筑，这个实验室一开始是在大学的环境下打造的，后来变成一家很大的企业，重塑了整个计算机行业，出了很多诺贝尔奖获得者，而且它的影响力早就超过了微软、Facebook 这样的企业。他们本身的创新也为现在的计算机行业打下了坚实的基础。我觉得这样的房屋建筑应该吸引不了游客到来，但是在第二次世界大战时就是这样一个环境，当时科学家非常有动力，因此这个实验室吸引了最好的人。这个实验室最重要的一点就是它的人才，非常好的科学家，很大一部分科学家聚集在这里。例如，一个非常年轻的理论科学家，同时他有非常好的领导力，还有 3 位科学家当时都在这个实验室。一旦招募了优秀的科学家，更多的优秀科学家就会慕名而来。这个实验室给大家很好的启示——招募好的人才。

最后一个例子，布鲁克海文国家实验室。这个实验室离纽约很近，有很多基础物理学家和诺贝尔奖获得者的杰出机构。它是有中国背景的，在诺贝尔奖获得者当中也是非常杰出的——杨振宁和李政道，他们都是非常杰出的人才。李政道一开始是从上海来的，他的研发给芝加哥大学带来很多益处。芝加哥大学为他敞开大门，可以在那边继续学习，他在教授的带领下做出了杰出的贡献。

我们可以从中学到哪些呢？首先把人才聚集在一起，这些人才之间最好是互补的，让科学家负责科学，很多情况下最终的结果是非常重要的，但是通常是无法预测的，可能需要花很多年的时间才能产出。只有科学家才能最好地判断，看哪些科研成果是有希望的，哪些是有机会的，需要让科学家来最终为科学说了算。从技术问题当中获得灵感，尤其是在贝尔实验室，这家公司是非常有愿景的。获得最好的科研工具，让他们可以发挥作用。将能买到的最好的工具充分使用起来。

最后谈一下李政道研究所，它成了浦东科学城项目的一部分。我们得到上海交通大学的帮助，吸收了哥伦比亚大学和剑桥大学在建造实验室方面的一些灵感。我们可以汲取非常好的经验，把成功复制到中国，把很好的合作模式同时复制到上海，期待在这里诞生一个好的实验室。

新时代国有企业创新发展的探索

宁高宁　中化集团董事长

国有企业要创新，要摆脱保守、垄断的形象，变成一种创新力量，迎接新的挑战。企业将面临不断增强、全方位的竞争，依靠规模、劳动力成本、政府支持的企业更加困难，未来企业的差别在于是否有技术和创新。

今天上午的讨论是放在一个世界经济正常发展的环境下、世界贸易正常进行的环境下、世界技术正常分享的环境下进行的，而实际上这个环境今天看起来已经不存在了。我们过去喜欢引进消化吸收再创新，这个好像越来越难了。我们从改革开放以来很大的技术进步确实是学来、买来的，未来可能有困难了。现在中美贸易纠纷，今天如果你上CNN这个网站，第一条新闻就是美国将不再卖给中国企业大量零部件，福建的一个公司要买一些工业零件，美国决定不卖了。美国企业正在考虑搬离中国。因为税太高，不在中国生产了。我们今天处于这么一个环境，下一步我们面对新的环境，作为企业来说我们企业本身不能光说理想化的环境。未来对中国来说贸易保护、WTO框架可能没有了，竞争是完全赤裸裸地拼刺刀了。中国作为发展中国家、作为第三世界国家这个历史过去了，不是我们想过去，而是别人认为你已经过去了。这就是我们的环境。

在这个环境下，技术会比较封锁。举个例子，我前一天见了一位美国客人，在很有名的公司，和中化有合作，现在我们准备搞一个新的升级产品，他就说我们一起来做一个产品，我说很好，投资大概多少钱？他说多少钱不能告诉你。为什么？因为你要知道多少钱投资，你就可能猜出来是什么技术。技术的警觉程度到了这个地步，不能再指望学什么东西回来了。而且不光美国，其他国家也会跟随美国，目前这个迹象已经有了。中国未来在贸易模式、技术模式上能不能进入到一个国际环境当中，像过去那样相对比较友善、分享的环境，现在带来疑问了。

同时反过来看我们自己，国有企业能不能创新，能不能摆脱保守、垄断的形象，变成一种创新的力量，而且有很大资产在背后支持的力量，面临新的挑战。民营企业也是一样。民营企业自身有多少长期的创新，多少真正研发式的原创性创新，也是个问题。在这种情况下，中国的宏观政策（货币政策和财政政策）会怎样进行，完全新的环境，过去习惯于减杠杆、加杠杆、发货币或者收缩去杠杆不做刺激，未来会对科学技术产生什么影响，我觉得完全是全新的题目。中国的楼市会怎么样，还是不是最好的投资行业。中国人楼市赚钱了，在科技也能赚钱，不太可能，世界上没有那么好的事。股市会怎么样，股市里面的公司质量怎么样，公司里面有多少质量是因为科技创新带来的。现在目前都给我们带来新的挑战，看起来这个世界不光是经济环境变了，价值观变了，中国的地位变了，合作的变成对手，目前非常明显。不光是美国人搞的，世界经济发展到这个程度，必然发生这么一个变化。这说明什么呢？说明发展中国家世界贸易保护条约的时间已经过去了，中国要和真正世界级的公司竞争了。不能靠低成本，不能只是靠量了，不能靠替别人加工了，企业的思维要变化。讲创新很容易，创新这个词在企业里面是应用频率最高的词，但是真正有创新的，真正能够进入到创新过程中的，真正能够大研发、大突破的，几乎是没有。今天面临的环境更加严峻，更加突出。同时对全社会来说，特别是企业，必须要有重新开始的思维，全社会要对企业改变评价方式。过去靠量、炒作、一般出口、重复、低成本、环境牺牲、财政金融政策的，都会遇到更大的挑战。

我简单做几个判断。第一，未来引进技术会减少，自主研发会开启。中国一定会有好的科学家、研究室和技术出来，但需要时间。过去研究所为了自己吃饭，为了挣钱，连饭馆都开。今天肯定不能这样了，而是要重新进入一个研究过程，这个需要时间。第二，过去政府的政策影响比较大，因为货币、税收、汇率、利率、关税、政府支出，对产业影响比较大，但下一步政府的政策余地灵活性会减小，因为政府的大部分规则也必须按照国际通行的政策实施，否则你就不是世界经济的一部分。宏观的作用会相对减少。第三，中国经济发展会分化，区域分化已经开始了，上海和东北完全不一样，深圳也不同，10 年前每个地方都是 10% 的 GDP 增长，今天不是了。为什么分化了？产业分化了，因为技术、创新分化了。我们知道了原来深圳和上海的经济好是因为创新，不是因为政策。从企业来说，企业也要分化，企业竞争增强，全方位地竞争，对靠规模、劳动力成本、政府支持的企业更加困难了，大家会看到未来不光是好企业、坏企业，还包括有技术、有创新的企业和没有技术企业的差别。这对企业带来更大的挑战。中化集团在今年年初提出来科学至上，完全以技术的标准评价所有的投资、回报、企业运营，没有战略方向的技术引导不做了，只做针对创新的东西，这个对企业来说是比较大的挑战，因为要改变评价系统。还有科技企业里面长期的自主研发的和一般应用型的也会有变化。企业家，注重创新的企业家，注重技术的企业家，创造了企业价值，创造了市值，企业进步也更大。如果真的有一阶段技术半封锁，对我们是有利的，中国今天已经不是 1978 年的水平了，中国人积累了很强的研发能力，怎么实现出来？必须要逼一下。因为老卖给你，卖给你第一代自己做第二代，中国人一路买，如果不卖给你了，中国人一定可以做出来。第四，创新的环境。全社会对一个企业创新和经济发展的评价都要改变，中国走到了这个阶段，但是这个阶段是很困难的，会有几年困难时期，但是中国的经济发展、企业发展到今天必须要经过这一段，而这一段来的比我们想象得早了一点，但是中国人一定可以把它做好。

第2章

主宾国论坛

2018 年 10 月 31 日，2018 年浦江创新论坛主宾国论坛召开，葡萄牙受邀成为本届论坛的主宾国，中葡两国就“中葡科技创新合作研讨会——中葡科技创新合作的未来展望”这一主题展开演讲和讨论。

主宾国论坛由上海市科学技术委员会副主任傅国庆和葡萄牙科技基金会主席保罗·费朗（Paulo Manuel Cadete Ferrao）共同主持。科技部国际合作司司长叶冬柏和葡萄牙共和国驻华大使杜傲杰（José Augusto Duarte ）出席并致辞。

参会的中方嘉宾主要包括上海大学纳米中心教授、上海资源新材料环境中心副主任袁帅，上海市纳米科技与产业发展中心首席科学家蓝闽波，葡萄牙波尔图大学化工学院合作项目代表、华东理工大学教授李平，同济大学环境科学与工程学院教授李光明，中国电力科学研究院国际部主任李博，中葡先进材料联合创新中心主任、浙江大学高分子科学与工程学教授计剑，中国科学院微小卫星创新研究院新技术中心主任张永合，中葡海洋生物科学国际联合实验室代表、上海海洋大学科技处副处长朱江峰，上海航天技术研究院处长乔洋，珠海欧比特宇航科技股份有限公司副总经理吴郁琪，清华大学深圳研究生院院长康飞宇，浙江省科技厅国际合作处处长曾肖芃等。

参会的葡方代表主要包括葡萄牙驻沪总领事 Israel Saraiva，卫星技术首席工程师玛丽·坎帕纳（Marie Amandine Campana），数字虚拟现实实验室研究员努诺·鲁普斯（Nuno Vasco Lopes），国际伊比利亚纳米技术实验室总干事、教授拉斯·蒙特利乌斯（Lars Montellius），CEiiA 工程与产品发展中心商务发展经理（海洋和空间领域）阿图·科斯塔（Artur Costa），TEKEVER 公司首席财务官弗朗西斯科·村哈（Francisco Cunha），ENRICH 欧洲研究与创新中心集群网络中国代表处首席代表邓小军。

1　论坛综述

中葡两国建交以来建立并发展了互惠友好的合作关系，各领域合作和人文交流硕果累累，两国在科技合作方面成果丰硕。本届中葡科技创新合作研讨会的专家来自不同的科技领域和不同的产业，探索并交流如何进一步加深中葡两国在科技创新领域的合作，在新的国际环境与时代背景下助力于建设两国之间在科技创新领域的互信共赢伙伴关系，双方重点聚焦新材料、新能源、航天科技和海洋科学 4 个科学领域的中葡未来合作机会，交换意见，共话发展。

与会代表分别介绍了各自机构基本情况的基础上，本届论坛形成了以下主要观点。

第一，政府推动可以更好地实现中葡创新合作，实现互利共赢。目前，中葡间的合作有国家层面的，例如，中葡先进材料联合创新中心是在中华人民共和国科学技术部和葡萄牙 FCT 的支持下成立的，主要目的是围绕先进材料，即生物医用材料、纳米材料、能源技术材料和环境材料 4 个方面展开合作；也有地区政府推动的，例如，2014 年浙江省层面和葡萄牙的中部大区签署了全面战略合作协议，支持浙江省和葡萄牙中部大区联合产业化项目。

第二，产学研结合是中葡科技合作的重点。无论是点到面由下至上或是从上到下推动科技合作，中葡之间的科研合作重点是基础研究与产业应用紧密联系。葡萄牙数字虚拟现实实验室就是希望通过产学研合作达到社会均衡的发展，其最终目标是提高人民的生活质量，为居民提供更便捷的服务。

第三，继续深化重点领域的合作。中葡两国在海洋、先进材料、能源、空间等领域具有较好的合作基础，双方大学、科研机构和企业等创新主体可以更深入挖掘双方优势，精准对接合作需求，在现有合作平台基础上持续推动相关领域的合作。

第四，加强区域科技创新对接，鼓励中国各省市区与葡萄牙建立大区级合作关系，加强人员交流互访，结合双方科技创新资源分布与优势特色，推动互利共赢的联合研发项目。

2　致　辞

全方位推动中葡创新互利共赢合作

叶冬柏　科技部国际合作司司长

秉承中葡长期友好的信念和决心，充分发挥各自在人才、资金、技术方面的优势，全方位推动中葡创新互利共赢合作。

习近平主席强调科技是国之利器，国家赖之以强，企业赖之以赢，人民生活赖之以好。当前科技创新作为提高社会生产力和综合国力的战略支撑，已经被摆在了国家发展全局的核心位置。中国科技创新的整体能力显著提升，科技创新格局发生了历史性的转变，科技创新加速突破应用，推动新动能不断成长，促进传统动能改造升级，对供给侧结构性改革的支撑与引领作用显著提升，科技体制改革全面深化，创新发展活力不断增强。在中国科学技术快速发展、科技技术发展历史性转变的今天，开展国际科技合作的重要性不断凸显。我们经常说中国的科技发展离不开国际科技合作，中国的科技是开放的，面向全世界的科技发展，因此中国也在致力于国际科技合作。目前中国已同158个国家和地区建立了科技合作关系，签订了112个政府间的科技合作协定，加入了200多个政府间科技合作组织。同时，中国还积极参与国际大科学计划和大科学工程。葡萄牙是中国在欧洲开展科技创新合作的重要伙伴，葡萄牙的科技创新基础稳固，拥有300多家科研机构和科研中心，在海洋科技、空间、清洁能源等领域具有优势和特色，葡萄牙政府重视国家科技创新发展，出台了“葡萄牙工业4.0计划”“国家数字化能力行动”等一系列政策措施，积极承办全球网络峰会等具有影响力的国际活动，促进国际科技创新活动。

上海经济发达，国际往来十分频繁，科技创新发展走在中国的前列，是全球科技资源的重要集聚地。当前，上海正在加快建设具有全球影响力的科技创新中心，张江自主创新示范区对上海市GDP增长贡献率超过了20%。近年来上海对葡萄牙的科技合作不断增多，产生了不少合作成果。以上海海洋大学、华东理工大学等为代表的高校与葡萄牙阿尔加夫大学、波尔图大学等在海洋、化工等领域开展了联合研发和人员交流合作，为区域科技创新发展带来了新的机遇。其中不少项目得到了中华人民共和国科学技术部和葡萄牙科技和高等教育部、科技基金会、中葡政府间科技合作项目的共同资助。

2018年是中葡政府间科技合作协定签署25周年。两国应秉承中葡长期友好的信念和决心，充分发挥各自在人才、资金、技术方面的优势，全方位推动中葡创新互利共赢合作。结合两国特点，双方可以在以下两个方面加强合作。

一是围绕重点领域深化合作。中葡两国在海洋、先进材料、能源、空间等领域具有较好的合作基础，希望双方大学、科研机构和企业等创新主体深入挖掘双方优势，精准对接合作需求，希望双方现有合作平台持续推动相关领域的合作。

二是加强区域科技创新对接，鼓励中国各省市区与葡萄牙建立大区级合作关系，加强人员交流互访，结合双方科技创新资源分布与优势特色，推动互利共赢的联合研发项目。

创新崭新的合作模式　延展中葡互利共赢的历史

杜傲杰（José Augusto Duarte）　葡萄牙共和国驻华大使

“一带一路”倡议是一个中葡互相交流、知识之间互通有无及创新和科技合作的良好平台。

浦江创新论坛聚集了各个层面的科学家、企业家，以及金融界和各种政策制定的高端人士等，对于全球科技发展起着至关重要的作用。要很好地完成一项工作，不仅需要创意，还需要勇气和信心。一项事情开始难，要维持下去更难，特别是这项工作要长期保持活力，长期保持实用性。从这届论坛我们看到了中方的能力，也看到了中方举办论坛的成果。

中葡之间业已形成良好的合作关系。2018 年是中葡签署科技合作协议 25 周年；中葡科技联委会也已经举行了八届会议；2018 年 3 月葡萄牙科技和高等教育部部长向中方部长提交了一份建议——2030 年中葡科技合作倡议，这是一个崭新的平台，通过这个平台可以在多方面开展合作，如能源、空间、纳米技术、语言、生物医药、文化、遗产，以及中葡在第三国开展合作。此外，2018 年 12 月习近平主席对葡萄牙进行了国事访问，这是习近平主席担任主席以来第一次对葡萄牙进行国事访问，也是中葡自 1979 年建立外交关系第三位到访葡萄牙的中华人民共和国主席。这些年来，中葡之间的合作硕果累累，葡萄牙始终对中国怀有良好的感情。葡萄牙是西欧最早和中国开展友好合作的国家之一，这个关系可以追溯到 500 多年前，1513 年时葡萄牙船队就已经到达了舟山口岸。在过去的 500 多年间，中葡之间的合作主要体现在三个方面。

第一，中葡之间保持良好的合作贸易关系，这对于双方都是互利共赢的局面。例如，葡萄牙将香料、银器带到中国，从中国带回了瓷器、丝绸等，再带到全球各地。

第二，葡萄牙位于欧洲大陆最西端，中国位于亚洲大陆的最东端，尽管我们有地理差异，但是通过对话、贸易能够互相尊重彼此的价值观。澳门现在已经成了东西方文化交融、包容和对话的象征。

第三，在过去的 200 年间，葡萄牙和中国已经开展了科技交流。两国除了开展贸易交流之外，科技交往也是一个很重要的方面。当时通过传教士带来新的科学技术知识，如数学知识、几何知识、天文知识、地理、物理、光学、音乐及钟表等，葡萄牙向中国赠送了第一个钟表，这个钟表目前还保存在北京的故宫博物院之中。葡萄牙和中国拥有良好的合作伙伴关系，并且能够长期相互理解。当然我们要创造更好的机会，继续保持中葡间的互利共赢合作，互相借鉴长处。

2013 年习近平主席所提出的“一带一路”倡议，能够联系世界各国人民，不仅是商贸流通，还包括人文流通、科技流通，以促进共同发展。“一带一路”倡议是我们互相交流、知识之间互通有无及创新和科技合作的良好平台，所以葡萄牙会积极参与“一带一路”的建设。我们应该携手合作，创造出崭新的合作模式，包括在中葡以外第三国开展合作，互利共赢，致力于建设全球命运共同体，为了全球人民和世界繁荣富强做出我们的贡献。

3 嘉宾演讲实录

产学研合作平台建设将是中葡科技合作的有效途径

计剑 中葡先进材料联合创新中心主任、浙江大学高分子科学与工程学系教授

> 要建立科技数据库，建立定期的双边交流活动，不仅仅以学术交流为主，同时拓展到企业。打造两个依托企业的创新研究平台，并且组织由企业和学校、研究院所共同参与的双边交流活动。

在中华人民共和国科学技术部和葡萄牙科技基金会（FCT）的支持下，中葡先进材料联合创新中心（以下简称中心）于2013年在浙江大学揭牌成立。中心的主要目的是围绕先进材料，即生物医用材料、纳米材料、能源技术材料和环境材料4个方面展开合作。选择这4个方面是因为他们是所有科学和技术的基础，可以拓展到各个领域。中心不仅可以做科技，也希望通过产业和转化平台来构架一个合作的模式。在这个过程中，中心还得到了浙江省科技厅的支持，先后设立了中心办公室和网站，建立了各个平台。例如，基于我们和葡萄牙波尔图大学多年的合作基础，结合葡萄牙的一家公司和浙江省的微创公司，我们置备了第一个自修复海绵药物支架，目前正在试验。我们还构建了企业和技术转化平台，在此基础上进行了多次会议和交流，例如，在杭州举行的第一届中葡先进材料论坛，我们和葡萄牙高科技研究院签订了协议，同时开展了中心网站各个系统的建设。在这个基础上连续举办了第二届、第三届论坛。同时中心的研究也成为促进地区合作的一个非常好的基础，浙江省对促进地区合作给予了很大支持。我们访问了葡萄牙中部大区和北部区域协调和发展委员会（CCDRN），并同CCDRN构筑了一个全面的浙江省和葡萄牙大区合作的框架。CCDRN代表团也于2014年访问了浙江省，中心与他们签订了全面的合作协议，现在已经开展了多项双边合作。第二届中葡先进材料论坛是在中部大区的阿维罗大学进行的，我们也和北部大区，包括伊比利亚纳米研究中心所在的区域进行了合作探讨。我们在波尔图大学下面设立了“一带一路”中国—葡萄牙生物材料医疗企业联合实验室，葡方也设立了专门的联席人员进行合作。在这个基础上，2018年在杭州举行了第三届先进材料论坛，在这个论坛上我们要建立科技数据库，建立定期的双边

交流活动，不仅仅以学术交流为主，同时拓展到企业。打造两个依托企业的创新研究平台，并且组织由企业和学校、研究院所共同参与的双边交流活动，相信对于进一步推进合作是非常有利的。

现在在浙江大学的国际校区要设置一个 500 ～ 600 平方米的联合实验室，通过设立这个专用实验室，聘请专用的科研人员，进一步系统推进中葡在材料研究方面的合作。

加强区域间的合作对接　建立政府间全面合作关系

曾肖芃　浙江省科技厅国际合作处处长

要进行企业和研究机构或者是企业之间的对接和交流，今后能够拓展更多的合作伙伴，能够和政府间建立更多的全面合作关系。

杭州是 2016 年 G20 峰会的举办地，也是互联网大会的举办地。杭州离上海只有 1 小时的车程，面积约 10 万平方千米，占了全国的 1%，2018 年的 GDP 是 5.18 万亿元人民币，创造了约占全国 7% 的生产总值。浙江的经济发展不错，从科技方面来说，也非常有特色。浙江的民营经济非常发达，企业的创新能力一直排在全国的第二位或第三位，十二三个人中就有一个人自己创新创业，涌现了阿里巴巴、海康威视等一系列知名企业。

葡萄牙是浙江省重点合作的国家之一。2014 年省级层面和葡萄牙的中部大区签署了全面战略合作协议，支持中部大区和浙江省联合产业化项目。浙江省的项目主要是以产业化为目标，项目必须由企业来申报。2016—2018 年我们连续支持了双方合作的政府间项目，我们支持浙江的企业，葡萄牙支持本国相关机构。每年都有项目立项，浙江省进行支持的项目也涉及了“一带一路”的联合实验室。葡萄牙是我们非常重要的合作伙伴，未来希望拓展和葡萄牙更进一步的合作。

浙江省在新材料、新能源、航天科技和海洋科学 4 个重要领域都非常有优势，也是重点合作的领域，特别是新材料领域。浙江的海岸线非常长，也有非常大的陆域，所以浙江大学专门在舟山设立了浙江大学的海洋分院，海洋能源、新能源领域都是重点的合作领域。

我们还要加强区域间的合作对接，目前已经跟 7 个国家和地区建立了类似的合作关系。我们每年都会组织企业访问葡萄牙，进行企业和研究机构或者是企业之间的对接和交流，希望今后能够拓展更多的合作伙伴，能够在政府间建立更多的全面合作关系，支持和葡萄牙的全面合作。

从点到面加强中葡合作

蓝闽波　上海市纳米科技与产业发展中心首席科学家、华东理工大学教授

> 浙江大学、华东理工大学与波尔图大学之间的合作，实际上是从教授和教授的合作开始，然后不断地发展，形成了一个从点到面的合作趋势。

上海市纳米中心已经成立近 20 年，一直致力于推进上海的纳米科学研究与产业发展。上海也在推进中葡合作，但相比与其他国家的合作来说，中葡合作的推进还不够，其中一个原因是教授间的点对点联合不够。浙江大学、华东理工大学与波尔图大学之间的合作，实际上是从教授和教授的合作开始，然后不断地发展，形成了一个从点到面的合作趋势。纳米技术对于上海来说是一个非常重要的领域，也是非常需要推进合作的领域。利用这次浦江创新论坛的机会，我们想建立一个良好的关系，要充分利用上海已经建成的各个平台，如新能源锂电池平台、3D 打印平台、生物医药平台等。上海建立了一批与纳米技术相关的平台，这些平台也是公开的和国际化的，非常欢迎葡方的教授们来上海合作，当然我自己作为一名教授，也非常希望和葡方的教授们开展合作，2019 年举办上海国际纳米大会，也希望利用个机会，邀请相关的教授们参加这个大会，共同讨论如何合作、如何发展。

形成产研链条　建立国际化的研究和创新平台

Rui Pedrosa　葡萄牙莱利亚理工学院协调委员会主席、教授

> 这些项目大多数是与企业进行联合开发的。通过这种合作方式，我们能够将新知识、新技术进行转化，应用于生产中，形成产研链条。

莱利亚理工学院位于葡萄牙中部，有着丰富的历史文化遗产。我们有很多专门的科学实验室，所在的地区非常重视理工的研究和创新，并且积极与企业产业合作，如陶瓷、新技术等领域。我们与企业之间的合作也推动了学院科学领域的研究，现在开展了 130 个研究项目，这些项目大多数是与企业进行联合开发的。通过这种合作方式，能够将新知识、新技术进行转化，应用于生产中，形成产研链条，如电子技术方面。关于海洋技术研究中心，葡萄牙的海岸线非常长，我们在海洋物种技术研究方面很有优势。学院有 12 000 名留学生，中葡翻译、笔译和口译方面是高等教育学院非常有优势的专业，我们与中国保持了 12 年合作，双方共同培养中葡翻译人才。技术与经营管理学院主要重视技

术的经营、研究及管理。另外，还有研究饮食卫生领域及旅游学院。我们与世界上很多高校开展交流合作活动，与澳门理工学院和其他高校，尤其是在翻译领域保持合作，并且非常活跃。

最后我想强调中葡双方的合作关系，位于莱利亚区的这座城堡既代表过去中葡双方在历史上的友好关系，同时也代表和中葡在未来合作的美好愿景。

面向市场应用的研发平台

袁帅　上海大学纳米中心教授、上海资源环境新材料工程中心副主任

我们非常重视在应用方面的研究，但也不排斥基础研究和技术转移，它们也是技术产生价值的一个重要环节。

我们的科技合作目标是面向于市场应用，所以非常重视在应用方面的研究，但也不排斥基础研究和技术转移，它们也是技术产生价值的一个重要环节。我们前面做的工作主要是平台的建设，通过这个平台聚集各个领域、各个国家、各个环节方面的优势资源和人才。在这个基础上开展了联合创新研究，最终的目标是要把这些成果推向应用，最终造福人类社会。上海大学的工程中心是我们开展工作的重要场所，中心有国际科技合作示范基地，主要围绕着纳米科技开展合作。我们还有一个教育部材料分散技术研究中心，是上海市的重点合作中心，包括新材料共同研究中心等。

国际科技示范基地聚集了各个国家的科学家，包括来自于欧洲的科学家，与葡萄牙还没有开展实际的合作，将来在这个方面有很大的合作空间。在亚洲，我们和日本、韩国及东南亚的泰国都围绕着纳米技术开展了密切的科研合作。

我们和瑞典的大学开展了国际合作项目，得到了上海市科委及科技部的大力支持。不仅和学术界开展交流，还和企业界也开展了合作。例如，与法国的ESSLOR在材料领域开展合作；和奥地利开展合作，我们通过奥地利科研促进署（FFG）和上海大学成立了一个联合基金，共同资助双边的科学家开展学术交流，目前已经成功举办了3次圆桌会议，一些项目也取得了很多成果，后续的研究也得到了科技部的大力支持。我们主要的研究核心是纳米材料的制备和产业化应用技术，在青岛有纳米产品生产基地，主要围绕纳米材料开展制备和全方面的应用，这些都是将来可以开展合作的领域。

未来我们可以围绕天然的绿色化的纳米开展合作，如新能源储能纳米材料、功能性的涂层设备等。此外，也可以通过国际联合实验室或者联合实验中心等方式，加强双方人员的交流。

以项目带动中葡中小企业科技合作

邓小军　ENRICH欧洲研究与创新中心集群网络中国代表处

> 中葡的合作前景非常广，不仅在前沿领域，也不仅在大学和研究所，而且在企业层面也可以开展更多的合作。

我来自葡萄牙仕博创新管理咨询公司(SPI)，在1999年就开展了业务，在北京有代表处。我们支持很多的葡萄牙中小企业，特别是技术型的中小企业。据我们了解，葡萄牙有非常好的技术型企业，不仅是在纳米、新材料、海洋方面，还有其他的行业，如软件、模具等方面都有非常好的公司，他们也希望到中国开展各种形式的合作。浙江省科技厅和葡萄牙中部大区有一个双边支持合作协议。浙江是一个制造业大省，模具是制造业的基础，最近我们还支持了一个葡萄牙做模具的企业和浙江省的一个企业达成合作，这个项目是一个非常好的关于先进模具技术方面的合作。

中葡的合作前景非常广，不仅在前沿领域，也不仅在大学和研究所，而且在企业层面也可以开展更多的合作。SPI有一个项目叫作欧盟卓越创新中心（ENRICH），是欧盟委员会在“地平线计划2020”中支持的一个项目，欧盟在巴西、美国和中国用同样的概念建立了3个中心，我们负责中国中心的工作，有8家合作伙伴，在中方也有5家合作伙伴。这个中心的目的就是支持、帮助欧盟的创新者、中小企业、大学研究所开展和中国各方面的科技合作，当然也包括葡萄牙的研究机构和企业，我们与各个成员国都有很多密切的合作，也和很多中方的创新机构在不同的地区有合作，希望以后和上海相关机构和浙江省相关科技机构基于ENRICH平台做更多的合作，支持欧盟更多的企业和中国进行合作，也欢迎更多的葡萄牙技术创新型企业到中国来发展。

未来多领域合作的机会

李光明　同济大学环境科学与工程学院教授

> 同济大学的学科很全面，我们和葡萄牙最有机会合作和关注的在于城市建设和防灾方面。

中国和葡萄牙已经有很多合作，但是同济大学和葡萄牙的合作还不是非常活跃。同济大学有100多年的历史，也是一个在世界上非常活跃的中国大学。同济大学的学科很全面，我们和葡萄牙最有机会合作和关注点在于城市建设和防灾方面。在中国这些年的发展中，同济大学在城市建设和防灾方面集聚了中国很多学科的优势，非常有特点，一些大型的活动、工程都有同济大学教授们参与的身影。如港珠澳大桥，同济大学的教授有参与，还有很多的技术研发。同济大学在先进制造业方面也有很多的研究，如新能源汽车方面学科发展的优势比较明显；在生命科学和艺术创意方面又有很多的发展；在环境科技方面，同济大学在中国乃至世界上也有一定的影响。大家都关注生命科学、环境科学，包括材料等，所有这些都和环境有关系。同济大学在饮用水、城市和工业污水处理和回用方面有很多的研究经验和心得，也有很多合作的机会，我们非常期待有进一步的交流与合作。

通过产学研合作达到社会均衡的发展

努诺·鲁普斯　数字虚拟现实实验室研究员

> 我们具有比较强的研究能力，工作目标就是研究新的技术，将新知识、新技术相互应用于生产之中。希望通过这些新技术提高产品的附加值，更好地为人民提供更优越的服务，最终目的是提高人民的生活质量，为城市居民提供更便捷的服务。

首先，葡萄牙与中国之间的友好关系已经有500多年的历史，我们一直相互尊重。500多年前，葡萄牙是全球重要的航海国家，当时在海洋领域和航海领域的技术是比较先进的。正是基于这些技术，葡萄牙才发现了世界，认识了世界，由此可以看出航海技术在大发现时期的重要作用。另外，在造船方面我们也积累了丰富的经验。在航海发现的同时，葡萄牙也促进了知识和技术的传播，例如，通过印度洋航线，我们把一些技术和知识传播到了印度洋沿岸。现在,21世纪面临着技术的大变革,尤其是数字技术的应用，在人工智能及安全领域、安全网络技术、经济服务领域、多个学科都要应用到数字技术，中葡两国都进入了数字变革的新时代，所以对数字领域都给予了很大程度的重视。

在了解目前世界大背景之后，再来讲一下我们实验室的主要工作。我们希望能够利用数字技术促进经济增长，满足人民日益增长的需求。目前面临的挑战都是前所未有的，无法预测在未来将会引起一系列什么样的技术变革，以及如何应用这些技术应对多变的世界。基于这样的逻辑，我们成立了数字虚拟现实技术实验室，包括对于因特网技术、网络安全等技术的研究，推动发展一个更加绿色的经济。主要工作是研发如何实现可持续的经济发展。数字技术将会改变城市，改变产业，改变生产、生活、服务方式。基于以往的经验，产业各个领域的企业研究应该紧密合作，葡萄牙非常重视相关领域的研究及新技术的研究。希望通过虚拟技术这些新技术提高产品的附加值，能够更好地为人民提供更优越的服务，最终目的就是提高人民的生活质量，为城市居民提供更便捷的服务。

葡萄牙产业的演变经历了 4 个阶段，最早始于 18 世纪，当时技术比较发达的国家掀起了工业革命，然后是电气化、数字化，现在处于第四个阶段，这也是我们目前重视的一个领域，就是希望把真实世界与虚拟世界联系起来，实现物物相连的网络。对于未来的工作计划，希望能够运用目前很多大学和实验室的研究成果，与这些大学机构及研究组织进行合作，把企业和产业联系起来，相互合作，共同推动科技的创新，实现技术的转化，促进经济社会的增长。这里列举一些重要的工作领域，首先是汽车、飞机、机器人，希望借助于新技术、新材料，把所有这些设备联系起来，实现物物相连，并且与虚拟世界联系起来，实现最后的区块链，通过人工智能控制所有的各个分支网络，使之形成一个有机的联系体。我们主要的研究伙伴、研究室主要是大学（如米尼奥大学）及 CEiiA 研究中心。另外，大学还与一些产业平台合作。我们具有比较强的研究能力，工作目标就是研究新的技术，将新知识、新技术应用于生产之中。

我们的数字技术研究中心是一个开展联合研究项目的中心，就像联合国秘书长说的，我们需要数字技术，应用数字技术来提升生活水平，我们希望将各种先进的技术进行产业转化，也希望中葡双方能够在这个方面有更深入的合作。

能源转型需基础研究和应用研究综合利用

李博　中国电力科学研究院国际部主任

联合运作要瞄准聚焦点，提升自己的实力，更重要的就是双方的互信和广泛的合作。

能源转型的一个特征是清洁化，包括低碳化。从能源生产的角度来说，传统的可再生能源逐步转化成新能源，传统的化石能源转化为清洁的可再生能源，这一过程中电力发挥的作用日益凸显，这个能源转型的过程也可以是再电气化的过程。从终端能源消费的环节来说，对电能的综合利用将是前所未有的拓展，电力将成为现代信息社会和数字经济的主要动力。在能源转型的过程中，对电网的功能作用、运行方式提出了前所未有的考验，需要向广泛互联、智能互动、灵活柔性、安全可控、开放共享这一新的电力系统进行升级。这个过程涉及方方面面。我们现在的基础就是数字化，还需要其他方面的基础研究，包括材料科学和应用科学的综合利用，在标准化方面的研究也面临诸多的挑战，需要各方、各界共同努力，在这个过程中需要加强国际合作，推动电网的升级转型。近几年我们国家的电网公司引领了一些重大的电力技术创新和实践。特高压就是新技术，可以输送 3000 ～ 4000 千米，输送的电接近上海近 1/3 的能量。在新能源领域也进行了大量的尝试。在智能电网方面国家电网公司目前已经有 4.5 亿块智能电表投入应用。近几年国家电网积极参与电网的运营，包括葡萄牙的输电网公司我们也进行了参股。另外在国际电工领域我们董事长刚刚当选为第 36 届国际电工技术委员会（IEC）主席，国际话语权也得到了极大的提升。我们全程参与了整个过程的电力创新，同时承担着 IEC 4 个技术委员会的工作，包括工程应用的技术支撑，解决了很多关键核心技术问题。

我们在葡萄牙设立了一个研发中心。2012 年国家电网公司参股了葡萄牙国家能源网公司（REN），我们和 REN 成立了一个研发中心，为未来做设计，定位瞄准新能源，结合国家电网公司的经验和葡萄牙在欧洲电网市场中的优势，经过这几年的运行成效还不错。我们建立了一个联合研发团队，有 20 人，虽然规模很小，但是这几年通过一些项目已经积累了非常雄厚的实力，构建了路网检测平台，我们已经获得了 10 项欧盟地平线 2020 项目，2018 年年初获得葡萄牙 2020 项目支持。

联合运作要瞄准聚焦点，提升自己的实力，更重要的就是双方的互信和广泛的合作。目前的合作有了一个很好的开端，之后还将面临一些实际的问题，包括政策的限制，包括我们希望在政府间的合作项目上给予一定的支持，希望在人才培养机制方面给一些政策上的放宽。中国电科院是唯一的一个拥有研究生培养资质的电力科研机构，有自己的硕士、博士培养基地，同时还有博士后流动站。我们希望通过这个平台为双方培养博士后，也希望相关部门予以支持，最后希望社会各界关心、支持、帮助、利用好这个研发平台。

葡萄牙科技基金会将更加关注中葡科技合作

Paulo Manuel Cadete Ferrao　葡萄牙科技基金会主席

从葡萄牙科技基金会的角度来说，自 2017 年开始我们进一步关注和支持中葡双方的科技合作，未来将会继续开展研讨会，希望能够产生出更多的合作新想法、新思路，并且把这些想法付诸实施，取得实实在在的合作成果。

能源领域是中葡工业和科技合作的一个重要领域，中国国家电网和三峡集团都和葡萄牙的合作伙伴开展了大量的电力合作项目。科技合作是全球范围内最大的合作项目，我们也可以建设一个能源方面新的“丝绸之路”，洲际之间的能源传输是一个非常重要的发明和举措，例如，特高压输电可以通过中国广袤的地区，还可以通过光伏技术的应用，穿越整个欧亚大陆，甚至把中国的电力源源不断地输送到欧洲。能源变革也是一个新话题，和科技密切相关，我们需要充分发掘葡萄牙本身的资源和人才优势，建立一个很好的合作平台。例如，可以利用良好的风能平台与中方合作。另外，新科技在日新月异的发展，整个科技系统需要良好的管理。我们时刻都在寻求所需要的新技术、新能源，除了常规以外，还需要寻求太阳能、风能等，这样会对环境有良好的保护。在这些方面都需要先进的数字技术来运用其中，降低电力成本。又如，把新能源汽车的能源价格调整到普通民众能够接受的价位，这是我们学术界和研究界需要做的工作，与社会生活也是密切相关的。

中葡双方有必要加强在纳米科技领域的合作。我非常赞同把纳米技术合作放在首位，葡萄牙也将会联合国际伊比利亚纳米实验室，双方尽快完成对接，共同推动在纳米技术领域的合作，也希望中方政府和葡方政府继续支持纳米技术的研究，希望双方合作协议的签署能够尽快明确下来。

目前葡萄牙正在致力于空间技术的研究，政府给予了大力支持，所以我们基金会也与欧盟航天局一起合作，支持各种航天技术研究，希望能够成立一个葡萄牙航天研究中心或者是葡萄牙航天局。这是一个新的机构，标志着葡萄牙对于航天研究迈出了第一步，开发空间领域是一个很大的变革，也是一个崭新的项目，我们通过欧盟航天局的支持进一步探索空间，所以葡萄牙刚刚成立的航天局将会面临一个崭新的未来。我们也会加强与私营企业的合作，一起构造智慧城市，推动农业的发展。同时利用海洋技术，把所有这些新技术进行整合。中国在航天技术方面非常领先，但是葡萄牙才刚刚起步，所以中葡双方有很大的合作空间，我们还有很多需要向中方学习的地方，我们也深信通过与中方的合作，葡方将会受益颇多，这是一个充满了活力的研究领域，让我们一起探索空间、宇宙。

研究与产业紧密结合

康飞宇　清华大学深圳研究院院长教授

清华在北京有很多的学科，但是在深圳只选择了部分学科，因为深圳的社会经济发展需要与之相应的人和技术。

深圳是一个年轻而活跃的创新城市，清华大学深圳研究生院是清华在北京以外唯一的一个办学机构，经费主要是来自深圳市政府的支持，已经运行了17年。这17年来招收了1万多名研究生，已经毕业了将近8000名，现在在校生是3300名，全部都是硕士、博士。学科设置主要是适合深圳市的发展，如新能源、新材料、环境、信息、药物、海洋科技、先进制造、艺术设计等。清华在北京有很多的学科，但是在深圳只选择了这些学科，因为深圳的社会经济发展需要这样的人才和技术。

我本人是研究新材料或者是纳米材料和新能源的。在纳米材料方面主要是研究碳材料，还有碳管，在新能源方面主要研究的是电池，特别是锂离子电池、电力电池，主要应用在电动车上，做新能源的存储。中国现在有 300 万辆电动车，占全世界一半以上。深圳应该是全世界最大的使用电动车的城市，公交巴士和出租车基本上是电动车。中国的风电和光伏电也是世界第一，但是这些电需要存储。中国的锂离子电池产业大概占全世界 1/3 还多，我所在的珠江三角地区大概占中国锂离子电池企业的一半，说明全世界有 1/6 的锂离子电池在珠三角区域进行生产，所以我的课题组围绕产学研和企业合作是非常容易的。

中葡合作的机会有很多。要加强学术交流，我们举办或参与了很多多边和双边会议，所以我想是不是也可以做中葡合作论坛，可以在深圳或者是其他地方举行。我们学校在深圳正在建设一个国际研究生院，要把学生人数从现在的 3000 逐渐提高到在校人数 5000，到 2030 年达到 8000，主要是增强和世界著名高校在相关领域的教育和留学生培养，所以在教师和学生的培养方面有很多的机会。我们现在和加州大学伯克利分校举办了一个联合学院，已经办了 4 年。还有一个学生创业中心——Ispace，可以给学生们提供各种创业机会。

利用空间和海洋的集成研究拉近距离

张永合　中国科学院微小卫星创新研究院新技术中心

> 如果我们把中国及葡萄牙之间的深空和深海所有的能力做一个有效的结合，我相信不仅对科学，对经济也有很大的发展。

中国科学院微小卫星创新研究院上海微小卫星工程中心（SECM）到目前为止一共发射了 40 颗卫星，覆盖了通信、导航、对地遥感等非常大的领域，卫星最小的几千克，最大的不到 2 吨，这其中包含了科技部支持的一颗碳卫星，用来研究二氧化碳全球的监测，比较出名的有 2017 年的量子科学卫星和暗物质探测卫星。我们有很多科学卫星项目，已经发射了两颗卫星是暗物质和量子，接下来正在研发的还有爱因斯坦探针及太阳天文望远镜，将在 2022 年发射。

上海市还支持我们做一些新的创新应用，例如，现在有多媒体卫星星座，就是围绕面向未来高速率的通信及星际通信，将来这个卫星也可以做开放合作的项目。2014 年上海 SECM 主任跟葡萄牙之间开始讨论小型合作，4 年之后我们又探讨更加广泛的合作。现在很难把空间和海洋完全地隔离开来，而且越来越多的科学研究及经济都要把空间海洋这种立体观测网络融合为一体，所以我们工科院也有很多的海洋研究机构，有非常好的条件把空间和海洋做集成化研究。

越来越多的国际机构了解中葡空海联合实验室 (STARLab)。不仅是领导层面、机构层面，工程师之间也密切地合作。我们建立项目工作组，白天和晚上可以持续地工作。之后还会建立实验室，实验室的愿景就是从深海到深空。中科院关注生成水的循环，证明了中国这部分海和大西洋那一片的水域在深层次共同影响，它们同时又对气候产生影响。如果把中国及葡萄牙之间的深空和深海所有的能力做一个有效的结合，我相信不仅对科学，对经济也有很大的发展。

加强战略性合作项目

Francisco Cunha　葡萄牙航空防御公司（TEKEVER）首席财务官

我们希望能够跟中方机构继续加深合作，实际上这对于我们保证合作项目的成功是至关重要的。

在过去的时间中，我们在青岛及和上海相关的中国合作伙伴一起研究。希望能够跟中方机构继续加深合作，实际上这对于保证合作项目的成功是至关重要的。葡萄牙历史上第一个工业卫星项目是我们的技术团队和中科院微小卫星研究所的团队通过合作得到很好的落实，这是葡萄牙的一个战略合作项目。我们又和中科院物理技术研究所建立了新的合作关系，未来我们也将引进新的技术，和中科院其他机构建立合作，也希望中方能够积极参与这些项目。我们和中方机构在互相合作进行的思想和技术交流中也产生了新的灵感。希望在葡萄牙进行的项目能够进展得更好，在中国合作的项目有一个好的未来，并且对全球的创新事业做出贡献。

航天科技、卫星运载相关的研究进展

乔洋　上海航天技术研究院电子信息处处长

我们未来的计划是建设低轨导航增强卫星系统，因为随着更高精度导航开始融入我们的日常生活，高精度导航的需求在不断增加。

上海航天技术研究院是专门从事航天科技、卫星运载相关的业务研究机构。目前我们国家所有的气象卫星都是上海航天技术院研制的，包括之前的太阳同步轨道的气象卫星，以风云一号、风云三号为代表的，以及以风云二号和风云四号为代表的高轨。现在正在预研的就是下一代的高轨气象卫星——风云六号，有可能在2020年前立项，预计在

2021—2022年发射，主要是针对强台风的预报，因为这是普及全球的，并不只是针对中国，因为气象卫星是世界的气象卫星。

我们单位主要是从导弹、卫星、飞船等综合发展的企业，深入贯彻军民融合发展，特别是针对商业航天方面。我们单位经历了49年历史，共执行火箭发射121次，商业发射目前30次，发射商业卫星69颗。特别是国际发射方面承担了委内瑞拉的发射，我们还承担了一些搭载发射任务，包括卢森堡、荷兰、阿根廷等相关国家的小卫星。我们从1969年开始研制卫星，目的共研制了14颗卫星，在轨14颗，卫星的能力从100千克到5.5吨。

我们未来的计划是建设低轨导航增强卫星系统，因为随着更高精度导航开始融入我们的日常生活，高精度导航的需求在不断增加。我们从探索的角度于2017年发射了一颗卫星，已经实现地面用户精度达到30厘米。我们计划在空间段形成40颗微纳卫星星座，基本上每个卫星30千克左右，用以实现宏伟的蓝图。这是我们正在实施的一个想法，希望与葡萄牙的各位教授、各位专家，从航天科技这个角度有更加深入的合作，同时与中方的民营企业和高校开展更加深入的合作。

卫星大数据是欧比特宇航科技布局的重点

吴郁琪　珠海欧比特宇航科技股份有限公司副总经理

珠海一号星座是我国首家由民营上市公司建设并运行的星座。

珠海欧比特公司于2000年3月在珠海地区创立，主要从事宇航电子及卫星大数据，集人工智能技术、产品的研制和生产，服务于航空航天、国防工业、国土资源、环境保护、智慧城市等领域。公司是首家登陆深圳创业板的集成电路（IC）设计公司，是我国宇航处理器系统级芯片（SOC）的企业，也是广东省国产卫星技术创新联盟的理事单位及人工智能产业技术创新战略联盟会员单位。今天我重点谈一谈我们在2014年布局的一个新业务——卫星大数据。

在2014年响应军民融合国家战略，我们公司积极参与国防空间基础设施建设，也是因为国防工业地理信息、智慧城市等领域对高时空、高分辨率迫切的需要，我们开始打造珠海一号遥感卫星，珠海一号星座是我国首家由民营上市公司建设并运行的星座。到目前为止，我们已经有7颗卫星在轨正常运行，珠海一号卫星星座一共布局了34颗卫星，分两期。第一期计划发射16颗卫星，预计2019年完成；第二期计划是2021年18颗卫星发射完成。现在我们已经建设了2个大数据接收中心，拥有基本上7颗卫星每5天对全球覆盖一遍的能力，每年可以接受3000TB数据。

公司自创立到现在已经成立了18年，从来没有停止过国际合作。我们和爱尔兰、以色列、瑞典一直有合作，和葡萄牙有待开展合作。我们为什么要组网发射34颗卫星。全球到2018年4月30日的数据统计共有在轨卫星是1980颗，其中，对地观测661颗，占比35%；通信卫星792颗，占比42%。从组网中看出，到现在为止一共发射了7颗卫星，这7颗卫星4颗是高光谱，3颗是视频卫星，高光谱卫星在全球一共是24颗，我们欧比特占了4颗。高光谱卫星在未来无论是智慧城市，还是在国防事业方面的应用是最广泛的。

葡萄牙面积是9.2万平方千米，如果利用我们的遥感技术可以对农作物的种植种类进行提取，对农作物可以进行实时掌控，并且我们也可以对农作物的产量进行预估。葡萄牙的西部和南部有一个非常绵长的海岸线，我们的高光谱可以对海岸带的变迁及海洋水质要素的浓度进行监测。在森林方面，葡萄牙的森林覆盖率也达到了37.7%，林业资源分布也很广泛，每年夏季会有森林火灾造成一定的损失，利用遥感技术可以对森林防火做一个实时的监测，以便于进行灾后评估。

深化中葡在海洋领域科技合作

阿图·科斯塔先　葡萄牙CEiiA工程中心海洋与空间部企业开发经理

> 我们致力于提供新的解决方案，与各个产业领域进行合作，实现技术的转移。

海洋空间领域的科技合作是中葡双方科技领域合作的重要内容。葡萄牙工程与产品发展中心（CEiiA）有300位左右研究员，是一个非常崭新的、很年轻的研究中心。我们致力于提供新的解决方案，与各个产业领域进行合作，实现技术的转移，如航天领域、航天企业。我们非常重视海洋和空间领域，这也是最近几年研究主攻的方向。例如，我们与巴西共同研发的飞机项目。我们与产业进行合作，如海洋空间领域及运输。还有一个项目叫作中葡空海联合实验室（STARLab），这个研究室主要研究海洋。

我谈一两个简单的想法。地球上拥有海洋资源，而且很多的物种都是生存在海洋之中，对于海洋我们了解的非常有限，未来还有很大的研究空间，要研究和探索就需要借助很多先进的技术。探索海洋对于经济和产业的发展非常重要，海洋对于维持生态平衡非常重要，对于应对气候变化也是至关重要的，所以我们尤其关注海洋科技。地球的人口不断上升，而且地球上的资源日益减少，所以海洋资源对于我们来说也是未来需求或者是未来需要开发的资源。葡萄牙大概位于欧洲的西南端，这意味着葡萄牙的国土是有限的，如何开发葡萄牙海洋资源对于我们来说至关重要。

目前中葡双方可以共同研发。在最近两年我们非常关注海底潜水技术开发，我们希望能够建成一个潜水器，目前还处于测试阶段。另外一个双方可以开展的项目就是离岸水产品养殖，我们可以应用海洋资源进行水产开发，葡萄牙海岸线绵长，适合水产品养殖。中葡可以从上述的这些项目进行合作。在未来，我们还可以进行海洋技术的研发，所以希望能够借助 STARLab 研究室这个平台，一起开发卫星及空间技术，同时我们还在这些合作平台得到了资金资助，这些与企业的合作都可以帮助我们更好地进行技术研发。

加强中葡双方大学人才交流和项目合作

朱江峰　中葡海洋生物科学国际联合实验室代表、上海海洋大学科技处副处长

> 我们希望下一步有阿尔加夫大学的研究生来我们学校进行学习。

上海海洋大学建于 1912 年，特色学科包括水产，最近我们学校在海洋生态环境保护方面的发展也很快。中葡海洋生物科学国际联合实验室建于 2017 年 9 月，由上海海洋大学和葡萄牙的阿尔加夫大学联合成立，2017 年成立的时候举办了第一届双方联合研讨会，2018 年 10 月 20 日校长带队去阿尔加夫参加第二届联合研讨会，之后我们要前往里斯本大学和葡萄牙的研究所进行洽谈和签署战略合作协议，进一步开展和这两个单位的研究和合作，所以我们合作的前景非常广。我们现在主要是和阿尔加夫大学合作，学校有研究生在阿尔加夫大学实验室进行短期访学，但还没有葡萄牙学生来我们学校。我们希望下一步有阿尔加夫大学的研究生来我们学校进行学习，这是我们以后可以开展的合作方向。

安徽大学和科研院所与葡萄牙多方位合作

罗平　安徽省科技厅副厅长

> 安徽这几年非常重视创新，在科技创新领域也取得了一批成绩，如量子通信、铁基超导、智能语音、电子玻璃制造等领域取得了一批在国际、国内领先的成果。

安徽省是长三角的一员，安徽的科教资源比较丰富，有中国科技大学、合肥工业大学一批高等学校，还有中科院合肥物质研究院和通用器械研究院等一批科研院所。安徽这几年非常重视创新，在科技创新领域也取得了一批成绩，如在量子通信、铁基超导、智能语音、电子玻璃制造等领域取得了一批国际、国内领先的成果。特别是 2017 年，安徽被我们国家批准为 3 个综合性科学中心之一，合肥综合性科学中心建设被批准，合肥

综合性科学中心主要是利用合肥的同步辐射光源、稳态强磁场等大型科学装置，也代表国家参与全球的交流与合作，我们真诚地欢迎国际各方面专家到我们这个平台来进行交流合作。葡萄牙目前和中国科技大学火灾实验室建立了大尺度火灾国际联合研究中心，还有中科院合肥物质分院和里斯本理工大学聚变等离子体与核聚变离子所也有深度的合作。葡萄牙和安徽还有很大的合作空间，希望进一步推进合作。

澳门科技大学将在中葡合作中发挥重大的作用

姜志宏　澳门科技大学副校长

澳门与葡萄牙在历史上、地理上有着天然的联系。

澳门科技大学成立于2000年，是海峡两岸暨澳门最年轻的50强大学，也是澳门最大规模的综合性大学，拥有11个学科，11个学院，有2个国家重点实验室，第一个是中药质量研究国家重点实验室，另外一个是月球与行星国家重点实验室，还是教育部重点研究基地和联合实验室。我们大学在亚太地区的排名比较高，在2018年QS亚洲大学排名中居第229位，这是第一次参加排名。

介绍一下我们大学与葡萄牙科研机构的合作情况。我们与米尼奥大学、里斯本大学签订了多项合作协议。另外，在资讯、科技和系统工程方面与里斯本大学、米尼奥大学、波尔图大学、波尔图理工学院、阿威罗大学就智慧城市、机器学习、高级计算系统等开展了一系列合作。我们和以上葡萄牙大学、研究机构在世界著名期刊也合作发表了20多篇学术论文，涉及数学、物理、生命科学等领域，发表了一系列的研究论文，这也表明我们和葡萄牙大学、研究机构的合作是非常富有成效的。我们在商学院方面和里斯本大学、天主教大学里斯本商业与经济学院签订了协议，也开展了互访和交流。国际学院也和葡萄牙大学，在葡语教学、国际汉语教学方面开展了一系列的互访、学生交流及科研合作。澳门科技大学中药国家重点实验室也是我们大学科研的一个强项，我们在中医药方面和ASIMI正在开展中医药领域的合作，我们也与波尔图开展中药及欧洲草药抗炎及抗癌的合作研究。

澳门与葡萄牙在历史上、地理上有着天然的联系，政府也希望澳门能够发挥一个平台的作用，我们大学今后还可以在这个方面积极响应号召，发挥更大的作用。

第 3 章

产业论坛

产业论坛 1：创新科技与医学健康

暨上海老年医学“临床—科研—产业”大会

随着人口结构转变和社会经济发展，人口老龄化已成为世界性问题。我国是世界上人口老龄化程度比较高的国家之一，老年人口数量多，老龄化速度快，应对人口老龄化任务艰巨。《“健康中国 2030”规划纲要》中指出，要积极应对人口老龄化，推进老年健康服务供给侧结构性改革，实现健康老龄化，助力实现健康中国的战略。如何从根本上保障老年人的经济独立性、健康与生活质量是我国面临的重大问题。

1 论坛综述

科技创新对于临床医学和老年医学具有越来越重要的意义。本次创新科技与医学健康分论坛暨上海老年医学“临床—科研—产业”大会重点探讨基因组学与精准医疗的发展在衰老生物学中的转化研究与应用，通过对话与交流回顾我们在促进健康老龄化中取得的进展，提出减缓机能衰老、改善健康的干预措施，并激发出更进一步的倡议。会议由来自多个不同领域的演讲嘉宾提供深入见解，促进健康老龄化的创新、教育、推广及产学研合作，为改善老年人口的生活质量注入动力。

本次论坛于 2018 年 10 月 31 日 9：00 — 17：00 在复旦大学附属中山医院东院区召开，由复旦大学附属中山医院和华大基因共同承办。论坛首先由中山医院实验室中心主任王向东教授致辞，他表示：“作为一名临床医学的实践者，我们切实感受到高科技的介入对于临床医学和老年医学的发展至关重要，所以我们迫切地希望在产学研合作方面有更大的突破。”随后，论坛分为两部分展开，包括基因科技与健康论坛和上海老年医学大会。华大智造医官王威、美国阿尔伯特·爱因斯坦医学院教授臧星星、中国科学院神经科学研究所所长杨辉、复旦大学附属眼耳鼻喉科医院眼科研究院副院长吴继红、国家老年疾病临床医学研究中心（湘雅）主任唐北沙、复旦大学附属华东医院教授夏世金、中国科学院神经科学研究所研究员蔡时青、北京大学第一医院老年内科教授刘梅林 8 位演讲嘉宾分别做了专题演讲。他们就基因诊断和免疫治疗等新技术在帕金森病、遗传性眼病、肿瘤、心血管病等老年病中的应用所取得的成就、面临的挑战及未来的发展方向等问题进行了介绍。

2　嘉宾演讲

人类基因组到人人基因组

王威　华大智造医官

2018 年是 DNA 双螺旋结构发现 65 周年和人类基因组计划完成 15 周年。随着知识的积累和基因测序工具的发展，“人人基因”时代正在来临。基因组学的理念和技术不仅在临床应用中迅速开展，也开始影响人类生活的方方面面。未来基因医学的发展依赖于小型化、超高通量测序仪的开发，同时在前沿科技和临床实践的结合等方面仍需克服诸多挑战。

DNA 是生命传承延续的基本分子。人类基因组有 30 亿个碱基对，其中蕴含着巨大的遗传信息量，而研究全套 DNA 信息的基因组学，是所有生命科学的基础。人类基因组计划于 1990 年正式启动，该计划的目标是把人类 23 对染色体上的碱基对进行精确测序，进而从基因层面为研究人类疾病的发生和发展提供线索。人类基因组计划是人类历史上对生命最大规模的一次探索，是自然科学史上参与国家最多，同时也是协调最成功的一个大型国际研究计划，对于破解人类遗传密码具有里程碑式的意义。学界往往把这个计划与“阿波罗登月计划”和“原子弹计划”并称为 20 世纪人类自然科学史上的三大科学工程。不管在科学层面，还是经济、社会层面，这项科学工程的意义都是不言而喻的，现代所有个体化医学、基因组医学的进展实际上也都可以追溯到这项计划上来。相比于国际领先水平，我国在该领域起步较晚，1999 年中国正式加入到基因组计划中，完成了其中 1% 的工作，这也是中国科学家走向国际大舞台的起点。延续人类基因组计划的研究机制，国际上又陆续开展了国际外饰基因组计划（International Epigenome Project）、人类变异体计划（Human Variome Project）、国际人类蛋白质组计划（Human Proteome

Project），以及人类宏观基因组计划（Human Metagenome Project）等大型合作项目。

基因组为生命科学领域及其他学科提供了一套组学研究的方法，是分子层次的遗传学。从现在的趋势来说，不同组学的单独研究力量已很难产生新的科学发现，需要把不同组学的信息进行融合和贯穿。如影像基因组学，就是通过影像组学的海量信息、图像的海量信息和基因组学层面的海量信息的融合，反映组织和器官水平的表现型和基因型特征，从而帮助我们对疾病进行更加精准的分类和诊断。

另外，每个人的遗传背景都是与众不同的，这些微小的差异与我们的健康息息相关。基于此，基因组测序正在从绘制一个种群的标准图谱走向不同群体的标准图谱，例如，2010 年的人类基因组草图其实就是在完成这项工作，它针对的是不同群体及这个群体中的众多个体乃至全部个体。这种人人基因组正在成为实践个体化医学的一个必要手段。目前，基于特定基因组合测序的遗传病的诊断筛查和药物基因组、遗传性肿瘤和靶向用药、个体化诊疗等都是从测序技术走到临床的一些代表性的应用。

在这些研究中，个体的数量是非常重要的。对于基因组来说，大的样本可以帮助我们了解一个人类群体内基因之间的差异，帮助我们解析基因型表型关系，以及这种变异到底如何影响我们的健康。进入 21 世纪，很多国家都陆续启动了面向精准医学的大人群的基因组计划，包括 2012 年英国投入 5.23 亿美元，针对癌症和罕见病患者启动的为期 5 年的“10 万人基因组计划”，以及 2016 年中国计划投入 600 亿元人民币启动的为期 15 年的“中国人群精准医学研究计划”等。华大基因自 1999 年以来就一直致力于基因组的研究，最近这几年我们也开始转向产业，到现在已经完成了大约 1000 万例的全基因组的测序工作，其中很大一部分是来自于临床业务，临床业务中比较重要的应用集中在无创产前检测，目前业内的专家普遍认为无创产前检测是基因组测序技术最为成功的一项临床应用。我们希望从临床大数据的群体分析中发掘专门针对中国人群的精细的遗传结构和遗传序列分布特征，并与不同地区生活环境与饮食结构等进行联系，以指导未来疾病的防控。目前，我们已经基于超过 14 万例孕妇的基因组数据进行了群体和个体层面的深度研究，也得到了一些意想不到的发现。

基因组的快速发展，实际上得益于研究工具的进步，特别是高通量测序技术和信息学的发展，它使我们能够通过组学的手段去研究健康，大大降低了技术和经济上的障碍。100 年前，“现代遗传学之父”摩尔根在实验室工作时，研究工具还十分有限，必须通过显微镜观察遗传物质的变化情况。有了新的工具（如测序仪）之后，我们就可以了解 DNA 更加清晰的结构，从而能够在分子水平上寻找序列中的遗传密码和遗传规律。在人类基因组计划中，6 个国家大约花费了 30 亿美元和 13 年的时间才得以完成，如今这一成本已降低至 1000 美元，这也是这项技术如今如此普及的一个重要原因。但我们对这项技术还有更高的期待。当前一个重要的趋势是一些小型化或微型化测序仪的出现，这意味着测序技术将来有可能走到我们的生活中来，我们每个人都可能买一台这种小型工具来了解我们感兴趣的一些事情。另外，从科研的角度来说，大型的国家基因组项目必须依靠超高通量的测序工具。华大基因近期推出了一款测序工具，叫作 MGISEQ T7。T7 主要是指它的测序通量可以达到 7 个 T，也就是说一天可以完成 60 个人的基因组，一年可以完成 1 万个。这是一个什么概念？英国的那个 10 万人基因组项目从 2012 年启动到今年差不多有 6 年的时间，全国 13 家基因组中心参与其中，但是用 3 台 MGISEQ T7 3 年时间就可以完成所有的测序工作。这显然可以大大提高科学发现和临床转化的速度。2012 年协和产前诊断专家组的边旭明教授到华大参观时说：“你们就坐着火箭在往前走，我们做临床的还在骑着自行车。”我想边老师的话实际上是说前沿科技和临床实践中存在巨大的差距，这种差距是需要我们去填补的。人类基因组计划过去的 15 年，基因组医学取得了非常大的成就，除了留给我们科学的财富，还有经济上的财富，而其中的精神财富可能是更值得我们好好珍惜和思考的，就是共需、共有、共为和共享。这个说起来简单，但要真的践行这个理念，还需要克服很多障碍和挑战。

免疫疗法：最新进展和未来展望

臧星星 美国阿尔伯特·爱因斯坦医学院教授、讲席教授

癌症免疫疗法在近年来取得了一系列突破，一些基于新的免疫检查点的药物正在被研发出来，但在科学转化成疗法的道路上依然困难重重。

免疫是人体的一种生理功能，人体依靠这种功能识别“自己”和“非己”成分，从而破坏和排斥进入人体的抗原物质，或人体本身所产生的损伤细胞和肿瘤细胞等，以维持人体的健康。免疫学在发展过程中经历了几次起起落落，我们认为在过去一百多年的时间里，这个领域有两个最重要的贡献。第一个最重要的贡献是疫苗，疫苗已经挽救了很多人的生命，如果没有疫苗，这些人可能会死于感染。第二个最重要的贡献就是免疫治疗。

免疫疗法是目前非常热门的领域。1909 年，学者 Paul Ehrlich 首次提出了癌症的“免疫监视”假说，他认为免疫系统在不停地巡逻并摧毁新生的癌细胞，如果宿主的防御不能阻止持续产生的癌细胞的生长，癌症将以“令人难以置信的频率”发生。1957 年，Lewis Thomas 指出“细胞免疫的主要功能……是为了防止肿瘤性疾病”。但是当时受到技术条件的限制，没有人能确定免疫系统是否有能力控制肿瘤。直到 20 世纪 80 年代末、90 年代初，利用一些新的技术，学者们才开始了进一步的探索。2018 年诺贝尔生理学和医学奖授予了美国的詹姆斯·艾利森（James P. Allison）和日本的庶佑（Tasuku Honjo）两位免疫学家，以表彰他们“发现负性免疫调节治疗癌症的疗法方面的贡献”，由此也可

以看到，免疫疗法正在获得更加广泛的关注。

现在大家经常看到“免疫检查点”这个名词。这个概念是2003—2004年我在做博士后时，我的博士后导师提出来的。当时这个新概念并没有得到业界的认可，但坚持到今天，这个词已经非常流行了。免疫检查点是指免疫系统中存在的一些抑制性信号通路。机体在正常情况下，免疫检查点可以通过调节自身免疫反应的强度来维持免疫耐受，然而机体在受到肿瘤侵袭时，免疫检查点的激活可抑制自身免疫，有利于肿瘤细胞的生长和逃逸。最主要的免疫检查点是B7-1和B7 ligand靶点，它的受体是CD28家族，相关的很多重要成果都是我们实验室做出的。

对免疫检查点进行调控可以形成多种多样的治疗方法，尤其是在肿瘤治疗方面，表现出了良好的前景。免疫疗法药物的开发，就是通过先鉴定这些让癌细胞逃避免疫系统的检查点，随后再开发可与癌细胞上这些检查点进行特异性免疫反应的化合物。具体来说，在对基因组进行测序以后，我们可以发现很多新的基因，这些基因的功能和蛋白表达水平尚不得而知。在过去大概7年的时间里，我们找了很多这样的基因，一个个把它克隆出来，把它的蛋白表达出来，然后一个个在T细胞功能里试，看它是否与免疫相关，如果相关，我们再在人体上或用动物的同源基因进行试验，看看敲除这个基因后对免疫功能有什么影响，进而针对这个新的免疫检查点研发一些新的药物，这就形成了一个基因树。目前治疗效果最明显的就是CTLA-4和PD-1两类免疫检查点阻断剂，相关的临床研究很早就在美国开展了。2011年美国FDA批准了第一个CTLA-4单抗药物，是治疗皮肤癌的。这个药有非常好的疗效，过去美国的皮肤癌患者大概只能存活5年，但在这个药物的研发中最早参与临床试验的患者已经存活了20年。我们在研究过程中也发现了其他的通路，有的已经进入临床阶段，国内有制药企业在跟我们合作，我们在加州也成立了新的公司来开发这些药物，以色列也有风险投资希望跟我们合作。我们希望能够尽快把新药做出来，让患者受益。

目前肿瘤免疫治疗主要的难点一方面是进行科学的药物筛选，另一方面是减少治疗不良反应，另外CAR-T细胞治疗在实体瘤方面的突破也是未来该领域关注的重要方向。

基因工程与基因治疗

杨辉　中国科学院神经科学研究所研究员

基因编辑技术在治疗罕见病等方面已经取得了突破性进展，未来有望针对更多疾病开展更广泛的临床应用，需要进一步攻克基因编辑技术效率低、安全性差和成本高等瓶颈。

基因编辑技术是对人类的目标基因进行“编辑”，实现对特定DNA片段的敲除和加入。简单来说，就是利用各种基因编辑的方法建立一些疾病模型，再通过基因治疗的手段对这些疾病进行干预，达到治愈的效果。最具代表性的就是CRISPR/Cas9技术，该系统通过将入侵噬菌体和质粒DNA的片段整合到CRISPR中，并利用相应的CRISPR RNAs（crRNAs）来指导同源序列的降解，从而提供免疫性。

我们团队一直致力于CRIPER/Cas9等基因编辑工具的开发和利用，以及相关动物模型的开发，通过对DNA双链断裂技术和点突变技术的应用和改进，实现对多个基因的更加精准和更加安全的敲除。现在的研究已经远远不局限于基因层面，还包括在不改变基因的情况下实现基因的激活或者针对染色体进行多次切割，建立染色体的缺失模型，进行多位点的激活和多基因的调控。

我们团队目前主要关注3个方面的疾病，一是先天性耳聋，二是失明，三是神经系统方面的疾病——脊髓性肌萎缩症。其实这些罕见病的发病数量并没有我们想象的那么少。目前国际公认的罕见病有7000多种，50%都是发生在儿童时期，95%以上没有任何的治疗方法。但这些罕见病大部分是单基因遗传病，如果我们能利用基因编辑的方法，对目标点位进行纠正，将会达到非常好的治愈效果。基因治疗早在二十世纪七八十年代就已经被提出来，随后很多药企开始尝试相关药物的研发。最近有一款治疗脊髓性肌萎缩症的药物已经上市了。例如，某个患者在治疗前攀爬能力很差，大概只能爬4个台阶，但是经过3个月的治疗，已经跟正常人看不出特别大的差异。所以，基因编辑技术的出现，使大家对各种各样的疾病有了新的认识。

目前，这项技术在临床上的应用主要存在3个问题。第一个就是精确编辑效率，我们希望所有感染的细胞都能得到精确导入和条件性敲除，但这是很难实现的。第二个问题来自于病毒载体，在绝大多数基因治疗研究中，我们会使用病毒载体作为导入治疗基因的载体。它与小分子抗体不一样，小分子抗体只需要静脉注射，但病毒载体会存在感染致病的风险。第三个就是如何保证它的安全性。相关研究大多首先是在人源化修饰的小鼠（对序列要求更高）模型上进行，再给予临床探索进一步开发基因治疗药物。针对这个问题，目前我们正在尝试另外两种研究方法。随着一些新技术的出现，我们还可以实现多位点的激活，即在不改变DNA的情况下，在体内实现多级调控，这种方法可以用来治疗帕金森等神经系统疾病。

对于基因编辑技术的产业化前景，我们认为目前基因编辑药物的研发创新正处于一个井喷的时期，预计未来5年将会有大约40种针对罕见病的新药上市。我们实验室已经在跟一些企业洽谈，希望能够把我们的研究成果用于临床。未来基因编辑工具不仅可以用于治疗一些罕见病和单基因疾病，针对很多常见的疾病，如心血管疾病和神经退化疾病等，通过基因技术进行治疗都是可以实现的。但是目前基因治疗的成本是非常高的，例如，刚刚提到的治疗脊髓性肌萎缩症的药物，要花费几百万美金，但它的效果是一劳永逸的。未来可能找到一些与健康长寿有关的基因，这些都是一些非常好的研究方向。

遗传性眼病的分子诊断与遗传咨询

吴继红　复旦大学附属眼耳鼻喉科医院眼科研究院副院长

遗传性眼病是由于基因异常导致的眼部疾病，是当前常见的致盲原因。我国在遗传眼病治疗领域已经进行了大量的探索和研究，以期通过基因检测技术找到遗传眼病致病的突变原因，并进行基因治疗。相关的遗传咨询也应结合生物信息学、遗传学、眼科临床专业知识，依据患者个人情况，遵循伦理、道德、法律等进行。

人类对外界信息的感知 80% 都来自于视觉，所以我们对眼睛的依赖性是非常强的。有统计资料显示，人类对于失明的恐惧仅次于死亡，位列第二。目前，全球视觉残疾患者数量高达 3.5 亿，其中，中国患者数量超过 2000 万，位居全球之首，且这一数量还在以每分钟新增一位的速度增加，所以防盲治盲刻不容缓，是国内重大的公共卫生问题。遗传性眼病是致盲的重要原因，危害极大，已经受到国内外学者和专家越来越多的重视和关注。

遗传性眼病是由基因或染色体异常引起的眼科疾病，它的种类有接近 700 种，而且很多全身遗传性疾病常伴有眼部的表现。遗传性眼病的发生背景比较复杂，有的由单基因突变引起，这种情况遵循孟德尔遗传规律，常呈现出特征性的家系传递格局，如 RP、ST、CRD、先天性白内障、角膜营养不良等；有的由多基因突变引起，这种情况多表现出家族集聚现象，但无单基因病明确的家系传递格局，如高度近视、老年性黄斑变性、开角 / 闭角型青光眼等；有的由体细胞遗传物质突变形成肿瘤，如视网膜母细胞瘤等；有的由线粒体变异引起，呈母系遗传，如 Leber 视神经病变。遗传性眼病的发病率很高，可以发生在任何年龄，具有高度异质性，且不同疾病的表型还可能是相同或相似的，所以从传统意义上的医学来讲，这类疾病的诊断和治疗是非常困难的，诊疗手段也非常有限。

分子诊断技术的迅猛发展，为遗传性眼病的诊疗带来了重大变革，这也是基因组计划和基因测序技术发展带来的巨大福祉。分子诊断是用分子生物学的方法去检测内源性和外源性的生物分子的存在结构，或调控表达水平的改变。它的检测对象可以是核酸，也可以是蛋白质，我们今天主要介绍基于核算进行检测，也就是我们常说的基因检测。基因检测只是一种手段，我们对基因检测得到的数据进行分析，最后确定或排除可疑的致病基因，这才是基因诊断的结果。基因检测有两个特征。第一，基因检测与我们医院和实验室的临床实验的检测不完全相同，实验室的检测有一个标准值，有一个正常值范围，但基因检测没有这个正常值范围，它检测出来的数据，从严格意义上讲，不能按照正常、异常和阳性、阴性这样去划分，我们只能通过生物信息学的方法来推测某一个变异具有致病性的可能性。第二，基因检测的目的是发现疾病的根本原因，而不是疾病的现象。对于这些数据，我们必须通过临床级别的数据分析，也就是将测序数据、遗传学信息和临床特征三者紧密结合，共同分析，才能够给这个疾病的诊断提供一个正确的线索和思考方向。未来随着测序手段、工具的迅猛发展，测序可能不再是瓶颈，而临床级数据分析将成为关键，这依赖于具有临床经验的临床医生对三者的整合。这一过程通常分为 3 个步骤。第一步是进行生物学意义的分析，包括了解是否有关于这个变异的致病性的文献报道、该疾病在人群中的分布频率，以及对该疾病进行结构功能的预测和分析。第二步是遗传学意义的分析，即分析这个变异是不是符合这个患者所患疾病的遗传方式，以及它的家系共分离是不是符合。第三步是判断与临床特征是否相吻合。只有这 3 个条件全部满足，我们才可以判断这个变异是致病性突变，这也是我们对遗传性眼病进行基因诊断的一个核心策略。可以说，所有后续的治疗都依赖于前期的基因诊断的准确性。

在实际临床中基因检测已经在遗传性眼病的诊断中积累了大量的案例。目前临床上对于遗传性眼病的基因诊断流程包括两方面。首先是进行初步的临床诊断，即对患者进行全面的临床评估，包括询问病史、症状、发病时间、家族史等，如果临床诊断结果高度怀疑这个患者患的是遗传性眼病，接下来会进入第二步，即基因测序。我们采用华大基因 790 个基因位点的检测进行测序数据分析，找到候选的致病位点，结合临床诊断，最后做出基因诊断结果，并给患者一个完整的生物学、遗传学和眼科专业知识的指导和治疗上的建议。当然，所有的遗传咨询内容必须符合相关法律的规定。

帕金森基因组学与分子分型

唐北沙　国家老年疾病临床医学研究中心（湘雅）主任

帕金森是一种受环境、年龄和基因等多种因素共同作用的疾病。随着基因组学的发展，人们开始通过组学和分子分型对帕金森病进行研究。依托国家老年疾病临床医学研究中心建立的“中国帕金森病多中心数据库”及正在筹备中的分子诊断与分型研究“诊断芯片”将为帕金森病的研究提供支撑。

帕金森是一种与年龄因素相关的神经系统退行性疾病，多见于中老年，它的病理显示为多巴胺神经元的丢失。但现在的主流观点认为，帕金森除了与年龄有关，还与环境因素和遗传因素有关，是三大因素相互作用的结果。实际上 Yokochi 早在 1981 年，就把发病年龄小于 40 岁、与帕金森有相同临床表现的病症称之为青少年帕金森综合征。后来 Quinn 做了区分，将小于等于 21 岁并伴有家族史的病症称作少年型帕金森或遗传性少年型帕金森。后续又有了大量的研究。一些研究者提出，帕金森病的发病年龄可以在青少年期、少年期、青年期，在所有的年龄阶段都可以发病，成为一个连续的年龄依赖的症状谱。帕金森是否具有遗传性呢？这个问题在 1973 年时就被提出，随后学者发现帕金森病存在家族聚集现象。1997 年，人们鉴定克隆了与帕金森相关的致病基因叫作 SNCA，这个基因找到以后，对帕金森病研究有很大的推动作用，至今，已克隆了 21 个帕金森的致病基因。除上述致病基因外，最近十多年，全基因组关联性研究方法 (Genome-Wide Association Study，GWAS) 也被用于帕金森病的研究中，并发现了 100 余个风险位点 / 基因。2006 年有学者在家族型帕金森中发现了 PINK1 基因杂合 P399L 突变和 DJ-1 基因杂合 A39S 突变，提出了帕金森发病机制的“双基因遗传”理论学说。2018 年，研究者应用 de novo 突变结合新一代测序技术的策略，成功确定了帕金森病的风险基因 NUS1（OMIN610463），该成果发表在《美国科学院院报》杂志上。

做遗传学指导下的研究，它的意义就在于我们可以对一些与遗传因素相关的疾病做到早预警、早诊断、早干预，所以我们也在做一些以中国人群为样本的研究。根据最新研究，我们发现，如果基因组里携带 GBA、SMPD1、NUS1、PLA2G6、GCCH1 等变异基因，在幼年或者青少年时期的表现是戈谢病、尼曼匹克病、婴儿神经轴索营养不良、多巴胺反应性肌张力障碍等疾病，而对于老年人的表现就是帕金森病。

目前我们依托国家老年疾病临床医学研究中心的临床研究云平台，正在探索建立“中国家族性帕金森病注册登记研究（CFPDR）”和“中国早发型帕金森病注册登记研究（CEOPDR）”数据库，对根据《中国帕金森病的诊断标准（2016 版）》临床确诊或者临床很可能的帕金森病患者进行注册登记，在此基础上我们建立了中国帕金森病多中心数据库及协作网，目前已经获得了 8074 个病例数据。未来我们希望将数据进行共享，跟大家一起合作。我们也会一直追踪下去，这样就能看到除了遗传因素之外的环境因素的影响，后面还会发展它的影像组学。

同时我们正在筹备实施帕金森病及运动障碍疾病分子诊断与分型研究——万人计划（以下简称“分子诊断与分型研究——万人计划”，MDSPDMD-TTP），结合本研究团队及中国 PD 人群的系统 meta 分析，设计“分子诊断与分型研究——万人计划”诊断芯片（TTP-Chip），目标是未来免费应用该诊断芯片对 10000 例帕金森患者和 10000 例正常对照人群进行分子诊断与分型，同时为未来帕金森病的风险评估提供支撑。

健康衰老的神经生物学机制

蔡时青　中国科学院神经科学研究所研究员

当前全世界老龄化问题的形势已经非常严峻，抗衰老研究已经成为全球范围内的一个迫切和重要的任务。实际上，寿命和健康寿命的调控机制并不相同，如果仅仅延长寿命而不能改善老年人口的生活质量，将在更大程度上增加社会负担。随着人类预期寿命的延长，如何延缓衰老相关的生理功能退化、预防和治疗老年性疾病已经成为亟待解决的具有重要社会意义的科学问题。

我们每个人都会老去，最后都会死亡。在人类衰老的过程中，各项生理功能都会逐渐退化，并引发一些老年性疾病，如阿尔茨海默病、糖尿病、心血管病、癌症等。目前，全球老龄化程度已经非常严重，2017 年全球 60 岁以上的老人有 10 亿，到 2050 年这个数字将达到 21 亿，而我国目前大约有 2.4 亿 60 岁以上的老年人口，因此抗衰老研究已经是一项非常重要而且迫切的任务。一提到抗衰老研究，我们会想到健康长寿，长寿就是指我们延长寿命，健康就是保持年轻时候的状态、行为和认知能力。抗衰老实际上是非常古老的话题，在秦始皇时代，帝王将相就开始寻求长生不老之术。但现代意义上的抗衰老研究实际上时间并不长，20 世纪 40 年代生物老年学才真正成为一个独立的学科。1957 年 George C.Williams 提出了拮抗基因多效型衰老进化理论，1961 年 Leonard Hayflick 发现了细胞衰老的现象，20 世纪 80 年代诞生了损伤积累的随机理论（氧化应激、DNA 损伤等）和程序性调控理论（端粒缩短等），1983 年 Klass 在线虫中获得了第一个长寿突变体，1993 年 Cynthia Kenyon 等首次证明单基因突变能够延长动物寿命，并在后续的一系列工作中发现了第一条胰岛素信号通路。直到 21 世纪，寻找有效的手段延缓行为退化、促进健康衰老依然是一个世界性的难题和热门研究领域。2013 年，有学者提出六大衰老特征，包括 DNA 不稳定性、表观遗传学的变异、细胞衰老、细胞内信号调控的异常等。但一个重要的问题是，延长寿命不代表能够延长健康寿命。2015 年，有学者用秀丽杆线虫作为模式生物来研究衰老，他们的研究发现寿命和健康可以分开，这就意味着增加长寿基因，它延长的并不一定是一个健康的寿命。

那么，哪些基因可以延长健康寿命？哪些基因不能延长健康寿命？围绕这一问题，我们实验室开展了三方面的研究工作。一项工作是关于长寿基因如何影响衰老过程中的生理功能退化，我们重点研究了长寿基因对神经系统功能的影响。得出的结论是，不同长寿基因，有些能够延缓动物的行为变化，有些则不能，因此延长寿命不一定就能延功能退化。另外一个发现是节食可以延缓五羟色胺和多巴胺下降水平，也就是说高老年时期的五羟色胺和多巴胺水平来延缓行为退化。

另外一项工作是研究个体之间衰老速度差异的遗传基础，以探讨健康衰老是如何实现的。我们大部分人在衰老过程中都会出现认知方面的下降甚至丧失，但每个人的衰老速度是不一样的，有些人在认知方面衰老得快，很快就会变成痴呆，但有少部分老年人，他能够终身保持非常好的行为或认知水平，这是运气、生活习惯还是基因决定的？这些都不太清楚。如果我们能够利用模式生物来研究个体之间衰老速度的差异，找出相关的基因，对于理解健康衰老是非常有帮助的。我们使用的依然是目前比较理想的研究衰老的模型动物——秀丽线虫。一方面因为线虫遗传背景比较清楚，遗传操作比较容易；另一方面由于线虫的生活史比较短（发育时间为3.5天，整个生命周期约21天），许多重要的调控寿命的信号通路（如果胰岛素信号通路）首先就是在线虫中发现的。通过相关研究，我们发现神经肽介导的胶质细胞到神经元RGBA-1/NPR-28信号能够调控细胞衰老的速度，该信号通过调控Sir-2.1介导的线粒体应急反应调控衰老，个体之间的衰老速度差异也为研究理解行为和认知衰老提供了新的视野。

我们还希望能够在全基因组水平上分析调控行为衰老的基因，这也是我们实验室目前在做的工作。

衰老与肿瘤

夏世金　复旦大学附属华东医院 教授

衰老机制是一种重要的肿瘤抑制机制，诱导肿瘤细胞衰老作为一种极具应用前景的肿瘤创新疗法，已经进入临床环节，同时也为相关药物的研发提供了依据。

2018年诺贝尔生理或医学奖授予两位分别来自美国和日本的科学家，以表彰他们在肿瘤免疫治疗方面做出的世界级贡献。我总结了一下，已经有4次诺贝尔奖与肿瘤有关。癌症离我们并不遥远。据国际癌症研究机构（IARC）对全球185个国家、36种癌症的最新统计结果显示，2018年全球将新诊断癌症高达1810万例，其中，960万人将死于癌症，全世界1/5的男性和1/6的女性会在人生中的某一时刻患上癌症，其中1/8的男性和1/11的女性将死于癌症。导致癌症的最重要的因素是什么？基因、环境、饮食还是抽烟？可以确定的是，与癌症发生率最相关的因素是年龄。所以说，癌症是一种老年病，随着年龄的增加，癌症的发病率会直线上升。

老年病指随着人年龄增加而发病率明显升高，且与衰老密切相关的疾病的总称。那么衰老又跟老年病有什么关系呢？我国著名的衰老研究专家、北京大学的童坦君院士指出“衰老是老年病的百病之源”。衰老是指绝大多数生物正常生理功能出现不可逆的衰退过程。人们从19世纪开始用生物学的机制研究衰老的机制，到目前为止已经形成了20多种学说，包括自由基衰老学说、端粒酶衰老学说、非酶糖基化衰老学说、羰基毒化衰老学说、代谢废物积累衰老学说、基因衰老学说、免疫衰老学说、自噬衰老学说、炎性衰老学说、线粒体损伤衰老学说、蛋白质交联衰老学说、神经内分泌衰老学说、干细胞衰老学说等。尽管学界对衰老的机制众说纷纭，但可以肯定的是，在正常人体中，衰老要经过数十年的漫长时间，具有积累性、普遍性、渐进性、内生性和危害性等基本特性。它是社会因素、生活习惯、精神状态、遗传、疾病、营养等多种因素共同作用的结果。可以说，老年病是难以根治的疾病，其根源在于衰老是正常的生理现象，是必然发生的生物学过程。衰老和老年病密切相关，两者也会相互影响。身体的衰老会引起相关老年疾病，如癌症、阿尔茨海默病、帕金森等，反过来，老年病也会加速衰老。

肿瘤与衰老是什么关系呢？肿瘤和衰老发生有共同的因素，一是增龄，二是细胞稳态失调。伴随着年龄的增长，体内外因素对细胞稳态的威胁增加，机体发生肿瘤的风险也随之增加，衰老与肿瘤的发生发展就是细胞稳态失调后，细胞由生理性状态向病理性生理状态渐进性改变的结果。

衰老是细胞防御DNA损伤或癌基因刺激所造成的细胞生长失控和癌变的重要屏蔽，衰老机制是细胞的重要肿瘤抑制机制之一。细胞衰老不可逆地抑制了细胞的增殖，从而避免了细胞的癌变。

诱导肿瘤细胞衰老，从而阻止肿瘤细胞的无限增殖是近年来研究的一种肿瘤治疗方法。由于肿瘤细胞中端粒酶的激活，人们普遍认为肿瘤细胞存在衰老障碍，但这方面的研究目前比较少。实际上，细胞过早性衰老可以不通过端粒而出现细胞衰老，如在肿瘤细胞中转入抑制增殖的基因，就会造成稳定的生长停滞，并且伴随着衰老相关的表型。这些基因包括衰老信号通路中重要的蛋白P53、RB、P16Ink4a、P21Waf1/Cip1和P27Kip1等。例如，在缺失P53的人肺癌细胞中转入P53会产生衰老相关表型，而在乳腺癌细胞中重新表达RB会使肿瘤细胞生长停滞，从而产生衰老表型，并且端粒酶失活。此外，IGFBP和caveolin-1等蛋白也可以诱导肿瘤蛋白衰老。因此诱导肿瘤细胞衰老，然后加以清除，也是一种创新型的肿瘤治疗方法。

衰老细胞是活细胞，在体内能存活数年之久，这些“僵尸细胞”能分泌多种炎性因子、蛋白酶和基质蛋白，导致体内慢性炎症和老年病，促进肿瘤细胞的增殖和转移。能否使用药物选择性地消除这些衰老细胞？

美国梅奥诊所为主的科学家以衰老细胞为靶点开发的药物，已经通过在小鼠体内的实验证明了其有效性。研究成果已经两次被《科学》杂志评为年度十大科技进展之一。迄今为止，已经有14种具有明显清除衰老细胞功能的化合物被发现，部分化合物已经开始了临床研究。

目前，细胞衰老与肿瘤发生和治疗的研究还在进行，许多与衰老相关的基因还未被研究明确。鉴于衰老对肿瘤的“双刃剑”特性，寻求精准抗衰老策略显得更加重要，即既要延缓正常细胞衰老，又要诱导肿瘤细胞衰老。目前PD-1创新药研发已经在国内目前形成了4+4的竞争格局，分别指4家跨国药企——百时美施贵宝公司、默沙东制药、罗氏、阿斯利康，以及4家本国药企——恒瑞医药、百济神州、信达生物、君实生物。未来将科学家的创新发现最快的转化成突破性的治疗新方法，依赖于创新知识与资本的相互结合。虽然抗癌世界大战打了半个多世纪，诺贝尔奖也多次垂青癌症研究的突破，然而，癌症还没有得到有效控制，人类抗癌之路依然步履维艰。

老年人抗栓治疗的个体化思考

付志方　北京大学第一医院教授

抗栓治疗是心血管疾病的一种重要治疗方式。随着年龄的增加，老年人的肌肉、脂肪、运动状态及肝肾功能变化等因素都会影响药物在其体内的代谢，使得药物不良反应风险增加。因此，进行临床试验或应用药物时必须充分考虑老年群体的风险因素，实现老年人抗栓治疗的个体化和个性化。

心血管疾病对人类健康的威胁越来越受到重视。血栓栓塞机制是心血管疾病的一个重要机制。大量的研究表明，抗栓治疗对于心血管疾病来说是一种非常重要的治疗方式。在抗栓治疗的过程当中，我们的预期是希望能够尽量减少缺血事件的发生，同时尽量不增加出血事件的发生，从而将我们的治疗靶点控制在一个绿色区域范围内。在临床治疗过程中，如何进行个体化的调整，以最好地权衡出血和缺血，最大限度地使患者获益，这是我们临床面临的一个难题。

目前，在临床治疗中运用比较多的抗栓药物包括抗血小板治疗和抗凝治疗。但临床中老年人的抗栓治疗存在很多问题，包括老年人血栓与出血风险并存、合并疾病和联合用药多等。对于老年人来说，肌肉和身体水分的减少降低了非亲水性药物的分布容积，因此强化了药物的毒性作用，同时体脂与脂溶性药物的分布容积相对增加，药物半衰期和血药浓度达到平衡的时间相对延长；此外，肾小球滤过率、肾小管分泌量和肾血流量有所降低，肾脏对于药物清除能力相对下降等，都是老年人抗栓治疗中需要考虑的问题。然而实际临床研究中很少选用高龄老人进行研究，缺乏针对老年人的临床证据，因此老年人通常都是参照年轻人的治疗指南进行摸索式的治疗，大大增加了抗栓管理过程的难度和风险。

阿司匹林作为一种非常经典的抗栓药物，在心血管疾病防治中的运用非常广泛。近期我们与美国乔治·华盛顿大学合作，围绕阿司匹林疗效的基因筛选做了一系列的研究，包括对阿司匹林反应相关基因的筛选、验证目标基因对心血管病高危患者阿司匹林反应性的影响等，也对评估阿司匹林疗效的基因诊断系统研发进行了探索。

我们的研究结果表明，老年人的抗栓治疗很重要，不应该觉得岁数大了，害怕增加出血风险就不抗栓了，但也不能一味地照搬指南，因为指南的研究过程中都是将 75 岁以上的老年人排除在外，因此将这些数据照搬给老年人是不合适的。老年人抗栓治疗不能一刀切，应强调剂量和决策个性化，例如，针对出血高危人群建议进行积极预防，针对支架植入患者建议使用评分进行双联抗的抗栓治疗，针对胃肠道出血或者高风险人群则需要给予质子泵抑制剂或 H2 受体拮抗剂联合治疗，同时在治疗过程中需要考虑到长期抗栓治疗会产生的风险，尽量减少或者不使用急性期抗血小板药物负荷剂。同时，我们也在应用评分系统对老年人抗栓治疗中的风险进行评估，并进行定期的随访，从而让老年人最大限度地从抗栓治疗中获益。

产业论坛 2：智能制造与产业转型升级

1　论坛综述

智能制造已成为新一轮工业革命的标志，智能制造在长期演化的过程当中形成了不同的范式，在转型升级当中也发挥了积极的作用，影响也日渐深入。智能制造如何成为产业转型升级的新功能，是我们国家各类企业共同面临的一个课题，也是世界上各个国家面临的课题。

本次论坛由上海市临港地区开发建设管理委员会、上海交通大学承办。上海交通大学党委常委、副校长奚立峰担任论坛主持人。中共上海市浦东新区区委常委、上海市临港地区开发建设管理委员会副主任吴晓华，上海交通大学校长林忠钦出席并致辞。论坛邀请国内外知名学者和业界精英共同探讨智能制造的热点，分析智能制造的新模式、新应用、新业态，对转型升级的影响和推动作用，为全球变革下的产业转型升级探索方向。

智能制造关键技术带动产业的升级是全链路的升级

杨华勇提出现在企业转型升级也好，供给侧改革也好，都是消费升级的问题。我们的服务需要升级，肯定要带动制造的升级。现在需要智能制造关键技术来带动产业的转型，现在一说关键技术就离不开“ABCD”，就是 AI、区块链、云计算、大数据，服务的升级也是呼唤高层次的智能制造装备和智能制造系统，但是要把它们打通，C 到 B 完全打通，需要倒逼协同制造，也就是常说的工业互联网和网络制造。总体来讲，就是把人脑物理世界和心理世界全部打通，互联互通、跨界融合，它会孵化出新的物种来，会有新的业态，会创新创业，也会带来双创的机会。

积累知识能够形成一整套的工业 4.0 的解决方案

刘成良认为没有知识光有大数据不行，人工智能的基础是必须大知识库支撑。杨华勇指出 IT 的知识 + 工业的知识 + 金融数字化的知识带来的变革，倒逼企业的转型升级。石金博提出可以把应用商店变成真正智能化的平台，让所有使用机器人的人可以在这个硬件平台上和软件平台上积累知识，最后把云、数据、现实连接在一起，形成一整套的工业 4.0 的解决方案。

工业互联网有 1% 改变，绝对值都是巨大的

肖晴指出互联网的价值，因为在不同的领域，我们只要有 1% 的改变，不管是能耗的减少或者是一些效率的提升，因为它的产业量的巨大，它的绝对值都是巨大的。刘成良认为智能制造对于大企业来说也是一个新的生意，智能制造去库存、成本控制到创造新的价值。离散工业从整机到部件，装配到零件都需要智能制造，现在这样的平台和系统还在分行业、分企业，大企业和龙头企业和末端的中小企业两端在做智能制造，虽然只提高了1%，但是规模比较大。

2 嘉宾演讲

智能制造与产业转型升级的一些思考

杨华勇　中国工程院院士 浙江大学机械工程学院院长

智能制造会带动消费升级、服务升级，少不了产业、企业要转型升级，而且是全链路的升级，工业互联网应该是打通各个环节的必由之路。把人脑物理世界和心理世界全部打通，互联互通、跨界融合，它会孵化出新的物种来，会有新的业态，会创新创业，也会带来双创的机会。

智能制造毫无疑问对于推进企业转型起关键作用，因为中国人口的红利在工业领域面临很大的挑战，一些发达国家的再工业化，还有发展中国家在把中低端的产业再拿走。所以我们各方面的挑战是大量的产业都产能过剩，现在需要智能制造关键技术来带动产业的转型。现在一说关键技术就离不开“ABCD”，就是AI、区块链、云计算、大数据，很多学IT的说要来改造和颠覆传统产业，我们搞制造的人老是觉得他们缺少工业知识，真要颠覆也不容易，经常有观念的碰撞。

我理解智能制造应该有4个阶段。第一个阶段应该是云计算，就是把冷数据变成热数据。第二个阶段就是要把数据动态打通。第三个阶段就是企业内部，销售部门、生产部门、质检部门还有云销部门、售后部门，这些垂直数据要全部打通，就是大数据要链条打通才有可能说数据治理，现有的很多智能是点上的智能，还不是面，也不是全系统，只能在这个基础上所说的协同制造、智能制造、智能装备才真正到大佬级。

毫无疑问，现在我们面临的是消费者升级。因为现在企业转型升级也好，供给侧改革也好，都是消费升级的问题。我们的服务需要升级，肯定要带动制造的升级。

现在消费互联网几乎国内外落地，中国一个淘宝一个京东，服务的升级也是呼唤高层次的智能制造装备和智能制造系统，但是要把它们打通，需要倒逼协同制造，也就是常说的工业互联网和网络制造，工业互联网应该是打通各个环节的必由之路。

在这一方面，阿里最早是一个“店小二”，是一个开店的，最近几年它转型很快，也做了一些跟大学的合作，包括跟我们的合作，在做一些淘工厂。他们各行各业都在切入，最典型的就是服装行业。因为现在很难说阿里做什么行业，倒过来说可能容易，就是阿里不做什么行业。因为我们都知道阿里和腾讯首先在工业行业被颠覆的是自行车行业，所以现在飞鸽牌见不到了，阿里第一笔融资来自于自行车行业，所以我们看到互联网行业对于传统制造企业的倒逼。

他们从很传统的行业入手，现在慢慢朝高端的行业渗透，汽车我们都知道现在无人驾驶，实际上是出行的数据。我们知道现在无人驾驶不仅是一个技术和产品的革命，而是整个消费模式，因为它可以做远程诊断。以后在车上不驾驶了，会有娱乐办公，还有汽车什么时候需要加油它会提醒，90后、00后买车的人越来越少，他只需用车就行了，对于汽车产业可能需求量下降10倍以上，这个会带来很大的变化。汽车网上提前预约，早高峰、低峰、找算法、车位、车手整个汽车的全产业链，包括4S店什么时候去，而不是提前去了等着，这些全部可以全透明，就是服务的控制权，包括支付全部在网上手机上搞定，这些技术慢慢都有了，就看谁最早把它整合在一起，实现对消费者的全方位服务。

尤其5G在可预见的一两年之内进来以后，我们希望资费保持不变，但是速度增加10倍以上，几十亿的物品，原来的冷数据都会变成热数据随时在线，在云端我们都会看到，这会孵化出来很多新的产业，所以，工业互联网或者智能制造它是跨界的，它要跨传统的各个行业来从数据的互联到终端数据，到平台，到服务，到应用，会打通孤岛的数据开发建模等。总体来讲，就是把人脑物理世界和心理世界全部打通，互联互通、跨界融合，它会孵化出新的物种来，会有新的业态，会创新创业，也会带来双创的机会。

在互联网这一块，现在都来说生态，生态实际上把制造的协同、采购的协同到物流、软件、数据的协同，包括产学研、创新创业、人才培养、本地化的服务和金融服务全部打通。

在这方面要打造全生态，现在世界各地都在做，中国也在做。需要学习开发平台，就是开发者、营运者，还有使用者，要把研发市场运营和反馈全部打造出来，只要数据是热线，大量的数据沉淀慢慢会变成知识，很多知识有了机器的智能，机器会去管，不需要天天有人三班倒盯着。整个智能制造说的不仅是上下游的问题、产业链的问题，它是要打造全部。

现在老说代替人脑，我不相信，人和机器应该是一个系统，并不是要替代人，数据的治理应该智能化来治理，智能制造会带动消费升级、服务升级，少不了产业、企业要转型升级，而且是全链路的升级。

总体来讲，数据的智能不是替代人，也不是机器代人，而是机器智能来解放人工智能。

工业 4.0 概念和应用

Michael Lickefett 德国弗劳恩霍夫制造技术与自动化研究所
工厂规划与管理部部长、高级研究员

在工业 4.0 的平台，消费者将会影响到制造业，通过这样一种云平台或者方式为他们打造量身定制的产品。对于一些新的组织或者新的供应链来说会看到很多工业 4.0 的机会，或者我们叫作智能制造。

首先，先来介绍一下德国弗劳恩霍夫，它是欧洲最大的工业 4.0 研究机构，下属有 70 多个研究机构。这个机构具有悠久的历史，已成立 70 周年。倍感荣幸的是未来可能会在中国建立的第一个研究中心坐落于上海。机构拟在该基地建立何种伟业？一方面来看，希望能够展示工业 4.0 的示范生产线，这是在临港地区也投入了很多工业 4.0 生产线的原因，也希望能够建立起一个实验室的研究中心，也希望为中国市场提供有关工业 4.0 的咨询和培训。

在展示一些工业 4.0 的例子之前，先来讲一讲机构对于数字化变革几个阶段的想法。从 1950 年开始，行业内出现了一些数字化的进程，原因在于当时出现的一些数字化发明，迈出了重要的第一步。

第二步常常称之为虚拟化，即进行了这种数字化模拟，对工艺流程进行数字化模拟，也是创立了一些数字化工厂，此为第二步虚拟化。

到了第三步就是交联，或称之为互相交叉联系。这也是杨博士刚刚讲到的，如何去整合，以何种方式整合，需要哪些技术，需要哪些跨界和技术方面的合作，此为第三阶段——交联。

后续第四个阶段将之称为自动化。众所周知这个概念，从第一阶段到第三阶段，可以将实体物理和所制造环境相联系，可以看到这些系统之间互相的透明度，现在机构主要用人工方式来优化机构工艺的效率、速度等，下一步机构主要致力于创造一些自动化进程，因为人工智能能够提供相应帮助，为机构做出更好的决策和准备。

现在来讲一下工业 4.0 相关方面的内容。在这里可以看到工业 4.0 所创造出来的新的业务模式和生态系统，同样可以看到在工业 4.0 进程中，也希望能够打造这样的平台和生态系统，像一些大公司还有一些小公司，还有中国有名的公司一样，如刚刚提到的阿里。他们都是在打造自己的云平台，基于云平台创造自己的业务模式，故称之为基于消费者的平台。在工业 4.0 平台，消费者将会影响制造业，因为机构可以通过这样一种云平台或者方式为客户打造量身定制的产品，一个新的名词将其称之为“共享经济”。消费者可以通过这种共享经济分享到一些工业成果。

对于个性化的项目，在这边不会赘述很多，但是可以看到产品之间的生产，通过互联网产品的生产客户可以更多地了解现在制造行业的生命周期，并且机构也可以根据新的需求定制化自身产品，对于一些新的组织或者供应链来说同样看到很多工业4.0所带来的机遇，或者将其称之为智能制造。

智造健康的理论与实践

刘成良 上海交通大学智能制造研究院副院长、教授

生产型制造向服务型制造转换，从经济增长型到高质量发展，靠创新设计、高精尖制造、高质量的服务。

“中国制造2025”里面我们叫作生产型制造向服务型制造转换，今年总理说，从经济增长型到高质量发展，靠什么？三块。创新设计、高精尖制造、高质量的服务。我们用最好的机床、最好的工艺，行吗？不行，这些物理硬件解决不了智能制造的问题。

我这么理解智能制造，这边叫智能生产，也叫智能工厂，智能工厂生产什么东西？智能产品。智能产品和智能工厂，我们叫智能服务。智能服务的核心是什么？智能制造。人工智能为我们这个智能生产服务。

关于实践问题，我想谈谈，例如，今天提到的智能制造系统，画了一个图，中间是物理系统，两边是信息系统。整个物理系统全被信息系统给包围着，今天做物理系统容易，做信息系统难。物理系统可以精度不高，通过信息系统补充，中间可以用钱买到，两边是用钱买不到的。

提到健康，健康来源于人体。在研究健康的时候，我们出生就是人，把健康的理念引用到装备里面去。猝死是人类最凶险的疾病，每一分钟都有人因为这个死亡，这种疾病能不能预防？人工智能技术发展到今天能不能预防，我的回答是可以。人的心脏跳动每天是10万次，10万次有10万个波形，10万个波形里面一定会有心脏的信息，目前我们能摸出来，通过大数据的手段能不能找出来，这就是我们这么多年一直在做的工作。

关于专家知识，没有医生就办不到，这里面是“医工交叉”，和医生合作了十几年，通过人工智能把医生的知识变成知识库。为什么现在人工智能热？我想人工智能用的最好的还是在仪器方面，AlphaGo那些人工智能是玩玩的，这个地方的人工智能是看到结果的，这个仪器可以服务于大众，可以真正服务于人类的。这里面有一个机器学习问题，我这边叫案例学习。如果这个专家不长知识，你这个人工智能是死的，你做出这个软件一定不能用，我这个模型是活的，这里面有一个专家给你改卷，原来的诊断模型漏了一个病，马上给你圈出来，然后自动把这个模型增长了。

这边人体有 3 个要素，第一个大数据，第二个知识库，没有知识光有大数据不行，中间是人工智能，人工智能的基础是必须大知识库支撑，知识从哪来？知识工厂。我为什么说先从人开始，我研究人体的时候到处都是知识，完全闭环，闭环以后可以把人工智能的模型完全验证，验证了以后完全用在装备上，就解决了。

什么是大数据？大数据是血液。如果这个血液不流通了，人就成僵尸了。什么叫云平台？大脑就是云平台，有了云平台，有了大脑，有了血液，没有智慧不行，智慧是什么？人工智能，云医生。如果我有了人工智能、大数据，有了实时数据，我要什么有什么，实时诊断可以有，我可以咨询，也可以实时推送，实际上并不复杂，把核心要素做好了，人工智能系统就出来了。

人生病的时候到医院，但是不生病的时候并不代表你没病，我们谈到装备的时候也是如此，以前说故障诊断等。古代有一个神医叫扁鹊，他说我不是神医，神医是我大哥，因为我大哥的周边没有生病的，在没有发病的时候就扼杀在摇篮之中。我们做健康工作就要这样去做，不能生病了再治。

我一年会做一次或两次体检，我们不希望发现疾病，但是事与愿违，如果这个问题不解决的话，生病是必然的。我们现在把医院的设备随身携带是不是可以？不到医院去了，同时，大家看这个影片就是，我带过来了，实际上它是一个可穿戴式，就是这个东西。别看这个小玩意儿，它在 20 秒钟可以检测十几种心脏疾病，为这个事情搞了 18 年。

另外，这个问题解决了以后，这个黑匣子问题，如果你心脏有毛病，医生一定让你戴黑匣子，为什么叫黑匣子？因为数据你看不到，医生看得到。如果发明这种东西，我自己能看到，就是这个仪器。这个东西可以实时播放你心脏的状态，例如，一点小毛病会告诉你，你想还会猝死吗？一定不会发生这个问题。

从切削工艺到智能制造

Bernhard Bringmann　瑞士斯达拉格公司总经理

> 我们不仅专注于一个典型的零件，也专注于它的一些典型应用，以及整体的一些分析。

我们是一家机床公司，为不同的行业服务，包括航空航天、交通运输业等，特别是航空航天业非常好的供应商，当然在其他的行业也有一些积极的涉足。

在 1980 年的时候，我们只是加工一些复杂的零件，比较幸运的是我们当时是唯一能够生产这样一些零件和机械的公司，我们聚焦在机械这块。如果我们的客户想要制作复杂的零件，只要找到我们，我们会生产相应的机械，不管生产什么都可以做到。

现在的世界已经完全不一样了，我们可以看到像机床或者高质量的机床已经是一种大众化的商品，在世界各地都可以买到，价格比较低廉。再看高端的生产，其实不仅仅是买一个设备了，而是需要增加它的精确性。在这个过程中不仅要去看这个部件它的成本是多少，还要考虑到软件，而且对于整个设备来说要求也会更高，不仅仅是质量方面的要求，还有产品的生产能力及生产的安全性等都会有相应的要求，现在竞争也变了，不仅仅是机械本身，而是整个流程能够有一个高的生产力，更要保证生产的安全性。

现在面临的市场周期性非常强，面对这样的变化我们做了些什么呢？我们不仅专注于一个典型的零件，也会专注于它的一些典型应用，以及整体的一些分析。例如，涡轮叶片的零件，其实涡轮叶片是非常复杂的，在过去几年有了一些改变和改进。我们降低了它的生产成本。很多人可能会说："我的机床生产速度很快！""我的机床生产能力很强！""叶片非常好！"，但是这些不够，我们要把整个流程结合起来。

机器人多于人工的情况并不是真正意义上的自动化，如果我们把多个工序都集成在一起，真的能够帮助我们降低生产时间，提高交货时间、生产效率，假设之前生产过程需要两个星期，有这个集成，我们只需要 6 小时，这是一个非常大的优势，真的是自动化的一个非常大的优势。

如果我们有这样的自动化的系统、自动化的生产线的话，我们就可以不那么依赖于操作者，不依赖于人工的介入，我们在精密制造方面，如果有操作者在操作机器，他们需要去听这个机械的声音，听听声音是否对，他们还需要更换一些工具、修改一些切削的参数，这样完全取决于操作者的经验了，如果我们有自动化的系统的话，有关质量的技巧完全固化在这个机器当中了，因为这个机床有自动检测，会自动工作。

除此之外，另外一个比较重要的问题就是在一开始就把所有的事情安排得井然有序。也就是说，在工作的过程之中也要开发出一些软件和系统，来帮助进行自动化的进程，这样就可以获得更加高效的产出了。

我觉得作为一个工业公司，我们不单是完成工业 4.0，我们最想要做的是为客户带来福利，并且能提供高成本效益的解决方案，让我们的生产工艺变得更加安全，让所有的装置都井然有序，能够完成我们的生产。这里关乎的是工艺，当然更重要的是自动化，自动化不会替代人工或计算机，而且能够帮我们更好地利用机器，给我们提供更安全的生产环境，保证我们生产出非常棒的零部件。

新一代智能机器人探索

石金博　东莞市李群自动化技术有限公司 CEO

把应用变成真正智能化的平台，让所有使用机器人的人可以在这个硬件平台上和软件平台上积累知识，最后把云、数据、现实连接在一起，形成一整套的工业 4.0 的解决方案。

很多人可能对我们为什么取李群这个名字充满好奇，最多的猜测就是老板是不是叫李群？所以我首先给大家介绍一下李群的由来，这实际上是一个数学概念。李群的定位是小轻量级，我们的目标是如何用机器人的技术一定程度上把人从简单的劳动中解放出来，让人做更有价值的事。这是我们的使命，也是李群的发展核心。

李群从 2011 年成立，经过了一些历练后，从 2013 年到现在，基本上拥有了全品类的工业机器人。很多人把工业机器人叫作工业机械手，手和人到底差别在哪里？我们认为在它的大脑，它的系统，它的能力，它的知识。接下来分享一下我们在机器人的控制和系统里面的一些观点。

李群还有一个很重要的特点，就是跟人一样，除了动手，其实还有眼睛、大脑、触觉，在工业现场有一个非常强大的功能——像人一样灵活。中国的制造业和德国制造业的不同之处在于，我国的制造业是大量的、小批量的、多品种重复或快速变换的。我们认为机器人除了智能化，柔性跟视觉、感知相配合之外，还有一个很重要的特点是像家电一样可以搬来搬去，它可以很快在生产线上移动。我们从一开始设计机器人就是一个挑战，我们要把机器人做的越小越好，越简单越好，我们认为至少在外在构型上一定要一体化。

我们勾画了一个李群的商业模式，产品是我们的核心，但是我们还会回归到行业的本质，我们会在每个行业找到它的细分领域，去仔细了解这个细分领域究竟发生了什么，客户需要什么。这样就可以让我们的产品既满足应用需求，同时与国际其他的产品有区别。我们不希望机器人只是一个闭着眼睛的定点的抓取和取放，我们永远在挑战的是在我们没有事先准备的情况下，让机器人可以接受更多的挑战。

在这样一个新需求的情况下，怎么样让机器人有智慧，如果希望让机器人变成一个智能终端，也就意味着它要如何响应，这就是我们现在提出的"分布式"的概念。其实"分布式"的概念应用最广泛的是通信领域，基站不仅可以作为一个功率的产生者，而且又可以作为空间中的实施产生单位。同时李群自动化以为制造企业提供卓越的机器人产品和服务为使命，重视客户价值的实现，希望通过核心技术的突破和掌握，促进机器人向高端发展，为用户带来真正、易用、好用的机器人产品。

李群在 2015 年正式立项智能控制系统的研发，历时 3 年，创新研发出分布式驱控电一体智能控制系统。该系统克服了前三代工业机器人控制器所面临的体积大、成本高、数据传输速度慢、结构复杂、可扩展性差等不足，实现了驱控电机（械）一体，不仅适用于工业机器人、协作机器人、服务机器人、物流机器人、医疗机器人，还能支持 CPS 系统的构建。多个系统级的 CPS 系统构建成 SOS 级的 CPS 系统，可实现基于云端的智能服务平台的协同工作。

在智能制造的新模式、新应用、新业态的快速发展下，未来机器人的真正难点在于易用性。如何把工业产品做到像消费产品那么好用是所有机器人公司都需要面对的问题。我们要把机器人开放出来，无论是软件的还是硬件的，让更多愿意让机器人应对新场景的开发者一起参与到机器人应用中。

在工业机器人身上可不可以打造一个生态环境？我们做了一些基于安卓的开放平台的开发环境和手持平台，在使用上面，是不是不要只让专业的工程师去编程，我可不可以做到极简化，让工人像玩手机一样，几个模块下来机器人被用起来，当机器人可以被普通的工人使用的时候，实际上它就变成了一个工业消费品。这就是我们的一个构想，或者说我们的一个愿景。现在我们只是第一步，第二步，当系统和整体完成之后，可以把应用商店变成真正智能化的平台，让所有使用机器人的人可以在这个硬件平台上和软件平台上积累知识，最后把云、数据、现实连接在一起，形成一整套的工业 4.0 的解决方案。

工业互联　天翼随行——电信运营商助力制造业转型升级

肖晴　中国电信股份有限公司上海分公司技术总监

> 工业互联网的价值，只要有 1% 的改变，不管是能耗的减少还是一些效率的提升，因为它的产业量的巨大，它的绝对值都是巨大的。

工业互联网我们认为它不仅是智能制造，而且还是比较核心的一些特性的体现。因为它实际上已经把整个企业横向的一些集成，产业链各环节的集成，从纵向就是从工厂内部、车间内部的一些人、机、物到它的企业最终的产品甚至它的产品的生命周期，全过程的智能的管理都结合起来。

工业互联网的价值，只要有 1% 的改变，不管是能耗的减少还是一些效率的提升，因为它的产业量的巨大，它的绝对值都是巨大的。

为什么说是工业互联？从国家的工业互联网基础设施升级改造来说，这个概念比较明确。在工厂内的网络主要是支持工业企业以 IPV6，我们日常通信领域不论面向公众，还是普通的企业，光纤网络已经成为基础的网络和它的发展趋势。前不久，上海电信在全球发布，我们作为全球的千兆第一城，这样的光纤网络我们希望在制造业，在工厂、车间能够得到广泛的应用。

对于工厂外的网络来说，同样是像IPV6和新的软件定义网络，以及一些新的4G、特别是5G技术的应用，这都是网络上新的技术应用。再回到工业互联网的应用，结合对电信的解读可以认为横向的集成就是实现全产业链一个数据的交互，把企业内的通过企业的工业专网把生产节点进行互联,包括在全产业链上,通过我们互联网自身进行互联，然后这些数据都会积累汇聚在一个工业平台上。

从内部来看，从企业内部人、机、物的数据面向产品、客户，即全生命周期的一个汇聚和连接。工业互联网的几个特征就是设备智能化。设备要成为可感知、可联网、可计算、可控制的智能机器，包括机器人，本身是一个设备的智能化，网络是广泛的连接，从无线到有线，从企业内到企业外。平台是云化，将数据的采集、控制等融为一体，最后实现数据的融合化。

针对这样的解读，中国电信差不多在2014—2015年的时候开始布局进入智能制造领域，我们的研究或者说产品的规划主要分成智能连接、智能平台和智能应用三部分。

工业PON，规划发展包括1.0、2.0、3.0阶段，目前处于2.0阶段。1.0阶段主要实现了光纤到机器接口的互联；2.0阶段我们希望协议的互通，能够完成工业数据采集和上传的能力，目前中国电信已经将工业PON技术应用在70多家企业，包括多家行业的龙头企业。我们认为工业PON3.0阶段应该把工业APP的应用及人工智能的技术融为一体，从而实现光纤到机器的互操作能力。

云怎么更好地服务于我们整个工业制造企业，我们也是看到企业的传统的IT基础设施的云化改造，全面的对云的需求在不断持续增长，因为我们做了一些分析，企业传统IT的大部分核心应用可能部署在企业内部；非核心应用一部分部署在企业的内部，另一部分部署在公有云上。

创新的应用大部分是会部署在公有云上，还有少量部署在企业内部的私有云，怎么把企业的私有云或者说目前不能上云的物理设备及公有云统一的结合起来，由一个统一的云管系统进行管理及云端的资源调度，这需要我们从不同的案例中不断积累完善。

实际上，对于中国电信这样的运营商来说，给单个企业做一个改造、云化或者工业互联网的改造,不是我们最终目的。我们的强项应该是运营,做一些规模化,可复制的产品。所以这也是我们探索的另一个方向，如何把云化的改造推动到更多的企业上云，引入更多的APP、更方便的上云，以及成立一些实现一些跨行业、跨领域的平台。我们希望新技术的应用能够成为工业云引擎平台，主要通过平台+服务+生态这样的运营模式，引入众多的工业企业合作伙伴，形成一些典型的场景化的解决方案，以这种服务化的方式帮助企业转型。

我们探索这样的平台是希望能够科研落地,生态运营。以云网为基础,以数据为核心,依托运营构建生态，通过工业互联平台快速实现科研成果的落地和转化，并且通过中国电信在整个平台上集聚大量的应用合作伙伴和应用开发商。

用户驱动的数字业务转型——上汽大通 C2B 项目介绍

吴钢 上汽大通汽车有限公司首席信息官

C2B 的价值在于基于互联网和云计算，在全价值链上实现与用户及伙伴的数字化直联和互动。

上汽大通是上汽一家比较年轻的整车企业，我们是在 2009—2010 年收购了英国的知识产权以后，在此基础上成立的上汽大通汽车公司。我们有大的 MPV，大家平时通过滴滴专车便可以有机会乘坐这样的车，我们还有皮卡产品，同时我们还有房车。最新的是我们去年推出的在 C2B 理念上全尺寸定制的大型 SUV，今年会推出一款中型的 SUV。

这几个月中国的汽车市场遇到一个比较大的挑战，比我们想象的寒冬要提前一些，我们预计可能明后年出现这样的情况——整体长势趋缓，产品同质化比较严重。大家在市场上看到的各种产品，其实它们本身的特性差别越来越小，竞争非常激烈。

另外，我们的客户主体更多是 80 后、90 后，年轻人成为我们的客户主体，在这种情况下，客户对个性化和定制化的需求越来越明显，固定配置的模式不能满足客户的需求。

每个消费者都有一种感觉，自己离主机厂很远，平时只跟 4S 店打交道，这是我们大通在考虑做 C2B 的一个外部因素。内部的因素就是我们有自己相对成熟的生产制造体系，同时现在整个技术的发展，大数据、智能的技术都在不断发展，如果过去 C2B 对我们是一个挑战，但现在是时候了。

大通进入了市场，容量其实不是太大，我们有很多不同的产品进入不同的市场，我们有皮卡，在这一市场，客户经常有小批量、多品种的需求，而不是大量的。更多的需求是非常多的定制化的要求，尤其在商用车的市场里面，大通作为比较年轻但比较成熟的企业，相对来讲我们的经销商网络发展比较慢，或者我们走的比较晚，经销商网络的不足制约了我们的发展。这是此时我们做 C2B 创新的起始。创新都是被逼出来的，各种因素综合在一起使我们要做这样的创新。

什么是大通的 C2B ？我们给它赋予了一个内涵，这里面可能有以下几个关键词。

第一个是以用户为中心，围绕我们的用户，通过数字化指点手段，能够让用户参与到我们整个互动和决策。一般情况下我们与用户在销售的时候才会有交流，即在 4S 店。

但大通希望在产品的最起初阶段用户就参与到我们的互动和决策，这样的目的是什么？因为这样能够形成我们跟用户之间一个比较长久的有温度的关系，用户不再不是说我们一个低频的汽车产品的消费者，一性买车行为就结束了交流，我们希望将来跟用户之间有高频的互动，包括为用户提供更多的服务。从而为我们的消费者打造定制化的产品服务，能够迎合年轻化的趋势，能够满足个性化、定制化的需求。最后是用户造就我们的企业，实现我们整个企业由传统制造企业向平台化的组织转型。这个里面的核心两部分：一个是人，另一个是车。对于人的数据化来讲，我们有传统的线下触点，也有线上触点，这些触点是我们自己建设的，不通过第三方，我们直接跟用户互动，采集他们的数据，了解他的偏好，提高购买意向，提高转化率，传统我们做销售的话，要潜客转化，搞一些营销活动，搜集用户数据，用户经常填表，填完以后过段时间客服中心打电话了解信息，但转化率是不高的。我们直接留存在平台上，通过不断邀请用户来参加多种活动，并通过线上线下多种互动，了解用户需求，做定期的推送，同时我们也尝试做盲订订单。盲订的转化率比一般的潜客转化率高很多，因为盲订客户有热情，有热忱，在我们产品设计到上市他们一直是参与者，这个忠诚率是很高的。

第二个是车，原来比较传统的车在生产制造过程中我们会进行跟踪，跟踪数据都有。但是现在我们更多的是要从蜘蛛智选开始就会产生数据。从生产—交易—使用环节当中，打通整个数据，这对于组织机构是比较大的挑战，因为汽车行业是相对比较成熟的体系。为了更好地满足我们前端客户定制化和个性化的需求，除了我们自己生产制造需要满足外，还需要跟我们的供应链进行协同。传统来讲，我们跟供应链也是线上的交互，一级供应商、二级供应商、三级供应商，现在整个信息的透明和信息传递周期的缩短，使我们将其变为一个共享企业数据平台。

讲到我们整个企业平台，也是典型云的服务，前面介绍了我们上汽集团自己的云中心。另外，中间层我们有业务中台、服务中台、数据中台等，这些业务中台把业务流程进行归纳、总结、不断迭代和固化。这里面我们有六大在线产品的建设，实现和用户在全价值链上面的体验，实现相互认可的关系。

大家可以了解到，在传统模式下，一款新车上市以后，质量反馈往往是比较滞后的，需要售后去搜集，一层层反馈，现在通过用户直联，所有的问题我们可以第一时间马上得到，及时给用户反馈，这样加快了产品的改进，提高了用户的满意度。

3 互动交流

提问：我是上海市智能制造产业协会秘书长，我想请问 Michael Lickefett，我们作为德国工业 4.0 的重要支撑单位，且您有多次来中国开展企业的合作，我想请您谈一下中国企业在智能制造的过程中，跟德国企业智能制造过程的区别到底在哪里？您对我们中国智能制造企业有哪些建议。

Michael Lickefett：在中国我们可以看到很多公司，他们会在生产及制造技术方面做很大投资，但是从我个人的经验来看，我觉得技术背后的组织架构可能和德国的架构还是不一样的，但是在中国的话，我觉得他们有很大的潜力提高他们的组织架构，能够更好地利用这些技术。这一点我们跟德国公司沟通的过程中告诉他们说，你们利用这些新技术的时候，必须要有非常精益的生产流程，组织架构是非常重要的。

另外，还包括自动化，自动化可以让我们工作更加精确可靠，有更好的产品质量，这样我们才能进一步进展到工业 4.0，演讲中我听到演讲者提到 90% 的公司好像他们没有 ERP 的系统，如果真的是这样的话中德企业还是很大的差异，在德国 90% 的公司都有 ERP 系统，我为什么提到这点呢？因为我想说的是，其实公司在 IT 方面的一些经验或者说在数据收集方面的一些经验是非常重要的，这种能力、这种经验是工业 4.0 的前提。

除了差异之外，我也看到了一些相似性，波士顿一个调查咨询机构做了一个关于工业 4.0 是否已经就位，是否已经成熟的调查报告。通过这个调查报告我们发现，其实中国在 GDP 这块，工业对于 GDP 的比例是非常成熟的，因为工业在 GDP 的比重还是比较高的，我们刚刚提到过工业 4.0 是否已经成熟，是否已经就位，正如演讲者提到了“中国智能制造 2025”，我想说的是其实中国在这方面也是一个引领者，虽然德国做得很好，但是我觉得中国也是工业 4.0 的引领者，我觉得这一点是非常相似的。而且中国在工业 4.0 或者智能制造方面也有自己的一些优势，我觉得在中国的市场是非常具有开放性和包容性的，它能够接受一些新的经营模式和业务模式，会有一些新的 APP 的应用。

在德国对于一些新的技术，我们可能会考虑到很多信息或者数据的安全性，使整个发展的速度比中国慢得多。

如果您问我到底是哪一种方式让一个公司更好地实施“中国智能制造 2025”或者工业 4.0 的话，在德国市场我的意见是让公司首先第一步要重新去调整一下他们的 IT 架构和工艺流程。因此，在你开始工业 4.0 之前，要把所有的程序调整好，再去进行一些数字化的改变，我们在这方面已经有一些研究、经验，我们也研究了几个公司，看他们是如何去实现工业 4.0 的。我们发现有一种比较通用的方式，让他们先去用智能制造、智能工厂或者去做一些比较标准化的智能的产品来完成工业 3.0，然后再开始去做一些智能的平台或者基于平台的新的商业模式，这可能是你要做的第二步。

如果你已经有了数字化的路线图的话，第二步你要执行工业 4.0 相关的政策，将你的用户案例演绎到其他的地方，来进行更多的部署，并且培训你的员工使用工业 4.0，因为人才在这方面也是非常重要的，希望他们有这方面的能力，并且运用这方面的技术，对于中国来说这点是更重要的。因为很多人对于这些新技术非常好奇，尤其是来自于德国的新技术，我觉得大家未来的路径还是非常清晰的。

提问：我刚刚看见咱们电信的工业 4.0 的方案非常有特色，我理解就是用 PON 技术直接替代了原来的工业总线，但我有几个疑问：

第一，如果用 PON 技术直接去把原来的工业总线替代掉的话，会不会增加造成成本；

第二，PON 技术跟现有的工业设备会不会有一些兼容性的问题。因为所有的工业设备毫无疑问都是基于现代工业总线的方式进行连接的，但是如果我们使用 PON 技术把介质重新进行替换的话，虽然距离长很大，带宽增加不少，但是会不会产生一个兼容性的问题；

第三，它的光纤要转成原来的工业总线，会不会影响它的施工难度和落地的成本。

肖晴：下面我将您提出的问题一一做答。

第一，成本应该是这样来算，它的改变我们已经跟一些现有的工业的接口做了一些兼容，可能有一个转换器的模块，这个成本不会很高。就像我们光纤的产品已经进入到各家各户，现在我们也是不停在提速降费，成本方面没有太大的问题。

第二，兼容性方面是这样的。确实可能在一些新的具体的接口的兼容性方面不断努力，我们配合工业 PON 网络，有一个工业 PON 的网关，把这个网关加进去是解决兼容和适配的问题，网关上面的接口是根据不同的形式替换的，也可以不断增加。网关的下一步是想用软件定义的方法去做，我们想用硬件统一以后，软件可以不断升级这个方式解决兼容性问题，如果有兴趣的话，以后可以再进一步探讨。

第三，整个车间环境的适应性方面，确实是需要根据不同的施工现场，它有一个现场施工的方式，方案是根据实际情况定的，做之前会先勘察成本情况，这需因事而异。

产业论坛3：科技服务业论坛——全球技术转移大会

1　论坛综述

本次分论坛由国家技术转移东部中心、上海理工大学承办。“技术创新”是一个热词，创新需要不断地去迭代，根据需要去集聚、去转化。上海作为一个国际枢纽型城市，应承载技术的转移和转化，来服务长三角、服务于全国，把全国的高校和科研院所的成果，通过上海这个平台跟产业界做更好的对接，这也是上海的使命。论坛邀请了来自上海理工大学的校长、滑铁卢大学的校长、海法大学校长等国内外学者，还有来自国家科技部科技成果转移转化司的领导和专家。

2　嘉宾演讲

落实创新驱动发展，促进科技成果转移转化深入推进

杨咸武　科技部成果转化与区域创新司副司长

促进科技成果转移转化是科技服务业很重要的部分，也是落实创新驱动发展战略，支撑供给侧结构性改革的重要举措，对于推动科技与经济深度融合，构建现代化经济体系，支撑国民经济高质量发展具有重要意义。十八大以来，中央和地方加强有关工作的部署落实，高校、院所、企业各司其职，科研人员积极参与，推动我国科技成果转移转化取得了重要的成果和成效。

一是促进科技成果转移转化的制度体系初步建立，从修订《科技成果转化法》，到发布实施促进科技成果转化的若干规定，再到出台促进科技成果转移转化行动方案，国家层面已经初步形成了一整套具有中国特色的促进科技成果转化的政策和法律体系。与此同时，各个部门包括财政部，中科院等，也都相继出台了20多个文件，通过税收激励、人才评价、收益分配方面等制订的有关实施细则来鼓励科技人员参与科技创新。全国各个地方出台了将近60项具有地方特色的配套政策、措施，已经形成了众多上下贯通、左右联动且与国际接轨及具比较优势的科技成果转化的政策和法律法规体系。

二是技术转移服务体系加快发展，科技成果转移转化本质上是市场的系统。因此，要充分重视和发挥市场在其中的决定性作用。这几年政府始终把发展市场作为重要的方向，加快布局建设枢纽型、防御性的技术交流体系，推动供给端、需求端联动发展，同

步发力。目前，全国各类技术交易市场超过1000家，涌现出了科易网等一批线上线下技术交易平台，并形成了技术挂牌平台竞价拍卖、难题招标等市场化的服务模式。不断创新不断涌现，为企业提供了跨区域跨领域、全过程的技术转移服务。2017年，全国技术市场共成交技术合同36万多项，成交金额达到13 400亿元。

三是地方成为推动科技成果转化的重要力量，科技成果转化必须与地方经济产业发展紧密结合，才能落地生根。在全国凡是创新发展形势比较好的地方，往往都是成果转化工作做得比较好的地方。同样，在那些发展暂时有困难的地方，想破解这些发展的瓶颈问题，就必须要把推动科技成果的转移转化放在更加重要的位置，以此形成新的增长动力。近两年，科技部为支持地方探索，建设了一批国家科技成果转移转化示范区，开展各具特色的试点、示范工作，探索可复制、可推广的经验与模式，为国家政策制定提供支撑。本次论坛的东道主闵行区，本身也是科技部支持的示范区之一，他们把重点聚焦在技术网络全球化上，把建设全球技术转移网络枢纽作为主要的工作目标，努力成为国家技术转移体系当中的辐射源，工作也很有成效、很有特色。本次论坛期间长三角的4个示范区也举行了合作的签约仪式，加强区域之间的合作交流，促进成果、人才等创新要素跨区域流动共享，也是非常好的一种尝试和探索。

四是支持科技成果转化的资金投入渠道发展，上海积极改革，成立国家科技成果转化引导基金，通过设立创业投资子公司、带动风险补偿等方式，引导更多的社会和金融资本，支持科技成果转化工作，稳步推进投贷联动试点，不断完善创业投资等财税激励政策，探索符合成果转化特点的金融服务模式。积极探索金融与社会资本早期参与国家重大研发计划的激励引导机制，更多支持处于早期的成果转化项目，加快国家科技计划项目成果的转化。

当前全球科技革命与产业革命正在兴起，科技创新模式不断变革，对我国准确认识和把握科技成果转移转化的规律提出了新的挑战。国家在提升原始创新，加强攻关方面提出了很多措施，这对于技术转化也提出了体制和机制要求。上海推进经济高质量发展，促进保障和改善民生，需要加快先进、适用的成果，更广泛地在国民经济各个领域得到转化应用。面对这些新形势的新需求，中国的科技成果转移转化工作，还有很多亟待解决的问题，更加需要上海政产学研各界共同行动起来，积极借鉴国际经验，立足自身实际，招来一批国际化、专业化的服务机构，培育一批技术转移人才团队，打破地域之间的限制，逐步建立符合中国创新需求的技术转移转化体系，真正推动科技成果转移转化全链条的顺畅运转，更好地激发各类创新主体的积极性。

上海亟待发展科技服务业，需将产业与科技紧密融合发展

骆大进　上海市科委副主任

上海有比较好的科技基础、产业基础和人才储备，集聚了一批技术转移的机构、创业孵化的机构。有200多家的科技服务机构集聚上海，但是距离上海整个市场和科创中心的需求还远远不够。上海应该怎么发展科技服务业，成为一项急迫的任务。

第一，科技创新创业是一个多元主体、多元化的环节的共同体，是研发、教育和产业功能互动、融合发展的一个共同体，在这个过程中，科技服务业，我国的技术转移转化在其中扮演着一个赋能的角色，而且科技主体本身也是一个非常重要的产业发展机会，所以需要大家共同来探讨这个话题，是一件非常有意义的事情。

第二，发展科技服务业，对上海当前的整个科技创新活动，特别是对上海科技创新事业的发展来讲，是一项急迫的任务。当前上海正在建设具有全球影响力的科创中心，上海有很好的科研优势，也有一批重要的科技企业。在座的有很多来自高校的校长，他们学校里都有非常高水平的专业化机构，但是在上海依然缺乏科研人才。上海目前在技术转移当中还停留在信息的收集、传递层面，十分缺乏对信息的识别和判断，特别是目前急需构建的赋能的能力。在这种推进过程，对上海而言也是一项非常急迫的使命和挑战。

第三，现在发展科技服务业，大力推进技术转移是一个难点。首先，产学研各界，对技术转移的认识，对发展科技服务的意识明显增强。其次，对市场主体的需求有极大的提升，高校、科研院所都在寻找更加专业化、市场化的机构来帮助科学家，促使科技研发成果能够进一步向市场并轨。企业也希望通过专业化的机构，帮它解决创新发展中的难点问题。最后，随着各方面的重视，技术转移政策环境应该说在明显改善，上海先后出台了上海科技成果转移“三部曲”。既有人大的立法、法律，同时又有政策的指导方案，还有行动方案及科技创新券等一些创新的举措，来促进要素资源的发展。

打造专业的国际一流的胡润上海技术转移机构榜

吕能幸　胡润百富总裁

胡润百富有3个版面：调研咨询、胡润全媒体活动和金融投资。我们的榜单主要从如何去打造？用什么评估方法？评估方法如何体现国际性和专业性？如何进行整体模块设计？如何在行业中有极强的引导性？通过这5个问题来寻求更科学的榜单。

在调研的时候发现除了胡润国际名校的杂志，还做了胡润国际营销论坛，最终转化成投资。有一位携手成了公司的股东，公司要为中国的国际学校输送老师、校长、教学体系，这是我们转化的一个过程，其实转化的过程是什么呢？就是市场有需求，看你怎么找到合适的方式来去把它转化？胡润有全球富豪榜，找到了来自大中华区 891 位华人企业家。而在美国的只有 570 位企业家。在今年上榜企业家，中国有 20% 是全球老大，中国的女性企业家非常有企业家的精神，胡润希望通过这样的榜单，能够找到时代的特点。

今天我们找到了一个非常独特的方法，那就是"2018 胡润上海技术转移机构榜"，这是胡润在百富榜推出 20 年，也是改革开放 40 周年的时候，推出的 2018 年拳头榜单，更为高兴的是，这一榜单能在上海推出。就如同一个山，左右之间隔了一个山，有些企业找不到技术，有些技术找不到出口，而今天基于上海正好搭建这样的平台，面向全球的国际化的舞台。当然胡润也希望通过这样一个榜单，能够打开一扇窗，加快企业技术转化的速度。

大学创新及其在区域经济发展中的作用

Trevor J. McMillan　英国基尔大学校长

大学无论在国家还是城市抑或是区域的创新里都是很重要的一个角色，因为它可以发挥全球影响力。主要体现在：一是大学对区域经济发展上有贡献；二是大学是技术转移的一个中介；三是大学是开展知识沟通与交流的重要平台。然而，大学做技术转移要与自身融入区域发展相联系，各大学都有特色，不能照搬、照抄。

非常高兴今天能够跟大家共聚一堂，从大学的角度跟大家分享技术转移。我今天将基尔大学在区域经济发展中的经验，特别是技术转移方面的经验来跟大家分享。

首先大学在区域经济上有什么贡献？大学可以提供非常高质量的科研及教育功能，进而发挥它的影响力，并将其转化到经济发展和科技层面。大学很重要的一方面就在于，它能够创造出转化技术的环境。另外，本校的学生，经过培训后，可变成未来的人才，这样可以让整个社会的发展更加成功。

其次，技术转移是从创意开始，通过发展再转移到经济方面，从而达到它的经济效益。这在大学里可以发挥它的作用，从而来促进发展。希望发展成网络，跟不同方面的人，跟世界各地的人来沟通，以及跟当地这样子的居民或者是企业来沟通。

第三是学生，大学可以利用当地的社区来促进学生的科研能力，还有对学生创业给予相应的支持。不仅是大学也包括了企业，还有慈善部门、当地的居民社区，事实上都可以达到这样的社会及经济溢出的效果。这个就需要进行研发，还需要进行教育，并且把其转换为实际可用的成果。

那么，为什么大学要做创新和技术转移呢？事实上，这种科技的转移是非常难的。在英国的大学，它的运行和标准都跟全球的大学是一样的，其实也没有所谓的放诸四海都通用的标准，因为每个大学都不完全相同。如果政府用一刀切的政策，如要学美国的MIT或者是美国的其他什么名牌大学，其实都是有风险的。因为它们有自己独特的人才和技术，而这两项又是其他大学在很长一段时期很难复制和打造的。但是又确实需要一些创新的想法，因此必须要建立起自己的一个全新的生态系统，通过这一生态系统来实现知识的转换。

作为学校的领导人非常重要的一点是，必须要让学生、员工及合作伙伴非常清楚地了解到底什么才是技术转换。同时必须建立一个相应的生态系统，来明确技术转换和技术转移的概念和它们是如何实现的，这里还需要跟社区进行合作，特别是在这个社区当中的各种不同的专业人员，包括来自于技术转换办公室及技术转换部当中的工作人员，他们也许没有技术的专长，但是他们对技术转换却有专长，所以学校必须要进行更多的合作和知识交流。

在原当中大校包含3个主要的领域：一是大学的结构；二是确保所有的员工、学生和合作伙伴都了解他们的职责；三是大学应该让更多的企业和机构更容易地接触到其中的一线的员工和学生。在2017年的时候，英国政府颁布了一项新的工业产业的策略，也注意到政府在这一个策略当中的作用，他们也意识到大学在知识转换中的重要的角色。上面我只是简单介绍了一下基尔大学在大学技术转化方面的工作，这对社会、社群，还有整个国家都是非常重要的。在谈论这个主题的时候，必须要非常清楚的描述各方的职责，这样才能更好地推进这一个事业的发展。

我国创新服务业在变迁中所蕴含的经验与问题

刘琦岩 中国科学技术信息研究所副所长

今天的主体主要围绕4个问题：一是从研发服务到创新服务的改变；二是围绕创新链我国应如何构造一个创新服务新业态；三是数据驱动的创新服务业发展面临的机遇与挑战；四是有关未来发展的一些思考。

一是从研发服务到创新服务的改变

20年前，中国服务业都是计划模式，没有市场化因素。在此之后有五大推动力：第一个是市场化因素，中国服务业发展进入了快车道；第二个是科技体制改革，特别是1998年的那次企业化转制；第三个是企业主体的确立，从而决定我要什么服务，我要什么价格等问题；第四个是跨国研发机构的诱导，特别是在上海，由于上海是跨国研发机构，是个集聚地，因而它的发展对中国研发服务业及科技服务业的发展都有很大的启发和推动；第五个是2014年由总理推动的“双创”，在全创新链上，服务业的层次提升在很大规模上都推动了与创新创业相关服务业的需求与发展。因此，这五大推动力是科技服务业20年转型发展的重要推动力量。那为什么过去的科技服务业涵盖不了创新服务业的目标呢？因为国家在这方面从研发的目标向创新的目标转化，而且已经把“双创”提高到了国家战略，因此过去按行业搞服务业是涵盖不了当前国家推动创新驱动发展目标的。必须将单独的创新服务业需求扩大，按照新的需求调整，才能涵盖国家推动的目标。

二是围绕创新链如何构造创新服务新业态

我们过去讲创新服务链，是从创意生成到概念物化、工程化、市场化、产业化、国际化，把商品卖向国际，这个链可长可短。苹果决定卖的iPhone和iPad，从董事会决策到做成产品，一般需要2～3年时间，而这个节奏事实上并不完全一致，因为它还需要进一步的从市场化、产业化考虑更多的因素，才能更好地对业务链进行全面覆盖，而这完全是过去的研发服务所不能实现的。过去的研发服务我们叫创新链的中流服务，而现在的创新则要向后端和前端同时进行扩展，后端的业务涉及国际化，而在前端事实上已经开始了非常激烈的争夺。这是因为我们已经发展到了一个新阶段，重点和标准是不一样的，所以创新的服务是一个极其复杂的过程。特别是现在大数据、云计算和互联网等这些我们称为技术的工具箱，已经在各个环节上切入我们的创新链。例如，海尔在全球的创新，用互联网+的方法实现了国际化，而像小米也好苹果也罢，那也是大数据和云计算加起来，释放模拟性运算等。我们的创新链正在自动生成更复杂的自主的体系状态。

三是数据驱动的创新服务业发展面临的机遇与挑战

我们中国科学技术信息研究所正在做国家信息管理系统，每个项目申报人在申报时，查询痕迹管理等方面的需求，都在这个平台上得以实现。这是数据驱动的科技管理，也是创新服务的一部分。

从总体发展来说，数据驱动服务业和科技服务业，滞后于科技发展和经济的总需求，需求量非常巨大。科研的数据化、科技服务的数据化和推动发展的数据化这3个方面的业务，在机遇方面的市场需求量巨大。上海在研发投入和技术投入达到一比一的时候，技术市场投入会马上超越研发投入，北京是一千多亿的研发投入，实现3000多亿的合同额，而目前上海正在这个转折点上。

四是有关未来发展的一些思考

一定要给市场主体赋能，让市场主体自由的创新创造，这是最关键的。再就是创新主体多角色地尝试各个不同的创新功能。例如，大企业不仅需要尝试企业才有的功能，还需加强能力建设，无论是产业融合还是资源整合方面，特别是主动实施一些品牌能力和计划。最后就是以新技术、新理念推动新的架构建设，特别是加强针对创新服务业的应用场景的数据库建设，这是共性的需求。

上海理工大学技术转移体系建设探索与实践

丁晓东　上海理工大学校长

重点介绍了上海理工大学的学术优势和在技术转移领域所做的探索实践。

对于上海理工的体系建设的探索实践，我先向大家介绍一下上海理工大学是怎样的一所大学。它是起源于黄浦江边上的沪江大学，当年由美国创办。起源的一支来源于复兴路上的德文医工学堂，因此，学校培养的理念就是要国际视野、家国情怀、身心健康。上海理工大学把情爱摆在前面，特别强调情怀和爱。在技术转移体系建设过程中，我校是 211 高校中第一个成立大学科技园的，主要目的是推动创业创新。最近按照上海市科委的要求，我校协同创新也很有成就。

介绍几个案例，一个牵头国家绿色技术银行产业示范园区的建设。我校在日内瓦国际发明获得了金奖。对太赫兹的研究，学校通过认证做了一个分解，最后走上了这样一条发展之路，即把知识产权研发团队、学校和企业分解了，达到双方都满意，形成了一个转移体系。本校的太赫兹已在很多企业被广泛应用。

C919 的虚拟技术也是我校参与完成的，并在后续的研发过程中还在持续发力。对于微创集团，学校跟它联合招收研究生，有个研究生的团队常年在微创集团工作，有一半时间在学校学习，一半时间在微创集团工作，所以微创集团最近获得了很大的突破，应该讲我校的学生也对此突破做出了较大的贡献。

以色列大学对创新、技术转移的经验与实践

David Faraggi　以色列海法大学前校长

主要讲解了 3 个方面的问题：第一，为什么以色列像一个初创的（原始创新型）国家；第二，海法大学在科技创新和转移上的做法和经验；第三，分享海法大学与华东师范大学合作的经验。

为什么以色列是一个初创的国家呢？有6个因素，分别是教育、军队、企业文化、政府支持、金融环境及过去的经验和成功的案例。下面我重点介绍前4个。

第一，教育。在以色列，接受过大学教育的人口占总人口的比例非常高，接近70%的人口即约6百万人都接受过高等教育。我校有7个研究大学，这些研究大学总共有50个学院，同时它们也出版了很多研究报告，可以说以色列是人均出版报告最高的国家。本校也有一些具有专业技能的移民，其中来自俄罗斯的移民最多。

第二，军队。大部分在军队里面的培训，都是跟技术有关的，所以参军的年轻人他们每天接触了很多高科技，掌握了一些技能高科技。这些参军的年轻人，他们可具备高科技的技能及经验。军方也赞助了一些研发活动，使接受培训的人具有创新思想和随机应变的能力，这样就能够促进创新。

第三，企业文化。尊重成功企业家。假设初创的企业失败了，也不会有任何惩罚。因为技术的原因而失败，这些企业不会面对后续的惩罚。在学校师生也懂得其实从失败当中能够获得经验，所以学校应该鼓励所有的人员都要进行创业，不要害怕失败。另外学校方面也认为勇气所指的并不是去做蹦极跳，而是把所有的金钱和财力都投入实验室当中。因为要知道，在开发这些新的微小的初创企业的时候，对以色列而言是需要投入的，创业也是非常重要的文化。

第四，政府的支持。政府大约是在20世纪90年代建立了工业首席科学家制度，同时还创建了很多孵化机构，这源于很多有条件的拨款，这个过程大约持续了15年，同时还有跨国的基金来为一些联合项目提供资金或者贷款，政府则在税务方面提出优惠政策。

另外，重点介绍一下海法大学在科技成果转化方面的经验和做法。海法大学是以色列北部地区最大的一所研究大学，而且大约有55%的学生都是研究生及以上的学生。而学校现在是有大约600名教师和1200名非教师的员工，其中有8000左右的本科生和8000左右的研究生，以及1700的博士生。作为一个年轻的大学，但长期以来该校没有工程学院和医学院，因此为了弥补这一不足，学校新建了健康学院和自然科学院。

技术转化的公司是由大学100%控股的，而且技术转化的公司将会积极参与到识别创新的项目当中去，他们会寻找投资者，从而将创新项目商业化。就文化而言，有两点是非常重要的。一是在以色列本身就有这样的一种创新的文化，犹太人喜欢挑战权威，而且也想要坚持己见，当然也愿意跟进一些辩论，而且大家不害怕失败，总是会寻找解决的方案，这对于初创企业来说是非常重要的品质。二是学校还建立了一个一站式的流程来支持技术的转化。如果有每一个单独的学院或者是单独的学科的教授去进行技术转化，他们其实并不知道怎么来建公司，也不知道怎么跟法律人士进行协商，更不知道怎么去处理人事、法律及财务方面的问题。因此，学校的做法就是建立起一个一站式的服务。例如，海法大学有这样的一个公司，叫卡梅尔（音）公司。以色列起初的做法是当该企业建立起来之后，在本校的大学当中有50%的股份隶属于创立这个企业的系科，另外 50% 的股份属于卡梅尔（音）公司，即它是跟学校合作的技术转化公司。而卡梅尔（音）公司将会帮助学校来保护知识产权，海法大学也和很多的不同的合作伙伴合作，也寻找潜在的一些投资者，同时它也能帮助大学和研究者实现研究成果最大化。

最后，谈下海法大学和华东师范大学的合作。在 2013 年我校和华东师范大学建立了合作关系，一起构建了科学与技术转化研究院。这个研究院最初要求必须是双博士和双硕士学位的高级研究人员才可以加入。另外，在数据学和数据研究方面也有很多的合作。其实我是一个生物统计学家，我本人也参与很多临床研究的设计和实施。在这个领域我有很多很多的经验，这也是我来上海的主要工作之一。本校建立了数据整合中心也就是上海海法 DCC，其目的是希望能够提供一个完整的临床实验的设计和实施机构，同时，在人工智能领域方面，海法大学也与华东师范开展了联合攻关合作。

如何更好地参与国际合作

张建伟　德国汉堡科学院院士

在全球化的形势下，各国应该如何更好地开展国际合作、跨学科合作甚至跨地域的合作，来实现更高质量的创新？这是本次汇报的重点；此外，将中德在人工智能方面的合作作为案例与大家分享。

现在应如何用新的技术转移来应对快速变化的创新生态，这对全球都是一个非常大的机会，也是一个重要的挑战。人工智能现在变成了一个全球争夺的高技术的制高点，我最近撰文也是在强调人工智能一定要落地，落地于国计民生，重要的应用领域，如制造业、医疗、交通、农业的收割、基础设施的维护等。

我 30 年前在清华就开始学习用计算机做人工智能。现在，在相同价格下的计算机运算速度是当年的 100 万倍。因此，现在超强的计算能力可嵌入到各种各样的数据里。通过数据的半自动方法，到现在自动分类的办法及自动决策的方法，使得今天用人工智能、大数据在各种技术转移和创新里起到核心作用。我在德国近 30 年，对德国整个的工业化和产学研的合作有所了解，最近又协调了一个中德有史以来最大的人工智能的基础研究项目——跨模态学习的基础研究项目。我们机构融入了整个的神经科学、心理学、人工智能、机器人，从事人工智能的一个根本的核心技术研究。通过跨学科、跨文化和跨地域的这种研究方法，把中德的长处和短处结合起来。德国在技术更新非常慢的这些领域是非常可靠的，中国在技术更新非常快的领域，像云计算、通讯等，也是非常有特色。所以这方面的合作还是非常有成效。我们团队挑选了未来的人工智能的核心算法，现在的深度学习，具有很好的一面，可以在大数据充足，能够学得比很多的人在特定任务下还要好。但是在动态的情况下数据量不足、干扰很强的情况下，还有很多问题。

我想不论是中国还是德国，要实现强人工智能的突破，就必须得观察人的大脑在这方面的长处，然后真正的学会这些模型，将其变成有用的算法，最后实现人工智能中真正解决复杂问题的应用。当然，研究团队除使用深度学习方法外，还用到了脑成像等多种方法，脑机接口的方法、神经刺激的方法、心理学的办法等，综合这些实践，从机器人系统、人机交互物理系统共同实现多模态的整合。从整个的基础科研，到整个的创新应用实践，最后打通了从理论到真正创新创业的整个链条。

另外，就是团队对智能多模态的控制，也是真正的面向中国的需求。例如，智能制造里所谓的3D需要；如何用新的智能控制的方法进行打磨进行装配等，这些项目都得到了产业化的应用，这是大家在深度学习及算法等在3D视觉里的应用。物流的分拣，也是团队第一次使用深度学习，把蘑菇自动识别，快速分拣，使得产业链的效率得到提高。这家酷博特（音）公司也在中国智能制造的独角兽前三名。在未来创新的多模态灵巧操作方面，团队实现了非常多的新算法。

在上海理工大学，我与学校开始筹建一个机器智能的研究院，这里除了学校本身的基础研究之外，技术转移再制造，在医疗还有康复的应用也是打造的重点。一方面承接基础科学，跨学科的技术之间的交汇；另一方面联合德国、清华大学和我们团队一起打造共同研究生培养，对于本科生，希望用一种新的工科的教育形式，通过比赛、项目学习及整个创新创业的教育方式，来实现上海理工在人工智能和机器人方面的更多的产业化和技术转移的突破。

大学跨学科科研合作推动技术转移及创新发展

Dr. Bernard Duncker　滑铁卢大学副校长、教授

着重阐述了两个主要方面的问题：一是介绍滑铁卢大学的办学历史、研究模式和创新创业环境；二是就该校与中国在技术创新与转移上的合作经验进行分析与点评。

首先跟大家介绍一下滑铁卢大学的历史，我校是在1957年建立的，在那个时候只有74名工程学生。从那以后，学校逐渐成为加拿大名校之一。本校总共约有39 000名的全职和半职的学生，在加拿大能够进入大学的人口比例非常高。我校在合作教育的方面，也是一所领军大学，而且对于这种带薪实习的教学方面，也可以说是一所非常领先的大学。

滑铁卢大学 70% 的学生选择该校，是因为他们希望能够参加这样的合作教育和带薪实习的项目。

在滑铁卢大学在评估方面也做得非常好，它就像加拿大的《时代》杂志一样，将该校评估过去 27 年中最为创新的大学，同时也是计算机科学方面第二好大学。另外，学校也获得了众多的研究基金，同时也获得了加拿大最佳研究成就奖。因此，学校也成了我们所在的领域当中，全年最佳大学。

滑铁卢大学的这种研究模式，使加拿大成为最佳研究大学，最为重要的原因是它打破了各学科和各学院之间的这种孤岛现象，在这个过程中学校领导非常注重建立起这样的研究中心，因此也建立了多个战略性的前线中心。例如，学校建立的自动化研究中心，当然我们科研团队也进行了很多纳米技术方面的研究，特别是纳米能源方面的研究。同时还有专门的针对可持续的绿色技术研究中心，包括医学中心，在这当中也聚集了来自于不同学科的研究人员，另外还有水下的研究中心。

学校还建立起一个有效的 IP 生态系统，但是这其中最为重要的一点，希望能够 100% 的开发属于自己的 IP，当然也与很多的创新的集群来进行合作，有很多的初创企业都通过滑铁卢商业化的办公室，来建立他们的初创企业。学校还有不同的课程，来帮助学生建立起创业精神。例如，有一个 Phlocity 的课程，让创业的学生聚集在一起。他们就住在一起，能彼此交流思想和看法，然后彼此信任，形成一些创业的理念，这个学生他们也可以像路演一样讲他们的想法，如果这个想法获得学校支持的话，他就会获得一些资金等。

关于滑铁卢大学的创业环境，有个非常强的商业化办公室叫 WATCO。它会支付知识产权的成本，帮助申请人申请有关资金，另外还有跟发明家能够参与一些展会，来展示他们的技术、吸引一些投资者等。还有关于投资的条件的谈判，WATCO 也可以帮助这些学生创业者。另外还有一个加速中心和一个孵化器中心，它们位于校园北部，针对已成立的公司，帮助公司加速发展。

另外还有 COMMUNTITECK，它是帮助咨询产业的初创公司获得资金的。刚才讲的是一个生态圈的情况。当然也希望能够在中国进一步拓展双方的合作机会。

以上都是滑铁卢大学跟一些中国及亚洲一些国家的合作，学校在中国希望能够和合作方成立很多的商业化中心，非常乐意授权中国伙伴知识产权，也希望跟中国的合作伙伴合资建立这种初创公司。现在我们学校已经在中国的杭州、苏州已经建立两个初创公司。

分享对白宫政策制定方面的经验

Daniel Marti　美国知识产权计划首席架构师

第一个议题是针对要解决问题而言，首要的不是去讨论如何解决，而是要认识是什么问题，然后再去讨论如何解决的问题；第二个议题是基于政策的决策。

非常感谢大家，我非常感谢主办方主办这个论坛。我今天要跟大家讲几点，我是一家英国公司——RELX 集团政府事务的负责人，我公司有 4000 名员工服务全球的客户。主要做咨询信息分析，还有专业的咨询业务。在就职 RELX 集团之前，我在奥巴马政府工作，在那段时间我参与了有关于知识产权领域的执法方面，而且跟全球非常具有创意的产业合作。我的工作重点是政策的制定，还有决定政府资源的分配及跟相关政府部门间的合作。

我今天主要跟大家讲我在白宫政策制定方面所获得的经验。这些经验我觉得是可以在今天或者是其他的论坛给大家参考的。如果你想得到一个问题正确答案的话，不要急着解决这个问题，而是必须要先去定义这个问题。因为我参加了很多会议，他们花了很多时间来讨论这种问题的解决方案，而不是讨论问题是什么。大家必须要清楚地定义所要讨论的问题，这样才有非常针对性的研发，对问题的定义，还可通过创新、技术转移方面。

在 20 世纪 70 年代，你可以看到美国的经济发展滞胀了，所以国会当时要用数十亿的人民币的等值来刺激经济。我用几句话概括一下当时的创新方案和促进经济的创新方案。一些研究资金是需要这些研发者，把他们研发的所有的专利、著作权等交给联邦政府。当时政府跟私营部门在技术转移方面没有相关的法令，而且当时美国政府没有任何的专利法，也没有任何技术转移政策，而且所有的 IP 转移都必须是非排他性的。换句话说，当时的科研成果，完全没有实际转换成有利于社会的成果。

1980 年，美国国会通过了一个立法，该立案是彻底地改变美国创新的法案——《拜杜法案》。它让获得美国政府基金的大学或研发机构，能够拥有他们研发成果的专利，这个法案的目的就是通过这样一个专利来促进研发和创新，使研发成果的商业化及普及化。民营部门及私营部门的合作在这个法案里，不同大学的研发出来的项目，他们都可以衍生成一个很大产值的产业，从而为美国每一年经济带来数十亿的经济效益。纳斯达克指数每一年都是受到联邦政府研发的赞助所支持所鼓励的。

2002 年，中国也经历了相同的过程，颁布了相同的法案，同时也规范市场。只有了解到问题是什么，问题的范围是什么，然后才能够让大家有解决性的方案。另外，知识产权仍然是驱动投资创新的重要的驱动力，也是驱动科技投资的一个重要的驱动力，因此就必须要有非常强有力的驱动力，来帮助这一些企业，能够更多地在研发领域进行投入。

关于政策的决策议题，创新在一个国家的政策当中，其实是需要更多的技术专家参与的，它需要这些专家仔细地思考到底真正的问题是什么，而且决策者也需要思考到底什么是真正的问题，并通过进一步的创新来解决这些问题。我想提两个方面的问题：一是望能够更多的在工作层面上实现的研究创新，二是针对商业化过程的一些政策壁垒。

励讯集团下面一个重要的业务就是爱思威尔，爱思威尔和科学家进行紧密的合作，因为公司的数据很多都是跟研发相关的，所以数据部每年都会有数十亿的下载量。我想跟各位分享一下，爱思威尔的有趣的数据，特别是与商业化相关的有趣的数据。今年早些时候爱思威尔和一些公司报告说，中国的科学已经超过美国，成为世界上最大的科学文献的创造国，从数量上数应该是事实。但是我向各位指出一点，就是学术的，请各位看一下学术合作、学术公司合作，我想以量子计算为例来详细分析这一问题，量子计算机文献的发表，从总量上来说中国科学院排名第一，但是如果引用影响力的话，就会看到一个非常不同的情形，还是有很多不同的机构，但是更多的是美国的研究机构，及一些美国的公司，发表了高影响力的文献。那么影响力排名前 20 的机构，都是大学，也就是说量子计算机文献影响力高的文献都出自于美国。其实这就体现了这些在美国的不同的机构之间的紧密联系。这就是已经有 30 年历史的《拜杜法案》在美国所带来的效应。

除了高质量的研究外，与产业和学界之间的这种紧密的联系，也是决定是否成功的一个重要的因素。中国希望能够进一步的推动技术的商业化，那么必然会建立起更多的 IP 相关的政策，以及与技术转化相关的研究。浦江论坛可以说是对中国和全球而言，是非常重要的一个时刻，大家都在探索到底需要什么样的科技的措施，来支持创新驱动的发展。非常感谢各位今天抽出时间来倾听我的分享，也希望各位在接下来的时间轻松、愉快。

3 第一轮圆桌论坛：高校院所技术转移

肖玲：本次圆桌论坛邀请的第 1 位嘉宾是 Trevor J. McMillan 教授；第 2 位是 Bernard Duncker 博士；第 3 位是来自上海理工大学的刘平教授；第 4 位是香港理工大学黄亮教授；第 5 位是来自浙江大学的赵荣祥教授；第 6 位是来自清华大学的王燕教授。大家已经看到了，本次嘉宾都是来自于中外大学顶级理工领域的专家，请每个嘉宾花 3 ～ 5 分钟，来先介绍你的大学及技术转移。

黄亮：香港理工大学，在香港从学校面积来讲算最小，但从人数上来讲却是最多的一所高校了。历经了 80 多年，因为当时香港只是有一个大学，然后是一个工业学校，我校是从香港工业学校 1937 年创校，到 20 世纪 70 年代中期转变为理工学校。然后在（英文）的时候，就把英国的还有（英文）的那种工业理工学院变成大学，所以本校是一个很年轻的大学，但历史悠久。当时中国改革开放，学校就做了很多产学研的角色，跟企业有一种很相关的关系。30 年以后，香港理工大学还是继续起产学研成果转化的路。谢谢大家！

赵荣祥：各位下午好，我来自浙江大学，我从两个方面来讲浙江大学。第一，它是一个非常古老的学校；第二，它的学科门类最齐全。浙大一直秉持把学校的知识创新、科技创新跟国家和社会的区域创新紧密地结合在一起。我校不仅在全国各地努力布局自己的创新载体，其研究院超过十几家，现在的技术转化中心到今天也正好满 100 个，其中 50 个在浙江。更重要的是产学研协同推进的过程，学校领导希望能够在跟市场、公司、企业交流的过程中进一步的反过来促进和提升本校学科的发展，谢谢大家！

王燕：大家好！我是来自清华大学的王燕。自 2014 年学校从事综合改革以来，加强产学研创新合作及推动成果转化，是其中非常重要的内容。第一，清华在科研导向上，要以技术导向转向技术导向和市场导向相结合的路径上来，使之发挥商业价值。在清华，每年大约与企业合作的项目都是超过 2000 项。第二，改善创新运行机制，要建专业化的团队，做专业化的事情，帮助教师把技术转到市场上去，使得教师能够更加专注人才培养和研究。第三，创新服务机制，学校也有创新相关的基金，支持创新的成果尽快从实验室走向市场。学校与地方政府合作，建了 16 个派出院，作为重要的孵化基地。从 2015 年到现在为止，学校有 1500 多项专利技术，通过许可转让进行转化，同时孵化出来的学术型的企业也超过了 100 家。在这个过程中学校全体师生还在探索，向大家学习。谢谢大家！

肖玲：你们可以看到这些大学都是在讨论技术转移，在座的同时也发现技术转移其中也包括校企之间的合作，即横向研究，也纳入这个领域中。我想问问在座的各位，因为做技术转移，必须有专业的人才去做，你们在培养专业的技术转移的技术经理人这个方面，有没有什么样的体会？看看有没有什么特点？

黄亮：很坦率地说没有什么培养，只是从市场上面能够抓到就用。因为 20 年我在做计算，也就是我的老板把我从市场里抓进去的，一开始就看你工种上面的需求。例如，你跟企业做服务的顾问咨询，你就做这种合同谈判的事情。后来要做一点许可证，就需要用法律的知识来做。在中间的中心市场，从学校来说其实定位是需要你作为一所地方高校，对地方的发展中扮演一定的角色。用这种角色是你需要整合资源、行动和参与整个过程。其次是目标，人在行动上是非常关键的，政策目标下来以后，你怎么去推动它也是重点。在美国和西方，他们比较线性的去考虑做技术转让，用许可证就可以了。而在我所带的团队里，很多都是三维的，包括布很多个点，包括通过学生或者我的研究团队去做相关的事情。所以我对从业人员的要求越来越高，因此，我认为第一是要跟国际接轨，包括 LES、AUTN ；第二是自己国家怎么培养专职又专业的人才。

Trevor J. McMillan：我觉得技术转移是需要一些非常独特的技能的，而大家又需要这些技能，不管是在大学、整个公司或者是合作的大学，这些经理人他们扮演桥梁的角色，可以了解这种学者、学界他们需要什么，进而才能比较好的跟学界进行沟通，然后来进行这种技术转移，所以基本上在双方之间你就好像需要一个翻译一样，这样的人他能够明白双方的语言。

谢吉华：Trevor J. McMillan 教授，你刚刚也讲到 McMillan 的报告，在这个报告当中讲到要明确专业人士和教职员工的职责，你能不能讲一下大学的领导力问题?

Trevor J. McMillan：过去在英国的大学当中，这一点是非常困难的。因为在最初的时候学校认为，学校的主要任务是教学和研究，但是对于第三类所需要进行的这样一个活动，其实就是知识的交换。但是现在大家的想法就是这一个知识的交换和技术的转换，它必须要能够融入教学和研究当中，而不是作为一个单独的额外的任务。其实从上到下的过程，将会是更加快速的，应该说从下至上的过程是比较有效的。在 McMillan 的报告当中，其实就是政府已经进行了 1 亿英镑的投入，来鼓励大学进行更多的合作，实现技术的商业化，所以现在有 20 所大学共同合作，来确立到底什么是实现技术转化的最佳实践，而不是简单的竞争。

肖玲：看起来英国政府在这个方面做出了很多的投入，那现在再来讲讲人的问题。

王燕：其实国内技术转移全方位的人才是非常缺乏的。清华刚招进的同事，往往在某一个方面有特长，通过实践中自学或者培训，然后再实践，对其他方面的技能进行总结，在实践中逐步成长，在实践中去提升服务质量，我校是这样的一个体系。所以这个队伍要发展下去我认为，需要责、权、利三位一体，协同推进才能使得技术转移队伍能够发展壮大。

刘平：技术转移的专业人才非常稀缺，大家都有共识。现在大家经常遇到这种情况，方案设计得很完美，谁去做？这个谁去做往往决定了能否成功，我觉得市场特别需要。现在已经有大学意识到人才培养的重要性，同济大学已经有知识产权的人才培养，分几步、从哪些学位开始做，都要有设计，这样才能符合适当的需求。

Bernard Duncker：IP 的开发是我非常关注的一个重点，而且我也一直都是强调各个系科之间的跨学科合作。而且大家越来越重视这种不同系科之间的交流。我所带的团队在整个大学的运营的过程当中，也会以这个来作为评价各个不同系科和学生的一个重要的指标。同时也要看到各个系科，希望有更多的创新，也希望能够探索新的方向，学校很多的研究在过去是相对保守的，但现在大家也看到有更多的政府机构在拨款，也变得更加的开放。学校也鼓励学生们能够到各处去找灵感，在这样子的带薪实习的合作教育过程当中，学生能够接触到现场的第一手信息，而且他们也有机会接触未来的潜在的雇主，还可能会有机会与雇主共同开发解决方案。我觉得这些因素都是非常重要的。

肖玲：可能各位都知道要做技术转移，就是说企业家的培养，以及创新企业的培育。

我想问一下，在你们成立基金，尤其有了这个基金来投资这些创新企业的时候，你们的举措是什么？可以是好的方式，也可以是哪些方面的挑战，谁来讲一讲？

黄亮：用外国专家的态度来说，技术转移，不只是钱的问题。你做这个事情，你有启动资金，有一些资源，不需要所谓的回报。但是总体你是怎么去考虑的呢？因为如果是从政府来说，政府希望你能够办成功的企业，然后A轮、B轮、C轮一直走下去。而我是办学，大学的宗旨是在什么？我究竟要做什么事情？我觉得这是在高校系统里面，他们要想清楚的。不如说企业里头转化或者创新的能力太大，就要学校去肩负它，但是学校担不了这个风险，只能政府来买单。种子基金是做教育跟培养人才的，我们等于是一个公益性的基金会，我们不求回报，有很多是赠送的。有很多是天使投进来，我们跟他是匹配的。我们的目标不是为了赚钱。我作为一个技转办公室的主任，我的倾向还是要扶持创新跟创业，而不是追求那种回报。所以通过许可证或其他方式，我赚一点原始股，A轮就算完成了。但是我完成了历史的使命，往后市场的事情就交给市场去做了。

赵荣祥：其实基金这个事情对技术转移是一个很新的命题，这个应该讲5年前我在做“双创”的时候，我压根就没有考虑基金的事。那么目前为什么我会想到基金？我认为基于两个原因：第一，这些“双创”的企业是需要扶持的，尽管企业已经拿到了政府的支持，但是真的要发展，还是需要走市场化道路，是需要基金支持的；第二，在企业的发展过程中，教授初创企业通常不太考虑资本感受，通常为技术的进一步的推广，进一步的完美去做更大的工作，所以你要投资，而且你得给我培训。我认为是基于这两个原因，谢谢大家！

王燕：赵老师刚才讲到基金背后带来的是专业化的服务。一般来讲学校的基金也是请专业化的团队来做的，因为也需要运用市场机制来管理和运营。基本上，从大的逻辑上看，应该是双向选择的关系，但是学校为什么又不完全依靠这一块呢？除了学校依靠外在的合作伙伴的这种基金以外，还要设立一些学校自有资金或者撬动一部分社会基金形成的科创基金呢？我想主要是两个方面的考虑。第一，科技型企业，其实从社会上的基金来说，风险太大，或者说看不明白它未来的应用前景的。但是从学校来讲，它要看得更长远一些，所以这个时候学校其实是助推它一步步走向成功，走向社会的认可。第二，社会上的基金一般是有周期的，要有收益和回报的。因此学校的基金可以做更长远的事情，我认为它将来可以引领一个产业的发展，在这种情况下学校也会加大投资力度。

肖玲：谢谢，各位还有没有别的想法？关于创始基金，你们还有什么意见或者想法吗？

Trevor J. McMillan：在英国大学能够给予的最好的资源，就是给他们时间，当然还有给一些经济资源，能用到的一些经济的资源，另外还有就像刚才这种合作，在英格兰中部地区有一个所谓的大学合作的这样的联盟，这样的合作联盟，其实就是希望能够募集到3亿英镑，作为这样的资金，也许社会需要通过大学之间的合作来解决募资问题。

肖玲： 我不太清楚听众还有没有问题？作为这个环节的结束，咱们每一个人说那么一两句话好吗？

王燕： 谢谢肖老师，我觉得技术转移的工作是一个很有温度的工作，因为它可以帮助高校的科学家把实验室技术真正的变为产品、商品，服务民生、服务社会，使大家的生活变得更美好。

赵荣祥： 我想产学研的创新，应该是中国做创新的最有效的途径。按照中央的要求创新创业，同时在对人类做出贡献的时候，也是创富。

黄亮： 像今天刘所长说的，目前虽然以为掌握了一些规律，事实上还是混沌之初的时候。因为你这边是教育系统，那边是政策系统。那么怎么把学校和企业中的从业人员市场化？大家任重道远。

刘平： 在中国技术转移，政府推动是必要的。但是只有市场化，技术转移才有蓬勃生机。

Bernard Duncker： 就像我刚才讲的，我想大学必须要建立一个很好的创业的环境，这样子才会给它技术转移的支持。

Trevor J. McMillan： 我想每个大学都必须确保它所创造的科技、技术是有影响力的。但是通常这个不是通过商业化来的，有的时候大家可以用不同的方式来运用这些技术，来为社会取得好处，有利于社会发展。所以希望不要用一刀切的模式。

肖玲： 谢谢各位分享了他们的宝贵经验，再次用掌声表示对他们的感谢。

4　第二轮圆桌论坛：技术转移人才队伍建设及未来如何推动

吕能幸： 接下来有请论坛嘉宾，国家技术转移东部中心执行总裁颜明峰、上海交通大学先进产业技术研究院刘群彦、科创帮唐晓琳、宇墨企业管理咨询贡献有司徐荣、容智知识产权代理有限公司于晓菁、上海盛知华只是知识产权服务公司的纵刚。作为国家技术转移东部中心，这个还是非常大的。我想先请颜总谈谈。

颜明峰： 对于东部中心来说，一直是希望搭建一个成果转化的生态环境，这对于人才的培训也好，培养也罢，我觉得主要从几个方面来做。第一个人才是企业需要挖掘出来的，怎么把它转化过来？我经常讲东部中心希望搭建一个生态环境，让那些有志于从事技术转移的人，能够愿意做这项工作。第二个实际上是赋能，对于专业的技术转移的服务机构来说，怎么样提升他们自身的理论水准和实践操作水准？每个人特长是不一样的。

谢吉华： 你们是如何抓住技术转移人才的？怎样才能够培养出行业中的佼佼者？在过去发展中又遇到哪些瓶颈？是怎么突破的？这个问题按照顺序请刘先生先开始，也介绍一下自己的企业。掌声欢迎第一位刘先生。

刘群彦： 非常荣幸在这里介绍一下上海交大，其实上海交大先进产业体系研究院，当年成立的时候是基于本校前任马书记的战略方法上，当时马书记提出来个质疑，这是2009年的时候。他提出来国家给每个大学这么多的经费资源，产生的成果对社会、经济有什么样的贡献呢？当时学校马书记代表各个部处的人员走访了全球各个大学，最后得出了一个结论，国内高校缺的是市场和大学的中间环节，所以说当时马书记倡导大家成立这么一个基地，叫先进产业技术研究院。这几年其实学校做的工作主要有3项。第一项培育了号称叫“三好院校”的项目。大家经常会提到学校有什么收益？实际上学校占的收益极少也就3%，更多的是做好教授贡献。第二项从2015年起，学校就开始了成果转化体系建设的工作，这个工作我想跟浙大、清华，包括上理工的合作，都是从那个时候开始的。起草的文件体系向学校一直汇报，先后四次被否定，最后《成果转化法》实施之后一次就通过。这里面涉及了很多的创新，也遇见了很多的一些问题。第三我认为在高校里面讲技术经理人，可能未必妥帖。不同的课题组学校至少有200人协助老师做技术转化或成果转移的工作，今年我校先后开展了大概三批的技术经理人培训。所以说在技术经理人方面，学校加大了培育力度，从院系、同课题组筛选培育出不同的方向的经理人，这也是大家今后的一个方向。

吕能幸：谢谢刘老师！接下来有请科创帮CEO唐晓琳女士，您有没有一些人才培养的故事呢？

唐晓琳：刚才您提到团队培养这一块，我自己体会蛮多的。一个职业经理人真正成长起来，有3个关键词。第一个关键词是激情。我在做内训的时候经常讲，对于今天做这个行业，有没有理解到这个行业的本质？它本身的行业的价值是什么东西？我觉得激情是通过自己运转一项技术或者一个企业，他的难题因为大家的运作就变得有价值，这是行业从业者内心的一个动力。第二个关键词是专业能力的学习。目前科创帮是两块在做，第一块是纵向的按照行业，如现在专注的材料类、制造类、新兴制造类，其实每个行业之间是有区别的，所以针对每一个行业的组，它的能力打造也不一样。从横向来讲，技术转移本身这个行当，需要具备一些基础的技能，如每一种模式的许可、转让、孵化投资或者是入股，其实每一种操作模式都是有它一定的套路的。第三个关键词是坚持，这也是最核心的。

吕能幸：接下来徐总，怎么能够有发掘的眼光，如何像伯乐识到千里马一样，把千里马给到合适的将军？

徐荣：谢谢！我来自宇墨，宇墨的英文名字就是你创造更多，获得更多。其实很重要的一点，宇墨它在市场上存在的价值是什么？为客户解决什么样的问题？刚才主持人问，一直在思考对于做技术转移，当时我有这样两点体会。第一我能够做什么？我觉得很重要一点是基于自身的能力，自己的经验做事情。第二个是你能解决什么样的问题？我想技术转移，很重要的一点，怎么让技术创造价值？因为中国有非常多原创性的技术，技术价值创造是大家一致的目标。真正的价值创造应该来自于市场，恰恰在环保这个行业，我所熟悉的行业里面，有非常多好的技术，但没有市场的应用。

基于这两点，所以做了宇墨。我觉得这四年德发展，对市场来讲磕磕绊绊，很荣幸今天获得这个奖项。一路走来，我相信每个人都有非常切身的体会，技术转移这条不好走，但是技术转移这条路值得走。技术转移实际上做的是人与人的交易。人与人的交易对于服务机构来讲，如何和人打交道非常重要。

吕能幸：接下来请奖者于总，也来分享一下您是怎么看待这个行业所需要的人才，怎么应对僧多粥少的局面？

于晓菁：我先问主持人一个问题好吗？刚才您说对宝洁公司的了解，知道海飞丝为什么持久不衰吗？

吕能幸：1988 年，海飞丝第一个进入中国的市场，它里边有一个配方叫 ZPT，有去头屑的作用。而且它很重视知识产权保护，很早把瓶子的外观作为专利保护下来。做好了品牌的保护，做好了 IP 的保护，才能赚到钱。

于晓菁：非常感谢您回答的问题非常确切。就是它的核心配方活力锌，接下来我就活力锌来谈为什么这个产品能经久不衰？这是因为有核心技术在里面。我做过宝洁公司、欧莱雅公司的技术路线。公司曾经为了上海家化的护发素的改进技术方案，去研究国际上大的洗发水公司他们分别采用了什么样的方案来解决这个问题，这是团队的强项。公司团队最初从情报的搜索、技术路线的研究及竞争对手的技术方向的研究入手。在这个过程当中，也是当时 5 年创始公司的核心理念叫融知识产权，其理念是融合，公司的团队一共可以说由三组人组成的。第一组人员做分析，他们会做大量的人工阅读，对大量的文献、信息、情报去做人工的阅读、筛选，借助人工智能的手段去完成；第二组人员做创新，他们会在搜索到的情报基础之上，帮助科研团队去完善他的技术方案。第三组人员进行项目的对接。所做的工作是只在一个产业链的纵向链条上，去做它的成果转化。团队主要聚焦在高端装备及人工智能相关的成果转化。由于这样的一种模式，本企业形成了成果转化导航产品，也进行了发布。公司从成果转化的 V1.0 版，逐步升级到 V3.0 版。从而回答刚才主持人的问题，你不是问怎么去培养人吗？在这个过程当中，今天所要谈的职业技术经理人，我特别想提职业技术经理群。一个从业者因为在不同的产业中待过之后，你会知道不同的产业需求是有很大的差异化的。所以企业团队在培养人的过程中，采用的是融合模式。不同的人做不同的事，然后形成一个队伍，这个队伍完成项目的转移转化的承载。我也会给他成长的过程，你在做情报分析的同时，可以在团队当中历练，可以去尝试做技术创新这个工作。你自己创新工作的同时，也可以再回到情报分析团队当中去工作，这样自身的团队中，建立了一套自我培养机制，这样自己就是一个孵化器，首先把自己孵化好，才有可能孵化别人。

纵刚：谢谢！很荣幸，很高兴和大家一起交流。本企业是国内最早做知识产权转化，其前身是中科院上海生命技术转移中心，这个中心也是我 2007 年回来创立的，到现在已经做了 11 年科技成果转化。此外，盛知华是国内最早做的，也是财政部和国家知识产权局首家投资的知识产权运营机构，是国内唯一一个哈佛大学商学院把本公司的工作写成它的教学案例的运营机构。对于如何把精力聚焦在中国创新的成果上，也就是针对国内的科研单位、高校和企业的发明，如何帮助他在全球范围产业化，公司的交易有一半是国际交易，这个交易和很多的转化不一样，很多都是从国外引进的技术。因此，把国内的成果转到国外去。现在搞的上海知识产权转移学院，其实人才是最关键的，技术转移领域对人的要求是特别高，所以在国外这个领域实际上是非常热的一个领域，他们的薪酬是公开的。据 LES 报道,他的平均的薪酬是美国教授的两倍。刚才我听到现场有教授说，那么高的薪酬他本人接受不了，中国的教授接受不了，而实现这个薪酬是跟市场有关的。

吕能幸：今天论坛的时间开始晚了，大家还在配合中，差不多快结束了。能不能每个人用一句话为已经进入这个行业半路的这些年轻人一些寄语。

颜明峰：我觉得技术转移从业人员是不容易的。我的这个行业是不容易的，道路是曲折的，前途是光明的。我希望更多的人加入这个行当，把这个市场做起来，未来的财富能够带到今天。

唐晓琳：我想分享的技术转移是痛并快乐的行业。来吧，加入技术专业吧，特别欢迎到科创帮来，它一定会保护你。

徐荣：技术转移是一件有价值的事情,做一件有价值的事情,坚持做,等待时间的回报。

于晓菁：如果大家愿意，请拿出走 20 公里的精力和智慧，一起走完最后一公里。谢谢!

纵刚：中国未来的发展是要靠创新的，虽然目前有很多的困难，但是未来发展前景非常大，希望大家共同参与。谢谢!

第 4 章

创业者论坛：打造“双创”生态升级版暨 2018“创业在上海”国际创新创业大赛颁奖仪式

随着大众创业万众创新的深入，其推动产业提档升级和迈向中高端的重要意义日益凸显。把握“双创”发展的新阶段、新趋势、新特征，加快营造有利于创新创业的升级版环境，推动“双创”向各领域纵深发展，更好发挥“双创”激发创业主体创造力和活力的发动机作用，助力产业迈向更高端。

1 论坛综述

创业者论坛“打造‘双创’生态升级版”由东方财经浦东频道的周俊夫主持，科技部火炬高技术产业开发中心主任张志宏、上海科学技术委员会副主任骆大进、深圳市科技创新委员会副巡视员沙新华、上海优刻得信息科技有限公司 CEO 季昕华分别做了主题报告。张志宏阐释了充分认识“双创”核心关键作用的重要性，指出“双创”是中国经济转型的必然选择，并介绍了中国探索“双创”工作的成效和典型经验做法；骆大进通过介绍上海当前创新创业呈现出的 4 个特点，强调了上海向来是全国创新创业“养分”最为充沛的区域之一，并指出未来上海将通过服务、融资、多元化载体和拓宽网络 4 个方面营造创新创业“热带雨林”；沙新华从民营企业的发展、科技金融、服务型“小”政府 3 个方面介绍了深圳创新创业的探索，在此基础上总结了深圳创业的四点不足，并提出了未来发展“双创”的 5 点规划；季昕华通过总结创业环境正在发生的四方面变化和“硬科技”创业者要改变的三方面传统认知，阐述了提质增效升级“科创”建设何去何从。大界机器人CEO倪珲、上海大学机电工程与自动化学院研究生张智强、上海新徽科技发展有限公司总经理任佳、上海紫竹小苗股权投资基金有限公司副总经理杨海忠、同济大学设计创意学院院长助理苏运升围绕“如何引导更多创新要素向‘双创’集聚”“如何构建更加完善的‘双创’服务体系”“‘双创’升级版的未来”等内容展开讨论。

“双创”是培育经济发展新动能的强大动力

张志宏指出，中国经济发展进入新阶段，要从要素驱动走向创新驱动，不断释放新动力和新需求。“双创”是扩大就业的有力支撑，是收入分配模式的创新和改革。通过“双创”发展分享经济等一些理念，对优化经济结构至关重要。一是大众创业万众创新可以实现增收，更好地发挥分类的作用，使得利益分配更加合理化。二是大众创业万众创新提供了有效的途径，让所有人可以获得平等的机会来更好地体现自身价值。三是大众创业万众创新是推动供给侧结构性改革，促进中国经济高速度发展的动力。四是大众创业万众创新是扩大就业的有力支撑。五是大众创业万众创新是将科技成果转变为现实生产力的直接有效手段。

各类平台在大众创业万众创新过程中发挥重要的作用

张志宏指出，我国“双创”的一个重要特点就是以孵化器、众创空间为代表的各类平台，2017年全国有4000多家孵化器，服务于50万家创业公司。骆大进认为，要让创新创业网络更加宽广，通过搭建走出去、请进来的平台，通过组织大科学计划项目，加快建设一批国际联合中心、技术转移中心，帮助科技企业更快融入全球创新网络当中，利用创新资源提供更好的平台，提供网络、提供渠道。沙新华指出，高新区是深圳科技创新的核心引擎和重要载体。任佳认为，平台辐射范围要从区域走向国际，既聚集长三角的协同，同时又引进了欧洲硅谷的资源做国际化。

服务型政府是“双创”生态升级版的重要保障

张志宏指出，科技体制机制改革营造了良好的创新创业环境，近年来创业企业的政策越来越好。不管是初创型企业、成长型企业、成熟型企业，政府都有相应的市场政策。特别是国务院从2015年开始出台了一系列支持、鼓励大众创业万众创新的政策，对“双创”的环境营造起到了决定性、关键性的决策作用。骆大进指出，上海接下来要全面贯彻落实国家层面关于“双创”升级版的举措，使政策在上海落地生根，让服务更加便捷，推进一网通办，加大简政放权的力度，放宽政策、放开市场、放活主体。沙新华指出，服务型“小”政府是深圳创新体系建设过程中的政府定位，深圳更多以市场为导航，发挥市场在配置资源的决定作用。

2　嘉宾演讲实录

如何以科技创业为引领打造“双创”新生态

张志宏　科技部火炬高技术产业开发中心主任

“双创”是培育经济发展新动能的强大动力。中国经济发展新阶段，在新常态的特征下，必须要从要素驱动走向创新驱动，不断释放新动力和新需求。同时“双创”也是扩大就业的有力支撑和收入分配模式的创新和改革。

前不久国务院印发《国务院关于推动创新创业高质量发展打造“双创”升级版的意见》，(国发〔2018〕32 号)，提出大众创业万众创新。恰逢此次论坛的主题是“打造‘双创’生态升级版”，今天我主要跟大家汇报四个问题。

第一，充分认识新时代“双创”深化发展的重要意义。党的十九大提出中国特色社会主义进入新时代，也就意味着中国的经济进入了新时代，由高速增长阶段向高质量发展阶段转变。中国特色社会主义新时代的核心就是要推动经济实现质量变革、效率变革、动力变革。实现这“三大变革”的关键是推动中国制造向中国创造转变，中国速度向中国质量转变，中国要由质量大国迈向制造强国。因此，推动大众创业万众创新非常重要。

要充分认识“双创”是中国经济转型升级的必然选择，“双创”是培育经济发展新动能的强大动力。中国经济发展进入新阶段，在新常态的特征下，必须要从要素驱动走向创新驱动，不断释放新动力和新需求。同时“双创”也是扩大就业的有力支撑，是收入分配模式的创新和改革。通过“双创”发展分享经济的一些理念，对优化经济结构也是至关重要的。一是大众创业万众创新可以实现增收，更好地发挥分类的作用，使得利益分配更加合理化。二是大众创业万众创新提供了有效的途径，让所有人可以获得平等的机会来更好的体现自身价值。三是大众创业万众创新是推动供给侧结构性改革，促进中国经济高速度发展的动力。进入中国特色社会主义新时代，“双创”可以更好地释放发展潜力的优势和供给。四是大众创业万众创新是扩大就业的有力支撑。“双创”是实现新旧动能转换，解决换档期的决策。通过创新创业可以推动新技术、先进技术孵化成长，将就业压力转化为增长的强大动力。五是大众创业万众创新是将科技成果转变为现实生产力的直接有效手段。2018 年两会期间，李克强总理在《政府工作报告》中多次提到深入开展大众创业万众创新，鼓励科研院所、高校开放平台与企业融通创新，打造产学研大中小企业融合的创新格局，打造“双创”升级版。

第二，中国探索“双创”工作的成效和典型经验做法。综上可以看到新时代“双创”具有重要的战略意义，那么我国有什么样的基础去打造“双创”升级版？从 2014 年李克强总理提出“大众创业、草根创业”，到现在将近 4 年的时间。这 4 年，“双创”工作为中国特色社会主义发展，为进一步推动高质量发展打下了坚实的基础，也为“双创”升级奠定了坚实的基础。

一是通过科技体制机制改革营造了良好的创新创业环境。这几年通过“双创”大幅促进了政府放管服改革，使创业越来越便利化。通过数据统计发现这几年各类的市场主体都保持快速增长，年增长均超过了20%。同时，近年来创业企业的政策越来越好。对于初创型企业、成长型企业、成熟型企业，政府都有相应的市场政策。特别是国务院从2015年开始出台了一系列支持鼓励大众创业万众创新的政策，为“双创”的环境营造起到了决定性、关键性的决策作用。在科技型创业引领和带动大众创业的过程中，通过修订促进科技成果转化法、制定国家技术转移体系建设方案等极大促进了成果转化和“双创”的对接。此外，近年来我国的研发投入保持较快速的增长，目前2.15%的研发投入占比在发展中国家中处于较高水平。2017年我国的科技进步贡献率也达到了57.5%。根据统计数据，我国每年有超过40万的技术合同，交易总额超过了1.3万亿。上述这些都为大众创业万众创新提供了源头。此外，一系列配套政策为大众创业万众创新市场注入了活力。以留学回国人员政策为例，2017年我国留学回国人才数量达到28万人。

二是各类平台在大众创业万众创新过程中发挥了重要的作用。我国“双创”的一个重要特点就是以孵化器、众创空间为代表的各类平台。据科技部火炬中心统计，2017年全国有4000多家孵化器服务于50万家创业公司。另外，通过调查发现，众创空间不仅仅在像上海这样的经济发达地区发展迅速，在欠发达地区或传统型经济省市也取得了快速的发展。

三是“双创”拓展了就业机会，厚植了创业文化。一家孵化器/众创空间可带动就业15人，一家企业可带动就业37人。据统计，2016年我国城镇就业人员在一年内新增创业的人数比2012年增长了36%，同时大学生创业人数在这几年也是持续增加。2017年为创业举办的各类活动超过14.7万次，开展培训10.8万次。创业集中度较高的共享经济领域带动灵活就业接近6000万人次，正是这种新经济模式给就业带来的新变化，使得创新创业对中国的现实意义显得格外重要。李克强总理指出，近几年“双创”活动蓬勃发展，为激发创新潜力和市场活力，扩大就业发挥了积极作用。

四是通过政府引导，各类创业资本加快进入创业市场，为创业提供了强大的支撑。据统计，近年来我国创业投资规模持续上升，2017年我国创业投资市场共发生4800起投资案例，同比增长32.9%。在经济下行压力下，资本市场对创新创业的支持就显得更加重要。在促进资本市场注入“双创”活动的过程中，各部门都采取了相应活动，科技部通过深化一行三会的合作，在促进科技金融方面做了一些工作，起到了很好的示范效应。

五是继续发挥政府的投资基金作用，为“双创”提供更大的支持。2017年我国各级政府为大众创业万众创新注入资金68亿。根据国外报道，2017年我国独角兽企业数量已经超过1万家。独角兽企业都是各自领域的佼佼者，在发展过程中发挥了非常重要的作用，以高新区为例，高增长企业这几年也是通过“双创”保持了比较快的增长。

第三，新时代“双创”发展呈现新趋势。一是要以新使命不断推动大众创业万众创新水平。新时代“双创”发展呈现出一些良好的趋势，尤其是近年来创新创业主体越来越多元化，既包括创业企业、平台型大企业、科研院所，也有政府；既包括精英创业、草根创业。二是科技型的创业越加活跃。科技型创业关注前沿技术应用，推动科技成果转化的创业，应用新技术推动传统产业转型升级的创业不断涌现。三是创新的生态化。各类主体、各种创新要素的集聚，特别是创新要素的高效协同，为创业打下了很好的基础，此外，国际化拓展也是当前要大力推进的一个方面。因此新时代对“双创”工作的要求就是要战略性支撑经济高质量发展，这需要进一步深度挖掘“双创”潜力，促进“双创”与实体经济融合。

在国务院出台的32号文中提到，要推动大众创业万众创新高质量发展，其中很重要的一点就是进一步优化创新创业环境，大幅降低创新创业成本，提升创新创业带动就业能力，增强科技创新引领作用，推动形成线上线下结合，产学研协同，大中小融合的创新创业格局。具体实施细节方面提出了六个目标、八项任务。

第四，推动“双创”升级版。今天王志刚部长、李强书记都讲到了科技型创业核心还是培育高成长的科技型企业，努力实现创业孵化和企业成长深度融合。具体结合科技工作的特点，未来还需做到以下6个方面。

一是推动创业孵化升级，加速科技初创成长。要以“孵化机制+企业成长机制”为核心，继续构建高质量、高效率的众创空间产业链条，加大专业化众创空间、专业孵化器布局力度。努力发展专业化的平台来支撑实体经济，政府资金和社会资本一起支撑专业化众创空间。打造面向全域创新创业政府平台，继续深度挖掘，中国创新创业大赛、科技转化成果直通车等这样的平台，为创业企业提供更多的融资和宣传服务。

二是推动企业生态升级，促进大中小企业融通发展。通过新技术创业和产业价值链，建设制造业与共享经济融合发展的创新平台——新型研发机构，鼓励龙头骨干企业、高校和科研院所探索更具特色的“双创”模式。

三是推动“双创”服务升级，营造更好的企业生长环境。政府相关部门合力推动“双创”服务的升级，包括加快建设全国科技型中小企业的信息服务平台等，让政策能够在创业企业更好地传播，使企业获得感增强。

四是推动“双创”政策升级。加快整合科技部、财政部关于支持中小微企业创新创业等方面的财政资金，形成直接资助科技型创业的专项资金，努力探索创业创新的新支持方式。同时完善“双创”金融支持的体系，选择国家级的园区按照大企业加孵化、投资加孵化、人才加孵化的模式，努力打造创新创业先导区，研究“双创”人才发展的政策。

五是推动区域发展升级，形成良好的区域创新格局。构建良好创新创业的生态系统，重点在创新型城市、小微企业创新创业基地示范城市中推动制度创新、生态创新、工作模式创新。同时发挥国家自主示范区、高新区在创业孵化和加速科技成长方面的核心载体作用。聚焦高端项目孵化、高水平创业，打造一批众创集聚区。

六是推动国际合作升级，主动融入全球创新网络。坚持打造实施开放、协同的创新体系，不断开放促进创新创业更多地融入全球网络。

新时代提出了新使命，新征途中要努力使“双创”更高质量、更可持续，为建设更好的产业、更好的经济做出持续的贡献。

赋能“创业在上海”

骆大进　上海市科学技术委员会　副主任

当前新一轮科技革命和产业变革正在加速兴起，各种跨越多元、创新主体要素融通发展。实现创新创业的梦想，需要遵循科技创新、科技创业的规律和特点，国家需要创新密度，也需要更具活力的创新生态系统。

一个月前我们在这里举办了上海企业孵化器成立30周年的活动，今天再次来到这个会场，非常激动。刚才张主任介绍了全国“双创”的升级版愿景目标、重要政策举措。我今天主要想跟大家表达三层意思。

第一，向广大的科技创业者致以崇高的敬意。经济社会发展的当下，特别是在科技创新的活动中，怎样把更多、更好的成果源源不断推向科技主战场，为实现高质量发展提供更强有力的科技创新支撑至关重要，因此大力创新、创造、创业，实现“双创”升级版是我们的战略选择。在整个科技创新创业活动过程中，广大科技创业者很不容易，会面临许许多多的困难，包括技术、资本、市场等。在众多科技创业者的坚持下，上海的创新创业氛围正在不断改善。如果说7年前上海更多的是一种白领文化，今天上海已经是非常重要的创新活力之城。因为有越来越多的科技创业者，特别是一些年轻的科技创业者在上海这片土地生根发展。

第二，上海向来是全国创新创业“养分”最为充沛的区域之一，呈现出4个特点。当前新一轮科技革命和产业变革正在加速兴起，各种多元创新主体要素融通发展。实现创新创业的梦想，需要遵循科技创新、科技创业的规律和特点，国家需要创新密度，也需要更具活力的创新生态系统。上海是国家最主要的经济城市，也是科技重城，2014年习近平总书记提出上海要加快向具有全球影响力的创新中心进军。既要建设张江国家科技中心，增强科技原创能力，也要大力建设研发与转换的平台，支持科学家和产业发展，实现精英创新和草根创新。在这个过程中，上海既有比较丰富的创新资源，也有很多产业的配套基础，再加上长三角一体化的建设，促使上海成为创新创业养分最为充沛的区域之一。中国科学技术发展战略研究院刚刚发布的《中国区域研究报告》中显示，上海的创新产出力、产业引领力、辐射力快速增长。上海市科学学研究院最近跟《自然》杂志合作做了一个调研，结果显示上海创新活力氛围较好，是全球科学家最为向往的工作城市之一。原因主要是上海“双创”呈现出的4个特点。一是载体市场化。上海对众创空间采取“不备案、不登记、不注册”的方式，让市场化机构充分参与。上海的科技企业孵化器已经从二三十年前的政府行为发展成当下全市600余家众创空间中的90%为社会力量创办。政府部门和市科委积极鼓励和支持众创空间走专业化、品牌化、国际化的发展道路。二是资本投入多元化。“双创”升级版除了需要技术外，资本的投入同样重要。科技金融不仅仅是工具，还是围绕科技型中小企业融资发展的需要构建科技金融生态圈。上海打造的科技金融生态具有发现价值、集聚资源、放大财富几大功能，同时积极推动了上海创业投资。科技信贷、科技保险及科技金融信息服务平台，这也是构建上海科技金融生态的“四梁八柱”。三是上海遵循企业新发展链条，提供有针对性的支持和服务。例如，近年来的育苗工程、高新技术企业认定及市委市政府审议通过的高新技术企业发展的若干意见。同时上海大力实施引导和支持中小型科技企业、初创企业实现更高层级的发展。通过财税政策，包括高新技术企业、先进型企业、研发费用政策等，上海2017年度科技型企业减免税收达到了237.58亿元。四是上海的开放式发展。据统计，在近几年上海创新创业大赛的参与者中，有将近1/5的产品具有海外背景。同时，有一定数量的外国人在上海创立了众创空间，为上海创业提供服务，形成集聚的效应。经过这些年的孕育和发展，上海“双创”的活动、品牌逐渐成为核心竞争力。今天非常高兴，上海率先启动2019年度国际创新创业大赛，为广大科技创业者、创新团队带来好项目，不仅仅是展示创意，更希望为大家搭建技术、资本、人才、市场相互交流、对话合作的平台。经过这些年的发展，上海整个创新创业环境得到了改善。

第三，未来上海将更加努力营造创新创业“热带雨林”。今天上午的浦江论坛开幕式，李强书记就下一步科技创新创业、创新中心的层级做了重要的主旨演讲，特别强调上海着力打造创新创业的“热带雨林”，构建多样化、更加开放、更加包容协同的创新环境。我最近与投资人、创业者交流。大家一致认为从事科技创业有3个非常重要的因素。一是行政便利化。上海接下来要全面贯彻落实国家层面关于“双创”升级版的举措，使政策在上海落地生根。要让服务更加便捷，推进一网通办，加大简政放权的力度、放宽政策、放开市场、放活主体。今天拔掉的一棵小草，未来有可能成长为参天大树，所以上海要营造更加开放、包容、便利的发展环境。二是融资便利化。上海正在加快金融生态体系的建设，既要大力发展创业融资、股权融资等，也要加强合作，在科技信贷方面提供服务。同时还要大力推进资本市场，帮助初创企业尽快上市融资。另外，要建立信息化更强、更加多元的服务平台，加强服务密度的建设，将科技保险跟科技信贷结合起来，为企业更加直接、更低成本地融到资金。三是让载体更加多元化。不同的创业主体的维度也不尽相同。需要发挥科技园区、工业园区和经济开发区等企业培育载体的作用，增强众创空间、大学科技园等服务科技创业团队、初创期科技型企业的服务能力和水平；大力发展和鼓励支持发展科技创新创业的服务团队，使其能够为科技型创业成长提供更加专业、更加高效、更加精准的市场化、社会化的服务。四是让创新、创业网络更加宽广。通过搭建走出去、请进来的平台，通过组织大科学计划项目，加快建设一批国际联合中心、技术转移中心，帮助科技企业更快融入全球创新网络当中，利用创新资源提供更好的平台，提供网络、提供渠道。

最后归结起来一句话，上海创业的成本可能比较高，但是上海创业有更多的机会优势克服成本方面的不足。我们市科委也会与相关政府一起，尽最大的努力当好“店小二”，为广大科技创业者，包括科技投资人、科技服务机构，在上海创新创业提供更好的服务，谢谢大家。

深圳创新创业的探索

沙新华　深圳市科技创新委员会副巡视员

民营企业是深圳科技创新或者创新创业的主力军；高新区是深圳科技创新的核心引擎和重要载体；科技金融为深圳科技创新插上了翅膀，服务型“小”政府是深圳创新生态体系建设的重要保障。

非常荣幸来到上海，受邀参加本届浦江论坛。我今天主要从深圳创新创业的现状、不足和未来规划3个方面与大家交流深圳创新创业方面的探索和思考。

第一，深圳创新创业发展的现状。深圳国家高新技术产业数量1.12万家，仅次于北京位居全国第二；上市公司数量280家，仅次于北京位居全国第二；中小板和创业板上市企业200家，位居全国第一；发明密度每万人90.5件，仅次于北京位居全国第二；“双创”创维持率85.5%，位居全国第一；国际专利申请量占全国40%，创业投资、股权投资超过4.6万家，管理资本2.7万亿元。通过这些数据可以看出深圳在落实国家创新驱动发展战略、建设创新城市、走自主创新道路上，做了一些探索，也取得了一些成绩。正如今年两会期间习近平总书记所说：“深圳的高新技术产业发展是全国的一面旗帜，应发挥示范带头作用。”

深圳作为一个科技基础、科教资源、创新人才都极其匮乏的城市，取得这些成绩的原因是什么呢？通过梳理深圳创新创业的历程，得出以下四点。一是民营企业是深圳创新创业的主力军。深圳的国家高新技术企业中民营企业占比 99%，国家知识产权优势企业中民营企业占比 93%，中国驰名商标企业中民营企业占比 91%，民营企业对深圳 GDP 的贡献是 46.5%，税收贡献是 70%。深圳总共有 7 家世界 500 强企业，其中 6 家是民营企业。深圳率先建立了以市场为导向、产学研结合的创新体系，形成了大中小企业一个梯次的发展态势，中小企业呈现了铺天盖地的局面。世界领军型的大企业和行业领军企业层出不穷，如华为、腾讯、华大基因、比亚迪、大疆科技等。二是高新区是深圳科技创新的核心引擎和重要载体。深圳的高新区在科技部火炬中心的指导下取得了长足的发展。深圳高新技术产业通过 20 多年的发展，在 0.58% 的土地上贡献了 12% 的 GDP，单位面积产出位居全国首位。这里的华为、腾讯、大疆科技等企业形成了带动整个深圳发展的态势，因此高新区是深圳科技创新重要的引擎和发动机。三是科技金融为深圳科技创新插上翅膀。深圳构建了多层次服务体系，通过产业链、创新链、知识链、资金链的融合发展，使成千上万企业获得便捷的资金服务支持。深圳率先为创业投资立法，区政府设立了投资引导基金、中小微企业资金 150 亿元，天使投资基金 50 亿元。此外，深圳重点培育专注投资中小企业的优质创投机构，其中，深创投管理基金规模大于 2800 亿元，投资项目 865 个，上市公司 228 家。四是服务型“小”政府是深圳创新生态体系建设的重要保障。服务型“小”政府是深圳创新体系建设过程中政府的一个定位，指政府用全力的减法，来获取市场和企业的加法。深圳更多以市场为导航，发挥市场在配置资源的决定作用。企业通过公平竞争、优胜劣汰在科技创新方面发挥自己的作用。政府尽可能少管甚至不管，尤其不能越位。首先，加强创新体系的顶层设计，持续推进制度和政法创新，自 2012 年起深圳每年都出台科技创新方面相关政策。其次，深圳努力夯实科技基础，建设各类创新载体，打造新型科研机构，加大科研研发投入，仅 2018 年就投入 95 亿元支持企业的研发活动。然后，深圳政府大力推进创新产业法，搭建产业用房的供需平台，为中小企业提供创业空间的同时减轻企业税负。最后，深圳十分重视培育“双创”后续发展动能。例如，连续四届举办国际科技创新周，连续十年举办 IT+BT 领袖峰会和创新创业大赛。

第二，深圳创新创业发展的弱点与不足。深圳虽然在科技创新方面取得一些成绩，但仍然存在很多弱点或者不足。一是土地空间不足。深圳总体空间 1966 平方千米，不足上海总体空间的 1/3，北京总体空间的 1/8。二是重大创新载体、创新型人才、核心技术等方面仍然存在较大短板。三是缺乏高水平高校和科研院所，高等教育发展水平满足不了创新发展的需要。四是原始创新能力不强，基础研究占研发投入比重偏低。

第三，深圳创新创业发展的未来规划。根据深圳创新创业发展的弱点和不足，未来深圳将在 5 个方面着重布局。一是实施大科学装置发展规划。深圳从去年开始以全球视野、国际化标准建设光明科学城。二是加大基础研究的支持力度。深圳今年专门出台了基础研究的若干规定，从五个方面二十四条创新政策持续加大对基础研究的投入。其中有一条是利用深港创新圈，让香港高校为科技创新服务。三是大力推进“十大行动计划”。

深圳的目标是建设国际科技创新中心。为了这个目标，深圳去年启动了十大行动计划：十大基础研究机构、十大科技基础设施、十大海外创新中心、十大科技专项等。四是建设一批高水平大学。深圳最早只有一个深圳大学，近年来陆续建设了南方科技大学、深圳技术大学，引进了清华、北大、哈工大、中山大学、港中文大学在深圳办学。同时深圳又与国际名校合作办学，如清华－伯克利深圳学院、深圳北理莫斯科大学。五是通过扩容高新区，打造一流创新创业高地。1994 年深圳被批为国家创新制造区，整个城市大多数工业用地都是国家自主创新示范区，需要在示范区的范围内重新进行高新区的扩充。在这些区域内，要进一步突出产业规划，在不同的区域确定不同的主导产业，差异化发展，通过这次高新区的扩容和发展，使产业有新的成功和发展，打造世界一流高科技园区。

提质增效升级"科创"建设何去何从

季昕华　优刻得科技股份有限公司 CEO

需要让互联网技术和传统企业互相结合，才能够在经济形式发生变化的时候活下来，活得更好。

很高兴作为科技小巨人的代表，来汇报一下我们公司在创业过程中的经验和教训。我们选择在上海创业的原因是上海具有全球最领先的思想，愿意接受云计算的观念，同时上海是全国工业发展最好的地方。云计算必然要和传统企业、工业结合，所以我们选择在上海建立创业总部。6 年来我们在 UCloud 服务了 8 万多家互联网创业公司，我们拥有全球 28 个数据中心来支撑这么多的客户，这些客户的用户又超过了十多亿，成为整个中国最大的中立公司和唯一盈利的云公司。在商业模式上我们提出了"基地＋基金"模式。通过基地集聚大量的互联网企业,在上海形成良好的创业生态。之前科技部领导提到，全国有 160 家独角兽企业，我们 UCloud 有 72 家独角兽企业，形成了非常好的生态，能够实现企业和企业互联成长、互联互动。

公司成立 6 年来，我们见证了我国互联网的快速发展和变化。2012 年我们服务的客户是游戏行业，2013—2014 年我们主要服务电商行业，2015 年我们服务 O2O 行业，2016 年服务直播行业，2017—2018 年我服务 AI 行业。现在传统的消费互联网已经进入到了创业瓶颈期，但产业互联网快速增长；互联网和传统企业及制造业的结合机会越来越多，这一点在上海得到充分体现。通过大量的客户群我们发现创业环境正在发生 3 个方面变化：一是领域更聚焦，正在从互联网消费创业向工业 / 产业互联网方向转变，比较典型的代表像快仓公司服务于大部分物流企业；二是技术更深度，正在从模式创业向

“硬科技”创业方向转变；三是产学研的结合越来越紧密，我们公司与工信部、科技部及我国两个高校形成了产学研的结合的模式，让高校的老师研究理论和技术，通过应用场景转换为实际的案例，同时帮助高校进行科技转化。还有一个趋势，互联网和传统企业的结合，如上海有 80% 的互联网公司和 20% 的传统企业，传统企业在不断地增加。互联网技术帮助传统企业实现互联网 +，帮助传统企业实现很好的转型，这也非常符合国家对于产业转型的战略规划。

基于创业环境的变化，“硬科技”创业者要改变 3 个方面传统认知：一是要提高技术壁垒，技术投入是值得的，要实现“价格竞争、流量为王”向“品质竞争、技术为王”转变；二是要做好技术的持续储备和规划，技术是长期的，需要持续储备和长期规划；三是通过技术升级促进整个行业的转型发展。

3　圆桌论坛

5 位参与嘉宾：大界机器人 CEO 倪珲、上海大学机电工程与自动化学院研究生张智强、上海新微科技发展有限公司总经理任佳、上海紫竹小苗股权投资基金有限公司副总经理杨海忠、同济大学设计创意学院院长助理苏运升。围绕“如何引导更多创新要素向‘双创’集聚”“如何构建更加完善的‘双创’服务体系”“‘双创’升级版的未来”等内容展开讨论。

> 打造创新创业升级版需要引导更多创新要素向“双创”集聚，构建更加完善的“双创”服务体系。

话题一：创新要素

主持人：今天的圆桌论坛主要围绕三个话题展开，首先来看“创新要素”，请问倪总，在您看来什么叫创新要素？以后想要什么创新要素到您这边集聚？

倪珲：我们团队聚集了来自澳大利亚、美国、德国的高精尖人才，其中很多团队成员刚刚从美国高校毕业。能吸引众多海外人才的原因在于与人才专业素养相匹配的薪资水平及上海作为国际化大都市的吸引力。建筑行业是我国最典型的传统行业，人工智能、大数据、机器人等新兴技术在这个领域的应用，会给建筑行业带来颠覆式的变革。在国外，将机器人等新兴技术运用于建筑行业的案例和市场非常小，上海的建筑业市场体量巨大，能够吸引国外接触过机器人建造的老师和学生，整个行业前景广阔。产品研发要直接面对行业中的龙头企业，直接进入企业的生产线、施工现场，这是我们将来集聚的创新要素。

主持人：现在的“双创”形成了蚂蚁和大象共舞的市场生态，请问张总，现在大学生创业群存在什么困扰？

张智强：大学生创业团队非常有活力和激情，优势是思维比较活跃，能够集聚一群有共同信仰和目标的优秀人才，劣势是缺乏行业经验和市场资源，这点需要向其他各界领导学习。此外，大学生创业面临“学业”和“事业”难两全的问题，希望学校能够将创业经历也计入学分，为在校学生创业提供制度便利。

话题二：如何构建更加完善的“双创”服务体系

主持人：请问任总，您现在觉得创业者的问题体现为共性大还是个性更大？

任佳：对于孵化平台来讲，创新一定要与产业深度融合，如大学生创业者的优势是思维活跃，创新的激情非常高，但是在产业的资源和未来市场方面相对薄弱，作为创业服务提供者，一定要为他们创造条件和环境，让他们很容易找到技术和创新在未来市场的应用场景。我觉得创业者的问题大多是共性的。我们服务平台也在做一些尝试，如在某一些专业领域与大型的领军企业进行深度的合作等。

主持人：请问杨总，作为投资方代表，您觉得现在项目多吗？资金就是血液，您是怎么来把血液融入更加有前途的有机体中？

杨海忠：对标硅谷基于比较视角来看这个问题，硅谷的人口构成其中76万人是基础服务业，包括了住宿、餐饮、医疗等，创业人员只占总人口的25%，基础服务业和中介服务业加起来约占总人口的67%。正是这种“双创”服务体系，让硅谷拥有良好的生态体系，确保法律、财务、人员等问题有专业的团队负责。目前上海的“双创”服务体系正在逐步成熟，但还要进一步强化围绕创业者搭建体系的4个重点问题：人才、资金、市场和服务。创业服务机构需要围绕这4个方面痛点营造服务体系。

主持人：请问苏老师目前从高校的角度来看“双创”的态势怎么样？

苏运升：从高校和设计创意学院角度看，愿景可视化非常重要。例如，手机诺基亚时代，如果没有看到iPhone，各种要素很难集聚，所以需要先描述出愿景，设计师通过零到一的愿景，描绘出场景，这样技术和资本就有了具体的方向。设计创业学院的重点是场景设计，把需求与政府方、院校方、技术方、资本方集聚到一个场景下，这样各方能够形成创新创业的生态。城市如果没有一个好的规划作为一个龙头，各个领域、各个专业无法形成合力。

话题三：未来如何进一步完善“双创”服务体系

主持人：第三个议题，“双创”升级版的未来。立足现在瞻望未来，请各位老师从各自角度出发分享一下，接下来有什么样的愿景？怎么样可视化？

倪珲：我理解技术驱动的创新是技术本身是不是够硬？是不是有全球领先性？目前存在一个问题就是教育市场，也就是等我们的科研能力具备了服务产业的时候，可能这个产业还没有准备好迎接新的生产方式。例如，我们所做的机器人建造就是全新的生产建造方式，对于已有的加工制造方式是全新的。

张智强：作为学生创业者代表，我主要从学生的层面来考虑。希望社会各界营造良好的“双创”氛围，这会在很大程度上鼓励学生创业。提一个学生创业的共性问题，很多学生创业者在创业之后没有时间上课，导致休学，从而没有办法按时完成学业，如果将创业经历也计入学分，这对学生来说是很大的鼓励。此外，大学里面开设的创业学院、创客空间等与创业有关的培训和辅导，给有意向创业的大学生提供实质性的帮助。

任佳：“双创”升级版未来需要重点关注以下几点：一是捕捉未来科技发展可能的一些方向来聚集创新资源，如柔性电子被认为是新兴的未来维度方向；二是要做大平台，上海科创中心、科委也在整合上海的众创科技和孵化器；三是从区域走向国际，既要聚集长三角的协同，同时又引进了欧洲硅谷的资源做国际化，我想这是未来升级的方向。

杨海忠：打造“双创”升级版，需要从6个方面提升：一是拥有更多行业领军企业、独角兽企业；二是产学研的互动机制更有效、科技成果转化更顺畅；三是成为资金的高地，股权融资、科技金融服务体系更完善；四是科技服务体系更完善；五是形成鼓励冒险、容忍失败的包容文化；六是高层次人才要更加集聚，不仅留住上海人才，还需要留住国内外人才。

苏运升：从高校来讲，“双创”要向基础理论、基础硬件，如硬件等基础学科延伸，过去是互联网+APP等，现在竞争的是硬科技和基础理论，现在这一方面还有很大的提升空间。另外，STP理论应该被更加重视，就是社会创新、资本创新、政府本身创新都要同步展开。以前的创新像互联网BAT时代，与政府的互动相对缺乏，政府在整体掌控的背景下创新的动力非常足，如何把跨行业包括像传统房地产企业、BAT企业、制造业企业及政府通过高校整合到一个生态圈里，这就是“双创”升级版。

第5章

科技金融论坛：创新价值发现

科技创新和金融创新紧密结合是人类社会变革生产方式和生活方式的重要动力。在全球公认的科技创新中心发展进程中，科技金融发挥了重要作用，价值发现成为科技金融的核心内容，成为推动中小企业发展、新兴产业发展和科技成果转化的核心内容。科技金融的价值发现不仅在于金融机构对创新的理解和认知，也在于科技金融自身不断创新。围绕论坛主题，本届科技金融分论坛围绕科技金融生态体系发展现状、金融资本在创新不同领域的功能、风险投资行业发展面临的问题及现代金融对新兴产业成长的支撑等主题展开讨论。

1 论坛综述

2018年10月30日下午2：00—5：00，2018年浦江创新论坛科技金融论坛，在上海市东郊宾馆会议中心二楼玉兰厅举行。本届科技金融论坛以“创新价值发现”为主题，主持人是上海第一财经频道主持人黄伟，到场嘉宾有中国科学技术发展战略研究院科技投资研究所副所长、研究员张明喜，科技日报社副社长房汉廷，深圳市创新投资集团有限公司总裁孙东升，上海劲融投资管理公司（项目实施平台）董事长李从武，上海市国际股权基金协会会长、永柏资本控股集团有限公司创始合伙人黄岩，上海科创中心股权投资基金管理有限公司总裁康鸣，毕马威金融服务部合伙人王立鹏，上海木蚁机器人科技有限公司CEO钱永强。

本次科技金融论坛形成的主要观点如下。

第一，中国科技金融生态发生深刻变化。政府促进科技金融发展的政策继续完善，传统科技金融产品通过自身创新满足科技创新的新需求，金融科技、绿色金融等新的理念在不同领域、不同区域深入实践。

第二，中国的创新需要息壤资本。息壤资本在创新不同阶段表现为卵化资本、孵化资本、羽化资本和翔化资本；创新者、创业者、投资者和政府在息壤资本育成的不同阶段需要发挥不同的作用，其中也包括价值的发现、创造和投资。

第三，现代金融对新兴产业成长至关重要。要加快现代金融脱虚向实，加大对新兴产业的融资支持，需要创业者、投资者和政府共同努力，不断发现各自问题，解决问题，不断提高自身能力，从而完善金融服务体系。

2　演讲嘉宾实录

中国科技金融生态年度观察 2018

张明喜　中国科学技术发展战略研究院科技投资研究所副所长、研究员

科技金融生态年度观察连续第四年发布，今年的报告在关注政府政策和金融机构创新的同时，对不同发展水平区域的科技金融实践进行了深入分析和解读，描述了中国科技金融生态的空间特征，提炼出不同地区的示范经验。

非常高兴能够代表中国科学技术发展战略研究院、中国科技金融促进会和上海科学学研究所共同组成的课题组，再次发布《中国科技金融生态年度观察 2018》。

第一，财政加强科技引导的功能逐渐加强

国家科技成果转化引导基金、国家新兴产业创业投资引导基金、国家中小企业发展基金 3 只国家级母基金发挥了较好的作用，同时，市场化母基金也呈现多元化发展趋势。此外，税收政策也在不断完善，如创业投资企业和天使投资个人税收政策由试点区域推广到全国；针对创业投资企业税收优惠面也在扩大，进一步降低小微企业门槛；将企业职工教育经费税前扣除试点政策扩大至全部企业，允许企业委托境外研发费用在税前加计扣除等，为我们进一步发展营造了比较好的政策环境。

第二，市场主体通过自我创新不断提升创新服务能力

创业投资规模不断扩大，募资渠道不断丰富，组织方式也更加多元，物联网、绿色经济等领域得到更多关注，对独角兽企业、瞪羚企业的投资力度有所加大。科技信贷更加关注中小微企业，在金融防控风险的大背景之下，针对科技型中小微企业融资难，通过推动科技信贷发放、投贷联动试点等不断扩大科技型中小企业的输血造血能力。多层次资本市场的金字塔结构基本形成，不同层次市场之间正在逐步打通。市场通过协同创

新不断提升服务能力，通过制度创新和产品创新不断丰富融资渠道。科技保险不断提高精准性，推动贯穿创新创业企业全生命周期的科技保险产品，并针对生命科学、云服务、个人信息泄露、军民融合、网络风险等特定领域开发相关产品。

第三，区域科技金融生态特色鲜明

科技部会同一行两会开展了两批科技和金融试点工作，今年课题组对第二批试点城市进行了专门调研，调研中发现这些试点地区探索了独具特色的科技金融体系。我们选取其中 3 个城市向大家汇报。

一是地处西南的贵阳市建立了以国有金融机构为主的多元化科技金融要素市场，通过直接投资 + 母基金，通过贵阳银行的科技支行，以及风险补偿、风险分担机制，来构建以国有金融机构为主的多元化金融要素市场。二是厦门市通过不断丰富政策手段引导和推动社会资本参与科技投融资体系建设，通过建立无偿资助、偿还性资助和创业投资引导、风险补偿、贷款贴息等手段，发挥财政资金的杠杆作用，引导社会资本进入科技创新领域。同时，厦门市通过科技计划和科技经费制度改革，提高财政资金对社会资金的引导效率。三是银川市充分发挥外部资源作用，弥补本地资源缺陷，搭建科技金融服务体系。通过科技强市战略，加大对东部地区科技资源和金融资源的引进力度，同时在内部搭建多级联动、区市联动的科技金融服务体系。

第四，金融科技不断发展

金融科技(Fintech)不断发展，为科技金融推动科技和金融的发展双向加速。以大数据、云计算、人工智能、区块链、生物识别为代表的新兴技术和金融的加速融合，为金融服务提供了更多解决方案，是对传统金融的重大革新和拓展。金融科技催生的更多新金融功能和运营模式，正在深刻改变经济和社会组织结构，并且影响着整个市场经济信息的采集、处理和相关资源配置模式的创新。金融科技在全球范围内迅速崛起，Fintech 成为许多国家创新金融服务模式、打通科技和金融通道的重要切入点。

第五，上海科技金融生态概述

上海市财政科技投入模式呈现多元化特征。科技信贷监管与服务体系不断完善，通过深化体制改革，不断充实和扩充科技信贷市场规模；持续推进科技信贷产品创新和迭代；通过创业投资引导基金、天使投资引导基金和天使投资风险补偿等手段优化创业投资环境；设立雏鹰计划、雄鹰计划支持大学生创业；推动天使投资风险补偿。

多年来，课题组以生态的理念观察全国科技金融发展，希望为创新创业企业乃至新兴产业发展提供融资参考，为金融机构完善服务提供更多可选方向。最后，再次感谢社会各界对课题组的持续关心和厚爱，也恳请社会各界批评、建议。谢谢大家！

息壤资本论：科技金融理论的生长与创新、内涵及政策建议

房汉廷　科技日报社副社长

> 中国拥有庞大的资本规模，但是具有息壤资本特征的资金不足。要培育息壤资本，让息壤资本在创新的不同阶段发挥其作用，需要创新者、创业者、投资者和政府有所担当。只有如此，才能打破资本边际收益递减的规律。

首先感谢第一财经让我在浦江论坛举办第11个年头的时候站在了科技金融这个分论坛上。从事科技金融研究20多年来，参与了很多大家现在常用的引导基金、VC、天使等金融工具的设计工作。多年前我们做科技金融的研究、政策及事务推动时，社会对科技金融就两个字："呵呵"。但是后来，科技金融成了很多人就业、创业、发展的事业。有些事情不需要别人懂，你要先弄懂，懂了之后必须坚持，才可能形成一个产业。我们今天所面临的全球环境及中国的困境，用刘禹锡的诗词可以概括："沉舟侧畔千帆过，病树前头万木春"。

今天，我们的科技金融面临一个问题，我国当前拥有约500万亿元的国民资产净值，其中约10万亿元投到创新领域，仅占2%左右。也就是说，我们积累的资本并没有为我们的明天创造更大的空间。研究科技金融领域深化的问题，实际就是两条。第一条是这么多的钱转化成资本，资本转化成高能资本、低能资本还是泡沫资本？第二条是它的对象在哪里，是房地产、矿山，还是去海外圈地？基于此问题，我们来谈一谈"息壤资本理论"这一新说法。

第一，资本效率的纠结与约束

"息壤资本"问题缘起于资本效率的纠结和约束。我们首先来看资本运用的3种方式。一是"零和游戏"。我投赌局，我赚的就是你赔的。中国股票市场过去就是零和游戏。现在是"负"游戏，过去是杀掉黑马，现在是白马的也死掉了，连茅台都跌出10%。这样下去，资本开始离场了。二是"时间价值"。我投时间，把资金给那些更能赚钱的人去用，他分了一部分，我们获得了利息。三是"风险价值"。我投风险，带有很大的不确定性，这部分在金融研究中叫利润。

"零和游戏"不是创造财富，而是转移价值，时间是分享别人赚到的一部分价值，只有风险才是真正增加的价值。当然如果风险是负数，那就是你损失的价值。

在资本运用中始终有一个约束叫资本效率，大家常说的边际收益递减规律。我做过一个长周期分析，人类社会进入工业革命之后，总体上是一个边际收益递增的过程，否则今天地球不会有70亿人。中国的盛唐、南宋、明、清等时期，当时的边际收益增长大的时候是1%、2%，差的时候是0，还有的时候是负增长，这样的增长可以被称为农耕

文明的盛世。而进入工业文明之后，中国出现了连续30年10%的增长，有的年份甚至达到了14%。如果边际收益递减的规律不能打破，那么资本配置效率就不可能获得提高。

我们从普通资产、金融资产和知识资产3个维度来看。普通资产不能打破边际收益递减规律，金融资产在虚拟领域的配置也不可能导致持续的增长，只有知识资产是可以复制的，可以零成本扩张，才能形成一种低成本、共享的资产。这就形成了新的“四要素”，除了劳动和资本，加入了知识和思想。

第二，息壤资本及我的一个发现

中国未来怎么办？中国一直投普通资产，那些没有真正收益的资产。科技金融就要解决这个问题。众所周知，国家的外汇储备是3万多亿美元，是如何配置的呢？我们配置了一部分“零和游戏”，结果亏，不敢投。后来就买大量“时间价值”的美国国债。真正风险投资方面，几乎寥寥无几。有没有一种资本让它变成一种生生不息，可以边际收益递增的，当然单靠这个还不够，要可以生长的。我从《山海经》里查到一个非常好的词“息壤”，它是指能生产，永不减耗的土壤，很大程度上都是因为自生长而产生的，所以我认为如果有这样一种资本，那么我们的产业、我们的投资就能够完成边际收益递增。

用现代汉语做解释，息壤资本是指一个经济体为开展创新创业活动投入，并能够开启自动生长机制，不耗损或者少耗损的一种特殊成本，属于边际收益递增型的资本。

第三，息壤资本的形成

息壤资本包括4个方面：卵化资本、孵化资本、羽化资本和翔化资本。

第一类息壤资本是卵化资本。从太初转化为生命物质，需要形成生生不息、自生长机制的资本投在卵化阶段，这个阶段是从一种胚胎物质转化成一种生命物质的过程，一旦成功，所获得的资本增值应该是巨大的。过去我们创业的资金主要来自3F，即家人（Family）、朋友（Friend）和傻瓜（Fool），事实上这些资金应该继续向前推，使可能具有投资价值的胚胎物质形成最初始的项目。美国的小企业创新研究计划（SBIR）就是做这样的事情，从有创意、想法就可以获得资金支持。第二类孵化资本是我们通常讲的天使投资、政府创业基金。这些资金不是慈善或公益，其关注的孵化领域在很大程度上同样可以带来丰厚回报。第三类羽化资本是解决风险控制和未来收益分配的问题，正如前面演讲者提到的投贷联动，是企业羽化阶段的一种股权和债券的混合分享机制，没有这种机制就很难吸引到大规模资金进入。第四类翔化资本主要包括私募股权基金、并购基金、IPO等资本形式。

我们把息壤资本划分为上述四类资本，这四类资本分段完成它们的使命。卵化资本完成的是初始的生命，孵化资本是它从静态到动态，羽化资本使它快速成长，翔化资本是一个快速分享。这个过程中就可以创造更大的价值来回报这些资本的投入，使这些资本完成了这一轮，接下来再去做下一轮、再下一轮，形成一个连绵不断的动力。

第四，与息壤资本相关的助力器

创新创业的过程可以看作一只鸟的成长过程，也可以看作是从想法到财富完成的过程。把不具有生命体特征的项目变成具有孵化价值，首先需要经过卵化。只有一个好的蛋才具有孵化价值，蹒跚学步的鹰隼才能成长为雄鹰，一个麻雀蛋再怎么孵化也只是一只小鸟。我们要把这些胚胎物质变成一个生命体，然后再导入第二期。当前部分孵化器在孵的甚至是没有胚胎物质的假蛋，能成功吗？孵化是一个惊险的过程，从一个静态的生命体到一个动态的生命体。接下来就是企业的成长期，叫羽化期，这时候重要的问题就是缺钱、缺粮食、缺能源。最后到翔化期，也就是企业已经不需要辅助，可以独立运行。按照西方的语境就是企业的创业、初创、成长、成熟。我们称为卵、孵、羽、翔，这是按照创业的生命周期划分的。

怎么样帮助他们呢？我们需要 4 个服务器。卵化器，是把胚胎物质变成生命体；因为没有意识到卵化的重要性，现在一些孵化器内的项目往往是不成熟、半成熟，甚至毫无生命特征的。这也导致我们一方面研发成果大量堆积和浪费，另一方面缺少后续孵化、羽化和翔化的对象。中国的资本市场为何表现不佳？一开始缺少优质种子就注定了这样的结局，同时不可否认，确实存在一些优质的雏鸟被一些政府乱摸的手摸死了。羽化器也是重要的，其核心就是功能，我们有一些加速器，有物理和空间的支撑，但是缺少功能。中关村的“一个基础九条龙”的融资体系①，就是这种关键的功能。翔化器是要给其一片天空，中国资本市场 IPO 如此困难，BAT（百度、阿里、腾讯）甚至中石油这些好公司都到境外上市，分享给境外投资人，坏东西、垃圾却留给境内投资人。市场为何这样选择？因为它没有飞翔的天空，只有飞翔的屋顶。屋顶只适合燕雀飞翔，不适合雄鹰。阿里、百度，包括京东选择境外资本市场是选择更广阔的天空。今天，要让我们的企业有一个长久不断的发生发展环境，就应该从卵化器和孵化器这两头抓起，然后做中间的改变。中国在这个方面两头是最差的，卵化器是缺失的，导致我们的羽化是不正常的。

第五，息壤资本的育成

有人对比旧金山湾区（硅谷）、东京湾区及粤港澳大湾区三大湾区后，甚至认为粤港澳大湾区已经超过了旧金山湾区和东京湾区。但是他忽略了一个事实，我们的粤港澳大湾区集聚的都以实业资本为主，并没有形成息壤资本有分工、有组合、有协同、有配合的机制和体系。我们看的都是大的生产力，而很少有连绵不断的成长过程。这就是为什么新产业、新企业、新业态经常产生在硅谷的原因。美国人不知道做什么我们就不知道做什么，等美国人做出来，我们半路追赶，当我们追上了，美国又换了，这样一来我们一直处于后发劣势阶段。

---

①　一个基础指企业信用体系建设，九条龙指天使投资、创业投资、担保贷款、信用贷款、企业债券、信托计划、并购重组、代办股份转让、改制上市9条融资渠道。

接下来，我们讲资本孕育，包括卵化资本、孵化资本、羽化资本和翔化资本的育成，可以从创新者、创业者、投资者和政府4个方面来说。

第一是孵化资本的育成，创新者要把技术尽可能地接近可用，有时候一项技术并不一定只有唯一的指向，它可能有若干项目的指向，有若干个可能解决社会问题、解决财富创造问题的指向，创新者不一定掌握这么多方向，但是首先要把这种胚胎物质做出来；创业者不是发明者，创业者要去寻找创新者做的胚胎物质，并依托这些胚胎物质去创业；投资者要发现价值，正如今天论坛的主题“创新价值发现”；政府就是创造一个生态环境，让创新者、创业者和投资者在这样一个过程中彼此发现、彼此欣赏、共同协作，这才是技术卵化平台的构建模式。

第二是孵化资本的育成，也需这4个方面一起担责。但不一样的地方在于创业者在这个阶段要把胚胎物质变成一个生命体，并能看到或者是设计出初始的商业模式；投资者对它的阅读就可以更加清晰；政府提供相应的政策法律保障。

第三是羽化资本的育成，其核心是创造一个让新资本规模化进入的通道和渠道，资金不能规模化的进入是不可能完成羽化这个阶段的。因为这个阶段，小鸟所有的器官都长成了，面临如何长大的问题。就像我们青春期的孩子一样，给好书看，给好饭吃，给运动场所他就能长大。羽化阶段可用一句话概括为给足够的天空和保障这个天空是蓝的。

第四是翔化资本的育成也分为创新者的责任、创业者的责任、投资者的责任和政府的责任。

第六，总结

息壤资本是一个体系，包括卵化资本、孵化资本、羽化资本和翔化资本。我认为做好这件事就可以发挥好中国的资本优势，让我们的普通资本转化成息壤资本，依据息壤资本这个高能资本就可以产生我们未来的高能企业、高能产业，中国真正的供给侧结构性改革才能完成，否则的话我们依然是一个虚胖的主体，甚至说我们是一个没有明天的主体。我们不转变我们资本配置模式，不能让更多的普通资本变成息壤资本，中国明天就会令人担忧。谢谢大家！

创业投资助力新兴企业发展

孙东升　深圳市创新投资集团有限公司总裁

中国创业投资行业发展进入新阶段，创业投资在价值发现过程中对中小企业发展发挥了至关重要的作用。但是，目前政府监管、激励政策、募资渠道和投资形势等方面还存在一些问题，特别是与政府相关的环境还需进一步完善。

非常荣幸参加浦江创新论坛。我从以下几方面展开我今天的演讲。

第一，创投行业面临的问题

今天我是代表创投行业做的演讲，首先我想讲一讲从去年下半年尤其今年到现在为止，创投行业面临的一些问题与困惑，也同时回应怎样形成“息壤资本”效应。

如果单纯从创业投资这一环节出现的问题来看，目前的环境对创新创业，对科技竞争体系的完善和形成都是不利的。与前几次相比，行业对当前面临的问题更加悲观，认为这一次要更加严重，因为之前几次都是单一因素引起的，如资本市场平仓导致的行业退出问题、国际金融环境、金融危机等的不利影响等。现在看来，影响可能来自多个层面。

第一个是来自资本市场。到今年 6 月底，证监会共审核了 118 家企业上市申请，与去年上半年的 270 多家相比差了很多；而且过会率不足 50%，远低于去年上半年的 80%，审核速度和过会率这两个指标大幅下滑对市场有所影响，这是监管部门临时窗口指导意见导致的结果。根据减持新规[①]，减持 1% 的股份有连续 90 天限制[②]，如果减持超过 5% 还要发公告，而发公告只能通过上市公司，现实是大股东把公告压住不发，因此无法减持。这些政策源于相关部门忧虑资本市场下跌或市场信心不足，然而非市场的做法，并没有抑制市场下跌。创业投资主要投资一级市场，企业上市之后就要选择适当的时机退出，接力棒交给公募基金，把创投资金留在二级市场，是会降低创投资金的成本，但是二级市场资金就没人愿意接手了，从而导致恶性循环，市场没有反弹而是继续下跌。

第二个来自于税收政策。早期的有限合伙基金，基本上按照 20% 税率缴纳企业所得税，但是现在税务部门提出如果有限合伙按照中小个体工商户纳税，应该适用 0 ~ 35% 税率。因此，部分税源比较紧张的地方政府和税务机关，就对按照 20% 缴税的基金发起追缴令。这里要感谢媒体的呼吁，促成国务院常务会把追缴创投机构过去的交税不足这件事搁置，并默认按照 20% 缴税。但是，风险依然存在，到底应该缴多少，没有确切的说法。前面专家提到创投行业有很多优惠政策，实际上从业 20 年，能够感受到国家确实颁布了政策，但是感受更多的是监管约束，激励政策受惠面非常窄。例如，刚才提到的减持新规配套有反向挂钩政策，国内 103 家创业板上市企业，竟然没有一家可以享受反向挂钩政策[③]，说明这个政策的惠及面非常小。

---

① 《上市公司股东、董监高减持股份若干规定》。

② 大股东或者特定股东在任意连续90日内不能减持超过公司股份总数的1%（竞价交易），与旧规定相比是从大股东变成了大股东、Pre-IPO股东、认购非公开发行股东；减持超过5%需要发公告。

③ 方向挂钩政策是指，按照证监会《上市公司创业投资基金股东减持股份的特别规定》的规定，上市公司创投基金所投企业上市解禁期与投资期限反向挂钩政策。

第三个来自募资方面。近年来的“去杠杆”和资管新规导致整个行业募资困难。刚才张所长讲到，来自于政府的资金很多、规模相当大，小于1000亿元都不好意思说，都是2000亿～3000亿元。以“山东省新旧动能转换基金”为例，省财政出资200亿放大到2000亿的母基金群；1000亿的母基金再放大到6000亿。现在看来，仅依靠政府资金，很难将母基金推行下去。资管新规、险资加入股权投资等方面的政策没有具体的政策指引，社会资金，包括银行资金、保险资金都难以进入。这个行业毕竟是一个长期的行业，我们希望有“长钱”“大钱”形成一种稳定的资金来源。

第四个来自投资方面。大家都在讲应该在市场低潮的情况之下抓住投资机遇，实际上当前投资的价格没有明显下降，一些所谓好的项目估值依然还是很高的，但是很多的地方也确实募资困难，因为投资机构没钱了。在这样的情况之下，在一些行业上出现了泡沫，对投资也带来了影响。

这4个方面的问题是制约行业发展的比较严重的、直接的问题。如果这些问题解决不了，就很难形成息壤资本这样的体系。

第二，创业投资的商业本质

1. 创业投资的商业本质是价值投资，包括价值发现、价值创造和价值坚守

实际上价值投资始于发现项目，对某一个产业、某一个行业有深刻理解，才能发现它未来的价值；价值创造是在投资之后，利用投资机构所掌握的自身资源去培育、推动企业快速成长；价值坚守是能做到在别人看不动的时候敢于投资、甚至长期持有，这肯定源于对这个行业的深刻理解和信任。

不同行业有不同的发展规律，我们提炼出来对消费品、医药、互联网等领域需要重点关注的要素或要点。例如，当前比较热门的人工智能，虽然从专家角度看还处于弱人工智能时代，距离真正的人工智能还有很长的距离，但是在智能制造方面也实现了很好的应用，包括云识别、人脸识别、图像识别等技术已经获得了很好的应用，未来AI能够高速发展，还有赖于各行各业大数据的积累和开放，某一个细分行业可能会实现应用上的突破。

2. 创业投资管理的资本量规模庞大

今年前三季度创投行业新增的募资资金达5800亿元，新增基金2000多只。从投资行业看，早年很多以深创投为代表的内资机构更多投资传统行业，5年前传统行业的比例达40%，最近已经下降至10%。说明整个行业把重点、注意力真正放到创新、新经济等行业中。从2018年前三季度的投资行业看，互联网一直都占据第二位，由去年的IT转到今年的金融，但并不是传统金融，如京东金融和苏宁金融都在上半年融资，这是创新金融的融资。

3. 创业投资对中小企业融资的支持和发展有重要作用

20世纪50年代，创业投资在美国出现之后在支持产业升级、推动时代变化上都发

挥重要作用。时代变化越来越快，我们现在是信息时代，大家也都期望智能时代在不远的将来到来，在大量创新资本推动下，这个过程或许会大幅缩短。另外，绝大多数企业背后都有股权机构支持。2017年，VC/PE投资了IPO企业的56.5%。红杉资本是业内翘楚，其投资的企业市值占到纳斯达克总市值的20%，我们深创投投资的企业中有45家在创业板上市，占全部创业板上市公司的6%、市值的10.6%。

创投在企业从0到1关键一步中发挥重要作用，有的企业可以在困境中生存下去。实际上深创投较少做天使阶段的投资，这里也有深创投的一些遗憾，早期腾讯也曾找过我们投资，但是1995年的时候，深创投还完全不懂腾讯，不知道是什么模式、如何盈利，当然马化腾先生也说不清。但是，我们没有想到互联网发展到今天这样一种状态，只能说深创投那时候没有眼光。我们现在投资柔宇科技，就是在天使阶段，希望未来有一个好的发展。

创投对持续亏损企业意义重大，为持续亏损项目提供融资是股权投资的特点之一。生物医药、互联网等项目在创新资本的推动下能够将其商业模式走完，走向成功。这对于创新的激励是显而易见的。

创投推动企业扩张市场份额。创业投资也助力企业实现外延式增长，在自身发展过程中通过并购实现扩张。

创投也会加速行业洗牌。在互联网模式下，一种商业模式只能生存一家企业，第二家企业很难生存。我们投资的酷狗音乐，当时同行业竞争者是“谁收费谁先死”，而且还要抢版权，因此谁也不挣钱，导致巨额亏损。后来竞争者之间合作，开始收费服务，当然，合并后三家企业控制了互联网音乐近80%的市场，不仅有了收费，版权费也降下来了，今年上半年净利润接近30亿，企业估值也从投资时的5亿元人民币提高到300亿美元。这也是在资本助力下完成的，资本帮助企业形成完善的商业模式，为企业提供投资机构拥有的资源、协助企业快速成长。

创投带来财富效应。我们也需要注意穿透带来的财富效应也会有直接的副作用，那就是创业的浮躁、估值高企、泡沫形成。

提升资本运作能力。在创投机构支持下，企业可以确定好融资的时间、融资窗口等，这是创投的专业所在，此外也能够通过其服务协助企业规范化管理。

第三，政策建议

前面提到自资本市场、自募资、税收和投资4个方面问题，其中前三个都与政府监管有关。我们希望监管机构市场化，按照现有法律走市场化道路，市场说停就停不合适。

减税政策方面，我们希望能够给创投机构或者说息壤资本产业链上的四类资本一个真实切实的优惠政策。我们投资的是创新企业，要达到息壤的效果，这个行业还是需要政府的支持；我们投资的都是高新技术企业，那么我们创投机构能不能也享受高新技术企业的税收优惠？

关于募集方面，过去银行资金不参与股权投资，资金主要流入两个地方：一是房地产行业，稳赚不赔符合银行资本要求比较稳定收益率的需求；政府融资平台，有政府性的担保，没什么风险。如今房地产被打压、政府融资平台也在清理。可是银行有大量资金，如某家银行（原文为招商银行），还不是四大行，理财资金就超过3万亿元，这样的巨量资金未来去哪里？去年有一些资金寻找新的去向，进入了投资行业。但是这个行业并不能像房地产和政府融资平台那样容纳这么大的资金。如果一家银行根据自己理财资金规模拿出几亿、几百亿，对其理财资金池无法形成影响，也不会带来系统性金融风险。所以能不能给他们在股权投资方面开一个口子支持创投行业的发展？保险资金也是一样。

以上就是我的一些简单看法，不当之处请批评指正。谢谢！

3 互动交流

注入与创新——现代金融如何扶持新兴产业成长

李从武：大家好！刚才几位嘉宾做了非常精彩的发言，下半场我们就他们的精彩发言进行具体讨论，让我们以热烈的掌声欢迎各位嘉宾的到来。

我觉得刚才那些精彩报告汇聚起来一个最重要的主题就是“资本如何跟技术高度融合”，也就是说我们讲的如何让资本流向国家战略性新兴产业。这也是我们今天讨论的主要议题。

战略性新兴产业的发展离不开现代金融服务体系的助力，但为什么金融行业出现脱实向虚的问题？我们现在的资本流向为什么越来越背离实体经济，这背后到底是什么问题？一方面我们要发展战略性新兴产业，一方面钱到不了那里，钱到去哪儿了？战略性新兴产业拿不到钱怎么发展？

我的第一个问题是诸位嘉宾，你们认为出现这样的问题的根本原因是什么？如何解决？

我们不讨论虚的，不讨论理论，我们来讨论实践。而且我们只是探讨，没有是与非，大家可以大胆地讲。

孙东升：我刚才演讲中提到的房地产大家认为是虚，不把它归到实中；包括政府融资平台在内，能够吸引大量银行的资金，主要是因为银行追求稳定的回报，这是银行资金的特点。如果把这部分钱拿出一份交给专业人员管理，或许能够解决问题。最起码VC/PE都是投资实体企业，而且都是中小企业、新兴产业，都是国家支持和发展的，不投高耗能、易污染的。要从源头上怎么解决这个问题，就是要支持创投行业的发展，资金来源、政策环境、市场培育等都很重要。

黄岩：我从另外一个角度谈。前几年移动互联网的发展的确带来了非常新的商业模式，滴滴、美团，包括小米都是如此。在移动互联网背景下，特别是在资本助力之下，这类企业快速发展，很多资本也获得了非常好的回报，小米早期的投资人获得了300多倍回报。但是，这种模式下大家要赚快钱，创业者、投资人难免浮躁。到今天，移动互联网该有的商业模式、盈利模式已经差不多都出现了，接下来可能是5G的浪潮。我们看得很多的基金，包括原来投互联网和消费的基金都在转投科技，包括中兴事件也让大家来思考，“新四大发明”是不是能够代表中国的实力？我们投资了其中之一的摩拜，当时的关注点是因为技术的突破，手机移动互联网的普及和智能锁的应用，只要有电、有GPS，就可以开锁，这其实是一种创新的模式。当然，也有资本采取我们称之为“暴力解锁模式”来砸钱，然后依靠垄断赚钱，这不是一个很好的模式。现在大家都更多看重企业本质，核心竞争力，真正有实力的科技企业越来越受到投资者的追捧。

康鸣：在去年的浦江创新论坛上，也在这个厅，国际集团联合其他的金融、国资和产业集团设立了上海科创基金。去年的主题是“产融结合、脱虚向实”，再来看刚才的问题，我们认为金融资本和实体经济的虚实其实是两面性的，它的核心可能还在收益跟风险的不对称。我们可以从周期性和结构性等维度去考虑，我们把时间放得更长远。例如，回到2005年，那个阶段我们实体经济的收益率或许比金融领域更高，随后货币政策、经济发展造成整个金融市场、资本市场开始产生泡沫，也使得整个金融领域的收益率上升，超越了实体经济的收益率。资本都是往ROE更高的方向流动，所以就形成了一个周期性的金融与实体有一定偏离，这是一个周期性的分析。还有一个就是结构性分析，也就是我们常说的二八效应、马太效应。在不同行业、同一行业的不同链条、同一个链条的不同企业中，大家的情况也不完全相同，或者说旱的旱死、涝的涝死。在结构上，资本的匹配度也不完全相同。

王立鹏：国家倡导扶持战略性新兴产业的最重要的原因是这些产业重要，为什么重要？因为这些产业稀缺。如果是稀缺的话，它一定是值钱的。但是为什么资金投资不够？肯定是赚钱赚不到。怎么才能赚到钱？我觉得要解决两个方面的问题。一方面，我们很认同政府这些年对金融的监管，也包括对房地产的监管。资本是逐利的，如果不对这些行业进行管控，很可能就走偏了。这些监管有利于实体经济向前发展，从逻辑上来说是一个必然的过程。另一方面，要给资本找好出口，也就是资本市场的建设。这些年我国资本市场建设走了很长的路，我相信未来还有更好的发展空间，特别是多层次资本市场的建设。包括境内资本市场、境外资本市场，一级市场、二级市场，很多领域都有可以发挥的空间。当然规则的制定和规则体系的形成十分重要，没有一个好的规则体系这个市场是玩不转的，我相信如果做好这两点，资本和社会都会受益。

钱永强：这个问题根本上还是时间问题，因为资本逐利，我们做技术积累可能需要10年时间，然后再花2～3年时间做产品、积累客户。虽然每年有几倍增长，有几千万收入，但没有盈利，企业需要更多资本比较长的时间的陪伴。政府利用政策或者其他方面引导更多资本把投资的时间周期拉得更长，获得更大利益，才是一个比较好的方式。

李从武：各位嘉宾讲得非常到位。作为企业家，我知道融资确实存在很大缺口。第二个问题，营造新兴产业的土壤首先要构建一个健全的金融服务体系，与发达国家相比，我们的金融体系还不健全。你们认为目前我国的金融体系还存在哪些不足？存在哪些问题？怎么解决？

钱永强：从企业来看有两点。一是投资的专业对企业越来越重要。企业发展过程中，在技术、产品、客户等方面占领先机后，仍然需要资本助力，因为金融涉及的领域更多，可以在供应链、市场布局等更深的领域助力企业发展。以我们目前的物流机器人为例，市场形成之后，会有更多参与者进入，如 BATJ。企业需要整合供应链、建立服务体系发展，靠自身资源是无法解决这些问题的，因此需要投资、金融行业的专业性。二是投资的不专业导致很多企业估值过高。如果不能够看清楚每个行业，大家跟风投资，就会导致公司估值过高，公司员工流动；一些投资的对赌协议更关注高估值，导致没有人踏踏实实做企业。因此，我们希望后期的投资更关注资源的整合而不是企业估值，这样可以让企业和投资之间关系更加合理。

王立鹏：我一直搞金融科技生态建设，我觉得解决现在金融体系中的痛点问题需要从很多方面入手，其中一个重点就是从科技创新。现在科技发展已经到了让人激动的阶段，很多实验室里的技术已经可以工业化应用，这也让很多传统金融上无解的问题找到非常好的解决方案。例如，农业金融因为服务成本高、风控手段缺乏、金额也小，费力不讨好。但是随着科技发展，深度学习技术、遥感技术可以让很多问题迎刃而解。这只是一个简单例子。要解决现在金融的痛点问题，一方面要学习国内外好的经验；另一方面结合中国特色，在科技创新上多下功夫。

康鸣：相对于间接融资，直接融资的比例还是偏低，所以我们也一直探讨直接融资的发展，刚才各位嘉宾也谈到了资本市场还有一些瓶颈。其实有很多问题也不是一蹴而就，间接融资也需要关注。银行作为金融体系中体量最大的环节，其信贷风控体系是通过提高利率水平来管控风险，尤其是对中小企业。相对于大企业，银行觉得小企业风险偏大，需要评估后再进行支持，在这个环节中也有痛点。政府希望通过政策对金融体系进行梳理，来解决问题，其中也包括资管新规。

以母基金为例，这两年发展比较好，特别是市场化的母基金。结合国际经验，母基金也形成了一种金融创新模式，母基金投子基金，子基金投项目，母基金本身可以分散风险，通过子基金投到项目，虽然项目本身是股权投资具有较大风险，但是通过平滑来控制风险。所以母基金是比较好的一种金融创新，类似于金融大集合的方式。在这样一个大环境之下，市场生态链中的各个环节也都在做一些尝试，希望通过这些尝试促使直接融资和间接融资传导到最需要的企业中去。

黄岩：中国的金融体系很庞大，私募股权和 VC 在整个资金和信托体系不足 5%，银行是企业界最直接的融资渠道。但是，我们最直接的感受是银行对于早期创业企业只能锦上添花，做不了雪中送炭，这和银行的属性有关。我们可以向硅谷银行体系学习，虽然我们也做了很多创新，但是事实上哪怕浦发硅谷银行的贷款项目（包括有部分投资的贷款项目），也很难在评审中通过。作为大的金融主体，应该鼓励银行拿出一小部分资金试错，当然也要提高银行的管理和投资水平。另外，作为上海国际股权协会秘书长，我也看到了多年来中国资本市场的变化，但是大的 LP 一直没形成一个成熟的群体。大家知道美国的大学基金、养老基金都是非常长周期，都是 10+2 年打底的期限。我们则都是短期资本，包括上市资本和民营企业家都是短期资本，之前出现过 3+1 年的新三板基金，也就是说 3 年必须退出，这是不现实的，没有有长的眼光哪有长期收益。我们需要有非常多成熟的 LP 来支撑 GP 根据国家战略性新兴产业规划和企业发展的自然规律，去投资好的企业，伴随企业长期的成长。前天银保监会出了一个征求意见，就是关于取消保险基金对股权投资的限制，通过增加负面清单和正面引导，鼓励保险资金进入股权投资行业。我们希望国家出政策，让更多长期资金支撑我们去做长期战略性的考虑，这样的市场才是良性的。

孙东升：从创新创业角度说，股权投资行业发展最成熟的美国，其资金来自于大学基金、养老基金和有钱家庭等，在中国还没有形成这个系统。一是发展阶段问题，随着发展未来需要完善；二是文化方面的影响，中国人把钱交给别人管是很难的，到目前为止，我们二级市场还是散户市场，不是以机构为主的市场，这种文化也需要逐渐改变。但是也看到一些好的方向，包括完善体系。从政府的角度来说，如刚才房社长讲的息壤体系，孵化过程风险非常大，主要还得靠政府引导。张所讲到上海在天使这块也拿出 40 亿元规模的母基金，最近深圳政府也拿出 50 亿元，当然在美国，天使本意就是美国教授个人的事。这两年天使也在机构化，政府拿出大额的钱是迎合这种发展。政府要形成一种机制，并完善它。

李从武：在座的都是金融领域的专家，在你们看来金融产品非常多。从企业的角度来看就非常单一，一般企业习惯于间接融资。金融产品是组合拳，直接融资成本和门槛不见得比间接融资高，专家清楚，但是企业不清楚，这就是一个差距。要寻找一个办法，把这两者之间的结合点找到，我们的资本市场，我们的战略性新兴产业才会发展起来。国外为什么新兴产业发展得比较快，技术发展得比较快，因为他们的金融市场非常发达，我们不可以无视这个事实。

现代金融服务体系助力新兴产业，最重要的是对现有金融体系大胆创新。我们和资本主义国家、发达国家的商业环境、制度环境完全不一样，照搬其金融体系恐怕是不行的。我们学习美国、日本、韩国的经验恐怕会有问题，我不知道你们是否认同我的问题。

第三个问题，您认为在现有的商业环境之下，进行金融服务体系创新最重要的前提是什么？

孙东升：刚才房社长说的问题我非常的赞同，刚孵出来的小鸡，这个摸一下那个摸一下就给摸死了。而且我们深圳一位退休的副市长也在呼吁政府退一步，让市场大变化。

黄岩：我也同意孙总的观点。这个行业因为P2P的影响而受到严格监管，现在股权行业已经算是有牌照了。主管机构为了保护出资人利益出了很多规定，一定程度也影响了我们的发展。我们也参考了国外的制度，但是在中国不能照搬。有些人、有些机构特别不在乎信誉，这种情况下只能强监管。现在有一些放松，我不知道孙总有没有感觉到。我觉得这是一个好事，在这个领域一定要允许和鼓励大家试错。如果给大家一定的空间，大家可以在现有的政策下更好的服务我们的实体经济。

孙东升：我补充一句。实际上强监管严到什么程度？注册投资公司都很麻烦，不是去工商部门就可以注册，要政府相关部门先发一个条子才可以注册。说是为了防止非法集资，真正的非法集资干的是违法的事，也不会去市政府批。所以把良民都管住了，坏蛋都在法网之外。

康鸣：这是一个很敏感的话题。金融创新应该还是有前提的，如果没有约束、没有边界，可能会带来很多问题。金融创新和监管的关系刚才两位也谈到了，在监管的框架之下怎么样做好监管创新，这是一个难题。再看我们今天这个话题就更加有意义，用资本的手段助力新兴产业，需要看监管的框架内有没有创新的举措，金融科技和科技金融不同的表述中其实有很多创新点。前面也谈到银行和企业的关系，银行不愿意给中小企业过多贷款，这些痛点怎么解决？我们做股权投资时看了很多项目，不管是科技金融还是金融科技，其中很多项目都是围绕着这些痛点。例如，帮助银行鉴别中小企业征信，帮助金融机构了解中小企业本身的信用状况，有了这些手段，银行更愿意把这些资源给中小企业。

王立鹏：我也谈谈我对金融创新的理解。要想做好金融创新最重要的是要加强对金融风险的理解，只有对金融风险理解的非常深刻才能鼓励好的创新。为什么这么说？和别的产业赚钱不一样，金融产业赚钱就是各种套利。因为它套利具有重大性、滞后性和隐蔽性的特点，所以要避免金融创新过程中的各种套利、各种剑走偏锋，就要对金融风险有深刻的认识，理解什么叫有价值的金融。怎么判定是有价值的金融创新，一个标准就是“是否增加社会的整体福利”，让整体福利提升的就是有价值的金融创新，如果最后是零和博弈，就是不鼓励的金融创新。我们要鼓励有价值的金融创新，这种金融创新可以提升金融资源配置的效率和质量。提升效率就是不需要填100页纸质申请书就可以借钱，因为通过大数据就可以快速查到我们的信用，通过和大数据平台的对接可以根据企业的经营情况实现非常好的供应链融资。提升质量就是提升风险管控、风险识别的效力，通过技术手段可以更好甄别和识别风险，给风险定价，就会提升资源配置的质量。

钱永强：其实目前的金融创新越大，创造价值越大，对企业的创新起了很大的积极作用。整体上，政策也是鼓励风险投资的，对整个科技的创新有很大的作用。

李从武：大家的观点还是比较一致的。现在的金融市场首先要有制度框架，目前的金融资源还过于单一，不利于新兴产业的发展。要多元化，让企业拿到更多的钱，这就意味着要有健全的金融服务体系，如果金融服务体系健全，那么必须要有一个好的制度环境、法律体系、诚信体系。这个观点大家非常一致，这也是我们要呼吁的，就是建立法律体系和诚信体系。

第四个问题作为风险投资机构，您在创新价值发现中如何选择您要投资的项目？在投资过程中最看重的是什么？

黄岩：我们投资的民用航天项目，早期接触时候只有一些概念，怎么样做出判断非常考验投资人。一方面中国不允许民营企业建自己的发射厂，另一方面核心零部件可能要向政府机构采购。外部因素是国际市场和国内政策变化；内部因素是他们对航空航天事业的理解，以及为此储备的几十名关键技术人才。第一是行业前景，商业关注的重点和国家原有的航天体系的关注点是错位的，这方面他们具有优势。第二是放眼长期投资，投资过程中有非常多的风险防控手段，从投资结构的设计，如逐步增加投资分散不确定性的机制、隔两轮退出一轮的机制。很多风险是综合的，需要综合考虑外部、内部因素，包括团队、行业背景、经济环境等。

康鸣：这个和定位有关。上海科创基金是双轮驱动，带有战略功能性导向和市场化母基金特点。从投资的战略导向看，我们投资的项目、子基金和上海引导的信息技术、生物医药、先进制造等战略性新兴产业紧密结合；从市场化来看，我们关注技术及其应用，创始人的职业素养和情怀，也就是要求又红又专。

钱永强：做企业的对这个问题可能没有什么发言权。根据我们之前的融资经历，我们认为投资人当时投资我们主要看三点：第一看前景。针对移动机器人来看，工厂环境下已经实现了 90% 的自动化，但是剩下那 10% 的物料搬运的自动化是工业 4.0 的关键一环；人工成本进一步提升，是一个催化剂。目前虽然是工厂应用，未来医院、生产等最后一公里都可能会应用。第二看创始人每一步发展的思路是否清晰。例如，我们自己的定位，三年内要成为智慧工厂物流机器人企业，要扩大渠道和供应链；2020 年要做到一定目标，不仅要做量，还要做服务。遇到阻力，需要绕过去达到目标。第三看团队是否有杀气。一个企业的核心竞争力是人才，团队在市场竞争中仍然保持杀气是非常关键的。

王立鹏：我从科技投资的角度来谈谈自己的观察。从投资人角度看，一定要提升认知水平。为什么这样说？很多企业用新兴技术，如区块链、人工智能等，投资人一定要知道企业是在做什么。我们看美国投资机器人的 VC/PE 本身就是人工智能领域的专家。从被投资人角度看，要强调信托责任和契约精神。现在很多创业公司融资后立马就觉得手里钱好多，但是要意识到钱是投资者的，使用过程中要心存忌惮。我们解决好投资人的专业水平和被投资人的契约精神，就可以有很好成果。

孙东升：这个行业一直存在投赛道还是投选手的问题，投赛道就是选好行业，在这个赛道中选择好的选手肯定更重要。

李从武：这个问题相对大家讲得比较透彻。作为投资者来说要找企业，企业同时也要找投资者。企业都宣称技术好，但是投资者除了关注技术本身，还要关注其商业模式。所以，创新价值的发现包含两个含义：一个是技术创造力，另一个是商业模式。一个很好的技术没有很好的商业模式配套一样会失败，当然，没有技术的商业模式就是空的。

最后一个问题，中小型企业融资难，除了商业环境和金融服务体系方面的问题之外，你们认为企业自身存在哪些问题？应该采取哪些措施加以改进？

孙东升：我觉得是创新能力不足，包括您刚才讲的技术创新、模式创新、产品的升级换代，用户体验的提升等，你如果滞后，市场就会淘汰你。

黄岩：一个团队一年要看600～700个项目，我们发现很多创始人不清楚怎么融资、有哪些融资渠道。创业企业的CEO或者CFO应该了解融资渠道，一定要做功课，了解每一种投资渠道的投资风格，关注的行业、领域、区域及期限长短。例如，有的基金是4+3年的周期，如果企业在这个基金到了第4年的时候去融资，即便基金投资了，到了第3年也要退出了。

康鸣：打铁还需自身硬，中小企业创业一定是要沉下心来，确立好方向，把握好技术，综合平衡好技术和商业两者的关系，踏踏实实做一个靠谱的企业，投资者就会比较放心来投资。

王立鹏：中小企业融资是一个老课题，也有很多视角，我站在科技金融的角度谈谈中小企业的间接融资。随着金融科技的发展，有很多手段可以帮助中小企业较好的解决银行借贷问题。中小企业借贷难的一个关键问题是风险高，导致很多中小企业借贷无门，怎么解决这个问题？利用科技手段可以解决，如一些小企业谈不上品牌，历史也不长，财务实力也不强，但是能够持续运转，这些小企业往往具备一个特点，那就是占据一个产业链中的一环。只要找到一个低成本的风险识别手段就可以为其提供融资，如可以利用物联网、数据平台、区块链技术等低成本手段监控小企业在整个供应链体系中的运转状况，基于它的数据就可以赋予一定信贷支持。

钱永强：对于我们企业来讲肯定还要回归企业本质，也就是创造价值，同时产生利益。第一是企业必须要有造血能力，输血其实只是锦上添花；第二是对投资人负责，投资人信任企业，就会给予帮助，即便企业可能失败，但是也能积累信用。

李从武：大家讲得非常好。金融服务机构和企业应该是互动的关系，不是一个主动和一个被动的关系，投资人应该主动，企业应该被动这种想法是错误的。企业要做什么？一是企业的信用体系，很多问题是因为中小企业的信用问题把金融机构搞怕了；二是企业的知识产权体系，如果没有自己的核心技术，投资者也不会投资；三是企业培训，企业要懂得，不仅有四大行的贷款，还有那么多金融机构的金融工具，不是只有间接融资是融资，直接融资也是融资，企业要在金融人才方面进行培训。企业做好这 3 个方面：要招一些懂金融的人才，要建立诚信体系，更要提高自身的创新能力。不是把金融问题解决了，企业就没有问题了。我们讲创新价值发现，既要有金融创新也要有企业的创新，这两方面是同一个命题。

非常感谢 5 位嘉宾的到来。今天我也不做总结性发言，我们的讨论还在继续。

第 6 章 政策论坛：促进融合的创新政策

当今世界，新一轮科技革命和产业变革呈现多领域、跨学科、群体性突破新态势，互联网 +、大数据和智能技术等新要素在经济中的作用日益凸显，正在向经济社会各领域广泛深入渗透，技术更迭加快、业态多元化、产业融合化、组织网络化等成为必然趋势。多要素融合的创新模式为中国深化供给侧结构性改革、加快培育发展新动能提供了有力支撑，也为构建创新、活力、联动、包容的世界经济提供了新的机遇。本论坛立足全球经济和创新周期变化，探讨新一轮科技革命与产业变革的发生规律及其对科技创新政策的需求和影响；结合对数字经济、平台经济、共享经济、智能经济等新经济形态的观察，探讨适应新技术与新商业模式有效融合的政策理念、政策重点和治理模式。

1 论坛综述

2018 年 10 月 31 日上午，2018 年浦江创新论坛政策分论坛“促进融合的创新政策”在上海东郊宾馆会议中心紫金厅举行。本届论坛由中国科学技术发展战略研究院副院长刘冬梅主持，邀请到了科技部政策法规与创新体系建设司司长贺德方、爱尔兰科克市政府首席执行官 Ann Doherty 女士、中国科学技术发展战略研究院院长胡志坚、经济合作与发展组织（OECD）科学和技术政策部门高级经济学家 Mario Cervantes、广东省科技服务业研究院院长曾路、西安交通大学公共政策与管理学院科技政策与发展研究所所长孙海鹰教授、韩中科技交流中心首席代表金钟先分别做专题演讲。

科技体制改革的主体框架已经确立，一些重要领域和关键环节改革取得实质性突破。科技部政策法规与创新体系建设司司长贺德方指出，改革开放 40 年来，我国科技体制改革始终走在各项改革工作的前列，科技体制改革一直紧扣两条主线展开，一是调动科技人员的积极性，二是促进科技和经济的结合。通过一系列政策措施，我国科技体制改革在加大科技投入、服务企业创新、促进成果转化、打造区域创新增长极、强化知识产权保护、建设科研诚信体系、扩大科技开放 7 个方面取得了长足进展。新时代要充分发挥创新引领发展第一动力的作用，大力培育新动能。为进一步完善科技创新政策体系，要重点关注以下 6 个方面工作：一是激发全社会创新热情；二是提高原始创新能力；三是激发科技人员的创新活力；四是坚持竞争中性原则，淡化所有制属性；五是强化开放创新；六是重视创新系统的信息反馈。

希望继续加强科克市和上海市的科技创新合作，把两座城市都打造成具有全球影响力的科技创新中心。爱尔兰科克市政府首席执行官 Ann Doherty 女士表示，尽管科克和上海两个城市所处的地理位置不同，但却有着共同的愿景，两座城市都正在打造具有全球影响力的科技创新中心。在欧洲，科克市被人们看作是创业、创新、就业、投资及发展旅游业的黄金之地，它的经济、工业、商业发展对世界领先企业具有很强的吸引力。科克市是全球制药、健康、ICT、生物技术、专业服务和国际金融服务企业热衷投资的热土，世界财富 500 强企业有 40 多家位于科克市。近年来，科克市加强了城市品牌建设，在“我们是科克”的口号下，不断加强同国内外科研机构的合作，已经取得初步成效。在本次论坛向大家介绍科克市是非常重要的一步。接下来，希望科克市能和上海市继续进行创新方面的合作，使科克市作为一个全球创新节点的能量得以充分发挥。

新时代中国国家创新体系继续演化，五大发展理念引导政策方向的发展。中国科学技术发展战略研究院院长胡志坚指出，近年来，包括我国在内的很多国家的社会基础发生了很大变化，“发展”的内涵也发生了相应改变。当前，科技创新不仅要支撑经济发展，还要协调解决社会、环境等方面的问题。建设创新型国家和供给侧结构性改革，实际上是一体两翼，因为创新就是供给侧的，其结果表现为高质量的发展，这是新时代的特点。从国际和国内两个角度看，未来中国创新体系的演化方向，就是落实新发展理念几方面的融合。具体看来，未来的政策方向包括：如何加强原始创新支撑生产能力建设，便利化人才、资金、知识等要素流动，完善创新创业发展的政策环境，实现“敏捷治理”等。

国家间应重视和加深国际合作，通过科技手段助力实现联合国 2030 年可持续发展目标。经济合作与发展组织（OECD）科学和技术政策部门高级经济学家 Mario Cervantes 指出，联合国提出的 17 个可持续发展目标中并没有直接出现“科学”或“技术”的字眼，“科技”在实现联合国可持续发展目标方面应是一种手段，而不是终点。面对当前部分国家政府减少科技投入、研发资金在全球范围内集中于某些国家和大企业等问题，跨学科合作研究是有效的解决方式。由于各国国内议程差异、国家间缺乏信任、知识产权跨境管理等挑战，国际科技合作似乎正变得越来越困难。各国政府要共同努力，通过建立更加有效的合作机制，让科研人员看到国际合作的真实效果，持续推进国际科技合作，使得科技手段真正助力人类可持续发展。

中央政策助力广东创新发展，粤港澳大湾区科创中心建设引领新一轮改革。广东省科技服务业研究院院长曾路表示，广东一直是我国改革开放的“排头兵”和科技创新政策的“实践者”。2017 年，广东区域创新综合能力排名全国第一，研发投入总量超过 2300 亿元人民币。近期，习近平总书记再次考察广东，向世界表达中国继续推行改革开放政策的强烈意愿，中国改革开放的大门不会关闭，而且会愈加开放。在这样的形势和背景下，广东要形成一个科技项目、人才、企业、平台、机构、成果等多元化的省级科技计划支撑体系，进一步解决科技创新资源分散、重复、低效等问题，改变项目多、帽子多、牌子多的不利局面，提高科技投入的效能。2018 年，广东联合香港、澳门共同制定了《粤港澳大湾区科技创新行动计划》，新的粤港澳大湾区专项规划也正在制定当中。大湾区的一系列科技资源、研发重点都会纳入国际科技创新中心建设的计划体系当中。

我国科技体制总体上仍未摆脱政府计划配置资源的方式，对市场体制的内在精神、科技发展规律的认识需要不断深化。西安交通大学公共政策与管理学院科技政策与发展研究所所长、教授孙海鹰指出，当前我国科技体制改革面临的主要问题包括：科技还没有真正成为经济社会发展的内生动力、源头供给能力不足、原创技术短板突出、国际一流的科技领军人才和创新团队偏少、符合科技创新规律的评价体系有待健全、科技界良好的创新生态和创新气氛有待完善 6 个方面。造成这些问题的根本原因是我国科技体制总体上仍未摆脱政府计划配置资源的方式，对市场体制的内在精神、科技发展规律的认识需要不断深化。供给侧结构性改革的核心是科学技术的供给，我国科技管理要把技术攻关摆在首位，要产生高水平的原创成果，为创新提供高质量的源头供给。整个科技服务体系当中要解决好投入结构、人才结构、组织结构、学科结构问题，这样才能形成科技的一套供给体系。

韩国希望以第四次工业革命为契机，依靠科技创新重塑经济增长、增进人民生活福祉。韩中科技交流中心首席代表金钟先指出，韩国政府高度重视科技创新在发展经济、改善人民生活方面的作用。韩国正在推进人工智能、自动化、核心网络基础设施、大数据系统等方面基础设施建设工作，希望借第四次工业革命引发的科技创新浪潮，走出经济发展的低谷。在人力资源建设方面，韩国计划在 2020 年培育 15 000 位专业人员，同时引入更多外籍专家。此外，韩国还注重把制造业的创新成果应用于现代服务业，如发展下一代的智能出行工具，包括无人驾驶汽车、无人飞机等。最后，韩国正在智能电网、区块链技术、智能物流方面积极布局，以培育新的经济增长点，大力改善民生。

2　嘉宾演讲实录

中国科技创新政策的进展、成效和方向

贺德方　科技部政策法规与创新体系建设司司长

> 科技体制改革的主体框架已经确立，一些重要领域和关键环节改革取得实质性突破。

非常高兴再次参加浦江创新论坛，和大家交流中国科技创新政策的进展、成效和方向上的一些思考，我主要向大家报告中国科技体制改革的整体情况和政策框架体系，重点介绍创新政策的最新进展和成效，最后结合新时代的要求探讨下一步创新政策的方向和工作重点。

今年(2018 年)是改革开放 40 周年,40 年来,我们国家的科技体制改革工作持续发力,始终走在各项改革工作的前列，科技体制改革一直紧扣两条主线展开：一条是调动科技人员的积极性，另一条是促进科技和经济的结合，加强科技对经济、社会、民生、生态和国家安全的支撑。这两条主线形成了有机的整体，特别是党的十八大以来，我们国家持续推进科技体制改革，全面发力、多点突破、纵深发展，科技体制改革的主体框架已经确立，一些重要领域和关键环节的改革取得实质性突破。习近平总书记在今年两院院士大会上高度肯定了我们国家科技体制改革工作取得的成绩，并指出，2015 年 8 月以来，党中央国务院出台了深化科技体制改革实施方案，部署了到 2020 年要完成的 143 项改革任务，目前已经完成 110 多项，科技领域存在的多年来一直想解决但没有能够解决的难题都取得了实质性突破。总书记的讲话是对我们工作的最大鼓励，也进一步增强了我们继续深化改革、完善科技创新政策体系的信心和动力。在不断推进科技体制改革的进程中，我们国家形成了强化要素、加强主体、完善机制、培育产业、聚焦区域、优化环境、扩大开放、增强反馈的政策体系建设的路径，针对各类创新主体创新链条的各个环节不断进行政策优化，目前已经基本形成覆盖门类齐全、工具多样的科技创新政策体系。由于今天演讲的时间限制，不能全面地对这个体系的框架图做出介绍，我简要地从 7 个方面向大家报告一下有关的进展和成效。

第一，持续加大科技投入，推动科技创新能力快速提升。20 世纪 90 年代以来，我们国家全社会研发投入以将近每年 20% 的速度在增长，2017 年达到 1.76 万亿元人民币，按当时的汇率相当于美国投入的 60%。研发投入强度达到了 2.13%，超过了欧盟 15 个国家 2.1% 的平均水平，快速增长的研发投入带动了科技创新能力的快速提升。2017 年，我们国家科技论文总量按第一作者计算达到了 32 万篇，连续 9 年排名世界第二。国际科技论文被引用的数量连续 2 年排名世界第二，发明专利连续 7 年排名世界第一，有效

发明专利的保有量排名世界第三，科技进步贡献率达到了57.5%，国家创新能力排名世界第十七位。

第二，实施符合国际规则、涵盖企业全生命周期的企业创新政策，针对不同发展阶段企业的创新规律和政策需求制定有针对性的政策措施，促进企业成为技术创新研发投入、科技决策、科研组织和成果转化的主体，为种子期的企业建设孵化器、众创空间和加速器，提供孵化服务。对于初创期的企业通过税收优惠引导天使投资、创业投资，支持科技型创新创业。对成熟期企业实行高新技术企业优惠政策，可以享受比一般企业低10个百分点的所得税政策。对所有发展阶段的企业实施普惠性的研发费用加计扣除政策，2018年，将研发费用加计扣除的比例从过去的150%提高到175%。2016年，全国研发费用加计扣除免除税额达到961亿元，带动企业1.2万亿元研发投入。从趋势中可以看到，研发费用加计扣除减税额和企业研发费用投入保持着高度的正相关增长趋势。另外，2016年高新技术企业所得税减税额接近1400亿元，加计扣除和高企税收优惠成为我们国家减税降费的亮点工具，这两项减税数额相加达到2361亿元，和民口国家财政研发投入总规模大致相当。2017年的统计数据还没有正式公布，但是这个数据大致增长了40%，而且由于研发费用加计扣除政策从150%增加到175%，2018年，这个数据仍然将保持同等比例的增长速度。

第三，完善促进科技成果转移转化的制度体系，打通科技与经济结合的通道。2015年，国务院出台若干规定并部署转移转化行动，形成了促进科技成果转化的三部曲，围绕促进科技成果转化制定了一大批政策措施，包括加大转化激励、完善定价机制、加大转化税收优惠政策等，带动科技成果转化的数量实现了量质齐升。全国技术合同交易额以年均15%的速度增长，2017年总成交额超过了1.3万亿元，2016年全国376家高校和科研院所科技成果转化合同收入达到了426亿元，比2015年增长20%，涌现出一大批超亿元成果转化案例。

第四，坚持重点突破，协同推进，打造区域创新的雁阵格局。改革开放以来，我国一直高度重视调动地方的创新积极性，根据不同地区的资源禀赋、发展定位等因素，建设各具特色的区域创新体系。首先，打造北京、上海、粤港澳大湾区3个具有全球影响力的科技创新中心，成为建设世界科技强国的战略支点。其次，建设19个国家自主创新示范区和168家国家级高新区，打造引领区域创新发展的增长极。2016年，示范区和高新区研发投入占到全国的44%，新产品收入超过全国的1/3，劳动生产率高于全国平均水平3倍。最后，推进创新型省份、创新型城市建设，加强一带一路、京津冀等跨区域的协同创新，推进发达地区和欠发达地区之间的结队创新。

第五，加强知识产权的立法、司法、执法保护，营造公平竞争的环境。对知识产权的有效保护就是对创新创业的最大支持，强化知识产权保护是我们国家发展的内在需求，也是中国作为大国的责任担当。在立法层面，我们构建了较为完善的知识产权法律体系，加入了一系列知识产权国际公约，司法层面建立了完备的知识产权司法保护体系，建立了专门的知识产权法院。今年 10 月 26 日，全国人大常委会审议通过将发明专利、新型实用专利、软件等知识产权案件的二审权上移至最高人民法院，进一步统一和规范裁判的尺度。同时，不断加大对侵权行为的打击力度，开展知识产权保护专项行动，探索实行惩罚性的赔偿制度。根据北京知识产权法院的最新统计，2017 年专利侵权平均判赔金额已提高到 117 万元，最高判赔金额达 1.6 亿元。

第六，加强科研诚信体系建设，弘扬科学精神。近些年来，在党中央国务院的领导下，我国出台了一系列的文件，建立了涵盖科研活动全流程的科研诚信管理体系，坚持零容忍，强化责任追究，对严重违法科研诚信要求的行为实行联合惩戒，让守信者一路绿灯，失信者处处受限。例如，在 2017 年肿瘤生物学撤稿事件处理中，我们将 107 篇论文的相关事实全部查清，494 名作者受到相应的处罚。另外，我们建立了科研严重失信数据库，数据库中目前已有科研严重失信行为记录 500 多条。

第七，坚持全球视野，开放创新，积极融入全球创新网络。随着全球化的日益深入，创新要素和资源跨国流动越发活跃，加强全方位的科技开放合作既是我国现阶段科技发展的自身要求，又符合国际社会的普遍预期。目前，我们已经建立了广泛的双边和多边国际科技合作，积极牵头组织国际大科学计划和大科学工程，稳步推进科技进化及对外开放。大科学设施也将向国际开放共享，如 500 米口径球面射电望远镜设施的国际开放共享。同时，完善外国人永久居留权和中国绿卡制度，开辟外国高端人才来华工作的绿色通道。

总体来看，改革开放 40 年来，科技创新政策的范围正在从科研领域拓展到经济、社会、政府治理等各相关领域，工作的着力点正在从研发管理转向创新服务，政策的受惠面从科技人员扩大到社会各个群体，政策的关联性、复杂性、影响力大大提升。下面，我和大家一起分享一下新时代科技创新政策的方向和重点。

党的十九大提出，面向新时代我国社会主要矛盾，要贯彻新发展理念，建设现代化的经济体系，大力提升发展的质量和效益，这就要求充分发挥创新引领发展第一动力的作用，大力培育新动能，改善传统动能，推进供给侧结构性改革，这也是我们今年创新论坛的主题。全面强化创新对建设现代化经济体系的战略支撑，推动经济发展质量变革、效率变革、动力变革，面对新时代、新要求，要不断深化改革，优化科技政策体系，以完善的政策体系支撑国家创新体系建设，以高效的创新体系支撑现代经济体系，推动高质量发展。面对新时代，进一步完善创新政策体系，大家重点关注以下 6 个方面。

第一，要更加重视激发全社会的创新热情，建设创新型国家就是要加强从“小科技”向“大创新”转变，要加强各部门改革协同和政策配套，动员全社会投入科技、参与创新。

第二，强调提高原始创新能力，进一步加强基础研究和应用基础研究，加大关键领域核心技术的攻关，实现前瞻性基础研究核心技术的重大突破。

第三，更加注重激发科技人员的创新活力，要尊重科研活动规律，尊重人才成长规律，优化管理流程，建立以信任为前提、以诚信为底线的科研管理机制，充分释放科研人员的创新活力。同时要建立以创新能力、质量、绩效为导向的分类评价体系，营造有利于潜心研究和创新的环境。

第四，更加突出营造公平竞争的市场环境，坚持竞争中性原则，淡化所有制属性，国企、外企和私企一视同仁，强化政策的普惠性、公正性，要转变政府职能，营造公平竞争的环境和良好的营商环境，充分发挥市场优胜劣汰的机制，让好企业自己冒出来，新产业自己长出来。

第五，要更加强化开放创新，建设世界科技强国必须要求在更高水平上扩大开放，环境越是复杂越要以坚定的信心、有力的措施坚持走开放创新之路，要深入参与全球科技创新治理，为应对全球性挑战贡献中国智慧，提供中国方案。

第六，要更加重视创新系统的信息反馈，要及时开展政策的预评估和后评价，同时开展创新活动的监控，建立有效的信息反馈，推动国家创新体系的发展与完善。

结合政策的新要求和新方向，近期要着重开展以下几个方面的工作。

第一，探索建立基础研究多元投入机制，在继续加大中央财政基础研究投入的基础上，探索建立对企业、社会组织和慈善捐赠等投入基础研究的税收优惠政策，开展中央地方联合资助基础研究，吸引全社会投入基础研究。

第二，加强重大科技部署，加快推进国家科技重大专项，尽快启动科技创新 2030 重大项目，研究制定 2035 中长期科技发展规划。

第三，强化战略科技力量，加快建设国家实验室，政策上允许国家重点实验室适度竞争，加大科研基础设施的开放共享。

第四，优化人才发展机制，进一步优化整合科技人才计划，加大对青年人才的培养、支持和激励。全面深入开展唯论文、唯职称、唯奖项的清理工作。

第五，完善企业创新政策，要更加注重政策的普惠性，更加突出对竞争前技术研发的支持，更加重视科技型中小企业，研究进一步提高科技型中小企业研发费用加计扣除的比例，原来普通企业是 150%，中小企业是 175%，现在所有企业到 175%，针对科技型中小企业的政策要进行调整。

第六，优化创新环境，进一步扩大知识产权保护力度，进一步完善科研诚信体系建设，大力倡导科学精神。

第七，扩大开放创新，加快组织实施国际大科学计划和大科学工程，推动各类国家科技计划开放，扩大外籍人才来华居留工作通道。

第八，加强监控与评估，建立 1+N+1 的坚固评测体系。

最后，关于政策工作的两点思考。当前，国际国内科技创新都处于转型期，需要我们加快探索适应转型期的政策舒适区，从国内看，中国科技创新正在从以跟跑为主，向并跑、领跑转变，外部可供借鉴的政策经验将越来越少。从全球看，新一轮科技革命和产业变革进入无人区，各国都处于探索阶段，大转型时期战略性机遇和系统性风险并存，对政策智慧提出更高要求，政策的操作既要强调效率又要注重战略定力。在政策工作当中，还要充分把握科技创新政策体系的动态性和系统性。政策体系要紧扣国家创新体系不同阶段的特征和需求，进行优化改进。同时，也要充分认识到政策的系统性影响，防止解决了局部小问题，但造成系统上的大问题。此外，还要继续发挥好“改革＋试点”的中国特色政策发展模式，以“改革”破除体制机制障碍，以“试点”探索新经验，推动政策体系的建设与时俱进。

科克和上海：分享最佳实践　共同助力创新

Ann Doherty　爱尔兰科克市政府首席执行官

科克市和上海市都在加速建设全球科技创新中心，希望我们在创新体系建设方面拥有更多、更好的合作。

今天我主要谈一下上海科学学研究所和科克市议会之间的合作研究项目，该研究主要讨论我们在两个城市创新生态体系当中所建立的主要创新支柱和设施。爱尔兰城市层面没有一个传统或正式的创新定级制度，我们使用了上海市科学学研究所发布报告当中提到的指标和标准来打造我们的框架。如今，上海的创新政策在整个国家及地方政府层面推动管理和发挥影响，通过上海提供的框架，我们希望能更好地理解科克市能在哪些主要的创新领域取得成果和成效。两个城市之间有很大的区别，包括人口规模、城市经济产出等，爱尔兰的统计数据和指标可能都是在城市层面体现和反映的，包括上海科学学研究所和议会的报告都表明，两个城市都在促进发展她们的创新机制，为使其成为具有全球影响力的科技创新中心，大力投资于人力、基础设施及基本知识等领域。尽管两个城市所处的位置不同，但是却有着共同的愿景，即打造具有全球影响力的科技创新中心。

两个城市有着很强的合作关系，2005 年成为姐妹城市，并于 2007 年 7 月签署了谅解备忘录，涉及文化、教育、商业、旅游及地方政府的交流活动。谅解备忘录签署的目的是促进创业公司、孵化器和科技园区在创新和创业方面的合作，支持研究机构开展联合研发。我们希望能够更好地在各个方面促进我们的研究机构更好地创业，为了达到这一目标，上海市和科克市相互访问，并且希望能够通过合作打造一种创新型的生态体系。我向大家汇报一下研究报告的基本内容，报告将展示哪些合作机会能更好地造福科克和上海两市市民。

爱尔兰共和国位于西欧的边缘外部地区，靠近英国和欧洲大陆，科克市是我的家乡，它是爱尔兰南部地区的第二大城市，科克市有国际机场，它不仅仅是欧洲的国际门户，也是亚洲和美洲之间的全球经济贸易中心。爱尔兰全国人口 470 万人左右，科克市人口 55 万人左右，其中，50% 的人口在 35 岁以下。科克市最近会扩大其城市范围，这是 50 年以来的第一次，意味着城市的人口会翻倍。爱尔兰政府新的规划框架《爱尔兰 2040 年计划》预测，在接下来的 20 年中，科克市将会是爱尔兰发展成长最为迅猛的区域之一，我们有着非常高质量的本地宽带覆盖，爱尔兰和英国及美国乃至欧洲之间都有着一级光纤互联网连接,这带来了网络交流的高效率。科克市大多数人口都比较年轻，他们有着非常丰富的技能，有很多学生在高质量教育机构里学习，而科克市现在被人们看成是创业、创新、就业、投资及发展旅游业的黄金之地，它的经济、工业、商业发展对世界的领先公司都具有很强的吸引力，自从 1973 年爱尔兰成为欧盟的成员国之后，我们从中受益匪浅。

爱尔兰的对外合作主要涉及三大领域，创新型战略的发展、欧盟研究团队、“地平线 2020 计划”——该计划从 2014—2020 年每年约有 800 亿欧元的投入。它的目标是希望能够确保爱尔兰在欧洲产生世界级的科学发现和创新，同时能够去除掉阻碍我们创新的障碍，使我们的公众能够更容易地开展创新，使私人领域更好地实现创新的成效。科克市在“地平线 2020 计划”当中发挥主要的作用，通过智能城市、智能社区项目，与欧盟其他合作伙伴关系城市打造合作关系。现在，爱尔兰的议会希望科克市变成一个灯塔式城市，更好地使用智能技术帮助解决社会和城市发展问题。科克市最近在宁波获得了中国绿色智能城市的奖项，我们和欧洲的合作伙伴城市在很多关键的创新领域有着卓有成效的合作关系，与中国许多城市（包括上海）也有着卓有成效的合作关系。

2006 年，爱尔兰政府出台了一个全面的政策，以支持科学技术创新，更好地推动高等教育机构、公共研究机构及私人领域企业提高研发能力。爱尔兰成功开展了一系列活动和项目，帮助企业打造他们的创新能力，提升他们的研发能力，同时，还建立了一个以公共研究环境为基础的科学卓越性的战略性发展项目。爱尔兰的主要政策文件题为“创新 2020”，这个文件中提到了政府投资与创新领域的主要理念，即为了开发综合性的以知识为基础的经济和社会，驱动企业层面的创新，更好地辅助人才成长。希望到 2020 年，科克市成为全球创新的领先城市，通过把公共和私营领域的投资结合起来，更好地影响主要的研发领域产出，应对人力资本面临的挑战。我们优先投资的研究领域包括未来网络与通信、数字平台内容和应用、互联网健康与独立生活、医疗诊断与加工、药物输送等。

此外，爱尔兰政府出台了 170 多个不同机制，支持爱尔兰创新生态体系的打造，给予补贴、税收激励政策、贷款、专题领域的特殊项目，支持本土和国际性企业的发展。爱尔兰打造了非常强劲的利于商业发展的环境，在这个环境中，创新被看成是具有竞争优势的关键来源，希望能够在创新领域更好地提升爱尔兰的全球排名。2016 年，爱尔兰整体的科学研究质量排名世界第十，被资助的出版物也是世界上排名前列的高质量出版物。2017 年，路透社基本科学指标显示，爱尔兰创新方面排名世界第六，在 2018 年欧洲创新排名强势创新群体排名第九，爱尔兰 38% 的企业从事过程创新，35% 的企业从事产品创新，还有营销创新、环境创新等其他领域的创新。

爱尔兰的国际竞争力排名不断提升，世界经济论坛《全球竞争力报告》将爱尔兰排在 138 个国家的第 23 位，同时，出口领域也是爱尔兰最具优势的领域之一。爱尔兰出口的产品和服务比较集中，2015 年在全球出口市场占比 1.3%，2010—2015 年出口额与 GDP 之比从 103% 上升到 124%（数据来源为世界银行统计，爱尔兰拥有众多跨国公司，出口额相对于其 GDP 数量较大）。统计数据表明，前五大主要出口商占据出口货物的 66%，75% 的整体货物都是由最顶尖的 50 家出口企业所出口，来自制药企业、化学企业出口占整体行业出口的 75%，计算机服务占整体服务行业出口量的 47%。爱尔兰每个地区都有各自的优势，本土企业能够快速成长，有着非常强的国际性行业基础，包括制药企业、服务企业。爱尔兰向欧盟 GDP 的贡献量是 1.8%，但却获得了来自欧洲 4.5% 的投资。现在对爱尔兰的直接投资也在快速增长，境内投资占 GDP 比重为 283%（数量较大的原因同上），是欧盟地区的第二高。

科克市集聚了全球制药、健康、ICT、生物技术、专业服务和国际金融服务领域的企业，世界财富 500 强有 40 多家位于科克，同时科克市也拥有全球十大制药公司中的 7 家，以及很多独特的优势。正如刚才提到的，包括生物技术行业在内的公司都已入驻科克。一些著名的企业，如亚马逊、苹果等，都选择科克作为其在欧洲的基地，300 家与 ICT 相关的公司在这个区域雇用了约 29 000 名员工，促进了区域经济发展。科克被人们看成是全球公司理想的投资之地，因为它有着良好的营商环境，有着战略性的位置，位于欧洲外部地区，过去 25 年有着非常开放而稳定的经济增长，一直吸引着世界级大企业的加入。

接下来，科克市将重点打造城市品牌。这将是全方位的品牌，能够不断支持且补充经济发展和市场营销策略，能够在全球打响知名度，通过一些定向活动吸引投资人。这个品牌项目的口号是“我们是科克”，目的是希望通过使用现有机会让人们感到激动，然后让人们把这种激动心情表达给全球的听众。这是一个共同的愿景，每个人都通过科克的故事把他的激情和力量讲出来。在这个品牌下，我们将有很多很好的创新通过合作进行展示，包括我们和美国的研发团队，都有很强的联系。

作为一个重要节点，爱尔兰内部很多国际科研机构都位于科克市。科克还拥有 13 个爱尔兰皇家学院院士，2016 年科克的两家学校在研究经费上投入超过 1 亿欧元。通过研发领域越来越多的实例，我们希望可以和上海有更多的合作。例如，爱尔兰的科学基金会和上海自然科学基金会就有 8 个合作研发项目，有超过 30 位研发人员，双方可以进一步合作。还有，中国－爱尔兰增长技术基金会的二期项目，预计金额超过1.5亿欧元。这个项目充分发挥了爱尔兰和中国的优势项目，能够让两个城市更好地进行技术方面的合作。同时，科克市还有很好的新兴行业，包括医疗、农业技术、高新技术、生命科学、生物制药和智能技术方面，都有很好的发展，这是双方可以合作的新的机会点。此外，科克市也成为很多国际性企业进行技术测试的地点，而且是和公共部门一起合作。爱尔兰地理范围小，适合进行此类测试，但测试的结果具有国际影响力，所以很多企业选择爱尔兰作为测试场所。在爱尔兰测试成功之后，才会把这些技术带到市场上，这也是上海可以很好地试水欧洲市场的场所。我们促进科克市和上海市私营部门的投资，希望通过已有合作，两个城市能够进一步扩大合作领域。

总而言之，这两个城市都处于加速全球创新的发展节点，我们在打造创新体系方面做得很好，但在这方面还有很多工作可以做，需要通过在科克市打造更多的创新指标来衡量发展的效果。对于我们来说，这次报告是非常重要的第一步，既能够深化双方的创新日程表，又可以把科克市作为全球创新洼地的潜力发挥出来。非常感谢上海市科委和上海市其他科研机构邀请我们参加今天的会议，我和我的同事都非常期待和大家有进一步的紧密合作。

新时代中国创新系统的演化研究

胡志坚　中国科学技术发展战略研究院院长

新时代有国际国内两个视角，中国创新体系的发展需要落实新发展理念、对接联合国2030年可持续发展目标。

新时代有国际国内两个视角。

从国际视角来看，这些年来对可持续发展内涵的扩充，得到越来越多的关注。很多国家出现政治向右转的趋势，这是因为社会基础发生了很大变化，出现了贫富悬殊、男女权利不平等等方面的社会矛盾。社会发展的不可持续也会严重影响发展的内涵，经济发展是传统的发展理念，大家一直强调经济的持续健康发展，现在的可持续要从3个方面让它们融合，不能光强调一个方面——科技创新如果只是经济，那社会就爆炸了，环境就崩溃了。怎样把3个方面更加协调、平衡地融合起来，全面发展，是现在整个国际上讨论很热的话题。

从“联合国2030年发展目标”来说，这是100多个国家签署的，也是各国要努力去推动的。国际学术界也在讨论一个新的框架，希望发展一个新的框架，结合转型，向可持续发展转型，而不仅考虑国与国之间的竞争，不能只图自己发展而不顾别人，或者只图本企业发展而不图社会，把自己的利润赚了，把污染排放给大家，因此，需要一个新的政策理念来指导这种融合，形成一个国际联盟。

国际上另外一个动态变化需要关注，我们现在处于第五轮技术革命的下半段，上半段是扩张阶段，下半段是信用收缩阶段。蛋糕会减小，至少不会增加了。在蛋糕减小的情况下，不管是国与国之间，还是企业与企业之间、产业与产业之间，都会发生尖锐的矛盾。因为大家都要争抢一块越来越小的蛋糕，每个国家都面临着内部的斗争、矛盾，整个世界围绕贸易、经济政策、地缘政治各个方面进行斗争，一切都是为了一块越来越小的蛋糕。在蛋糕不断增大的时候，大家都不会有意见，你发财我也发财。那么，现在创新政策怎么办，每一轮技术革命到第二阶段都要面临的挑战，不是新课题，但是，每一轮带来的挑战，人类都不接受上一次的教训，都会重复犯错，所以现在必须要有一个应对措施。

从国内新时代的视角看，党的十九大召开后，人民对美好生活的向往，对可持续发展内涵的认识也越来越全面。例如，全面贯彻落实新发展理念，不仅仅是创新发展，还有协调、绿色、开放、共享，一共五大发展理念，这五大发展理念怎么融合，是挑战，一起讲就不容易了。“供给侧结构性改革”实际上就是从落实新的理念入手，“建设创新型国家”和“供给侧结构性改革”是一体两翼，因为创新就是生产侧的，当然，最后结果表现就是高质量的发展，这是我们新时代的特点。因此，从国际和国内两个角度考虑未来中国创新体系的演变，应该是两个方面的融合，怎么围绕创新核心怎么融合，创新发展和协调发展怎么融合，创新发展和绿色、开放、共享怎么融合，以及五大发展理念一起怎么融合。

制定政策时要同时考虑，应该是多部门共同来制定一个议程，而不是多个议程。我们现在进入信息技术第二阶段，又必须利用 ICT 技术在这个时间的特点，把它当作工具来促进五大发展理念的融合。创新需要工具，每个时代的工具是不一样的。如何利用 ICT 本身的扩展性、扩散性、可编辑性、开放性来帮助这五大发展理念，围绕创新发展进行融合，是我们创新体系演变的主要挑战和方向。我们国家毕竟是一个发展中国家，规模大，看起来很壮观，其实是因为规模大，虽然我们的创新指数排名从 2000 年的第 38 位升到 2016 年的第 17 位，但我们还是很落后。这个创新指数评价是我们战略院做的，把美国作为标杆，把各个国家和美国比较，我们现在排第 17 位，但仍然是发展中国家，和发达国家还有相当大的差距。2016 年，我们是 69.5 分。任何指数评价都只能供参考，不是一个客观真理，因为有的时候需要做讨论，需要来评一评，不要把它看得太重，但也不能不知道。

最后对未来的方向提一些想法。

一是怎样加强原始创新支持生产能力建设。因为我们是发展中国家，面临的很多问题在国际上并不一定有相应的解决技术或工具，可能需要我们来组织力量——不光是国内的，也可以组织国际力量共同帮助我们中国，在提出五大发展理念的同时，融合创新解决问题的方案，而这个挑战也是全世界共同面临的挑战。二是 ICT 技术和实体经济的融合，建设跨领域的创新平台。包括共享经济、数字经济、平台经济、创新创业服务，这些实际上都是可以借助创新平台的作用来促进五大发展理念融合的，围绕创新核心融合发展的平台、手段、工具，大力发展新型经济。

三是优化宏观配置，促进全面协调发展。宏观配置就是流动，要梳理整个制度对知识流动的障碍，很多障碍都是长期且大家都有共识的，需要下决心解决，包括人员的进进出出、流动的问题。科研机构对人员的解聘还是不容易的，包括大学与企业之间来来回回的流动也不容易。要发挥 ICT 技术优势，强化大数据、物联网应用，在农村发展农业高新技术产业，实现农业、农村的高质量发展。

四是推进区域的创新中心建设，如北京、上海、粤港澳、长江经济带、京津冀、雄安新区等区域。我们国家一般都是先拿一个地方做实验，逐渐再推广。先试，试了不对再改。当年要发展绿色技术创新体系，不是说有一个模板在那里，照着它拷贝就可以了，在没有模板的情况下，要去创新发展。

五是加强绿色低碳、生态环境资源节约等领域的技术供给和商业模式创新。实际上是怎么引导市场，让这方面的创新创业者能赚到钱，能够与社会共享它的价值，这需要设计一个创新生态系统。节能环保、清洁生产、清洁能源，我们国家在这些方面的投资已经很大了，怎样让它健康发展，这是一个重点。

六是打破知识流动的壁垒，引领高层次开放型经济。开放是永恒的，作为一个发展中国家，更加需要先进知识的流入、学习、交流，国家的活力才能不断展现和提高。知识流动的壁垒反映在很多渠道，包括人员、设备、技术、资本，无障碍地流动，这是需要达到共识才能做到的。大幅度提高知识、人才的跨境流动水平。自己的人才也不要老是留在这个地方，应该让它流动，流到世界上任何能发挥作用的地方，这就是对整个世界做出的最大贡献了。有可能留在自己手上也发挥不了最大的作用。

七是建设一带一路。我们希望把一带一路建成创新之路，深入参与全球创新治理，尤其在 ICT 技术革命下半段的时候，合作特别重要，这是避免冲突的唯一道路，我们应该积极地参与全球创新，提出更加均衡、平衡的治理框架建议，包容性是最重要的。

八是完善创新创业环境及创新监管理念和机制，构建全链条的创新创业服务体系，破除共享经济发展的制度障碍。例如，敏捷治理，现在国际上讨论比较热的就是敏捷治理，政府在无人区，新型的数字化转型谁也不知道方向，经常会误解，下错误的结论。我们会对一些产业用道义去评价，怎么会出现这个东西，这个东西就不应该发展，实际上我们是不知道什么该发展什么不该发展，因此，敏捷治理很重要。要开放心胸，要跟随、陪伴新兴产业发展，要确保它健康，不要因为主观的价值判断就随便贬低、歧视，甚至杀死新兴产业。

科技创新助力实现联合国可持续发展目标

Mario Cervantes

经济合作与发展组织（OECD）科学和技术政策部门高级经济学家

依靠科技手段实现联合国可持续发展目标，需要跨学科研究以及有效的国际合作。

先来谈一谈之前演讲人所提到的挑战，即科学技术如何帮助实现可持续发展。首先，世界各国面临哪些挑战；其次，需要做哪些努力；最后，数字化进展和面临的风险，以及那些跨学科、跨领域的研究。相信很多与此相关的挑战，如能源、水、土地之间的相互关联，需要有一种跨学科的研究态势，这是一个非常具有挑战的领域。“创新型政策的战略性创新”是政府所使用的基本原则，同时也看到对此有关的质疑和问题，在这一新背景下，各国当然需要合作。

当联合国发布“可持续发展目标”的时候，科学并不是很主要的话题，其实在这十七大目标当中，根本没有出现“科学”这个字眼，技术在某种程度上是一种手段，帮助我们实现这些目标。其中，第 9 项指标谈的是产业创新和基础设施创新，更多地和科学技术紧密相关。因此，问题是科学技术在可持续发展目标中的作用何在。

第一位演讲人说到了中国研发领域的进展和表现，如果观察全球的情况，各国的增长也就是在过去 10 年，企业用于研发的投入在快速增长，步伐在加快，包括经济合作与发展组织成员国及发展中国家。来自科克的嘉宾提到了很多国家的研发活动及人才的聚集性，这在全球范围内通用，很多大公司有很多人才，全球最大的 2500 家公司占据了全球 90% 以上的研发经费，研发集中度非常高，很多都投资在计算机领域。其他公司怎么办呢？联合国可持续发展目标其他领域需要资金怎么办呢？同时，很多投资都在经济合作与发展组织国家里面，其他发展中国家怎么办呢？差不多有 190 多个这样的国家。

政府的研发投入，其扮演的角色越来越小，很多政府都非常勉强地维持着研发投入持平不下降，政府的支持看起来似乎不太乐观。现在有一个趋势，很多国家都用一部分经费来解决社会问题，但是很多重大问题的经费投入基本上是持平的。如果公司不再投入，政府也不再投入更多，如何能解决这些问题呢？

绿色能源技术，2000 年以来的趋势是一开始快速上升，过去几年正在下降，在绿色建筑、交通、环境保护、能源技术方面的专利数量正在减少，所以企业公共投资减少也导致了专利数量的减少。在能源领域，不仅是太阳能专利数量在下降，生物能源专利数量也呈现同样的下降趋势。这些都是高质量的专利数量，不是所有的专利数量。

如何在这样的背景下还能实现联合国的发展目标呢？如果企业的研发在下降，剩余的研发能力和资金都聚集在少数企业和城市里。绿色技术和专利申请正在下降，预算在欧洲也在减少，在意大利这种国家显得尤为突出。如果钱越来越少，各国能做什么呢？其实还是能做很多的。之前很多人讲到了高质量增长，各国应该改变做研发的方式，不再追求数量，而是追求质量。

同时，不再只关注自己的领域，要有跨学科交流，要更好地动员研发人员，让其做跨领域研究。政府和企业合作，在减排方面做创新。在研究方面，首先是跨学科的研究，很多学科都是相互依赖、相互关联的。例如，绿色能源，能源的生产、使用、运输和水资源的互动，只要在一个方面取得进步，可能并不代表其他领域的进步，但是有时候一个领域的进步可以为其他领域带来合力。这样一来，通过跨领域合作可以推动各国共同的目标。同时，还要改变数据的生产和分享方式，这是一个很大的挑战。很多研究机构一开始的做法均非如此，一旦他们有了自己的数据，只想把数据给自己的研究和论文使用，那些科学的学术期刊本身也非常关注某些特定学科。你会发现，所有的联合国发展目标都是跨学科的，所以需要有跨学科的合作。

很多国家都有自己所谓的创新使命，也取得了进步，但是很多国家也有一些失败的案例，如英国、美国一些发电站并没有取得商业上的成功。如何破解呢？如何让政府和企业更好地合作，让政府作为催化剂，让市场来发挥它的作用。如果能确保这些合作取得成功，并非一定要和企业合作，也可能是和区域政府合作，如像科克这样的城市。

还有，如何利用数据化进程的趋势，这里有很多机会点，大大改变了各国的经济发展。但是，现在有很多值得担忧的问题，如自动化会使很多人失去工作，如何顺应这样的趋势。如何为农业种植方面带来更大的便利，并充分调动企业家精神。如何给发展中国家带来福利，像移动支付这种新技术，很多基础设施和数据是非均衡分布的，很多人无法使用这些数字化技能，从而支持下一阶段的数字化进程。所以，各国需要更多地分享数据和这些基础设施。另外一个解决方法是国际合作，能够形成更多的出资渠道。如科克市和上海市的合作，包括美国和各国政府的协议合作，在欧洲内部有自己的气候项目——政府之间的倡议，各种研究机构的合作，南南合作，都有一些很好的成功案例。同时，科学界也在更加紧密地合作，如共同署名的论文发表数量，2006 年和 2016 年对比，明显 2006 年这种合作仅限于几个国家，但是 2016 年共同签署论文发表的范围就越来越广了。这是一个科学界自上而下的改变，是非常碎片化的改变，但是正在产生积极的影响，可以解决一些问题。在这里，可能并没有很多商业化的力量，只是科学家之间的合作。

为何国际合作如此艰难呢？之前有发言人讲到了经济合作和发展组织的政策制定有时仅关注一个国家或内部的需求，很多公共政策都是为了迎合纳税人的一些需求，所以一开始就不具有国际化视角，纳税人也不愿意为一些国际事务去买单。这方面的意愿和资金需求差距很大，同时，不同国家技术能力也不尽相同，这方面有不平衡的发展，还有信任关系或信任缺失，在很多国家间合作时都有信任缺失的情况。还有很多治理机制是怎么吸引投资的，包括数据控制及安全角度的考虑，都会进一步影响到跨国合作。如何治理数据交换、管理国家边界、处理知识产权等，都会影响到跨国合作。在某些领域会有企业家和慈善界的一些小合作，但是这些合作非常碎片化，不是长期的解决方案。大学的研究又是如何的呢？之前有发言人提到，经济合作和发展组织现在的激励机制如何能更好地发挥作用，让它产生更大的影响力。很多研究人员都不知道他们的研究工作能够带来的经济效益，也不知道在合作之后怎么才能进一步贡献自己的力量，所以，需要有更多的合作机制让研究人员更有动力致力于基础研究。

总而言之，如何在科技创新方面做出一些改变，从而推动联合国发展目标的实现呢？需要在需求侧做一些改变，有时候是政府去推动技术——如果是航空技术或国防技术，政府有时候会购买这些技术，但这种需求非常单一。因此，需要更多地着眼需求方的改变，通过需求引导技术创新。应该支持很多可持续发展方面的技术研究、技术转让，尤其是支持科技创新的基础设施建设。还应该反思如何开展国际合作，碎片化的小规模合作是不够的，需要大规模的国际合作。还需要相应的企业投入其中，如果没有企业把技术推向市场，这种合作的成果也非常短暂。需要政府在背后推动科技创新，这不只是中国科技部的工作，而是整个政府机构和社会之间的合作。科学家本身也需要加大力度来推动可持续发展，他们自身的可信度有多少？他们的贡献如何被衡量？这些都是各国面临的挑战，希望可以引起大家的思考。

广东科技创新最新进展及新一轮改革方向

曾路　广东省科技服务业研究院院长

广东正在酝酿科技计划管理体系改革，要形成一个项目、人才、企业、平台、机构、成果等多元化覆盖的科技计划支撑体系。

习近平总书记最近刚刚到广东视察，提出了四点要求：第一，更加开放；第二，实现高质量发展；第三，平衡和协调发展；第四，加强党的建设。“融合的创新政策”这一主题非常好，它对于地方尤其是广东这样一个大湾区的核心地位非常重要。我们面临着一国两制、三个关税区、三种货币，我们所有的创新政策都应该是融合的。胡志坚院长说他是政策的研究者，贺德方司长是政策的制定和发布者，作为地方，我们是政策的执行和实施者。

广东改革开放以后取得的经济发展成就得益于中央政策。2017 年广东省国内生产总值达到了 8.99 万亿元，连续 29 年居中国首位，近 5 年平均增长率超过 7.9%，地方公共预算收入达到了1.13万亿元，成为全国首个超万亿的省份。在创新驱动发展政策的引导下，我们发展的水平也在不断提升，特别是在政策方面取得了一系列的进步。我们先后出台了“科技创新12条”等一系列政策文件，目前我们正在制定新的“创新政策10条”，将于近期通过省政府常务会议之后，对社会发布。

从创新驱动发展水平来看，2017年广东省区域创新综合能力排名全国第一，研发投入总量超过了2300亿元，占GDP的比重达到了2.61%，技术自给率达到72.5%，科技进步贡献率达到58%，这个成绩也是在创新驱动政策的支撑下取得的。习近平总书记对广东的发展给予了厚望，在党的十八大会议结束以后，他第一个到的地方就是广东，最近他再一次到广东，再一次向世界表达了强烈的信息，中国改革开放的政策是不会改变的，而且会愈加开放，向世界展示中国。在这样的形势背景下，我们酝酿着对广东科技管理体系进行改革，目前对整个广东创新政策的执行，要形成一个项目、人才、企业、平台、机构、成果等多元化的省级科技计划支撑体系，进一步解决科技创新资源分散、重复、低效等问题，改变项目多、帽子多、牌子多的不利局面，提高科技投入的效能。这是我们作为地方工作者考虑得比较多的。在新一轮改革的导向下，我们将在以下几个方面发力。

第一，遵循需求牵引，优化源头供给。这次浦江创新论坛的主题非常好，是一种融合的，同时是供给侧结构性改革的方面来推进的，我们到这里来汇报也是希望把我们地方的诉求提供给大家。我们着重在习近平总书记指出的九大领域，即新一代信息技术、高端装备、绿色低碳、生物医药、数字经济、新材料、海洋经济、现代种业、现代工程技术等前沿战略领域开展关键共性技术、前沿技术及颠覆性技术等各个方面的突破，逐步实现关键核心技术自主可控。

第二，把握科研规律，发挥制度的优势。进一步发挥市场主导作用，推动企业成为技术创新的主体，培育一批核心技术、能力突出、集成创新能力强的创新型领军企业，积极主动对接国家部委、省市联动，共同承接国家重大科研任务，调动全省优势创新资源，在关键领域“卡脖子”的地方下大功夫，发挥社会主义市场经济条件下集中力量办大事的制度优势。

第三，汇聚高端资源，强化支撑引领。发挥政策引导和科技计划体系支撑引领作用，完善政策支持、要素投入，主动融入全球创新网络，汇聚国际一流科研团队，汇聚全球一流的创新资源。创新主体本质上是以人为主体，培养引进一大批科技人才、领军人才和青年人才。

第四，兼顾各类主体，激发创新活力。特别是明确企业、高等院校、科研院所等创新主体在创新链不同环节的功能定位，使各层次、各类别的创新主体都有相应的科技业务与之匹配，有相应的计划类别为它们提供高效服务，更加关注各类创新主体科研人员的不同诉求，不断改善人才发展的环节，最大限度地激发创新激情和活力。

第五，坚持廉洁透明。一系列贪污腐败的案件也给了我们一些警示，在地方上，我们会梳理修订一批科技业务管理规章制度的操作规程，运用互联网技术和信息化手段提高管理的科学化、规范化、精细化水平，强化管理制度的刚性约束，进一步完善决策、执行、评价相对分开、相互监督的运行机制，主动接受审计、监察，针对放管服改革出台具体实施细则，加强对专业机构和受委托单位的监督管理，逐步实施监督评估的动态考核管理。

下面介绍一下改革的主要工作进展：

第一，加快粤港澳大湾区国际科技创新中心建设。北京、上海和粤港澳大湾区作为中国在科技创新3个方面的重点布局，建设国际科技创新中心。在这里我们也在开展相应的工作，今年以来，广东省科技服务业研究院的团队与香港、澳门相关机构联合制定了粤港澳大湾区科技创新行动计划，这个行动计划将受到非常重要的政策支撑。在科技部创新政策的指导下，近期也会发布广东省的资金过境政策。这个政策相较于科技部的政策来说，更具有可操作性，因为平台建设、关键技术领域、基础研究领域、人才交流、资源共享等各个方面都受到资金政策的支撑。另外，粤港澳大湾区专项规划也正在制定当中。我们把大湾区的一系列科技资源、研发重点，都纳入国际科技创新中心建设的大计划体系中。

第二，启动广东省重点领域的研发计划。有以下几个重点：一个是主动对接国家重大科技项目，最近我们不断与科技部联系，希望能够把国家的重大科技项目承接到广东来实施。另一个是采取揭榜制，把企业卡脖子的重大需求凝练出来，采取揭榜的方式征求解决的方案。我们还在公开选择重点领域开发项目及并行资助模式等，进行了一系列的改革。在项目管理方面的改革，是面向全国开放计划体系，广东希望承接来自全国各个创新主体到广东开展创新创业活动。另外，我们在管理方面建立了一个项目库，希望常年都可以申报入库，择优选择，简化管理过程，优化服务，实施精准的管理。

第三，在对接国家重大科技专项方面采取一系列步骤，其中引入了上海中船重工集团和科学院，围绕大湾区建设在广东和香港布局。另外，对国内科研机构和领军企业在广东开展项目的研发设立了相应的专项。

第四，加强基础研究和应用基础研究的布局。专门出台了加强基础研究与应用基础研究的若干意见，广东省机构改革还将设立基础研究和应用基础研究基金委员会，专门从事基础研究和应用基础研究项目的管理。广东是一个产业大省，我们在基础研究方面比较薄弱，很大的原因是因为我们缺乏重大的基础研究平台。我们启动了广东省的实验室建设。与安徽省科技厅罗厅长交流，了解到全国各个省市都在开展省实验室的建设，力度都不小，目标都非常大。广东目前已经启动了4家省实验室的建设，另外还将第二批启动3家省实验室的建设。

最后，进一步深化科技体制改革。我们采取了“大专项＋任务清单”管理模式，将采取纵向协同方式，共同支持国家和省重大科技项目，出台新一轮的创新10条政策，这是我们当前政策制定中的重中之重。

面向2035的科技管理与创新管理

孙海鹰　西安交通大学公共政策与管理学院科技政策与发展研究所所长、教授

> 中国的科技体制在总体上仍然没有摆脱“政府以计划性的方式配置资源”为主导的局面。

我演讲的题目是“面向2035的科技管理与创新管理”，之所以把科技管理和创新管理分开，因为在实践中体会到，科技管理与创新管理是有关联又是有区分的。科技政策和创新政策是有关联也是有区分的。

第一，这10年来，我们的创新发展取得了突出进步，双创出现了井喷式发展，主要表现在高新技术制造业和装备制造业的投资增长和增加值增长上，都比正常的工业增加值和投资高了许多。“大众创业、万众创新”不断深化，从2015年3月提出“大众创业、万众创新”以后，我国每天注册的企业都超过1万家，2017年每天注册的企业数更是达到了16 600家。

我国新经济在增长，传统经济在下降，主要原因是多层次资本市场已经初步形成。我国2000年的时候建立三板、四板市场，让技术和受益人企业直接见面。现在多层次资本市场已初步形成，主板、中小板、创业板股权交易已经形成三角形的结构，三板和主板主要的企业及主板并购三板企业的数量，每年都在显著增长。PE行业井喷式增长，2009年第一次井喷，2014年第二次井喷，现在私募基金达到12万亿元，人工智能、消费生活、企业服务、医疗健康、机器人等都是投资的热门。股权投资的地域分布基本上和国家经济发展的主要区域分布是一致的，如私募股权投资的投资额和投资项目数，北京、上海、广东、浙江、江苏名列前茅，第二、第三、第四梯队都和国家经济发展的区域分布基本一致。股权投资、私募股权投资和投资的产出系数基本一致，2009—2015年投资系数最高的是上海，然后是北京、广东、浙江、江苏、山东，有10个省的投资超过了GDP，都是在私募基金投资很少的区域。截至2017年年底，私募基金达到11万亿元，不少企业走向生态化的治理结构，高端的P2P、全球生态圈正在形成。

市场的发现选拔机制和政府的引导支持，是近年来创新发展的根本原因。政府重在创造生态链的环境，人才基本链接及其相互作用，公共服务、通信、网络电脑、移动终端的广泛应用形成了创新生态系统，新产品、新业态、新服务不断出现。资本市场有天然的发现选拔机制，促进了人才、技术、资本的融合，10年来，中国的资本市场发育得很好，中国的创新取得了井喷式发展。当前的问题是，我们具有核心技术的创新创业比例仍然比较少，原创技术产品也比较少。今后，发展完善资本市场仍然是很重要的。我们和美国的差距是私募基金差距的8～9倍。

第二，科技管理的问题。首先，是我国科学技术取得了显著的进步和发展，但取得重大进步和显著发展的，主要是工程技术的论文数、专利发明。我国的国际专利第一次超过日本，升为全球第二。虽然取得了很大的进步，但是科学技术的供给还不理想，如2006—2017年全国技术合同交易额中，高校的技术输出占比都在5%以下，并连年下降。专利“低小散”，政府项目小，每项成果的技术转让收入都是几万、十几万、几十万，社会项目成果也很小，成果转化是以自我为主，全国的科技成果来源以计划为主，社会基金投入非常少。技术输出方，高校占比去年甚至降到了2.65%，专利“低小散”，七成专利的研发成本在10万元以下。项目管理产学研难以结合，高校是前沿科学和高技术的园地，但是供给输出很少，研发“低小散”、急功近利、自我封闭、力量分散、忽视合作、高端缺失、低端雷同、分散重复、孤岛现象、自己研发自己转化、没有形成供给体系。政府还是老的项目管理方式，没有建立重大核心关键技术的公共研发平台，没有形成国家队，太分散。

关于面向2035科学技术的建议。习近平总书记强调的是“两个着力”：第一，加强供给侧结构性改革；第二，提高供给体系的质量和效率。现在必须坚持创新驱动发展。为此，第一，要有高端的科学技术源头供给。第二，要有供给体系的系统构建。科学技术供给体系是什么？这个问题科技部门要思考。另外，科技部门的供给体系在哪里？第三，改革科技管理和创新管理的制度体系，发挥好市场和政府的作用。习近平总书记强调要以问题意识、重大问题为导向，要问题倒逼改革，问题是什么呢？科技部党组最近发表的文章指出，我们的问题是：第一，科技还没有真正成为经济社会发展的内生动力。第二，源头供给能力不足。第三，原创技术短板突出。第四，国际一流的科技领军人才和创新团队偏少。第五，符合科技创新规律的评价体系有待健全。第六，科技界良好的创新生态和创新气氛有待完善。出现这些问题的原因是什么？

一是科技体制改革。中国的科技体制在总体上仍然没有摆脱“政府以计划性的方式配置资源”为主导的局面，对市场体制的内在精神、科技发展的规律认识需要不断深化。清华大学李正风教授提出的三点意见：第一，防止体制复归；第二，继续探索新动力的能力；第三，全面认识市场体制的精神和塑造创新生态系统。成本转化很难，现在的问题不是成果转化难，而是供给侧原创的科技成果很少，高端发明很少。另外，建设创新城市都说有几百个平台，但是真正的合作平台基本却没有建立起来。科技界科技资源分离、分散、分割的问题仍然没有解决，这是科技体制改革需要解决的重点问题。供给体系的系统构建怎么建？这个问题需要思考，这是科技体系的供给体系问题。习近平总书记强调供给体系和供给侧结构性改革，供给侧结构性改革的核心是科学技术，产业都在低端，所以产能过剩，还受制于人。我国一年进口17 000多亿元的半导体，是我国进口量最大的产品。这就是供需不匹配，供给侧结构性改革解决的主要问题是供需不匹配的问题，这个问题如何解决？

二是供给体系。要提高供给体系的质量和效率，科技部门的供给体系应该怎么建立？供应链管理是企业的软肋，只强调产业链延伸而忽视了供应链管理。习近平总书记强调供给体系，是给我们提出了更高的要求。怎么建立？怎么形成供给体系？怎么形成协同方阵？需要有合作、有平台、有转移体系、有服务体系，这就是强调的科技生态系统和创新生态系统。主体是企业、高校院所、法律事务所等，要素是劳动、技术、资本、自然等各种资源，环境包括法律环境、自然环境、市场环境、政策环境、文化环境。大量的人才资本介入，通过在创新生态系统中进入市场、取得效益，这样构建和国外提出来的创新系统的构建是不一样的。我们提出智能生态系统，去年浦江创新论坛芬兰科技创新局提出“创新集群的生态系统”，人才资本的进入在各种平台下不断地创造新价值，进入市场。澳大利亚的创新生态系统也强调了网络化、自组织系统、群系统和协同共进的特性。在加强创新管理中，首要的是形成市场机制，关键是人才资本的进入，产生高质量、高效益的企业和产业，构建和形成创新生态系统。同时，要坚持和完善多层次资本市场，大力发展创新服务业，包括研发服务业、制造服务业、科技服务业。

三是促进大、中、小型企业的融通发展。大型企业有资金、有渠道、有市场，小型企业有技术、有人才，怎样才能更好地结合？2017年，国务院专门研究了大、中、小型企业的融通发展问题。在改革和加强科学技术管理中创新管理系统，完善资本市场，发展服务业，创新服务业。在科学技术管理中，要把技术攻关摆在首位，要产生高水平的原创成果，为创新提供高质量的源头供给，坚持建立产学研联合体，组织公共服务大平台，组织专家辅导团服务企业和农村，建立市场化、社会化、专业化的技术转移科技服务体系，提高科技供给体系的质量和效率。在整个科技服务体系中，要解决好投入结构、人才结构、组织结构、学科结构，才能形成科技的一套供给体系。中央强调供给侧结构性改革，对科技部来说，主要是人才结构、组织结构、学科结构的改革。

科学技术管理当中，第一是攻关，第二是围绕核心关键技术中央和地方共建产学研联合体。目前，高校收到企业的合作大部分是委托研发，真正的合作非常少，即委托你来做，做完了以后给我，但实际上真正的联合体的创新中心非常少。2012年，美国建立了45个创新中心，基本条件是学校的重点实验室和企业结合。这是一个非常重要的经验，推进产学研联合体建设就是解决我们的融合问题，就是解决分散、分割问题。下决心组织核心技术研发大平台，国防部拿出9亿元，不干预技术，不干预他们的工作，400名专家几年时间解决，而不是现在联盟只是一个松散的结构。政府组织专家辅导团服务企业，加强和企业的联系，转移科技服务体系，高效建立社会化的技术转移组织，通过这样的平台服务联合体协同攻关，真正组织实体的创新中心来解决分离、分散、分割问题。我非常赞成今天会议的主题——融合。融合是机制，是出路，是形成科技生态系统、创新生态系统的机制，我们聚焦融合，中央提出军民融合，产学研深度融合，人工智能和实体经济深度融合，大、中、小型企业融通发展、合作创新，这条路是正确的。这条路对科技部门来说，就是聚焦建立科学技术生态系统，创新生态系统，实现中国梦，实现科学技术更好的发展，实现创新的更好发展。

吴志强院士说了一句话，我用他的话来结束我的汇报。他说："城市群、经济带、科创中心，不形成群落就没有生命力，不形成生态系统都要死掉。"有人提到，在建立新的大湾区、科创中心的时候，仍然是把研发的基地、转化的基地、产业化的基地分散在各个不同的地方，昨天我提问的时候说，又回到20年前了，当年就是为了解决分离的问题而建立的高新区，今天建立融合的科学技术生态系统、创新生态系统是解决这个问题很好的途径。吴志强院士说："不形成生态系统的都要死，各自发展永远不会有好的结果。"

韩国的科技创新政策

金钟先　韩中科技交流中心首席代表

韩国正在推进人工智能、自动化、核心网络基础设施、大数据系统等方面的基础设施建设工作

韩中科技交流中心于1993年建立，是基于两国政府合作协议而建立的，在促进中韩两国科技领域的合作方面发挥着重要的作用。今天，首先介绍一下韩国目前的科技创新状况，然后谈一下需要改变的科技创新战略及我们所属的第四次工业革命，并会跟大家分享一些产业领域案例或事例。

韩国的经济在过去表现得不是太好，经济增长潜力不断下降，机构推测韩国明年的经济增长潜力为2.6%，过去数年来稳步下降。韩国现在很多人都希望能够提升自己的生活水平，因为生活水平并没有随着经济发展得以同步提升，政府希望能够大力投资于研发，来解决这一社会问题。韩国现在投资额是全球排名前二的，排名第一的是中国，但排名第二对韩国来说解决内部问题还是不够的。我们需要改变科技战略，现在已经制定了"第四次工业革命战略"用于解决这些问题，同时我们也更加关注政策制定。

韩国政府制定的目标，首先是人工智能、自动化、整体系统优化和改革加强人的能力。韩国政府有两个方向的目标，一是解决长期的社会问题，二是实现经济增长。这里举一些例子，不是韩国本土的例子，是美国匹兹堡的例子。交通灯的案例，对于提升交通领域的效率是非常有帮助的。另外就是可以提升行业的生产效率，通过提升生产效率更好地促进经济增长、资源服务和行业的竞争，这个例子就是西门子的智能工厂，通过智能工厂，工作效率提高了75%，韩国政府也致力于这样的战略和技术。之前讨论的很多领域，

都是在第四次工业革命中会实施的，前三个是网络基础设施、大数据和人力资源，这些是最基础的领域。

核心网络基础设施是韩国政府的工作重点，我们有一个时间表，2017 年有一个专门致力于物联网的网络。韩国的一家电信公司有一个专门的网络，能够通过这个网络实时检测有可能出现火灾的地方和情况，现在正在建造这方面的网络。2018 年，韩国政府希望下载速度达到 10 bit/s，在 2019 年 3 月成功把 5G 移动网络推向市场。

第四次工业革命的基础之一就是对大数据进行分析。现在韩国有很多数据，但是大家并没有把数据公开使用，只是做数据的囤积，不会相互分享。现在政府希望有一个专门的大数据中心来支持十大重点行业的发展，并通过对大数据的使用把大数据向民众开放，同时也希望大家更多地使用无法追溯到个人的信息。

然后是人力资源。这方面韩国还是面临很多挑战的，我们希望进一步改善这些问题。首先，政府希望到 2022 年拥有 46 000 位关键人才，希望可以加强这方面的高校建设，从 2017 年的 20 家增加到 2019 年的 30 家。同时，政府还希望可以培养更多的互联网安全方面的人才，到 2020 年培养出 15 000 位专业人员，同时引入更多的外国专家。

其次是数字制造业。韩国政府希望可以提升生产效率，同时增加残疾人和妇女的就业机会。我们会有一些智能工厂、智能机器人及把制造业变成服务业的举措。计划开展两个项目，一个是把更多的智能制造机器人商业化，另一个是把制造业向服务业转化。下一个政策举措就是新一代的智能出行工具，2017 年我们选定了 9 个主要组成方面，有些领域是极大依赖于进口的，我们希望在这些领域做出改善。例如，可以做到无人驾驶车、无人飞机，同时希望在能源、金融、物流领域有新的政策法规，希望形成一个节电的市场，通过打造智能电网节省电力，做到百分百的智能电网率，这是到 2022 年的目标。我们希望有更多的金融技术企业，2017 年有 208 家这样的公司，希望到 2022 年增长到 400 家，尤其是像数据链这样的高新技术，在 2017 年有一个金融监管的试验。

再次是智能物流。希望可以加快对物流的处理速度，可以提高 33%。2017 年每小时可以处理 1500 件，到 2022 年，每小时可以处理 2000 件。

最后是更加智能的福利行业。希望可以减少因为致残导致的劳动力下降，同时减少疾病监测方面的缺失，尤其是针对老年人的疾病诊断。

韩国政府希望以第四次工业革命为契机，重塑经济增长，提高人民生活的福祉。韩国已经在很多领域开始布局，从基础设施一直到技术的应用。现在谈成就还为时尚早，因为整个政策才落地一年，现在还不能很好地估计第四次工业革命的策略到底是成功还是失败。

3 互动交流

刘冬梅：金先生的介绍让我们对韩国的科技创新有了一个非常现实的理解，他谈的数据共享的问题，在 OECD 的 Mario Cervantes 的介绍当中也提及了。另外，智能技术对于产业发展的影响，前面的专家也有提及。有请今天发言的 7 位嘉宾上场，进入交流讨论和提问的环节。

提问：我来自上海科学学研究所，我的问题给胡院长。刚才两位提到了包容性创新和可持续发展的概念，党的十九大提出了我们发展的目标是要实现平衡发展和充分发展，目前有没有一些科技创新的政策，可以更好地提升欠发达地区的发展质量或发达地区弱势群体生活质量、生命质量，以及具体举措？ Mario Cervantes 先生，对于 OECD 国家，有没有相应的举措？谢谢。

胡志坚：改革开放 40 年里，中国一直在推动科技促进包容式发展，刘冬梅院长和我们一起曾经对中国科学技术促进中国包容式发展提交了一份报告给 OECD，中国在科技扶贫、星火计划、农业科技园等方面有很多举措，很早就开始了，也取得了相当大的成果。面向新时代，有很多新的特点，包括五大发展理念怎样贯彻，新的包容发展增加内涵的问题。同时，刚才讲的第四次工业革命和信息技术新的发展，会不会带来新的机遇。这个技术和上一轮工业革命的大规模生产技术特点不一样，它能赋能，能够把基础设施更广泛地互联互通到每一个角落，凡是能接触到新的信息基础设施的人，都能得到赋能，没有受过高等教育也能利用信息技术赋予的能量进行创业，解决自己的经济问题、福利问题和发展问题。我们国家各个领域都在研究推进信息技术赋能。

Mario Cervantes：这是一个很有挑战性的话题，所谓的开放性发展和开放性创新，没有一个单一的解决方案。实现经济增长和发展，需要框架性地制定鼓励企业更好参与市场的政策，但很多公司的产出率并不高，没有办法参与到财务增长的成果分享中，因此，我们要有赋能性的工具和技术，用于提高产出。我们需要实现可持续性的增长，但前提是要有增长及找到合适的方法增长。将技术投资于人（很多讲演都提到了这一点），以及让他们能够具有获得相应技能的能力和机会，我们没有一蹴而就的答案。技术给了我们机会增加人们的参与，但并不是说完全免费，核心是要投资于人，政府需要创造开放式平台来促进市场准入，以及让更多的人能够参与到市场行为当中。我们可以去推进，但是需要政府系统性的政策制定，包括税收政策、优惠性税收、给公司鼓励。还有法规制度的健全，来鼓励包容性发展。这是一个更大的社会层面面临的问题，很多 OECD 国家现在遭遇着人口统计学意义上的变化，包括老龄化、社会问题，虽然经济有增长，但是还不能获得随之而来的生活水平的提升，这是政府要面临的问题。

提问：我来自中国科学技术发展战略研究院，我的问题提给 Ann Doherty 女士。您刚才提到了苹果公司在爱尔兰的运营，我们都知道，2016 年苹果公司爆发了一个新闻，欧盟对于苹果公司在爱尔兰的运营进行了处罚，处罚理由是苹果公司受到爱尔兰政府特别眷顾，被欧盟竞争总司开出高额的罚单，这暴露了欧盟成员国的政策和欧盟层面政策的协调问题。在您看来，苹果被处罚，在欧盟范围内是否是一个个案，或者说是极端情况？在欧盟其他成员国包括爱尔兰在内和欧盟层面，有没有在促进创新方面有政策协调的障碍和问题？谢谢。

Ann Doherty：谢谢您的问题，苹果公司在爱尔兰有30多年的历史，它为科克地区的经济发展带来了巨大贡献，有关苹果的事，我无法给出专业的解释。在爱尔兰做直接投资的公司，传统上会受到一些国家的税收政策激励，但是欧盟层面还没有得到完全的统一。这里面有一些需要面临的挑战，政府会大量地投资于教育，还有一些和生活质量相关的举措，对于科克市的公民来说是很好的支持。科克市是一个非常美丽的地方，同时，我们也有着非常舒适的生活环境及高质量的生活水准，因此，这些也是税收政策的优惠待遇共同发挥作用的。

提问：还有一个问题提给Mario Cervantes先生。国际合作面临很多现实的障碍，但是目前对于实现联合国SDG而言，国际合作的需求又特别旺盛，这是一个很大的挑战。能不能请您更深入地讲一下我们所面临的障碍是什么？尤其是在您看来，中国如果进一步扩大开放，应该在哪些方面做出改革？

Mario Cervantes：我们现在处于一个比较矛盾的情况，一方面有国际合作的需要；另一方面我们也看到了多方合作的抵抗力。正如之前嘉宾提到的知识产权相关的争议及贸易的紧张局面，都是由于缺乏信任而导致的，或者说导致了缺乏信任。那些民粹主义的政策，实际上完全阻碍了国际性的合作，因此，我们需要证明国际合作的优势和长处。针对现有的相关投资，我们不仅要证明合作的优势和长处，还要评估国际合作项目的效果，同时要确保国际合作项目的成功概率得以提升，才能保持很好的国际合作态势及体系。我们需要证明这样的合作是有价值的。

刘冬梅：请今天在场的嘉宾用最简单的一句话概括自己对促进融合的创新政策的理解。

曾路：我在发言中已经讲到了，从政策的研究者、制定者及执行者方面，今天发言的嘉宾都涵盖了，特别是来自科技部的两位重量级嘉宾，他们作为研究者和政策制定者，对整个创新政策都做了系统性的解读。政策一定要形成一个系统的、一体化的制定和实施链条，才能保证政策的有效性发挥到最大。

孙海鹰：我刚才谈的主要是解决我国科技资源分散、分割、分离问题，要建立科学技术生态体系和创新生态系统。这些生态系统最主要的特征是开放，开放是生态系统具有生命力的最主要的问题。我国科学技术和创新要进一步开放，国内各方面向社会开放，向全球开放，我们的科学技术事业和创新事业一定能取得更大的进步。

金钟先：我们有很多共识，目标是什么？经济增长肯定是首要的，同时有更好的未来，希望可以通过信息科技、新经济、新技术发展来实现这些目标。但是我们也有一些担心和挑战，解决这一点最好的实现方法就是国际合作，这就是为什么我希望可以有很多机会来讨论我们所面临的担心，通过合作方式来解决。

Mario Cervantes：我们已经说了很多目标，我们要把它们落地，采取措施，需要很好的目标和里程表。在中国，大家说了很多供给侧结构性改革，还要进行需求的改革，让公司更加有动力，在可持续发展方面做研究、投资，加速数字化的改革，并确保它是尽可能包容的发展，能够让更多的人才加入进来，让年轻人甚至年纪大的人都可以适应新的经济和技术环境，要加快整个流程的落地，要有很好的可以落地的技术。高科技可能并不是唯一的解决方案，需要有很好的平台来解决，但是有很多问题我们可以轻而易举地解决，可以先把这些问题解决好，把这些事情做好。政府需要各种合作，与社区合作，与经济发展机构合作，与高校院所合作，每个人都需要把这个问题当成自己的问题，并做出自己的贡献。

胡志坚：我希望未来的创新政策不要太狭隘地关注竞争，希望能围绕全球各国社会经济环境可持续发展的目标，在这个框架下去竞争、探讨人类的解决方案。

Ann Doherty：很高兴今天有机会讨论政府的政策，爱尔兰政府是非常强大的，同时，欧盟的合作伙伴也非常给力，这是一个很好的基础。我今天说得很好的一点就是，在整个地区做的示范效应，同时在未来会有很多国际合作，与上海的科技相关部门，在未来几天我们都有很多会议来讨论怎么把一些政策落地，希望这是一个开始，也是未来大家可以去模仿的合作机制。

贺德方：讲到融合，我理解应该是以所有参与者共赢为前提的，实现共赢就要有事先承诺、事中契约精神和事后总结评价机制，这是保障融合能够持续的基础。

刘冬梅：感谢今天的提问者，也感谢我们嘉宾的精彩回答。今天，我们时间虽短，但是通过 Ann Doherty 女士和金先生的介绍，我们对于爱尔兰和韩国的科技创新进展有了一个全面的了解。通过贺司长的介绍，我们了解了国家科技创新政策最新的做法；通过曾院长的介绍，我们对广东改革开放排头兵的实践也有了理解；还有几位嘉宾对于科技创新政策的改革，给出了他们的理解和回答。我们在探讨政策制定的过程，而政策实施过程同样重要，作为一个政策研究者，一个政策在不同地方为什么效果不同，可能和实施的组织模式、管理模式、实施者有着密切联系；作为一个政策研究者，应该关注政策制定的全程，这也是直接影响我们政策实施效果的重要因素。孙教授刚才说了一句话，“未来已来，我们怎么办”，通过今天促进融合的创新政策的专题论坛，我们可以摒弃一些传统思想，可以在新的框架下提出一些新的看法，对我国创新型国家的建设做出应有的贡献。今天的政策论坛到此结束，感谢各位。

第7章

区域（城市）论坛：创新驱动发展引领区建设

区域经济创新发展，是许多国家和地区应对当前和长远挑战的重大战略选择，也是我国深入实施创新驱动发展战略，加快建设世界科技强国的重要支撑。粤港澳大湾区和长三角一体化是我国区域创新体系的重要构成。本次专题论坛重点聚焦两大区域发展，探讨区域创新发展如何深度融入全球创新网络，促进创新资源集聚和高效流动，形成错位发展、协同发展、持续发展的格局，积极为中国乃至世界创新发展注入动力。

1 论坛综述

2018 年 10 月 30 日下午 2—5 时，2018 年浦江创新论坛区域（城市）论坛在上海市东郊宾馆会议中心一楼贵宾厅举行。本届区域论坛以“创新驱动发展引领区建设”为主题，由同济大学教授、中国科技管理研究院常务副院长霍佳震主持，邀请到了中国工程院院士、同济大学副校长吴志强，上海社会科学院院长、上海市决策咨询委员会专家委员张道根，科尔尼（AT Kearney）公司合伙人 Mike Hales，中山大学粤港澳发展研究院副院长、广东省人民政府决策咨询专家陈广汉，美国达特茅斯大学塔克商学院兼职教授 Giles Chance 分别做专题演讲。

加快建设具有全球影响力的现代科技创新中心。张道根院长认为，建设具有全球影响力的科技创新中心事关中国当前和长远发展，而科技创新中心一般出现在人口众多、地域广阔的大国或人文特点相近、人口密集、交往密切的区域。市场经济体制是科技创新中心形成、发展的制度条件，国家或区域综合经济实力和产业体系齐全是建设现代科创中心的经济基础。推进社会主义现代化建设，需要打造各具特色、功能强大、优势互补、布局均衡的科技创新中心。

区域（城市）是中国乃至世界经济发展的主导。吴志强院士认为，全球区域将替代全球城市在世界中发挥统领作用，要发挥“生命群落智慧”。Mike Hales依据科尔尼公司的研究结果指出，对城市而非国家的实力评估是企业家进行投资、建设的依据，要更多关注城市的崛起。陈广汉院长通过对京津冀、长三角、粤港澳大湾区的统计数据分析认为，经济发展靠大城市群来带动，用城市群引领区域经济发展是中国发展的不争事实。

智能技术将有效支撑区域（城市）发展。吴志强院士指出，智能技术将支撑长三角未来的发展，使其成为真正的全球区域。Mike Hales认为，未来中国增长最快的推动力就是5G技术，5G技术将催生更多的创新服务，极大地推动中国经济持续发展。Giles Chance也认为，未来人工智能和5G联合将会产生较大影响，5G技术的革命性发展将深刻改变人类的生活方式与生活空间，有利于促进城市互联互通、助力智慧城市建设。粤港澳大湾区与长三角地区均应该在技术与区域（城市）发展方面开展更多研究。

2　嘉宾演讲实录

卓越：因为区域一体化

吴志强　中国工程院院士、同济大学副校长

全球区域“Global Region”作用凸显，未来必将替代全球城市“Global City”在世界发挥统领作用。中国的“区域力量”资源丰富，未来长三角将成为世界排名第一的“全球区域”，但目前还有许多条件不具备，应充分发挥上海的国际竞争力、浙江的民营经济活力和江苏的大型企业动力。

20世纪90年代，“全球城市”控制着世界城市网络。然而，21世纪，单个城市的优势逐渐消失，“群落”现象，即“全球区域”将主导未来世界城市网络。全球区域“Global Region”的力量来源于“生命群落智慧”。这种新区域主义有存在的必然性。一是因为相邻城市间的经济、环境和服务相互连接。传统的区域主义，由一个中心城市集聚周边城市的人才、资金、信息、技术和市场，该中心城市的发展包袱越来越重。但是，城市是一个有机生命体，既需要吸收，又需要输出，所以未来的中心城市一定要与周边的城市协调互动。二是因为相邻城市间的自然资源与环境具有天然的不可分割性。

城市区域的力量来自生命的群落智慧，群落的智慧远比一个生命单体要强大。我们的团队20年来一直坚持做全球城市的识别，通过机器学习全球城市生长过程。截至

2018 年，已经识别了全球 13 810 个城市“生长树”。我们发现，不同城市增长现象不同，有 400 多个城市 40 年前并不存在，这类城市发展称为萌芽型；有 3600 多个城市发展到 20 平方千米后不再扩张，这类城市发展称为佝髅型；有 201 个城市越发展越小，这类城市发展称为衰退型。此外，还有成长型、膨胀型、成熟型、区域型，一共 7 个类别。在中国，很多小城市缺少发展动力，大部分人口向中心城市集中，因此，中国的膨胀型城市特别多，未来我们要努力推动更多中小城市健康发展。今天，我们特别关注区域性，区域性城市在过去 20 ～ 30 年发展得特别快。例如，美国东海岸城市群、西海岸城市群和五大湖城市群，日本关西城市群，以及中国的北方城市群、长三角城市群和南方城市群，都是一种群落现象。在当今世界竞争中，一个脱离群落的城市很难参与国际竞争。

我们发现，中国城市未来的创新力在区域层面，区域的力量将决定中国未来的发展。未来 10 ～ 15 年，中国将出现更多的城市群落，其中，长三角将成为世界第一的全球区域。1975 年，长三角地区所有城市均是单独的；2000 年，长三角地区已经成为一个城市，上海和苏州实现了经济社会发展的一体化；2000 年以后，江苏南部的无锡和常州实现了一体化，江苏北部的南通吞并了非常多的小城市，实现了与周边小城市的一体化。从专利数据来看，近 10 年长三角地区跨省之间、跨市之间联合申请专利数量的增长超过 5 倍。这体现了长三角一体化的真正意义，即创新不再是一个城市的事，而是一个群落的事。同期，美国东海岸联合申请的专利数也增长了 3 倍多，这表明，群落的创新已经成为世界潮流。从高新技术企业来看，在 2000—2014 年，长三角地区一共有 13 万家高新技术企业注册，且高新技术企业由原有的沿上海、苏州、无锡、常州至南京一带发展，转为从长江沿岸向南发展，增长趋势非常明显，且形成了一个反“S”形曲线。

对比国内外其他城市群，长三角城市群既有优势，又存在不足。从面积、人口和经济增长率这 3 点来看，京津冀城市群和珠三角城市群都不如长三角城市群；美国三大城市群、欧洲南欧金色一条带、日本关东地区也都无法和长三角城市群竞争。因此，从面积、人口和经济增长率这 3 点来看，长三角城市群是世界第一的。但从地均产值、人均产值和人均专利这 3 点来看，长三角城市群迫切需要提升品质，表现在：京津冀地均产值和人均产值都超过长三角；珠三角地均产值和人均产值超过长三角 2 倍；美国五大湖地区人均专利领先于长三角，地均产值和人均产值与其接近；美国西部湾区地均产值是长三角的 4 倍；欧洲城市群的地均产值、人均产值、人均专利也远远超过长三角；英国伦敦的地均产值是长三角的 6 倍；日本关西地区人均专利是长三角的 3 ～ 5 倍。长三角的发展不能再依靠扩大面积，而是要提高地均产值、人均产值和人均专利。

全球区域真正开始行动了，行动的关键在于它的品质。未来，不仅会城市协同、领导协同、协议协同，更重要的是创新也将协同。智能技术将支撑长三角的未来，使其成为真正的全球区域。

关于现代科技创新中心的再思考与再认识

张道根　上海社会科学院院长、上海市决策咨询委员会专家委员

加快建设具有全球影响力的科技创新中心，事关中国当前和长远发展。推进社会主义现代化建设，需要打造各具特色、功能强大、优势互补、布局均衡的科技创新中心。

科技创新中心是重大的理论问题，也是非常实际的现实问题，需要深入了解以下三个方面。

第一，现代科技创新中心形成的基本条件。当经济社会发展到一定程度、全球市场经济不断深化、各种联系日趋密切时，且在经过重大科技革命引致产业变革后，才会在一些地方逐步形成现代科技创新中心。现代科技创新中心的形成有三个基本条件：一是出现在人口众多、地域广阔的大国或人文特点相近、人口密集、交往密切的区域。从历史上来看，人口少、地域狭小的国家无法产生影响力大、辐射能力强的现代科技创新中心。二是以市场经济作为形成的制度条件。计划经济国家或传统国家，一般很难产生现代意义上的科技创新中心。因为创新要素的流动源于计划配置，而非经济社会发展的内在要求。例如，苏联可以造原子弹和登月飞船，但从没有产生过现代意义上的科技创新中心；改革开放前的中国，也曾经建立过较为独立完整的、初步的工业体系，但是并没有形成有市场活力、要素自由流动、创意创业竞相迸发的科技创新中心。三是以较强的国家或区域综合实力、比较齐全的产业体系作为形成的经济基础。科技创新中心往往跟经济中心相联系，拥有经济中心、贸易中心、航运中心，才能托起科技创新中心。

第二，现代科技创新中心的基本内涵。现代科技创新中心有三个基本特点：一是它位于大学、科研院所、国家实验室和大科学装置等高度集聚的地方。在这些科技资源高度集聚的地方，有利于产生现代科学思想和发明。二是它是一个国家和区域产业发展的高地，从而引领区域的产业结构优化升级和技术变革。现代科技创新中心一定要有大企业、技术的供给，从而引领一个地方、一个国家甚至更大国际区域的产业发展。三是它是创新人才、创新资本等创新要素的集聚区，是一个国家、地区乃至国际创新网络的重要枢纽，具备优化配置国内外各种创新资源的强大功能。四是它是国家乃至世界科技创新的重要引擎，服务、带动和引领一个国家或更大范围的区域科技进步和经济发展，提升国家发展质量和国际竞争力。

第三，推进中国现代科技创新中心建设的建议。当前，中国非常需要加快建设具有全球影响力的科技创新中心。一是在于中国有经济基础。中国 GDP 总量稳居全球第二，去年是 82.7 万亿元人民币；制造业规模全球第一，全球 550 种主要工业品中，有 220 种

产品的产量是中国第一;进出口货物贸易量世界第一,且形成了完整齐全的产业配套体系。此外，中国已经形成了具有全球影响力的国际金融中心、航运中心和贸易中心。上海的国际金融中心排名全球第五，去年金融广义交易量是1240多万亿元人民币，居全球规模交易量第一；航运中心集装箱吞吐量达4000万标箱，连续8年位居世界第一。二是中国迈入高质量发展阶段，比以往任何时候都更需要拥有强大的科技创新中心。中国需要打造布局均衡、优势互补、各具特色、功能强大的现代科技创新中心。在现有科学中心中，最有潜力的是上海科技创新中心，因为其可以依托长三角城市群。建设科技创新中心，要发挥市场配置创新资源的决定性作用，发挥各类创新企业和创新人才的力量，而不是简单发挥政府规划作用。现代科技创新中心已经不仅仅是一个城市的事，而是要更多依赖创新区域。长三角城市需要共同打造长三角的区域创新网络和区域科技创新中心。政府要顺应和遵循客观规律，把握科技创新中心建设的内在机制，按照经济发展规律和科技创新规律，推动科技创新中心建设。

全球城市——聚焦中国和上海

Mike Hales　科尔尼公司合伙人

城市是全球化中越来越重要的参与者，最优秀的城市具有引领性，要么人才突出，要么商业领先，要么文化出色。城市发展要注重与国内外的城市建立网络，进行优势互补。城市内的企业、政府等不同主体必须相互协调，发挥团队合作精神。

科尔尼公司一直关注全球化，目前已经有八九十年的历史。通过对FDI、共享服务中心选址等的研究发现，企业家依据城市发展能力，而非根据国家的边界来确定投资与共享服务平台建设。所以，要更多地关注城市崛起，充分认识到城市是全球化中越来越重要的参与者。

我们对全球城市开展了10年的研究，收集了全球135个城市的数据，并依据城市绩效表现和全球城市发展潜力形成了全球城市综合实力指数排行、全球潜力城市排行榜，其中，后者主要评估20年之后的城市水平。研究发现：第一，最优秀的城市都是引领性的城市，它们要么人才突出，要么商业领先，要么文化出色；第二，这些城市都有网络规划，一个城市如果要真正地成功，一定要找到合作伙伴类的城市，并与之建立网络，这些伙伴城市可以是本地区的，也可以是本地区以外的，还可以是国外的，且现在越来越多的证据表明，有一些城市会结对，如纽约和伦敦结对，结对的城市可以优势互补，进而产生重大影响；第三，城市如果要成功，需要进行团队合作，企业领袖和所在城市的市政府领导必须发挥团队合作的精神。研究还发现，中国一些城市的发展绩效经常位居排行榜前列，而且在很多维度都比较领先；中国城市的进步率可以达到 50% ～ 65%，比其他国家快得多。我们认为，这主要得益于：在中国城市内部，企业、政府和社会高度协调。上海在我们的排行榜中一直排名居前，其综合实力指数排名通常在前 20 位，潜力指数排名通常在前 10 位。

我们的数据覆盖面较广，包括 135 个全球城市，涵盖了世界人口最多的 100 个城市，以及其他人口较少但被人们认为是全球中心的城市。我们发布的全球城市指数有两种受众：一类是企业领导者，他们的企业在不断增长，所以一直要考虑把自己的区域总部设在哪里，或者双总部的企业考虑将第二个总部设在哪里；第二类是地方政府，因为他们要制定城市未来发展规划。全球城市指数，主要衡量商业活动、人力资本、信息交流、文化体验和政治参与 5 个维度，包括 27 个指标；全球潜力城市指数，则主要衡量居民幸福感、经济状况、创新和治理 4 个维度，包括 13 个指标。

随着时间的推移，全球城市指数排行榜与全球潜力城市指数排行榜的相关性在增强。全球城市指数排行榜中，前 5 名的城市一般都很稳定，主要包括纽约、伦敦、巴黎、东京和香港，排行榜中包括许多中国城市。对比两个不同的指数排行榜可以发现，旧金山在全球潜力城市指数排行榜雄踞榜首；全球潜力城市指数排行榜上没有出现全球城市综合实力指数排行榜上的中国城市。我们对“全球精英城市”进行识别，总共识别出 17 座城市，它们位于两类排行榜内，其中，4 座城市在两类排行榜上均位居前 10 位。亚太地区的城市在两个排行榜上排名均不是最高的。目前，亚太地区城市竞争非常激烈，至于亚太地区的全球化引领者花落谁家，暂时还不知晓。我们用了 19 个城市数据，才组建出了一个“完美”的城市，所以，没有哪个城市能够单独成为“完美”的城市。城市之间的竞争非常激烈，城市之间需要合作，城市内部的企业和政府之间也要进行合作。

目前，每个城市都朝国际化方向发展。因此，城市若想在竞争中取得成功，不仅要发展得更快，而且还要比其他地区发展得更快。2008 年以来，中国的全球城市指数增长率要比其他地区高 50%。原因在于企业、政府和社会的协调性强，包括创造良好的营商环境、鼓励企业发展，政府作用的发挥，如加强民生工程、提升人民的幸福感。在商业活动方面，中国城市吸引了越来越多的企业总部。归国的海外留学生数量也在大幅增加，为中国经济发展贡献了新的人力资源，推动了中国发展理念的创新。在社会层面，环境、营商便利程度、城市的基础设施等都将继续提升中国在未来全球城市中的表现。未来，5G 技术将成为中国经济快速增长的推动力，拥有 5G 技术有利于提供更多创新服务，加之其他方面的创新，中国城市将持续发展。

过去 3 年，上海的两项指数表现基本平稳，企业活动排在全球第 7 位，人力资本得到改善，文化体验在提升，政治活动方面有所下降，信息、文化方面的活跃程度在提升。与其他中国城市相比，上海的表现非常强劲，如与香港、北京和广州相比，上海在人力资源和商业活动领域非常突出。创新能力和治理能力将是影响上海未来城市发展潜力的主要因素。

携手打造大湾区国际科技创新中心

陈广汉　中山大学粤港澳发展研究院副院长、广东省人民政府决策咨询专家

“一国两制”的体制差异对粤港澳大湾区合作既是机遇，又是挑战。促进粤港澳大湾区发展，要利用湾区内各大城市的优势，香港和广州应依托大学成为粤港澳的知识生产中心，深圳则应依托强大的企业力量作为知识转化中心，其他城市应着力促进产业转型、打造高端制造业、促进产品应用。

改革开放以来，中国经历了快速城市化过程，城市化率由 1978 年的 17.9% 上升至 2016 年的 56.7%。40 年中，近 6 亿人口由农村人口变为城市人口，城市化速度相当惊人。在快速的城市化过程中，形成了中国沿海地区的三大城市群，即京津冀、长三角、粤港澳大湾区。在这 3 个区域中，京津冀的面积最大，长三角的人口和经济总量最高，粤港澳大湾区的人均 GDP 最高。三大城市群占全国面积的 5%，集聚了全国 24% 的人口，创造了全国 43% 的 GDP。靠大城市群带动经济发展，以城市群引领区域经济发展，是中国发展的不争事实。

粤港澳大湾区的区域范围可概括为“9+2”，即珠三角 9 个城市，加上香港、澳门。珠三角地区人均 GDP 水平在国内湾区中处于最高水平，有比较完整的产业体系，是市场化程度和对外开放程度最高的地区。目前，珠三角城市群联系形成了非常紧密的经济体系，形成了 1 小时经济圈和生活圈。但从人均 GDP 和 GDP 总量上来看，珠三角地区发展不平衡，特别是珠三角北部和西部地区人均 GDP 水平较低。

值 2017 年香港回归 20 周年之际，在习近平总书记的倡议下，由香港、广东、深圳和国家发改委共同签署了《深化粤港澳合作　推进大湾区建设框架协议》，提出携手打造粤港澳大湾区科技创新中心的奋斗目标，推动大湾区创新驱动高质量发展。目前，珠三角进入了新的发展阶段，打造大湾区的目标是打造国际一流湾区。然而，对标国际几大湾区，如纽约湾区、旧金山湾区、东京湾区，粤港澳大湾区在经济发展质量、人均 GDP 水平上还有较大差距。依据由康奈尔大学和世界知识产权组织的科学技术集群排名，第 1 名是东京和横滨，第 2 名是香港和深圳，第 3 名是首尔，第 4 名是旧金山和圣荷西。中国创新指数从全球第 24 名提高到了第 14 名，进入前 20 强。对比旧金山湾区，广东省需要在信息产业、生物医药等领域进行追赶，以实现产业升级。

粤港澳大湾区既不同于国内城市之间的区域合作，也不同于国与国之间的区域合作，其合作的最大特色是区域间存在“一国两制”体制差异。“一国两制”对粤港澳大湾区合作既是机遇，又是挑战。优势在于，香港作为自由港，其要素高度流动有利于整合全球资源，有利于珠三角企业以其作为平台实现“走出去”；香港的营商环境、法律制度与国际接轨。但是，由于“一国两制”，区域间的要素流动不通畅。减少区域之间要素流动障碍、减少制度差异带来的成本、增加制度互补带来的收益、追求区域整合的利益最大化成为目前粤港澳大湾区合作的重点。

世界科学中心进行了 5 次大转移，其转移揭示了科学技术与产业发展的规律及二者之间的内在联系。前几次科学中心的发展与技术进步、产业联系不紧密，但是后来技术的进步、产业的变革越来越需要基础的研究，三者之间的关系越来越紧密。科技创新中心有 3 个重要的要素：知识生产、知识转化和产品应用体系。目前，我国在产品应用、市场开拓方面优势明显，产业、制造业发达，但在知识生产的原创性方面与发达国家的差距较大。构成珠三角地区的知识生产、知识转化和产品开发综合体系，需要利用湾区内各大城市的优势，香港和广州应依托大学成为粤港澳的知识生产中心，深圳则应依托强大的企业力量作为知识转化中心，其他城市应着力促进产业转型打造高端制造业，促进产品应用。香港具有创新的基础条件，如在 2017 年、2018 年世界 QS 排名中，香港有 5 所大学进入全球排名前 100 名；虽然有高度开放的科学研究体系，但香港尚没有发挥这方面的优势，因此，要充分重视并发挥香港整合国际创新要素的独特优势，引领珠三角创新驱动发展。深圳创新能力强，尤其是企业具有很强的创新能力，许多国家机构重点实验室建在企业里面，在解决科技创新和经济发展两张皮问题上做得比较好。珠三角其他地区的制造能力较强。未来，珠三角需要重点打造通信、电子信息、智能制造、汽车、造船等产业。

粤港澳科技创新中心的未来发展策略包括 4 个方面。第一，人才培养方面，发挥香港整合国际要素的优势，通过引进国际一流的研究机构、国外高科技企业总部、一流创新人才，重视科学研究，增加研究经费投入，补充珠三角基础研究不足的短板。第二，成果转化方面，要调动科研人员的积极性，使他们真正拥有财产权，有恒心；同时加强大学成果转化，促进大学与企业有效对接。第三，打造科技创新平台，目前已打造了一个深港科技创新平台，该平台将整合香港、国际和内地优势，将深圳的转化能力、科研人才和香港的体制机制、法律制度、国际交往进行整合；另一个是珠三角东岸科技走廊建设。第四，加强创新组织和生态机制建设，营造开放的文化，鼓励冒险精神，提倡包容态度，建立自由企业制度，促进科技人才流动。另外，还要加强科研资源整合，构建协同创新体系，实现各地制度环境、创新平台和产业基础的有机结合，打造粤港澳大湾区协同创新的体制机制。

珠江三角洲的未来建设

Giles Chance　美国达特茅斯大学塔克商学院兼职教授

未来粤港澳大湾区的建设与贸易、科技发展息息相关。未来的世界将是快速变化的世界，是互联互通、以全球化与城市化为主导的世界，也将是绿色的世界。建设科技创新中心，需要营造良好的、吸引人才聚集的居住环境，即营造安全、绿色、有良好医疗保障的生活环境。

珠三角地区的一体化是未来发展的趋势。未来，粤港澳大湾区的建设将与贸易、科技发展息息相关；世界迭代更新将更快，社会关系将更加紧密，全球化联系将更加频繁，以城市为中心的城市化进程将持续加快，绿色化发展将更为突出。

珠三角地区是世界上目前最大的城市化地区之一，拥有3个世界排名前10名的集装箱港口，私营企业实力强大、创新能力较强，在企业数量、企业规模上优势明显。然而，这个地区的未来发展也面临着诸多挑战，包括5个问题：世界工厂如何转型升级，要实现由制造中心向科技创新中心的转变，需要调整思维心态，尤其是改变制造企业的思维心态；污染和废弃物管理问题，目前，珠三角地区污染较为严重，但废弃物处理手段太简单，需要大幅度改进；区域内部发展不均衡问题；缺乏有全球影响力的科研院所；内部竞争激烈，阻碍一体化发展体系的建设进程，亟须中央政府和地方政府协商解决。

面向未来，无论是珠三角还是长三角地区，都将面临如何营造良好的居住环境以吸引人才聚集这一难题。解决该问题，需要营造安全、绿色的生活环境，依托技术进步解决城市居住成本高、废弃物管理和循环利用等问题。此外，良好的医疗保障也有利于营造具有吸引力的工作环境。

世界其他地方城市发展的经验或许可以为珠三角的发展提供借鉴。例如，在美国曼哈顿西区，有一个被称为哈德迅园区的新建房地产开发项目。该项目是美国最大的地产开发项目，完全体现了智慧城市的概念，如实现雨水的循环利用以浇灌所有的植物，而这些植物可能都覆盖在建筑物的顶层，建筑物都是智能的；汽车被排除在园区之外；社区环境以人为中心。另外一个案例是美国的俄亥俄州。该地区采用智能物流，市民之间用智能手机和电脑进行互联，进行一体化的数据交换和共享。该做法具有循环利用、绿色、环保的特点，代表了未来生活方式的发展方向。还有一个位于法国巴黎的组织，名为NUMA（英文单词Number和Human的组合），该组织投身于智慧城市建设，利用数字化提升人们的生活质量。

此外，珠三角可能需要建立大型知识治理中心，建立集中的知识开发和知识生产中心，正如英国的剑桥大学、美国东海岸的MIT所为。为此，珠三角要建立大型研究中心，开展重要的基础研究，进行技术转化。另外，整个中国都要更好地解决废弃物处理和循环利用的问题，从家庭开始、从源头开始解决污染问题。

珠三角地区具有诸多发展优势，其产业体系较为完善，人力资源较为丰富，而且具有良好的发展基础。未来，珠三角地区将会成为创新枢纽，带动中国南方地区发展，该势头将保持 50 年、60 年，甚至 100 年。

总之，珠三角地区是充满活力的区域，更是充满创业精神的区域。珠三角未来的发展，需要吸引更多人才，需要创造更加绿色、更加互联、更加安全、更有前瞻性的以人为本、以知识为本的社会。相信未来珠三角地区和长三角地区可以向全世界人民展现中国创新型社会的模样。

3　互动交流

提问 1：Giles Chance 在他的报告里面提出，粤港澳大湾区存在 5 个问题，这 5 个问题怎么解决？同时，陈广汉院长提出了粤港澳大湾区的组织和分工。那么，请香港的水志伟先生谈谈香港在粤港澳大湾区起什么作用？同时也请夏瑜女士从企业的角度，谈谈对以上报告的感想，以及对企业运作有何启示？

水志伟：我很同意陈广汉教授有关分工与合作的论述。我主要讲香港的角色及如何进行实际操作。香港在科技方面的最大优势是具有高质量的大学，从全球 QS 排名看，只有伦敦一个城市在前 50 名以内有 4 所大学，香港则有 3 所大学在前 50 名里面，世界其他城市只有 1 所或 2 所，所以，香港可以提供基础研究。在应用研究方面，广东的 9 个城市有很多高科技企业，这些企业可以实现商品化，进行大量生产。香港还可以在专利保障、产品设计方面扮演角色。内地市场广阔，人才、资金充足，这种互补的协同效应较大。至于整体上怎么合作，在医药方面，香港大学、香港中文大学等有很好的医学专业和人才，特别是在流行病学方面，可以与内地开展合作研究；在金融方面，香港是国际金融中心，可以向内地学习金融科技方面的做法，同时，通过香港让大湾区了解世界各地金融科技方面的做法。总之，香港就是一个平台，连接内地和世界其他地方。在设计方面，深圳和香港重视创客和服务，其他城市则侧重于制造行业，因此，粤港澳大湾区可以在制造方面做高端制造，香港主要侧重设计、管理，整体提升品牌效应。

夏瑜：粤港澳大湾区是改革开放 40 年时国家赋予广东地区的新的重要使命。广东在过去 40 年改革开放中起到了排头兵作用，在未来发展中怎样继续保持经济增长第一、与长三角一体化同步发展，值得深思。与长三角相比，粤港澳大湾区有一个不同点，即它是由香港、深圳、广州 3 个差异性很大的城市组成，外加周边很多城市；而长三角则以上海为龙头。粤港澳大湾区协同发展需要解决资源优化配置问题。例如，如何利用香港的金融资源、国际化资源、科研基础研究资源，如何更好地发挥澳门的作用。

至于如何发展，首先，在人才战略方面，未来粤港澳大湾区建设要依托人才驱动实现创新驱动，加强区域间人才的互动；其次，在创新主体方面，企业尤其是中小企业是创新的主要主体，未来粤港澳大湾区的建设要加强中小企业创新主体的地位；最后，在基础设施方面，区域一体化的前提是交通一体化，粤港澳大湾区建设应大力促进城市间的交通建设。

提问 2：Giles Chance 认为粤港澳地区高校没有特色，大家是否认可？

陈广汉：广东的大学与广东的经济发展水平不太相称，但香港的大学在国际、国内均是受认可的。因此，粤港澳地区发展要整合内地与香港的资源。

夏瑜：从特色角度来说，高校有特色非常好，容易抓住大家的眼球。但是创新驱动不只包括一个方向，而是各方面都要有所发展，所以即使高校在任何一方面都没有特色，也并不代表高校不好或实力不强。

提问 3：张道根院长在报告中提出，有可能会出现不同类型、不同模式的科技创新中心。上海提出建设具有全球影响力的科技创新中心，那么，怎么挖掘或发挥上海的比较优势？上海科技创新中心最有可能成为哪种类型的科技创新中心？在国际上是否有追赶对象？

张道根：建设上海科技创新中心要发挥以下比较优势：第一，充分利用好上海国际经济中心、国际金融中心、国际航运中心、国际贸易中心的优势，这是上海近百年来发展中积累的最大优势，而其他创新中心可能没有这么齐全的城市功能。第二，要以长三角区域的广大腹地为基础，充分利用中国作为世界第二大经济体的优势，抓住全球产业结构调整和布局调整的重大机遇期，立足于产业，将“纸变成钱”，推动产业结构升级，形成经济发展创新中心。第三，上海科技创新中心是城市性、功能性的，关键是充分利用对外交流渠道和全球创新网络。

吴志强：创新中心分为四代：第一代以美国 128 公路为代表，依托大量的国家投入及国家实验室；第二代以美国西海岸的硅谷为代表，以企业创新为主、大学溢出为辅；第三代为 2012 年的纽约出现，是小组式创新创业，属于大都会创新，即将研究中心建在大都会；第四代以创新城市群落建设为代表。复合型的科技创新中心是未来科技创新中心建设的趋势。目前，上海科技创新中心的模式是以国家强有力的大型设备为第一层，以大型企业投入研发为第二层，以小企业的群落为第三层。

提问 4：上海发展存在诸多可能，大数据、人工智能的科技应用为城市发展带来诸多影响，未来，哪些科技将促进智慧城市发展？

Giles Chance：人工智能和 5G 联合起来可能会产生较大影响，但是这种影响有多大，可能还要观察 5 ～ 10 年。物联网对智能城市的建设也起到很大的作用，我们的生活空间未来可能会发生很大变化，但是它的影响程度暂未可知。珠三角、长三角地区都应该在这方面开展更多研究。

提问 5：科技创新中心怎样定义？创新中心的建设是动态变化的，那么科技创新中心是否有量化标准？目前，大家谈粤港澳科技创新中心，而粤港澳中的深圳和香港都在建科技创新中心，那么将来粤港澳科技创新中心和这些中心是什么关系？

Mike Hales：因为每个大城市都有很多孵化器、创新投资，人均专利数也较高，所以我认为，每个城市都可以成为科技创新中心。我们本身不应该太关注科技创新中心，而是要关注区域平衡，要从文化、包容的环境等方面进行统筹谋划。

夏瑜：科技创新中心应该以结果为导向，要以最后的科技成果产出来量化。

Giles Chance：创新不能简单量化，它是诸多因素的综合，既涉及新的理念，又包括人才的合作和激励。中国的很多企业，如阿里巴巴、腾讯等都极具创新和创造力，仅靠数字量化不一定完全正确。

陈广汉：现在有全球竞争国际创新指数，但是指数达到多少就是科技创新中心暂无定论。康奈尔大学、世界经济组织研究的全球创新指数排名，包括了科研投入、科研产出等 6 个方面的指标，对城市进行排名，但是没有提及排名前几是创新中心。

吴志强：第一，每个城市的数据都是动态变化的；第二，是否是科技创新中心的关键是有没有腹地，没有腹地就很难说这个地方是科技创新中心，要看带动作用有多大，才知道科技创新中心地位有多高；第三，创新指数排行榜一直在变化，排名靠前的是相对中心度比较高的，排名在后的中心如果没有腹地或在群落中间影响力相当差，则很难说是科技创新中心。

提问 6：户口限制了人才流动，目前，粤港澳大湾区是否会尝试解决这个问题？

陈广汉：粤港澳大湾区最重要的问题就是港澳的科研人员如何到内地工作。从香港到广州还涉及税收、子女教育、医疗保障等问题，这些都是下一步需要解决的问题。现在香港居民可以在内地办居住证，内地则努力帮助他们解决一些问题。

提问 7：关于科技创新中心，涉及知识生产、知识转化、产业应用，这 3 个内容涉及 3 个地方，那么如何实现一体化？哪个地方将会成为科技创新中心？协同创新的关键是相互之间的合作机制，没有合作机制、互动机制，地区之间永远是分离的，知识生产、知识转化和应用也是分离的。那么，如何解决目前分离的状况，从而形成科技创新中心？

陈广汉：区域协同创新主要是各自发挥优势，建立粤港澳大湾区区域协同创新体系，体制创新非常重要。

Giles Chance：科技创新中心可以由大企业作中心，也可以由大的研究机构或大学作中心。另外，深圳通过建立合作网络创造了全新的世界，成为有活力、有创新性的城市和科技创新中心，深圳经验值得各地区学习研究。

第 8 章

文化论坛：新时代的创新使命

1　论坛综述

浦江论坛之文化论坛以“新时代的创新使命”为主题，于 2018 年 10 月 31 日下午在上海东郊宾馆会议中心一楼贵宾厅举办。文化论坛由主题汇报和圆桌讨论两部分构成，激烈讨论 3 个多小时，到场人数近 300 人。

文化论坛主题发言环节由科技日报社郭姜宁总编辑主持，房汉廷、冯楚建、林群、梅萌、Tamara Welschot 和余华荣 6 位专家依次汇报发言。科技日报社房汉廷博士以“何谓新时代的创新使命”为题，从“如何界定或看待新时代？我们现在所处的时代，能不能称得起新时代？如果是新时代，我们应该承担什么样的责任？”3 个问题展开讨论。房博士以历史视角总结“新时代”特征，认为当下是前所未有的新时代。我们的创新使命就是要顺应信息民主时代的要求，破除一切逆时代的藩篱，共建科学体系。科技部科技监督诚信司冯楚建副司长结合诚信司的工作详细介绍了当前我国在科技部领导下建立的多元参与监督体系。冯副司长强调科研诚信是科技工作非常重要的一项业务工作，是进一步营造良好创新氛围的非常重要的组织化推进工作。中国科学院数学与系统科学研究院林群院士结合自身几十年的研究工作，以微积分为例强调科研工作中的文化意涵。林院士认为，做研究要踏实多思，用实际行动践行耐心求知。清华大学教授、清华科技园创始人梅萌从事业、产业和商业创新 3 个维度全面介绍了清华科技园，并进一步在心理学和生物学学术论证基础上提出乐商概念，倡导大家做“有趣的创新人”。荷兰自然杂志社 Tamara Welschot 介绍了该杂志科研诚信部门的主要工作内容和在中国开展的主要项目，倡导科研人员、机构提升科研诚信，处理好科研诚信和创新的关系。中国发明协会余华荣的报告介绍了发明协会的历史和发展，发明协会在建设创新型国家中的历史担当和光荣任务，以及协会现在正在进行的 8 项工作内容与进展。

圆桌讨论由中国科技财富杂志副总编辑王仕涛主持，林群、张双南、刘峰、Tamara Welschot 和房汉廷 5 位专家参与了讨论。圆桌讨论围绕两个问题：在创新文化中，科学精神和科学文化占据什么样的位置？创新文化构建什么样的创新文化，更有利于促进创新及实现创新使命？专家们从不同视角对问题进行了回应。

2　嘉宾演讲实录

何谓新时代的创新使命

房汉廷　科技日报社副社长、北京文化传媒有限公司董事长

界定“新时代”的三要素：重大技术进步，社会组织方式的巨大改变，人类认识世界方法论飞跃式提升。我们当下所处的时代是前所未有的新时代，我们的创新使命就是要顺应信息民主时代的要求，共建我们的科学技术体系、国家组织体系和哲学认知体系。

文化论坛聚焦的是科学精神，解决的是精神世界的问题。我们培育的是国家与民族的软实力、人类的软实力。如果仅有物质世界，仅仅有物质的转化过程，我们活得何等无聊、何等空虚？文化论坛解决的是行知困顿的难题。为什么我们又重新探讨人类的底线、社会的责任及人类的未来在哪里？人类作为最高级的灵长类动物为什么彼此不能和谐与共？这些都是在文化论坛中要探讨和分享的。文化论坛要培育的是创新时代的精神土壤，文化论坛实际上是给大家、给社会传递一种信号，这种信号让我们更自由地放飞思想和理想，让更多人和谐相处，共同打造美好的物质家园和精神家园。

我借题目“新时代的创新使命”谈 3 个问题：如何界定或看待新时代？我们现在所处的时代，能不能称得起新时代？如果是新时代，我们应该承担什么样的责任？

第一个问题，什么是新时代？这个问题似乎不需要我们来论证和解答，却又恰恰是我们最模糊的。从时间的移位性上来看，所有正在发生和正在开启的时间轴，都可以简单地理解为新时代。但是，如果抛去了时间因素，就会发现很多都不能称其为时代，而是时间的堆积，是在历史天空下的重复，甚至是一种返璞和倒退。

需要具备三要素才能是新时代。

第一个要素是重大技术进步，社会生产力飞跃式提升。例如，人类进入文明社会的曙光是青铜，没有青铜器及其冶炼，人类就不会进入文明社会。全世界史学家们都认同，青铜器的出现使人们的生产力有了飞跃式的提升，与之相伴，产生了国家。从铁器的出现到工业革命，从瓦特的蒸汽机控制能源到电力的普遍使用，我们今天处在计算机和互

联网时代，这些重大的技术进步都使生产力出现了跨越式的增长，人类社会财富创造能力出现了革命性的提升。按照这个标准衡量，从重大技术进步来说，我把人类的5000年文明史归纳成3个阶段：第一个阶段是工具文明的时代，产生了农耕文明。在那个时代，人们能够控制的是工具，把材料打造成锄链，把物质变成工具，创造了农耕、游牧文明。第二个阶段是进入工业文明之后的重大技术变迁，技术进步把能源标准化了。工业文明之前，不能控制煤炭按照标准化燃烧和输出，不能形成额定电力。能源标准化后出现了二维文明，或者叫作能源文明时代。第三个阶段也就是今天，人们把知识标准化了，进入了信息文明的时代，也可以称之为三维文明。而今人们所处的时代是非常幸福的时代，是工具文明、能源文明和信息文明叠加的时代。技术的突破和进步成为衡量当下是不是新时代的重要标尺。

第二个要素是社会组织方式的巨大变化，社会文明大幅度提升。一个社会如果单纯有了工具和技术进步，不一定代表更加文明，也可能是更加野蛮。按照这个标准衡量，人类社会出现过4个“新时代”：第一个是奴隶社会，形成了社会管理的专业化组织。奴隶社会之前没有“国家”，只有“部落”。国家的出现使提供公共产品和组织公共活动成为可能，这是重大的变化。第二个是帝国的产生。中国是以秦统一六国为标志，形成了中央集权；与之对应的是，西方世界出现了罗马帝国。国家组织生产、消费、分配、交易、军事、外交等各项活动，大大提升了文明的自觉性和创造能力。第三个是资本民主社会的产生，形成了公众契约型的国家组织。经历过启蒙思想家推动的新教伦理革命，成为现代西方主流社会的架构形式。第四个是当下正在发展的信息民主社会，社会不断地“去中心化”，个体角色将成为社会运行的主要方式。我们所处的时代就是这样的时代。在这个时代中，任何一个人只要手持终端，就能获得信息。在这个时代，信息不再被少数人垄断，而是扁平化、民主化的。互联网诞生最大的贡献是，谎言总会被识破，谣言又会快速流转，但是一切又终将归于本真。因此，“新时代”的第二个标尺就是有没有文明组织来组织社会的运转。

第三个要素，认知世界的方法论革命使人类对社会理解更接近于本真，实现人类认知的飞跃，是哲学层面的命题。按照这一命题衡量，对人类历史的认识也有4个“新时代”：第一个是神话时代，大约是5000年前的上古时代。人类第一次认识到“意识”的存在，认识到超自然力的存在。东西方都从这个时代走来，当时《山海经》与《希腊神话》东西呼应。意识到物外有物、人外有人、脑外有脑，是人类的自我觉醒，也是进入文明的标志。第二个是轴心时代，在公元前1000年左右。这个时代最突出的现象是哲学的突破：东方出现了老子、孔子等诸子百家；西方出现了苏格拉底。这些哲学家们发现了逻辑、创造了哲学。中国的诸子百家概括出了“金木水火土”五大元素，发现了二进制及太极的阴阳。如今我们又回到了二进制，互联网时代依然是阴阳问题。轴心时代逻辑、哲学、宗教纷纷产生，是第二个人类认知飞跃的时代。第三个是14—16世纪的文艺复兴和启蒙思想家的时代。新兴资产阶级对旧的封建社会王权有了新的诉求，他们突破了神权的压制，“天赋人权”成为人人平等的基本原则。人人平等破除了“等级制度”，实现了人类解放。暗物质及其演化逐渐被认知，这是第四个标志性时代，我个人判断这一现象正在大规模化发生。

用这 3 个标准来衡量我们现在是不是新时代？

第一，以物联网、5G、人工智能为核心的信息技术革命，使边际收益递增的财富创造模式成为可能。人工智能的出现让劳动价值论变得不是那么有说服力，创造财富的途径比过去增多了。新的思想和知识不是由人类创造的，而是由人类创造的机器创造的。例如，掌握了数学和逻辑的机器人，会创造很多知识。从 1972 年英特尔芯片厂的建立，到现在 4G 网络覆盖、5G 即将上线、人工智能铺天盖地、物联网到处铺就，无一不证明我们正处在重大的技术革命的时代。

第二，信息民主社会的每个参与者既是传输者又是消费者。过去为某一个中心、核心收集、加工和分析信息，供他人决策；而今天，我们每个人都是信息的创造者、消费者。在信息民主社会，实现了“产销一体化”。

第三，新的认知世界方式正在对以往的神学和哲学快速地扬弃，特别是意识的独特性和独立性加入，这可能会催生新哲学。现在引人关注的“量子力学”，加入意识考量之后，哲学核心就是“意识”在起作用。

综上所述，按照以上 3 个标准，我们所处的时代是前所未有的大变革时代，我们都主动或被动地参与到了新时代。那么，我们要如何履行在新时代的创新使命？

在我们所处的新时代，信息既是创造财富的源泉，又是社会组织的基础，还是认知世界的介质。所以，我们的创新使命就是要顺应信息民主时代的要求，破除一切逆时代的藩篱，共建我们的科学体系、技术体系、产业体系、国家组织体系和哲学认知体系。只有这样，我们才能不辜负时代，才可能使一个民族族群、国家或经济体在未来具有引领作用。

诚信为本　守正创新

冯楚建　科技部科技监督诚信司副司长

习近平总书记多次强调科研诚信的重要性，科研诚信工作是科技工作中非常重要的业务工作，与其他社会信用的关系非常密切。科技部推进科研诚信工作的主要进展和下一步工作重点。

科研诚信工作是科技工作中非常重要的业务工作，也是非常重要的进一步营造良好创新氛围的组织化推进工作。习近平总书记多次对科研诚信工作做出非常重要的指示：2016 年 5 月 30 日，习近平总书记明确指出要营造良好的学术环境，弘扬学术道德和科研伦理。在今年的两院院士大会上，习近平总书记又明确要求，要弘扬科学抱负的光荣传统和追求真理、勇攀高峰的科学精神，科研工作者在学风方面要严谨求实。党的十九大报告也指出，要推进科研建设，包括科研诚信、社会信用、政务诚信等。

科学研究本身是追求真理的过程，诚实守信是这个过程非常重要的基础。诚信是创新的基石，更是创新的底色，坚守诚信是科研人员的底线。王志刚部长在指示“科技创新是引领高质量发展的核心驱动力，要优化科技力量新布局，谋划科技发展新蓝图”时，特别强调要弘扬“求真务实”的新风尚。

科研诚信与其他社会信用的关系非常密切。科技人员的科研诚信是社会诚信的标杆、典范，也是治理科技事业非常重要的资源和手段。结合我司工作，进一步梳理我国科研诚信建设的主要进展，推进科研诚信的治理机制、责任体系和下一步重点工作的开展。

首先是科研诚信工作最重要的进展情况，从 4 个方面报告。第一，工作机制：科技部从 2007 年开始抓科研诚信工作，发布了有关科研诚信的部长令，组建了科研诚信建设的联席会议制度。11 年来，构建了包括大学、科研机构、政府部门等多部门参与、各司其职、齐抓共识的工作格局。第二，制度建设：抓制度是解决根本性问题的措施。2006 年，科技部部长签署部长令，发布了《国家科技计划实施中科研不端行为处理办法（试行）》，这表明“约束与激励并重”的科研诚信制度体系框架基本形成。科技管理的各个环节都贯穿着强化科研诚信的制度建设。例如，2007 年《科技进步法》修订时，明确将弘扬科学精神、遵守科学规范、恪守职业道德、诚实守信第一次列入其中，第一次明确了科研人员诚实守信的法定义务。2018 年 3 月 28 日，在中央全面深化改革委员会第一次会议上，审议通过了《关于进一步加强科研诚信建设的若干意见》，同年 5 月 30 日，中办、国办正式发布。这份文件转变了以往中央文件起草只是对宏观问题把控的风格，该文件非常具体，操作性非常强。第三，监督惩戒机制：科技部专门成立了负责科技监督的司局，对涉及科研项目、科技人才和科研管理的所有活动进行全面监督，推动全国科研诚信建设。2016 年，我司开始发布守信行为记录，加强对科研人员的监督。我司与国内外学术期刊合作，共同监督科研诚信。第四，科研氛围营造：第一个是进一步扭转以论文论英雄的错误导向。在以知识价值分配为导向的政策文件里面，进一步要求树立科技创新的质量、贡献、效率、绩效为核心的正确导向。第二个是各类创新主体全覆盖，所有的参与科研管理和科研活动的政府部门、大学、科研机构、科研人员和科学共同体都要遵守科研诚信的要求。第三个是涉及科研活动的全流程，科研项目从项目申报、评审、立项、结题等各个环节和流程，都有诚信要求，对出现违背科研诚信要求的行为必须坚持“零容忍”，督促相关主体履行责任，实施“终身追责制度”。如果发现科研诚信方面存在问题，就算过去没有发现，未来一旦发现就要终身追究。

其次是责任体系。科研诚信问题是世界各国科技创新面临的共同难题，需要各方共同努力。科技创新既要有良好的社会环境，又要制定一套系统的管理和评价制度。从政府部门来说，最重要的是建立一套制度体系，从职能转变开始强化宏观管理、加强服务。制度体系最重要的核心是以信任为基础和前提。良好的制度体系才是有利于技术创新、规范和保障的制度体系。

大学科研机构必须要加强对科技人员的宣传、教育、引导，在科研诚信方面要履行主体责任。科研人员必须要以身作则，要潜心科研，严禁浮夸浮躁，把追求真理作为科学使命，做真正的科研诚信的崇尚者、遵守者和捍卫者。

新闻媒体在推进科研诚信建设中有着非常重要的使命。媒体报道重大的科技成果的时候，要有所核实，不要盲目夸大，也不要过多贬低。

最后介绍我司下一步工作的重点：①将关于诚信文化的所有制度规范和操作流程贯彻到工作中去，为诚信文化建设和培育，做政府应该做的事情。②教育和引导，科研诚信作为文化，很重要的功能是做示范，强制并不一定有效果。所以，用正面典型事例做好示范和引导是很重要的。③改革科技评价制度，2014—2016 年改革院士制度和人才帽子制度，进一步规范树立好科技评价的导向问题。④完善制度规范，进一步推动以科技创新的绩效、贡献、质量，追求实效，构建更好和更有利于创新的制度，加强联合惩戒。最近，科技部会同 42 个部门共同起草了《关于严重失信行为的联合惩戒备忘录》。我们要求在学界管理、学历树立、科研项目立项、评选表彰、院士甄选等各个方面，都要加强科研诚信的审核，存在问题一票否决。我们希望总体的状态是，政府对科研诚信的态度是全覆盖、无禁区、零容忍。构建好格局，共建、共享、共治；共同营造好生态，潜心科研，追求卓越的风气及齐整的科研生态，共同为新时代的科研使命做出我们的贡献。

微积分中的创新文化

林群　中国科学院院士、中国科学院数学与系统科学研究院研究员

微积分的文化意涵。

我是《科技日报》的忠实读者，每天上班的第一件事就是阅览《科技日报》，首先看一下目录，再选择自己感兴趣的内容精读。《科技日报》对激发科学工作者的灵感，对当前科技主要研究方向起到了极大的引导作用。因此，我认为“没有媒体，科学界会更加闭塞”。

如今，我们要学会某一个公式，如要学微积分，进高校学一年，付出的成本很大。有的学生学了一年，但收获甚微，这对于学生来说太浪费时间。所以说，传统教育现在要改变：过去，我们认为高校是唯一的教育的场所。但是，互联网出现后，我们就有可能采取变化的学习方法，速战速决地把原本需要学一年多时间的知识弄通、学会。

今天，我用“一张图 + 两句话”把微积分说清楚。第一，把曲线变成直线，画曲为直。第二，取两点，连直线，过切线。切线的点和割线并起来即是高度，这就很便于微积分的计算。微积分应用非常广泛，如计算面积、发动机功率、磁场强度等。

我们怎样用微积分的方法求一块油饼的面积？根据微积分原理，将油饼面积用积分形式表述，将油饼置于二维坐标轴，其中，x 轴表示积分变量，对应油饼的宽度，y 轴代表油饼的上半边曲边函数与下半边曲边函数的差，对应油饼的高度，求解油饼面积即是将油饼曲边函数差在油饼宽度方向积分，将二维问题转化为一维问题，求将油饼面积转化为宽度方向每个点对应高度差转变成油条的高度，其可以代替无数油饼面积之和。这个例子和生活非常接近，再比如上海房子的面积怎么算？微积分可以很好地解决不是长方形的面积的计算问题。

微积分的用途很广，很多人说观察人类发展历史也可以用微积分来“计算”，所以微积分非常具有文化意涵。

幸福科技是事业、是产业、是商业

梅萌　清华大学教授、清华科技园创始人

幸福科技作为事业，要学习、研究和传播；作为产业，为生物信息技术搭建平台；作为商业，要让社区购买幸福项目。清华幸福科技实验室倡导大家做有趣的人。

创新就是为了快乐，只有快乐了，才能更好地创新。24 年前，本人受命创办清华科技园，一路走来见证了太多“创新”，目前对怎么创新创业有了比较完整的想法。人的快乐是生理现象和心理现象的结合，因为人快乐之后会产生很多东西，如肾上腺素、多巴胺，让你很有力量和很有勇气等。所以，快乐非常重要。清华科技园的目的是要让创业者更快乐。

清华科技园和清华心理学系联合搭建了一个研究平台，全称是“清华幸福科技实验室”。我们确定了从三个方向做幸福实验室：第一个方向是快乐（Happy）；第二个方向是健康（Health），只有健康了才能快乐；第三个方向是和谐（Harmony），也有社会属性。这 3 个方向的英文单词都是 H 打头，因此我们做了 3H 幸福科技实验室。

很多人问什么是幸福科技？现在的标准答案就是幸福科技是事业、是产业、是商业。

幸福科技是事业，首先要研究、要学习、要传播。美国宾夕法尼亚大学教授创办激励心理学，对“人怎么快乐？”有非常完整的描述。我们也做了很多研究、辅导和论坛等，测量我国各地的幸福指数，用大数据的方法展开。总之，幸福科技开展了很多研究，跨系、跨学科、跨专业专家组解答了什么是幸福科技。

幸福科技是产业。生物信息技术突飞猛进，CT 核磁能够非常准确地认识人的“硬件”，但是，人的“软件”，如情绪、压力和疲劳，怎样去认识？这与认识“硬件”完全不同。这些年来，生物信息技术脑电波、心电、皮电、眼动技术等提供了很好的验证办法，采集、收集信息已经不难了，现在难的是对生物信息的解读。什么样的波形代表什么样的情绪？从这个角度来说，心理学作为学术支撑，生物学作为基础，就可以打造产品。清华幸福实验室就是把这样的平台搭建起来了，搭平台做技术、做孵化、做投资，这是清华科技园的强项。做了 20 多年后，弄清楚如何让高新技术小企业、创新企业成长？怎样投资？怎样整合产业链上下游和合作关系？例如，抑郁症筛查，官方数字显示患抑郁症的人太多，中国约有 1 亿人患抑郁症。清华科技园是通过技术把抑郁症筛查出来，其背后的道理就是看事物的观察视角。同时，专注度也非常重要，因为专注了，学习、工作的效率就能提高。提高睡眠质量同样对缓解抑郁症有很高的价值，催眠技术很多，其中有一种是用一种“波”调节人体的褪黑素。

幸福科技是商业。商业就是把东西卖出去，卖出去比做出来要难。清华科技园将来要达成商业平台，有市场、有销售、有售后服务。从几条曲线、几个取向走进学区，让学生快乐地学习，让老师快乐地教课。清华科技园推出一系列幸福学校、幸福校园、幸福课堂、幸福课程、幸福老师、幸福学生、幸福家长项目。走进学区是朝阳计划，解决怎样让年轻创业者快乐的问题；走进园区是夕阳计划，目的是让老年人安度晚年。清华科技园希望把资源整合，然后走进幸福学校。希望对老师、家长、学校本身都有很好的提升。

最后，倡导大家做有趣的人。幸福实验室推出了“乐商”。第一个特征是，乐商高的人是有趣的人，有理想、有情怀、有追求、有梦想。第二个特征是，乐商高跟情商高是一样的，有爱心和热情，温暖，乐于助人，助人为乐。第三个特征是，乐商高的人热爱生活，充满激情，好奇心强，极富想象力，兴趣很广泛。这也是为什么乐商高的人、快乐的人能够创新，其想象力和激情、兴趣也很多。第四个特征是，乐观、阳光、开朗、热情、风趣幽默，重要的是善于解嘲。第五个特征是，乐商高的人有情怀、大度、宽容、包容。

综上所述，智商是我们完成工作或做事的“最差结果”，情商是我们完成工作或做事的“最优结果”。乐商则是我们做事的半径，乐商越高，半径越大，空间越大。“有趣”是能力，能力是可以学的。怎么提高乐商？是留给所有人特别是年轻人，自己寻找的路径。清华科技实验室将来会通过技术和方法帮助你找到提高乐商的渠道。

科研诚信与负责任研究

Tamara Welschot 荷兰自然杂志社自然科研诚信部咨询和担保项目负责人

施普林格杂志社的规模、办刊使命和推进人类创新的4种方法。施普林格确保科研诚信的路径：良好的编辑、鼓励分享的数据政策、在线科研道德培训和严格的审查制度。

本人代表荷兰自然杂志社来谈谈科研诚信的重要性及施普林格所做的工作。施普林格希望在创新和科研诚信之间建立桥梁，也推动了可负责任的研究。下面介绍施普林格科研诚信部门及其处理伦理相关问题的办法和提升科研诚信的倡议，还有施普林格支持中国相关项目的开展情况。

施普林格是注重学术讨论的出版社。我们已经出版了不同领域的3000多种刊物。同时，施普林格还有300人左右的科研团队。施普林格的目的是希望推进发明、发现与创新之间关系更加紧密。鼓励科研人员将研究结果发表和出版。

施普林格推进创新，主要有4种方法：第一种方法，通过发布科学知识的方式促进科学发明，供大家阅读、理解科学知识，找到新的合作方式。第二种方法，作为公司，施普林格只出版具有价值，能够经得起客观检验的有稳健研究结果的论文。施普林格产生和传播知识，线上、线下和第三方都是传播渠道。第三种方法，通过整合目录、内容等方法进行分享和发布。发布后，不能再收回，必须成为让大家可获取的开放的渠道和平台。第四种方法，不断推进科研成果的分享、流转，这样人们才能更好地使用新的发现和发明。

科研诚信能够带来信任，而信任是科研活动过程中必要的一环。同时，科研人员和新的发明、发现还需要被社会信任。科学家的研究发明是对社会有影响的，因此，我们不希望好的研究成果被人们忽视。科研不端行为对于社会有负面影响，特别是公共健康领域的不端学术研究结果，有着极其负面的影响。

为什么施普林格能推动科研诚信？我们致力于接受能经得起科研伦理考验的论文，只有这样才能真正带来创新。我们的核心是不逃避现实，不为追求出版量而出版，而是要看出版物带给社会的潜在影响和后果。同时，我们希望能创造防止出现学术不端行为的方式和手段，同时，也要鼓励稳健和可靠的研究方法。

施普林格的使命是要确保出版的期刊、书籍都能够遵循编辑最佳实践，提升公众对于出版伦理的意识，支持开发和实施新的公司内部政策，同时提供资源和培训。施普林格还会调查可疑事件，同时要有科学的记录，如果出现了错误，我们都要纠正。

施普林格科研诚信部门内部有三大分支，分别是项目管理团队、投诉处理团队、咨询和保证团队。我们会收到很多关于科研诚信的抱怨，特别是来自社交媒体上的抱怨和申诉。当我们看到这些问题时，会把期刊召回，可能还会需要法务部门介入。

剽窃是施普林格收到的最常见的质疑。我们希望剽窃行为越来越少，每个人要确保其发表的论文是原创的。其次质疑的是作者的署名，是加名字或减名字的问题。最后质疑的是数据方面的问题。其他的质疑还有利益冲突、动物权利方面的内容。

我们如何确保科研诚信有着非常清晰的路径？最重要的是要有很好的编辑政策。我们在不停地修改这方面的法律法规和行业自律准则，每一个期刊都要有自己的政策，尤其是数据保护和实验可复制性方面的政策。

施普林格有 4 种鼓励研究人员分享数据的政策，同时也会继续考虑如何帮助研究人员更好地分享数据。我们非常看重可复制性，我们也知道，很多时候大家对分享科学实验数据的态度是不一样的。但是，我们认为可复制性和数据分享是高度相关的。我们如何支持科学界做研究？一方面要加强科研诚信意识；另一方面是展开培训。通过在线学习的方式，可以学习我们的科研诚信标准行为准则方面的知识。

最后，我们还设有很严格的审查制度。为了推进科研诚信环境建设和改变科研不端行为，我们必须极大地依赖研究人员的信赖与诚信机制！

中国发明协会的创新使命

余华荣　中国发明协会党委书记

中国发明协会的工作内容和历史使命，以及怎样为专家和学者服务。

中华民族五千年的历史是关于发明诚信的历史，中国的发明诚信引领和影响了世界的很多发展进程。今天跟大家分享的内容是：中国发明协会是做什么的？它的历史使命是什么？它怎样为专家和学者服务？

1985 年，经中央批准，中国发明协会成立。目前，中国发明协会共有 4000 名会员，分支机构遍布全国各省（直辖市、自治区），有关部委也设有中国发明协会的办公点。中国发明协会的宗旨是 3 个“服务”：服务于国家战略，服务于广大的发明，服务于“大众创业、万众创新”。

中国发明协会的主要工作包括：

第一，为全国和全世界的发明者搭建投资合作的平台，促进产业转型升级和地方经济发展。

第二，推进各国发明机构的交流合作，互相借鉴，推进“重大发明展”。经过国家批准，推荐优秀项目人选参选，推荐国家科技奖励的进步奖、自然科学奖、发明奖、国际合作奖、最高奖。协会还推荐中国专利金奖、“万人计划”、院士任贤等。另外，协会还组织大中小学生的有关大赛，举办高级企业管理任务和知识产权任务的培训。

第三，开展深层次的国际交流和务实活动，发挥我国市场大、人才丰富、产业链完善等优势，加速孵化发明创新成果，服务“一带一路”建设，为社会、国家和发明事业服务。

第四，和克罗地亚、瑞典、尼日利亚、塞尔维亚的发明协会达成两届合作协议，表彰、举荐优秀发明人才，积极营造创新创业的社会氛围。从2005年到现在，已有2325人获奖，其中，发明创业奖543个，获“发明家”称号的有110人，还有许多院士、长江学者和杰出青年人才。这为中国发明协会推荐国家科技最高奖励打下基础。

第五，学习引进全球创新创业的教育理论、方法和课程，结合世界需求，培养创新人才。

第六，发明、创新要从娃娃抓起。通过国际合作，扩大青少年国际视野，拓展培养和人才渠道，实施全国中小学创新创业计划。

第七，军民融合。经党中央批准，中国发明协会成为世界博览会主办单位之一。另外，中央军委装备发展部把中国发明协会作为发布绝密专利的平台，过去两年，已向社会发布军队国防绝密专利300项、专利400项。中国发明协会还承接了我国国防有关课题。

第八，发现优秀人才，大力推广其创新成果。

目前，中国发明协会的分支机构有佛山研究院、大湾区研究院，北京、山东、福建等地方的研究院也已建立。希望通过今天的介绍，中国发明协会能够更好地为发明创新服务，为社会各界服务！

3 圆桌讨论

王仕涛（主持人）：在创新文化中，科学精神和科学文化占据什么位置？

张双南：科学精神最重要的是质疑，没有质疑就没有创新，所以我不想在这个问题上展开。但是，科学文化或说文化，是很模糊的概念，并不容易说清楚。

我自己对“文化”的解读：文化论坛非常重要的一点就是讨论创新，因为没有创新的文化就不会是先进的文化，也不会是有生命力的文化。文化是文明的一种表现形式，现代文明和古代文明的主要区别是科学技术带来的变化，我们的语言、文字和基因没有变化，但是生活方式完全发生了变化。我们使用的所有东西都是现代科学技术带来的，所以，现代文明和古代文明的主要区别是科学技术给我们生活方式带来的变化。既然文化是文明的表现形式，现代文化和古代文化的主要区别是现代文化里面的科学技术元素越来越多。今天，我们谈到的很多文化现象，其实也是科学现象和技术现象。

文化对社会、民族来说非常重要。习近平总书记提出来4个自信：道路自信、理论自信、制度自信，最后一个是最根本的文化自信。没有文化的自信，一切都谈不上。

我们怎么才能有文化自信？现在世界上文化影响力最强的国家是美国，在亚洲，日本的影响力也很大，为什么是这样？美国和日本的科学技术是最先进的，通过技术制造出来的先进产品，对全世界的影响也是最大的，因此，他们的文化影响最大。他们的文化影响是通过科学技术带来的，对大家生活的影响最大，所以他们的文化影响就最大。

上海人一直是中国最有自信的一群人。因为上海在近代一直是中国最发达、最先进、最具有创新性的地方，它在引领着中国，所以上海是最有自信的。上海的创新是上海人的自信，自信和创新有非常大的关系。

我们的文化会不会最终变成世界上最有影响力的文化？我讲一个在俄罗斯出差时候的小故事。在地铁上有一位外国小伙子和我讲中文，讲得很好，他说未来是中国人的天下，“如果我不会中文，我的职业发展以后会受到影响”。这证明有些人认识到了中国文化将来的重要性。如果中国文化将来对世界发生大的影响，与中国的强大是分不开的。

复兴不等于复古，我们讲的中华民族伟大复兴，绝不是中华民族全面复古。只有全面的文化自信，才能给我们带来复兴，这才是创新的重要性。有了创新才能够引领，引领才能得到别人的尊重，得到别人尊重的文化，才能有真正的自信。

刘峰：科学精神和创新文化的内涵是非常丰富的，在传播的时候，既要把握一般的永恒不变的特征，又要与时俱进把握住时代的脉搏。科学精神是什么？其有永恒不变的内容，包括好奇心、对终极真理的追求、大胆假设及小心求证科学的方法。科学精神和创新文化在不同的时代具有不同特征。例如，人类经历了蒸汽文明、电气文明、信息时代，进入智能化的新时代，同时，我们也逐渐进入生物时代，随着基因编辑、克隆、人造子宫等一系列技术的突破性发展，我们真正地踏上了生物世纪的新旅程。

我们在新时代面临的挑战也具有新特征。在大数据和人工智能面前，我们都没有秘密，每天吃的东西和行踪都能够被查到，讲的每一句话都可能被窃听，要盗取手机上的交易信息、用户密码也许只需要一秒钟时间。在这样的时代，我们怎么保持和促进科学发展的文化？怎么看待这样的事情？怎么规范研究和应用？除了我们的饮食安全受到挑战之外，财产权的内涵和外延也发生了很大的变化。以前，没有数字财产权的概念，目前，我们也没有数字财产权的规定。数据是我们的财产还是购物平台的财产？购物平台要用我们的数据的时候，是不是应该给我们付费？这是新的挑战。还有一个是我们的基因财产权。随着生物技术的进步，基因编辑成为一种非常准确且廉价的生物技术，应用前景十分广泛。未来每个人的遗传基因成为遗产，是非常宝贵的财产。自身拥有的基因财产权怎么保护？针对新的挑战，在未来的研究及科学精神和创新文化的传播上，有两个方面是值得高度关注的。一个是 Tamara Welschot 女士讲到的负责任的科学研究和负责任的创新；另一个是大众对于科学，尤其是新兴科学创新领域新的态度和看法。在我们面临新冲突和不确定风险时，公众应该保持审慎、理性的观察，用数据和事实来说话。很多科学研究和科学结论不是一年、两年能够得到的，可能需要十年、二十年，甚至更久时间，所以我们要保持理性和平静。

王仕涛：不管是创新文化也好，还是科学精神也好，根本的目的是要保障创新，是要实现新时代的创新使命。文化要有具象的载体，要放在创新使命和新时代的语境中进行设计和看待。

接下来的问题，创新文化构建，是要构建什么样的创新文化，才更有利于促进创新，更有利于实现创新使命？如果这个问题有点虚，再聚焦一点，结合各位专家的工作，对中国的创新，特别是对于上海要建设科技创新中心，有什么建议？

刘峰：文化有隐性的一面，也有显性的一面。在显性方面注重制度建设，除了对于创新积极支持之外，还需要有一种创新的保护机制。例如，对创新创业失败的尊重，对创新创业失败的全社会的保险机制。因为创新也好、创业也好，就像在走钢丝，是风险和失败率很高的事，要设有保护网，使走钢丝的人摔下来也不至于倾家荡产、身败名裂，还能好好地生存下来，这是要在制度层面上加以关注的。另外，在隐性层面，我们所说的潜规则，其实就是道德，包括根据有时代迫切性的负责任创新的科学道德的建设等方面，还有公众普遍的理性情绪和思考。

张双南：创新如果没有一定的宽容心态和机制，就没有办法发挥，如果失败，也要宽容，还要提供保护，不仅仅是失败的时候，成功的时候也要有保护。例如，知识产权，没有这个层面上的保护，创新就没有积极性，所以宽容和保护是广义的宽容和保护。宽容，是不是指什么事情都支持？不是，而是要加上科学的论证，要有机制确保。即使宽容，也不是在不知道的情况下宽容，已经知道是违反科学的，就不能宽容。我们有很多这样的例子，伪科学的例子。我们可以避免没有必要的失败，可以宽容失败，但是要避免宽容没有必要的失败。

Tamara Welschot：打造一个开放的文化，允许人们失败。科学不是完美的，通常是通过失败获取经验不断学习。我们在文化上是支持大家不断地发现和创新。跨国合作通常可以确保有新想法、新创意迸发出来。我们都是共同生活在同一个地球上，荷兰和欧洲面临的问题，和目前中国面临的问题差不多。很多时候大家都是缺乏资源，所以大家需要有跨国合作，自己单干是不行的。

王仕涛：Tamara Welschot 女士的一个很重要的观点就是开放，开放是最重要的，开放和协同的力量永远比单打独斗要强。

林群：《文汇报》传递着上海文化，有政治、艺术、科学，都作为文化。不要把科学变成专门的术语，要把科学变成文化。爱因斯坦的《我的世界观》认为，对人类贡献最大的是艺术家，其次才可能是科学家。艺术是文化的集中表现，而上海、北京，甚至整个中国应该逐步地把艺术放在重要位置。

王仕涛：林院士说到了非常重要的观点，创新文化不仅仅是科学，科学是一种冷冰冰的概念。所谓科学就是分科而学，是一种分析的传统，什么都要刨根问底，有的时候没有必要刨根问底，是一种人文精神。我们要继续科学的精度、科学的深度、人文的热度、人文的温度，既有深度、精度，还要有热度和温度，才是真正的创新文化。

房汉廷：简单来说，文化就是所有被人类意识加持过的事物，可以是有形的，也可以是无形的。每个人都在创造一些独特的文化。我们今天探讨创新文化，一个核心就是创造出来的文化，或者加持过的事物。这个事物应该让别人高兴，哪怕自己不高兴也争取让别人高兴。如果每一个人都在用一种让别人高兴、自己也高兴的方式做出来的文化，即使不叫创新，起码是快乐。

中国传统文化中的糟粕和西方的文化企图，里面都包含了很多让人不快乐的事情。如今我们在网络上可以看到，无论你说什么，凡是你说的我就反对，凡是你喜欢的我就骂你。他快乐吗？因为他不快乐，心里太难过了，所以才在虚拟空间禁不住大声骂人。

提到创新文化，我觉得从最简单的做起来，就是让自己快乐起来，让你周边的人快乐起来。大家一起快乐之后，创新的生态就诞生了，家庭和谐了，社会和谐了，你的创造力就会迸发出来了。这不是文化的一种阐释，而是一种感性的认识。

王仕涛：创新文化要包括 4 个方面：一是科学精神。创新首先是要科学地求真务实，然后要合理质疑，最后要开放包容。这些必须要做到，才是科学精神。二是工匠精神。大家都说不创新等死，创新早死，创新是苦活，我们要有工匠精神，要精雕细刻推动创新。三是企业家精神。创新是一项高风险活动，我们就是要敢为天下先，就是要敢于承担责任，敢于承担风险。就像马云说过的一句话，如果大家都看到的东西，大家都认同的东西，对你来说一定没有机会，大家都认为这是好的东西，你能有什么机会？就是因为少数人看到了机会，少数人才能定义未来，这才叫创新。少数人看到的东西，一定也是很少有人敢尝试的东西。就是我们都需要看到风险没有风险，或者风险已经抹平的时候才能投资，这样很难做出所谓原始创新。四是人文精神。科学精神、工匠精神、企业家精神、人文精神，叠加起来就构成了创新文化的基本内核。

第 9 章

未来（科学）论坛

未来（科学）论坛 1：复杂网络中的创新

自古以来，科学家们在了解复杂系统时，一直是先力求理解其组成部分。从建立屹立百年的桥梁，到了解行星的运动，这种方法对很多问题都非常有效。但是，科学家们日益发现，对于由大量同等重要且相互作用的组件构成的复杂系统，仅仅以其组成部分的总和来精确地描述它们的行为已不再可行。这类系统包括全球流行病的传播、电网的稳定性、人脑的功能和社交网络的动态等。由此，一个全新的研究领域——复杂网络研究诞生了，这是一个跨越数学、物理、生物学、计算机科学、社会学和工程学的交叉学科。21 世纪，复杂性与复杂网络科学时代的到来，无疑是与如今能获取的前所未有的海量复杂数据密切相关。利用这些数据，我们可以构建复杂网络，提高我们对复杂体系的理解。反过来，我们对复杂网络的认识加深后，有助于我们理解大数据并发现其中蕴藏的规律。

1 论坛综述

浦江创新论坛未来（科学）论坛 I：复杂网络中的创新，由《自然 – 物理学》高级编辑 Federico Levi 主持，演讲嘉宾共有 4 位，分别是纽约市立学院物理学教授 Hernan Makse、法国国家健康与医学研究院 EPIcx 实验室主任 Vittoria Colizza、美国西北大学物理与天文学教授 Adilson Motter、丹麦科技大学副教授 Sune Lehmann。与会中外嘉宾以复杂网络中的创新为主题，从跨学科、跨领域的视角，探讨了影响者、关键物种和基因、传染病的复杂性、电网的停电和概率，以及用高分辨率测量社会网络等主题中的创新问题，为未来复杂网络中的创新提供建设性的新理念、新思想指导。

创新中的复杂性科学发展日趋进步。当今时代，随着信息技术的融合与发展，信息时代、知识经济越来越成为主流话语，并在逐步改变我们生活、学习、工作的方式，新的方式也正在发生着深刻的变革。如何应对知识社会新形式、新条件下涌现的科技创新，特别是创新中所面临、所蕴含的复杂性，已成为学界关注、研究和探索的前沿领域，因而创新中的复杂性科学研究正逐步成为创新发展的理论指引。

量子技术的发展推进人类进入新时代。回顾科学的百年发展，量子物理给人类带来很多有益、有用的新技术，如晶体管、激光等，它们分别成为现代计算机和互联网等信息技术的基础。近几十年来，物理科学发生的巨大变化，使人们可以在实验室中真正对光子、原子这些以前认为不可能的、非常微小的量子状态进行主动操纵，这些基础科学的飞跃式进步给人们带来新的技术机遇，进而将逐步真正实现安全的量子通信、超快的量子计算机、对物理量的各种测量等，迎来新的量子科技时代。

重大传染性疾病的诊疗与预防面临新的曙光。大数据技术的发展，为人们解决复杂性问题提供了宏大的统计学数据依据。未来医学领域特别是重大传染性疾病的研究将越来越依赖大数据，因而传感器、物联网、大数据等技术的作用将越来越大。如果将如此大的数据充分利用起来，可以更好地对重大传染性疾病进行检测、诊疗与预防，这必将为全球应对与解决重大传染性疾病问题提供新路径。

人工智能与实体经济的深度融合开启产业变革新时代。大数据、物联网、云计算、人工智能等新兴技术的快速发展，将不断满足人们日益追求的高性能计算、大数据分析的需求，以及智能终端对数据的快速采集、实时分析的需求，进而不断推进人工智能与制造、医疗、金融、安防、智能家居等诸多实体经济的深度融合，同时将在新一代互联网的基础上，打造全新的生产组织模式、商业模式及服务模式，真正重塑万物互联新时代，推进新时代产业发展新变革。

2　嘉宾演讲实录

创新中的复杂性科学：影响者、关键物种和基因

Hernan Makse　纽约市立学院物理学教授

复杂系统科学不是一门新的科学。复杂系统的共性就是能够处理信息，并传播信息到系统中的每一个单元。研究复杂系统中的关键内容在其信息网络的传播，核心理论是 K-core 理论。大数据技术使复杂系统科学得以蓬勃发展，未来机器学习和网络科学将是复杂系统科学研究的两个重点维度。

给大家介绍一下复杂科学及如何利用复杂科学了解创新领域。这是一门涉及大数据的科学，它关注的问题是：下一个创新成果会是什么？社会当中的创新是什么？所以不仅仅是谈创新，而且还会谈影响者。什么是影响者？想象一下，有一个大型社交网络，如 Facebook 等社交媒体或谷歌等，它们可以建立大型的人际网络，让人们彼此发送信息，这就需要大数据。如果能减少数据的量，把数据凝聚到影响元素当中，影响者给予的信息就可以快速传播到广大的人群当中。同时，还需要界定影响者，这样就可以预测社会的趋势，也就是说社会的未来发展方向。所以，复杂性科学可以解决很重要的问题，当然这不仅仅适用于社交网络，还可以用于解决其他系统，如生态系统和市场。生态系统就是物种之间的相互作用，还有股市、市场，股市也是大型网络，这些系统都有转折点。生态系统也可以崩溃，生态系统什么时候崩溃？哪些物种会灭绝？如果一些物种灭绝造成生态系统崩溃，这些物种就叫影响者。股市也有转折点，通过了解股市当中的影响者，也许就能了解股市什么时候崩溃。这是后面要谈的。

今天介绍 3 个系统，主要讲社会网络，但是也会谈及生物网络：如果基因出现了突变，有时候会导致人们生病，现在有互动的网络，或者说基因网络的互动，可以了解基因之间的网络。另外谈一下大脑网络，大脑网络当中有非常重要的影响者，即重要的基因，这些基因一旦出现问题，就会使人类生病，这就是今天要讲的 3 个内容。把所谓的系统都整合在一起，发现这些系统有一个共性，即这些系统之所以存在就是因为它们可以传输信息，会处理信息，所以它们是信息处理的系统，推动创新力的关键是允许这些信息能够顺畅地传播，换言之，信息必须要传播到系统当中的每一个单元。这就是创新的主要特性，或者说必要条件。所有系统当中都有单元处理信息。例如，在人类社会中，有 70 亿人，每人有 1000 个朋友，大脑与此类似，大脑有 800 亿个神经元，每个神经元都有 10 万个连接。从中也可以看到生态系统，生态系统里会看到老虎在追一只羊，这是捕猎和被捕猎之间的互动关系，股市当中亦如此。所以，了解系统的关键在于网络，因为信息通过网络传输，如果能够定义网络，知道网络的每个联系，就有强大的算法告诉人们谁是影响者，这样才能够了解不同的系统。

所谓复杂科学，如果没有大数据，就无法存在。复杂科学不是一种新的科学，但是现在已经蓬勃发展了，原因是大数据的诞生。因为创造了非常多的数据，现在已经不是进入了大数据时代，而是已经进入了虚假数据时代。现在虚假新闻，或者说虚假的数据泛滥，所以无从知晓哪些数据为真实，哪些数据为虚假。例如，在推特上 20% ～ 30% 的数据是完全虚假的，这仅为已经证实的，尚有还没证实的。所以说数据把人淹没了。这种困境如何解决？需要影响者，必须把大量的数据缩小成几个影响者。在大脑科学当中都应该这样做，如大脑当中收集到了大量数据，要处理这些信息，将其转化为简单概念，信息的缩小就是必要的。对于大数据必须将其筛选并转化为影响者。不仅仅是网络，在人工智能、机器学习当中也可以这样做。对于现在采用的不同系统，都可以进行信息筛选，选出一些影响者。但是影响者不属于你，因为你在网络当中，不能控制影响者。影响者亦存在于网络中，需要通过特殊的算法才能够识别影响者，所以这是不容易的。

今天所说的都是有数学支持的。我不会谈数学，只会谈应用。先解释一下算法，想象一个网络，如推特网络，每个点都是推特用户。你写了推文之后转发出去，网络非常简单，如现在网络上有5亿人，不管用何算法，算法必须适用大型网络。谁是影响者？想象一下，只有3个人离开房间，只要这3个人离开房间，信息马上无法传播了，网络就崩溃了，这3个人就是影响者。我们不希望影响者离开房间，因为如果他们离去，所有的用户就孤立了。所以这些人就是影响者，他们不能离开网络，否则将导致网络崩溃。可以这样理解。它背后存在着非常复杂的数学算法。每次你进入这样的网络都有个数据叫作CI，就是集体的影响，CI越大影响力越大。如何成为一个影响者？不需要有太多的朋友，这个顶尖的影响者没有社交联系，但是他处在战略核心位置，和很多轴心连接，因为如果你是影响者，不可能有大量时间每天写推文，要解决复杂问题，不能整天玩社交网络。如果你和网络轴心连接，你就是顶级的影响者。这就是影响者的定义。

现在介绍一下影响者算法的应用，即为社会服务。社会当中的一些重要问题，可以通过影响者算法来解决。例如，用机器学习的方法预测美国大选，当时预测的是特朗普还是希拉里获胜。同时，还可以了解虚假新闻传播，可以预测生态系统崩溃的转折点。再如，全球变暖，有些物种可能会存活，有些则会灭绝，所以转折点在哪里？同时还可以预测股市。下面再谈谈生物，因为这也是今天关注的重点。有一个平台，在里面输入任何主题，如人工智能和推特连接在一起，便可知晓有多少推文与人工智能相关。亦可创建大网络，在网络中便可了解哪些是影响者，这些影响者在谈什么，进而预测这些人的行为。例如，看看虚假新闻，了解虚假新闻给人带来什么样的影响？影响者有哪些？

现在主要研究的是社交平台及影响者的作用，观察影响者是否会影响到生态系统。有一个理论叫K-core。在一个网络当中有结构，如第一层是第一度，有第二度、第三度不同的层次，最关键的物种都在核心当中，哪一种会先出现？在全球变暖当中，首先会消失的物种就是共生的物种，所以作为政策制定者，需要监控和衡量系统，了解不同层次的物种在全球变暖情况下以何种顺序消失。在股市当中，影响者也会起到作用，监控股市的情况，发现股市上是什么引发了时间最长的牛市，这是非常重要的信息。例如，SP500股市，在1992年之前，银行放宽监管，使股市增长，而且增长非常快。不难发现，其核心组成就是影响者的股票，是在银行放宽监管之前还是之后发现的？发现在核心当中，最重要的股票只在一个行业中，可能由市场操控引起。最后就是大脑及基因网络当中的影响者，但是要看到未来的一个关键点，即需要了解基因网络，以及其中的影响者是哪些基因。

未来复杂性科学有两个维度是重点，一个是机器学习，另一个是网络科学，两者都来自复杂网络的研究，在未来网络科学怎样促进机器学习？在未来，从网络科学当中可以找到比现在更优化的架构。作为物理学家，我比较擅长物理学，但是在复杂网络研究当中涉及数学、基因学及很多学科，所以未来跨学科合作是创新的核心，这样才能使所有人都参与进来。

Federico Levi： 感谢 Heman Makse 的演讲，各位观众，现在有没有问题？

提问者： 我来自北京天文和物理研究院，请问一下，在人类的行为网络当中，会听到很多谣言，还有虚假的新闻，甚至还有更糟糕的情况，我们怎么样在网络当中进行适度地调节，甚至监控，或者是审查？这会不会影响到复杂性及网络的发展？

Heman Makse： 节制或是调节，这是我们现在表面上做的事情，确实在做调节，但是因为当中的变量一直在变化，所有的影响者都是虚假新闻，甚至都已经删除了。但是还是有很多人会进入网络，他们为所欲为，想传播什么样的消息就可以传播，马上再删掉，没有办法真的找到这些人，他们有很强大的力量，这是 Facebook 或推特一直在做的，他们有了大量的投资想要预测到行为，或者做审查。当然，特朗普说不再上推特和 Facebook，他本人也是虚假新闻的影响者。在社交媒体的发展中是没有办法做节制的。

面对传染病的复杂性

Vittoria Colizza　法国国家健康与医学研究院 EPIcx 实验室研究主任

传染病虽然是一个很古老的问题，但是由于高人口密度、大范围迁移、人群逐渐升高的易感染性和环境条件的变化等新情况的影响，当前仍不断有埃博拉、禽流感等多种传染病出现。在过去的 10～15 年，全球一些地区建立了传染病模型，模拟了传染病在全世界的蔓延过程，较为典型地比较了限制旅行对传染病传播的影响，药品、物资和医护人员等高速有效投放的影响，以及医院救护人员对传播的影响；同时，发现传染病传播过程存在转折点。

本演讲要讲复杂网络当中的另一个领域，也就是传染病方面的研究。今天传染病仍然是非常重要的议题，会影响到公众的健康，同时对于人口有很大的影响。例如，发病率对于经济的成本也有很大影响，因为需要花费很多经济成本来控制传染病传播。传染病在古老的时代已经是很大的问题，现在仍然面临着这样的问题，不断有传染病出现，特别是当今世界人口的密度一直在增长，而且人的流动性也在增长当中，这也加强或者提高了传染的可能，因此人的身体也越来越容易被传染病侵袭，所以说有很多相互起作用的因素。还有一个影响因素就是环境的改变及环境的条件。有个例子，就是病毒开始越来越适应环境的变化，在国际上大家都很关心的问题，如 2002 年的病毒、2009 年的禽流感和几年前埃博拉病毒的传播。还有其他疾病，如狂犬病特别是在非洲，仍然有90% 的狂犬病是致死的，而且流感特别是对于儿童的影响也在日益增加。最近医院又出现了消毒剂方面的问题，因为在医院中的人已经生病了，所以很容易在医院里传染疾病，而且在发达国家因为抗生素滥用，而抗生素是抗击细菌的最后一道防线，所以抗生素也给人们带来了重大问题。

Federico Levi 希望我从复杂性的角度说一下，所以也希望在座的观众能站在公共健康官员的角度思考问题。如作为公共健康的官员，如果面临着流行病的爆发，如 2009 年的禽流感爆发，你会做什么？现在公共健康的官员直到几年之前，都没有工具可以使用，主要因为以前经验比较少，只能依赖于过往的经验和常识，以前的经验就是回顾以前类似的流行病，如禽流感和流感是 20 世纪 60 年代发生的，那个时候中国香港出现了类似的问题，已经经历了 45 年的时间，世界已经发生了重大变化，特别是人员的流动性越来越强，人们可以到世界不同的地方，融入不同地方的生活当中。所以如果了解过去的案例，对于今天将有指导意义。最近的流行病如禽流感和 SARS，是全世界蔓延的，主要是因为被传染的人出行。那么还可以利用常识知道，现在人们是坐飞机前往不同地方，给另外的地方带来病菌和细菌，是不是可以通过航班的限制来遏制蔓延？ 2014 年 8 月，因为非洲 3 个国家埃博拉病大规模爆发，所以有 11 个航班停飞，有 18 个国家关闭了边境，对于受影响的地区增加了旅行的禁令，这样的措施是在现代历史上不能少的。如果想要遏制传染病，制止人们的移动是必需的。

这在几年前也造成了大量争议，因为干预的措施人们不知道是不是有效、怎么评估。所以我和其他的机构在过去的 10 ～ 15 年共同建立了一个模型，也就是全球的传染病模型，通过模型模拟了流行病在全世界的蔓延，希望能够解决问题。模型覆盖了 200 个国家的 3000 个城市，是基于实际数据建立的，模型包含三层数据，第一层数据是人口数据，现在我们的人口数据来自于卫星，可以得到非常精确的人口数据；同时还有移动的数据，我们和国际航空协会一起合作，同时获取他们的数据和地面交通的数据；第三就是流行病数据，对于疾病进行非常详细的描述，如一些干预，还包含了干预措施，使用药品，或者使用疫苗等。通过三层数据就可以对于全世界流行病的蔓延进行建模。首先仅仅对数据进行分析，航空公司对于交通数据进行分析，如果航班停止会有什么样的影响？受影响的主要大陆是欧洲，大部分航班都来自欧洲，同时亚洲和大洋洲也受到影响，虽然它们和这个地区没有直接关系，但是因为有很多的航空公司有航班飞到非洲，所以使不同的大陆之间有了联系，所以这就看到一种类似于雪球式的影响，这是很难预测到的。

利用模型进行比较，也就是说把限制旅行的场景与基础的场景进行比较。我们比较了限制之前和限制之后的情况，预测显示只有在航班延误的情况下，才会产生影响。延缓可能只有几天的时间，但几天对于一个国家来说是不够的，没有办法充分地应对埃博拉病毒。2014 年夏天我们在美国的一本杂志上出版了这份论文，也希望有更多人看到，因为主要的国际组织如 WHO、ECBC 等，它们都希望不要再进行旅行限制，不仅仅是因为限制不是很有效，而且是因为旅行限制了药品的运输，例如，如果有旅行限制，药品、医生、物资都没有办法到达受灾区域，所以这是颇具争议性的措施，但是在那个时候停止了，之后国际的社区都参与进来，作为科学家提供了具体背景，但是同时也想知道为什么会发生这样的事情。如果旅行者是疾病主要的传播方式，为什么没有办法直接防止来源地的疾病蔓延？所以我们做了计算，可以证明系统本身是非常复杂的。这里有一些关键点，称之为转折点，刚才 Heman Makse 也谈到了，这分为两个阶段，第一个阶段是遏制疾病，第二个阶段是没有办法遏制的情况，这两个阶段之间能否联系起来，就意味着有多少人在旅行。因为有的时候旅行的人太多，就必须要采用遏制的方法。

采用实际数据分析之后，发现交通网络是由交通轴心组成的，如机场，再加上大量的边缘节点，这些大量的节点都是在入侵阶段的，如果要进入遏制阶段是不太现实的，但是同时如果一个交通的网络是由一个节点或者是一个网格运营的，就更容易进行遏制，因为交通网络使得我们能够快速并且有效地从一个地方到达另外一个地方，甚至一天之内都能到达。如果是在一个格局上或者在网格上进行，花费的时间就要长得多。另外，乘客可能从 A 到 B，有的时候身上携带了病菌，使身上的病菌从 A 到 B，这是最典型的例子，说明有的时候尝试是没有办法解决问题的，只能通过科学的方法解决复杂的问题。

再给大家分享几个例子：如 MERS，这是中东的呼吸病，主要是阿拉伯半岛有，叫作中东呼吸综合征，所有病例都是在中东地区的，有的时候还会蔓延到韩国，为什么会这样？有一个人他处在中心的位置，他来到中东，又回到了自己的国家韩国，之后就传染了 3 个人，被传染的 3 个人又传染了其他人，最终造成 200 个人被感染，这是中东地区以外最大规模的一次综合征爆发。一开始只有一个人被传染，最后有 200 多个人被传染，这个人就叫作流行病超级传播者。大多数的传染都发生在医院。例如，一个人入院了，他在等待就医过程中，一旦这个人被诊断为传染病疾病之后，马上被隔离就不可能传播他人，但是他在等待就医过程中有足够的时间，也有足够的机会使这个人影响或者传染 200 个人，所以对于这些人，必须要获得信息或者数据，这样才能采取预防性措施，现在这是可以做到的。我们和一个项目进行合作，用阿尔法 ID 传感器来追踪人与人之间的接近度，看看是 1 米还是 1.5 米，可以在 20 秒之内测出，对于这个案例来说可以用在医院当中，可以追踪不同的人，根据这些人在医院中的角色对他们进行分类，是医生、护士还是患者等，可以对人进行分类。这样有了大量实时对人的数据，就可以基于数据采取预防性措施，告诉医院管理者如何更好地减少医院内的疾病传播。如果看常识，我们看不同类别人之间的联系，减少联系，看看会产生什么影响。例如，医生和医生之间的接触可以取消，或者医生和护士之间、医生和患者之间的联系，都可以禁止，可以看到护士和护士之间的联系，是造成医院之内疾病传染的主要因素。

现实情况里，需要同医院的管理者说若想减少风险，必须要减少接触。接触对于患者的护理是必要的还是没有必要的？所以要重新组织护士上班的时间，让他们调整和患者接触的时间。医院有一些很复杂的软件可以做排班，但是这只是取决于这个人的时间，还有他可以上班多久，如一个月上班多久等。这样的标准也有风险，希望再增加标准，可以重新调整护士的排班，其中一个最具有现实意义的条件，就是减少医院内传播同时又确保患者能够获得最高质量的护理，这比完全取消护士和患者的接触，最终的护理效果要好 4 倍。所以要建立起框架，通过复杂网络的研究涵盖各个不同的维度。卫生官员及医院的管理者需要更好地了解怎样避免流行病的传播，同时还需要了解宿主和病原体之间的关系，有很多因素、很多的特点影响着它们的关系，现在可以跟踪这些因素，主要是接触传播，还有一项很重要的就是通过数据进行跟踪，数据是创新最重要的赋能。数据本身还是不够的，并不仅仅是因为数据是有偏见的，或者不完整的，更重要的是数据并没有真正地带来有用的信息，需要推出一个框架，通过统计、计算及其他的方式，使得框架能够产生更好的效应，产生更好的效应就是基于数据产生有用的公共健康信息，这也是在这个领域目前最创新的做法。

Federico Levi：谢谢 Vittoria Colizza 的演讲！我有一个问题。您介绍了数据和统计模式的整合，也提到了一个软件，能不能告诉我们需要多少数据？例如，目前如果要预测一种流行病是否会传播，需要多少数据和多少病例等。

Vittoria Colizza：这是一个很重要的问题，特别是在传染病领域需要实时预测。做 HEN 病毒传播研究的时候，用到 2 万个接触数据，包括在 6000 个机场研究了 80% 的航班，发现如果看传播的模式或者基础，可能这些样本还是不够的，特别是要针对某个特定的传染病，预测很有偏见，就算是时间或者是传播的高峰期，都会有很多的变化，所以关键的是要有预测模型，才能知道要可靠预测需要多少数据，还要看疾病本身的性质，还有传播需要的时间等。

提问者：您的演讲非常精彩。您说了数据的 3 个层面：数据的处理，或者说模型和现实当中的传染病学，以及实际的传染病传播有没有在实际中应用？

Vittoria Colizza：这些数据都会记录患者的行为模式，他们和人怎样互动等。我们是用数学的方式进行流行病学的研究，又用持续的方式研究这些人的状态。例如，是不是健康人被传染了？如果是流感，是不是已经被感染到了病毒，但是没有症状还在潜伏期？过了一段时间之后，可能会开始有症状，开始传播病毒。这些都是从流行病学的数据中了解的。还有包括疾病的各个不同阶段，以及在被感染一直到出现症状需要多少时间，等等。但是传染程度有很多因素影响，包括病毒本身的传播程度，每次发现一种疾病，或者一种流行病，都要重新校准我们的模型，再进行分析。

电网：停电和机遇

Adilson Motter 美国西北大学物理与天文学教授

美国、欧洲、印度和巴西等国相继发生的大规模停电事故表明，连续的小事故将产生连锁影响，形成大规模事故，其影响因素存在脆弱性和共同敏感性。考虑连锁故障的物理性质、干预举措、加载、地区差异及晚间、冬天用电量激增等影响因素，基于2008—2013年的数据建立的模型，通过对北美地区（包括美国和加拿大地区，其电网是整合的）模拟计算可以发现：造成线路故障有拓扑性原因和动态性原因。中国地区的经验表明,先进的电网技术可以预防大规模事故的发生。

今天要介绍的是电网，它并不是社会生物系统，但是同样是很复杂的网络，和其他的网络有一些相似性，也有很多的差异。在2003年8月14日，美国经历了历史上最大的一次停电事件，大约有5500万人受到停电影响，导致1000万美元的经济损失，这是历史上最严重的停电事件。2002年印度有超过一半人也直接受到了停电的影响。这些事件发生在世界上不同的地区，停电事件在世界各地都出现过。1999年在南美有超过一半巴西人口都受到了停电影响，在美国停电后不久，意大利又开始了一次停电，几乎和美国的影响范围一样大。为什么要关心这样的事情？很巧的是中国是世界上最大的发电国，之后是美国和印度，中国发电人均消费量约500瓦，这是统计所有人，包括成人和儿童得出的数据。最重要的一点是电力行业在中国发展得非常快，比世界上其他国家都要快，但是中国却没有经历过非常大型的停电事件，从20世纪90年代以来没有过这样的情况，为什么是这样？

在这个背景下有几个要讨论的问题，首先这些停电故障是怎么发生的？它们主要原因一般都是从比较小的地区开始,小的停电事件慢慢又拓展影响,我们把它称作层叠影响,像瀑布一样由小瀑布慢慢变成大瀑布。这种影响是怎么出现的？是怎样慢慢地影响到网络的？在网络当中最重要的是什么？还有就是怎样消减大幅度影响？回答了这些问题，未来才能避免停电的发生。真正发生的大规模停电是很稀少的，这是一件好事，希望能够变得更稀少，同时也是挑战，因为没有足够的事件案例分析和学习停电是怎么发生的。解决方法就是设计一个计算机模型，可以复制在真实系统当中发生的情况，通常这些事件由很多的条件造成，所以可以模拟一系列不同的场景，同时成本又不会很高。先看看连锁故障是怎么出现的，不像传染病这样，是很复杂的过程，但是它并不是病毒造成的。举个例子，如流感，如果一个人得了流感，和他有了互动，他有病毒可能传染给我，但是和下一个人是否有病毒没有关系。一个发电厂的故障会影响发电厂的情况，所以电网当中的故障不是从一个小故障开始的，不是从单个的电线开始的，是多个发电厂的故障造成的，这是比较少见的，不太可能造成连锁故障。但是一旦发生了产生连锁故障的可能性，造成其他发电厂停电或者故障可能性更大。和疾病传染不一样，只有一个影响者的传输是不够的，事实上有些时候如果出现大规模停电，发电厂有的时候就会建立小岛来遏制故障。这种网络，或者说模拟，会产生放大的效果，就像多米诺骨牌，推翻了小的多米诺骨牌，结果最后大的骨牌也倒下去了，大规模停电就是这样，小型的电厂停电会造成整片停电。

什么决定了故障的规模？如果能够观察大规模的连锁故障，就可以据此来预测，并不是每次都能如此，但是现在可以用计算机的模拟进行。模拟可以生成数据得出结论，就是说这个现象虽然很复杂，但是可以通过两个元素来描述它。首先就是一条电线故障的概率及系统或者一组的故障的概率。用这两个元素建立的模型可以看出，如果用此方法和实际的方法之间的差距，如果是其他的电网，也可以用这种方法进行建模。现在已经在这方面研究了 10 年时间，经过多年的努力，终于建立起了比较现实的模型——电网模型。模型不仅仅是包含了规模，而且还包含了连锁故障的物理性质，包括了加载的情况，还有电网操作的做法，如干预举措，还有各种各样的条件，如电网在冬天的时候用电量会激增，或者在晚上用电量激增，不同的用电条件就会给系统带来不同的压力，举一个例子来说明怎么样用模型。美国佛罗里达地区的事件是由多次的故障造成的。例如，3 个电厂故障造成，一旦这 3 条线故障，就会造成其他电厂的故障，可以吸取教训。在系统当中，连锁故障有的时候会覆盖地区，但是也不一定会影响每一个地区。北美地区就是受影响的，不仅仅包括美国，还包括了加拿大地区，因为电网都是整合的。这项研究基于 2008—2013 年的数据，因为 2013 年开始了最后一个阶段的项目，直到去年项目最后一阶段才完成，现在有了完整的数据。

动画展示了模型是如何应用的。第一件事情就是人口的分布带来的影响，最终点会分散开，电厂的分布和人口的分布有关，可以网络叠加在上面，包括美国和加拿大有这么多电线。对于故障事件，故障虽然会扩散，但是并不会影响到整个国家，也就是说它们有局域性，但是有一些连锁故障是比较大的。有了模拟之后，就可以对于数据进行补充，会发现只有 10% 的电线会故障。虽然有时候连锁故障使美国半数地方都停电，但是只有 10% 的电线会发生故障。虽然有一些故障，但是电网系统还是非常强大的，为什么会发生这样的情况？在网络当中有不同类型的故障，第一种叫作初始故障，这些电线就没有办法运行，如有时候电线熔断，或者一些树把电线砸断了等。还有一种是刺激故障，因为其他电线故障，它们自己也会故障。

这样的理解可以界定脆弱的电线只有 1%，任何情况下只有 1% 的电线是真正脆弱的电线。这是最脆弱的组件或者是电线。这对我们有什么帮助？可以利用复杂网络的概念，通过复杂网络的概念就知道哪些电线对于电网是至关重要的。把电线进行分类发现，对于网络至关重要的电线更有可能发生故障，有两个原因，一个是拓扑性原因，另一个是动态性原因，因为它们负责为大规模地区进行发电。对于连锁故障还有什么我们可以理解的？刚才说了有小的故障会造成连锁故障，对于地图展示的 8 个地区，有每个地区的连锁故障的情况，每个地区都是互相独立的，包含了量化数据，比较红色的小型连锁故障和蓝色故障，蓝色是大型的故障，超过 300 兆瓦以上的停电属于大型的连锁故障。

根据触发事件是否互相联系对事故进行分类，有一些事件因为彼此比较接近，所以会造成大的问题，从而造成大规模的停电，同时还可以看到有一些触发的事件和脆弱的点之间的距离，这两点都非常重要，大型的连锁故障是由小型连锁故障决定的，也就是触发事件和脆弱点之间非常近，触发事件之间彼此接近，连锁故障的传播是非本地性的，但是局限于触发的地区，而且脆弱级的分布并不是非常均匀。如何减少或者缓和电力故障？这是故障分布，Vittoria Colizza 也谈到了这一点，小型连锁故障发生的概率要超过大型连锁故障发生的概率，当然是希望限制连锁故障大小的分布，怎么做？必须要减少脆弱级，从模拟到数字的转移，或者建立智能电网，才可能解决问题。现在我正在主导一个项目，目标是希望增加可再生能源的使用量，使可再生能源使用量达到 50%。只有智能电网才能实现目标，智能电网不仅仅包括智能的发电方式，也包括智能的用电方式。电力在消费过程中同时也会再产生价值。又回到最开始的问题，为什么说中国的电网这么强大？有一系列原因，其中中国电网虽然还不是完全智能的，但是新的电网用到了新技术，美国和欧洲现在也希望能够使得电网更新、更智能，减少潜在事件发生。

Federico Levi：谢谢 Adilson Motter 的演讲！在座的各位有没有问题？我有一个问题，通过分析，大家发现很多脆弱节点在网络当中起到很关键的作用，您说可以通过智能的技术降低网络的复杂性，但是能不能想到一个方法，就是让网络经过调整，如调整脆弱节点连接方式，从而减少连锁的故障？有没有可能性？

Adilson Motter：我想过这样做，但是在实践当中不能起作用，因为资本主义国家和其他非资本主义国家有区别，美国在不同地区电力是可以进行交易的，所以只要能够交易就一定会促成交易。

用高分辨率测量社会网络

Sune Lehmann　丹麦科技大学副教授 哥本哈根大学社会学系兼职教授

计算型社会科学的发展，可使人们通过了解过去的痕迹来预测未来人类的发展，在模拟疾病在物理网络中的传播过程、通过复杂网络研究长期人类迁徙等方面，基于大数据已经取得了丰硕的研究成果，这就意味着人们在掌握了复杂系统规律的时候，就可以实现一定程度上操纵和控制复杂系统，有望在社会行为预测、隐私性研究等方面获得实践性应用。

今天重点讲的是复杂网络及怎样用数学的方法研究复杂网络。在数据当中，如手机数据当中，我们感兴趣的是大家怎么样移动，这就要有手机的账单来知道大家在哪里用了手机，所以我就做了一系列研究，了解大家是怎样在不同的物理空间移动的。在移动性研究的关键论文当中，有一些是同事做的研究，研究显示过去去过哪里的数据，包括过去的位置，这些了解了之后，人是可以被预测的。如果知道过去这个人去过哪里，有93% 的概率可以预测到下一个去的地方是哪里。所以如果知道过去去过哪里的数据，也可以让别人了解这个人未来去哪里，这是非常了不起的研究。把这些整合在一起，现在所在的领域就是计算型社会科学，通过了解过去的痕迹来预测未来人类的系统有怎样的发展。Federico Levi 提到我做的博士后研究，考虑的是这样的问题，研究未来重点是什么？在哪方面花费时间？我发现手机的数据有很多细节，如大多数的手机电话都是在大国发生的，对我来说就是数学，当然手机很重要，所有人都带着它，但是它并不是唯一的沟通方式，人们也会面对面和人交流，也会写邮件，在网上社交平台交流，所以并不是只有手机打电话才会有互动，互动有很多层次的。

有了手机之后，手机成了非常有利于计算的网络。有很多类型的手机，如智能手机。我们将手机发给丹麦科技大学的一年级新生，目标不仅仅是要了解手机的网络，同时还要了解网络是怎样把人连接起来的。简单介绍一下，收集的数据是手机电话、短信、学生的位置，通过蓝牙了解学生之间的距离，可以看出哪些人是面对面交流的；还有社交平台上的信息，如 Facebook 上面哪些人是朋友；还有其他的参数，可以了解各个层面交流是怎样的。即使按几天的标准来看仍然是很大的数据级。有一个 6 年前做的研究，每个人有 150 兆数据，收集了两年半时间。我来让大家了解一下数据有多少，这是大概 1 周左右的数据，在哥本哈根在 GPS 点周围的数据非常密，这也是城市当中人口密度最大的地方，把人带着的手机作为传感器，可以用它来测量这座城市，可以看到大家通过数据构建的对话。对于大学的校园，人在移动，这是一个艺术家帮忙做的视频，每个点就代表一个人，如果他们实体是离得很近的，就用一根线连起来。我们一开始移动性的样本密度比较低，只有每 15 分钟做一次取样，因为电池的问题，在人和人之间画一条线，这样能更好地了解他们在哪里。通过移动性的研究发现了很独特的一点，就是人群不仅仅是在丹麦，同时也去世界各地，所以我们的想法就是移动性不是仅限于国内，而是全世界的，这是很有意思的发现。

基于工程师的角度来看视频当中的情况，每个蓝点都是一个人，只要他们接近就把他们连起来。对于丹麦科技大学的校园，让大家知道数据是怎样的，有一个数据的通道就是 GPS，但是还有来自很多其他的渠道数据，特别是网络数据。这只是一天的情况，但是收集了两年半。这都是实际的数据，每个点都是真正的人，不是模拟，不是基于代理的模型，这是真正的人在看电视，他也有真实情感的，所以数据是非常棒的。本人不是收集这种数据的唯一的人，不是用手机收集学生数据的唯一一个人，但是这个决策是非常独特的，希望能够了解密度非常高的网络情况，因为把手机交给一群人，再由他们把手机交给其他人形成网络，这样就能够形成非常大的网络，就可以知道每一个人的信息、移动轨迹，但是这个网络密度不是非常高，其他网络也是这样，但是项目就是希望获得大量的信息，人与人的面对面的联系是非常紧密的。一天之内的研究就展现出这样的网络，可以看到人际沟通的网络是非常紧密的。

研究项目非常大，花了几年时间准备，最终启动了项目，也写了很多论文，覆盖了众多领域，一开始写的论文是关于技术方面如何收集数据的，写了网络科学、流行病学、人类移动学、睡眠研究、隐私和学术成就及性别差别等方面的论文。我跟大家分享 3 个案例，这 3 个案例充分地说明了数据用途。第一个案例是和人类社交网络的建模有关。按照图示，人与人之间所有的接触是一天之内发生的。我们希望了解网络，因为这就是在现实世界当中面临的复杂性，特别是在人类的互动方面的复杂性。那么怎么分析？如果不看一天之内的互动，只看一个小时的互动，网络就发生了变化，网络有了一定的结构很有意思。如果再缩短时间，只看 5 分钟之内的接触，非常有意思的事情发生了，网络分崩离析了，你就会看到在这个时间段之内有多少人是在一起的。例如，一开始的时候图示是绿色毛团很难解开，之后看到时间越短，就有越清晰的数据。收集更多的数据可以在合适的时间节点上分析，这样就变得更加容易，因为一般如果有了时间信息，有了更多数据，分析数据的方法也变得越来越复杂。因为要分析时间演变，有的时候需要数学公式，用非常复杂的数学公式进行分析，但是现在因为时间缩短了，有了更多的数据之后，反而更容易进行分析。

现在我们以简化的方式了解人和网络之间的关系，不去解析大的绿色的毛球。想象一个人在网络当中的旅程，这个人可能在不同的群体之间跳来跳去。例如，中间的红点就是一个人，这个人可以参加到一个小组当中，随着时间的变化会参与不同的组。通过收集数据，不必了解分析绿毛球的复杂，就可以模拟一个人在网络当中的轨迹。为什么这样比较好？是因为现在可以利用过去研究，例如，基于过去位置可以预测未来位置，基于过去的社交体验，就能推测未来的社交经历和体验。我们可以比较一下在空间当中物理空间和社会空间中轨迹的可预测性。

第二个案例是关于社交网络的，因为 Vittoria Colizza 在这里，所以举这个例子，因为所说的和我有关，和流行病学有关。我们写了一篇论文，因为有不同的网络，所以就想要知道疾病是怎么在人之间进行传播的。但是如果要在几千个手机上安装软件，就会知道要衡量人之间的关系成本是非常高的，所以问题在于，如果用计算机模拟疾病在物理网络中的传播，只知道打电话的数量，或者只知道 Facebook 网络，可以知道预测有多精确吗？所以我们写了这篇论文，问题很复杂，我们模拟了在蓝牙上记录的会议，或者会议之间的疾病传播，同时还做了分类，例如，密切接触传播的疾病分为通过唾液可以传播的及其他方式传播的，如果是空气传播的，就是另外一种类别。

第三个案例是关于人类的长期移动性。因为复杂的网络中，人们就会研究在物理的空间中人是怎么样移动的。很多之前的研究都是关注一个人在空间中前 6 个月的旅程，如从家里到商店，或者到餐馆等，但是在更长时间之内，移动性怎么样变化？把熟悉的地址画出来，研究者想要知道在一年或者多年时间之内，人类移动性发生了什么样的变化。虽然熟悉的地址是固定的，但是人们还会探索新地方，所以我们的生活并不是完全静止的，过一段时间就会到新的地方探索发现，之后速度就变慢了；同时还发现，在移动性当中，有一个很有意思的现象是我们从来没有意识到的，就是人熟悉的地方都是固定的，但是随着探索新的地方，老的地方必须要消失，也就是说在任何的固定时间点，去的地方数量都是固定的。例如，一般是 25 个地方，如果找到新的地方，如找到新餐馆，就会发现原来旧的 25 个地方当中有一个必须要消失。不仅仅是在全球层面，在个人层面也是如此，所以这就是人类移动的一种情况，这是非常有意思的发现。

关于研究前景，我要传达的观点就是在研究的时候，主要能了解一些现象，但是同时也会发现，一旦了解了复杂系统规律的时候，就可以操纵和控制复杂系统。如果世界看来就像是绿色的大毛球，那就没有什么可以做的；但是如果我们认为大的绿毛球可以进一步分解，而人们的会面可以通过社会的空间映射出人们的轨迹，那就可以预测人类未来的行为。所以基于数据极所做的研究，如在网络科学方面可以预测世俗行为，在流行病学方面可以推进有效的接种，在人类移动性方面可以改善交通的规划，在隐私性方面就可以理解信息是如何在数据通道之间流动的，在学术成就方面可以帮助成绩不太好的学生提升老师的教学水平，在性别方面可以支持性别平等。所以我希望通过收集数据了解系统管理，或者说更好地控制系统。

Federico Levi：非常感谢 Sune Lehmann。针对 Sune Lehmann 说的，大家是否有问题？我问一个问题，就是在您的电话实验当中，结果肯定是有偏见的，因为这些学生都是一年级的学生，您觉得结果的局限性在哪里？

Sune Lehmann：这个学生群体是有偏见的群体，我的目的是希望了解学生之间高密度的社交，一旦了解之后就可以进行更加平均的采样。但是回答一个问题并不能用大概的方式，必须要采用非常详细的方法进行研究，再进行概括。例如，在研究社交互动的时候，发现如果比较你在社会空间和物理空间方面的可预测性，那么在社交空间上可预测性比较大。如你出去探索就会交新朋友等，在学生的群体当中在星期五晚上才会认识新朋友，这个没有办法应用到整个人群上。

提问者：记忆的效应是很有意思的，可能产生身体影响，或者是精神影响。在互联网上有没有研究过，如有没有人一个地方去过几次，有没有常规化？有没有时间的限制，或者其他方面的限制？

Sune Lehmann：在论文当中，这是很有意思的观点，但是没有时间详细讲。我发现因为每一天的时间是有限的，所以去的地点也是有限的。如晚上都回家，有很多拥挤的情况。因为时间的限制，所以没有看到有很多的地点，没有直接显示这是认知的限制。但是我认为这应该是很有价值的另一个系统的研究，所以更多的是精神上或者记忆上的影响。

3 互动交流

Federico Levi：下面请各位演讲者上台。首先，感谢吕琳媛教授加入讨论，她是电子科技大学基础与前沿研究院教授，也是阿里巴巴复杂科学研究中心的副主任。您的视角很不一样，科学家对于复杂性非常感兴趣，他们希望通过复杂科学研究解决问题，但是他们主要是专注于学术，您是在阿里巴巴研究中心工作，所以能不能请您介绍一下在公司的环境下怎样解决问题、怎样通过复杂科学解决问题？

吕琳媛：非常高兴能够参加浦江创新论坛，这个论坛的主题非常有趣，也要感谢Federico Levi 的邀请，以及感谢你的介绍。我来自阿里巴巴复杂科学研究中心，研究兴趣主要是网络科学，特别是信息过滤及预测，以及推测一些行为，包括行为分级，这和Heman Makse 教授所说的相关，要在网络当中找到影响者。因为我们研究中心是在 2013 年刚刚成立，至今为止有 5 年历史，在过去 5 年当中，我们尽力地和企业合作，不仅是阿里巴巴集团，也包括其他大的公司，包括腾讯，还有中国移动，以及初创企业。我们知道研究者和企业属于不同的权责，有不同的最大化的目标，一般也会用不同的语言，所以两个社群之间有很大的沟通或者合作的鸿沟，需要缩小差距或者鸿沟来促进合作。举几个例子：怎样和阿里巴巴合作？虽然我们是阿里巴巴复杂科学研究中心，但这个中心并不是阿里巴巴集团的一个部门，并不是一个业务部门，仍然是研究中心，是一个研究所。在过去 5 年当中，有 3 种合作的形式。首先就是作为研究中心和阿里巴巴集团下面的某一个部门合作，来做特定的项目。例如，在今年和阿里巴巴人工智能实验室合作，协助他们改善天猫精灵智能产品，这是一个智能产品就是用语音识别的技术。第二种合作的方式是联合组织技术研究会议，如第一届阿里巴巴复杂科学论坛及区域论坛。第三种合作的方式就是做研究。虽然有些人没有获得大学教授的职位，但是他们会去阿里巴巴的部门做研究，这样他们也有机会评估真实的商业数据，并且做分析。例如，有一位教授来到阿里巴巴，加强他们的 APP 当中推荐的功能。

Federico Levi：这是非常有意思的，话说回来，连接预测技术，我觉得可以帮助阿里巴巴改善推荐功能，您能不能再解释一下？

吕琳媛：连接预测技术是用来帮助腾讯的，但是链路预测可以预测推荐的系统。链路预测在一个网络当中数据可能是已知的，在这些数据基础上可以知道节点的特点，在信息基础上可以做预测。例如，哪两个节点现在还没有连接但是未来有连接，或者现在是已经连接的但是数据是缺失的，这些都可以应用到很多的领域，不仅仅是阿里巴巴业务，像推荐功能，而且还可以用于其他领域，如预测未来可能哪两个节点有连接。

Federico Levi：谢谢，这是一个很有意思的例子，说到复杂科学和连接，其他几位专家怎么看？我想请 Vittoria Colizza 发言，您说到工作当中，在公共健康的领域会和政策制定者、医生、医院工作人员一起合作，怎么样和他们合作？怎样有效地和他们沟通？

Vittoria Colizza：口头的沟通，不需要给他们公式，我也需要学习的，花了很长时间，在很多方面并不是很容易的沟通，很多时候不是语言的问题，有时候是工具的问题，在刚开始我发现去公共健康领域工作的原因是要解决问题，先问自己一系列问题，这些对于专家来说并不是问题，所以刚开始先从提问开始，要很谦卑。这些问题并不是正确的问题，但是在过了一段时间之后，可以转换一下角度。例如，2009 年和联合基金合作，和政府官员见面，我刚出版了研究结果，很高兴地给他们看，但是他们说对这个不感兴趣，公共健康的领域有很多政府的介入，有很多国际机构介入研究，但是对政府来说更感兴趣的是巴黎情况怎么样，而不是波尔多或者尼斯的情况。我审视自己的研究不要过于关注国际，而是更专注于本地的情况，对于研究来说是很有效的方式，把我推向不同的方向。

Federico Levi：这也很有意思，这个问题 Adilson Motter 可以回答一下，确实是很有意思，公共健康的问题推动研究。从另一个方向看，研究是否会影响到官员，如在他们设计电网的时候会不会对他们有影响？您的复杂科学研究结果是不是影响到他们的思维方式，以及他们看待问题的方式？

Adilson Motter：我也经历了 Vittoria Colizza 说到的类似挑战，但是形式不同。我是参与大型的项目，其中有 5 个机构参与，有 2 个是行业内企业，在项目快结束的时候，我们希望技术能够商业化，讨论的是基础科学的问题，是和项目相关的。最主要的区别就是在学术界做研究和业界做研究的区别，会受到现实的限制，要把选择项减少。电网可以从头开始设计，但是并没有用，除了在发展中国家也许可以重新设计，很多情况下只能在现有系统基础上做增量设计。除此以外，在不同领域大家考虑的问题是不同的，在自己的研究小组不仅有科学家，有物理学家，还有工程师等，最主要的区别就是像我这样的物理学家，主要从大的角度来考虑，而工程师喜欢讲究细节，所以他们会把小的问题作为重点。我的工作就是让这两组人能够共事，这样既能够有大局观，同时又能够讲究细节。

Federico Levi：您想不想补充一下？很有意思，特别是您觉得在驱动创新方面，您说了从物理的角度有的时候不能引起受众或者合作者的呼应，能不能说一下，在他们的心中种下创新的种子，这样的结果和分析会给他们产生影响吗？

Vittoria Colizza：这方面面临着巨大的挑战。我们必须要意识到第一次把模型放在制定者桌子上的情况。现在已经是 2018 年，还不一定有具体的结果，毕竟人们是从 SARS 之后才开始这样做，那个时候才实时地利用模型、利用收集的信息采取行动，在这个方面走了很长的路，才能够开始合作沟通。还有在地理方面，不需要解释机制，不要解释技术的细节，但是要强调数据的需求，因为数据也是非常重要的一部分，如和法国的国家健康部门合作，不仅仅需要创建模型进行预测，提升意识。同时在和平时期有一些合作特别好，因为在和平时刻才真正展示出我们的兴趣。我验证过一些监测的原型，最重要的是如果流行病爆发的时候，出现了输入的病例，怎么才能意识到？要提供什么样的信息？必须要通过调研，但是调研不能太长时间，因为可能会影响到旅行者，但是必须要有充足关键的信息，能够供他们评估风险。同时必须和他们沟通，获得我们需要的信息，这也充分说明他们也采取了措施，有些时候是摸黑探索，但是都需要双方努力，确保只有通过合作才能做出重要的贡献。

Federico Levi：这是非常好的例子，之后请观众提问，继续讨论。Adilson Motter 说了和公司一起合作，希望能够有一些交付的结果用到现实当中，我想请问 Heman Makse，您觉得创新或者学术研究在开发和推动创新方面要发挥什么样的作用？

Heman Makse：这是巨大的课题，科学家们始终都在创新，每次看到创新，可以从两个方面来考虑，向上和向下。向上就是复制创新，现在有了人工智能，所以都在应用人工智能，但是作为科学家，也希望看到创新来自哪里，最终就会发现创新是来自基础科学。如人工智能，一些教授提出了深度网络概念，最终是谷歌赶上来了，没有办法跟谷歌进行竞争。所以大的创新，不管到底向下如何应用，或者能不能提出新的架构。因为没有办法和大公司进行竞争，创新的关键还是上游，也就是研究，如果要复制是很难的。

Federico Levi：我同意，可以说在创新背后有研究支撑，但是并不是所有的研究都会成为创新。

Heman Makse：所以必须找出创新的创新者。

Federico Levi：根据您的经验，在设计研究的时候是不是要考虑到这个问题？

Heman Makse：例如，我在设计影响者算法的时候，有很多影响者，但是算法有的时候没有办法扩大，所以必须要设计出可以扩大的算法，覆盖如 1 亿人、2 亿人。如果解决方案没有办法应用到推特，没有办法应用到 5 亿人身上，对我来说研究毫无用处，所以在进行研究的时候，先看基本的问题是什么，同时要考虑到最终的大规模应用，但是并不是每个科学家都会考虑到这一点。

Federico Levi：科学家都是不一样的，您也说了并不是所有的科学家都是这样做，所以 Adilson Motter 能不能说一下，在何种程度上，研究机构接受过这种方面的培训？和工业伙伴进行合作的时候，必须要脚踏实地进行接地气的研究，研究者是不是接受过接地气研究的培训？

Adilson Motter：与私营企业之间的互动非常有价值，只有这样才能把研究转化为科技成果。他们提供的资源重点投放在哪里？对于研究人员的意义就是他们的工作能够应用到大学以外，造福社会，因为在大学当中可以做各种各样的研究，有一些研究的领域并不一定有短期的应用，但是有很多的研究是应该能够对世界产生影响的，如虚假新闻对世界的未来产生了巨大的影响。所以这是切切实实的问题，大学可以进行相关研究，可以和私营企业一起合作进行研究，在数据方面进行大量投资。

Sune Lehmann：我完全同意他们说的，我要补充最后一点，就是基础研究和应用研究之间另一个区别就是时间，所有的物理学老师都会用这样的例子：一个伟大的科学家对电池学做出重要的贡献，1800 年的时候社会的需要就是希望客厅里有更多的光，结果提出了研究的议案，一个人就说我有一个建议，另外一个人又提出了新型蜡烛，钱投在了提出蜡烛的人身上。所以基础研究的作用就是要进行深入的研究，进行深入的探索，这样才能对一些问题提出全新的解决方案。

Federico Levi：我同意，大家之前讲的研究都证明了这一点。人类进步还是要由基础科学的进展决定。

提问者：有一个问题，现在网络科学发展还处在早期，您有没有发现它已经改变了人类的行为？因为现在又出现了 5G、物联网、上万亿的装置的网络，我们获得的数据肯定比你们学生研究的数据要多很多，是不是会改变人们的行为？而且人们是不是以后会停止合作？他们是不是会采取不合作的态度？因为他们不愿意向我们提供数据了，这是已经有了的问题，还是未来会成为问题？

Sune Lehmann：如果不做任何研究探索，你也会发现技术改变了人们互动的方式。现在人们已经利用社交网络进行互动了，我个人比较有兴趣及研究的领域就是现在什么东西都在加速，也做了一些研究，虽然有一些技术最近刚刚出现，但是推特已经出现 10 年时间了，所以可以回顾一下，看看人们和平台之间的互动是不是发生了改变。世界变得越来越快，在我的研究小组当中，或者在更大的研究界，大家可以思考一下是哪些东西发生了改变，这是很有意思的，也是值得分析的。另外一个问题就是人们会不会开始停止合作，到目前为止似乎没有。大家只需要做的就是如使用谷歌，谷歌提供免费搜索、免费电子邮件服务，人们都愿意向谷歌转交非常详细的个人数据。到目前为止还没有看到人们停止合作。

Federico Levi：关于这个问题，您已经汇报了关于人类的行为报告，如可预测性，还有旅行的模式等。大家如果了解了这些研究，是不是会改变他们移动或者互动的方式？

Sune Lehmann：人的行为复杂性有很多和个人相关的因素，个人在和很复杂行为互动的时候行为也是很复杂的，所以很难使人的行为变得更复杂。从演化的角度来说一开始都是猴子，刚开始环境都很简单的，这样才能找到简单的行为模式，这是复杂科学在人类研究的角度可以应用的原因。但是说到隐私，可以让电脑帮助我们，因为很难隐藏互联网上面所做的事情，如让 1 个、2 个机器人模拟其他的行为，这样就可以淹没自己的行为。这是很快可以请计算机帮助我们的。

Federico Levi：人类的行为在流行病传播研究方面有很重要的影响。如果了解流行病的传播，人类的行为是否会使得研究更难？您是怎么考虑这个问题的？

Vittoria Colizza：这也涉及对于流行病的共同知识，人类的行为并不是完全没有影响，但是不会非常严重。如果说人的行为或者沟通的方式没有办法预测，就会变得很难。如推荐大家打疫苗，这是真正有效的第一道防线。还有我们经常看到流行病有季节性的爆发，这是可以预测的，对于社交媒体有越来越多的研究，建模者认为把社交媒体上的行为模式考虑进去，通过模型可以预测未来可能出现的行为。通过数据来做预测通常有一个问题，就是事后才能获得数据，如果真的要做预测，对我们来说是很困难的。此外，就是社会学家和流行病学家很长时间以来，一直在考虑怎样分析流行病的原因，但是很难建立联系，包括人得病时的状态和流行病传播之间的联系，不仅要关注个人的层面，还要关注大的人群。例如，MERS 在韩国爆发的流行病并不是个人造成的爆发，和公众的常识也是有关系的。

Adilson Motter：很多人认为基础设施系统和人的系统是不同的，但是如果不涉及人，系统要简单很多。有一本书翻译成中文叫斯盖林（音），其中提到在大型城市中人走路的速度会更快，和城市化以前所未有的发展速度有关。很重要的一点就是在做研究的时候，我发现需要依赖更大型的数据，人的行为改变也有可能是因为现在处于更大的城市当中生活，所以会产生人的行为改变，也改变了我们的数据。

吕琳媛：我也提到，即使我们完全了解系统的潜在指标，但仍然没有办法做很准确的预测。我们都知道规则，但是要预测确切的结果还是很难的，所以虽然现在数据越来越多，不仅仅来自自己的数据，还有其他方提供的数据，但是并不会阻止人们继续合作。同时在另一方面要进一步推动合作。虽然现在细节信息来源多了，但是要处理数据的能力却是有限的，所以需要专业的平台或者助理帮助，从这方面来看有可能会促进未来的合作，但是这种合作并不是由数据源推动的，因为数据源是个人兴趣推动的。

Federico Levi：这是很好的观点。说到合作，自然想到一个问题，在您几位的演讲和研究当中，也提到了自己的研究都受到了各方的支持。您几位做的是跨学科研究，而且是这方面的先行者，能不能分享一下正在进行的跨学科研究中碰到的困难？

Heman Makse：要找到真正的领域，因为有大量的沟通。我们是物理学家，出于某些原因，大家觉得我们比较聪明。这也是好事，说明他们对我们态度会好。还有一些人是这样想的，他们觉得我们会得出一系列方程，这就有问题了。例如，要和纽约医院医生合作，他们是生物学家，把方程发过去的时候，他们说这些都是数学的方式，在现实情况下他们并不能够理解我们这样做的原因，其中有一个人说已经看过了论文，觉得我的公式是不准确的。有的时候会碰到很棘手的情况，数学的方式还是需要跟各方沟通，让大家理解。

Federico Levi：说到创新，是不是有结构上的问题在阻碍着跨学科的合作研究实现创新？

Heman Makse：很多时候大家并不理解，其实并没有很多真正的跨学科学者。有些合作伙伴是在科学基金会工作的，是物理学家、数学家，或者是生物学家，问题是这些人真正在一起合作工作。我们还有 15 个合作方，每个人都有自己感兴趣的领域，不管是物理还是生物，所以是有一些结构上的障碍。关键是所有的人都要共同推动，因为未来的科学家不会仅仅是物理学家或者是生物学家，都会是跨学科的，要了解数学或者生物及一切。这是科学的未来。

Sune Lehmann：还有一点非常重要，对于基础科学，或者对于创新来说都很重要，就是不会创造跨学科的连接。把物理学家和其他学科的人放在一起，不会让他们很好地交流。要让大家在一起解决一个问题，如果我的合作很成功，都是因为自己没有办法独立完成，但是有其他人可以给我提供非常有价值的贡献，所以就很需要这样的合作。我们现在做的工作就是把人的行为研究再转到其他物种，如熊或者是猴子，所以在数据当中如果出现很难理解的部分，没有人给我们解释，就没有办法做下去，如有人问这个猴子为什么有这样的行为？需要人可以帮助我们，所以很需要这样的人。到底是需要这些人还是自己独立研究，这是关键。

Federico Levi：这确实很关键。下一个问题就是要有这样的人，培训有多重要？您之前谈到有复杂科学的培训工作，但是后来科学家更多地去企业工作了，他们接受的培训能帮助他们建立起科研界和企业界的连接。

吕琳媛：之前已经说了这两个社群之间有长期以来的鸿沟，需要有人能够在中间起到连接的作用，就像翻译要从英文翻到中文，或者是反过来。今年阿里巴巴商学院推出了新的本科项目，是关于数字经济的，所以这个课程的目的就是培养学生，使他们能够成为此类人才，所以对于课程的学生而言，不仅仅是会有科学研究的课，同时还邀请了工程师，还有公司的高管，包括阿里巴巴公司的高管人员对学生进行讲课，告诉学生们如何管理企业，如何解决企业的问题。所以也希望项目未来能够成功，今年只是第一年。

提问者：国际上在过去 10 年进行了大量的合作，但是最近因为政治政策的改变，你们有没有研究项目是受影响的？就是政治政策的改变有没有影响到你们的研究项目？

Federico Levi：什么样的政治政策，或者什么样的政治改变？

提问者：就是你们的任何研究项目，包括大数据，或者其他项目会不会受影响？你们有没有类似的经历？

Vittoria Colizza：我不知道我说的能不能回答你的问题。这个问题，或者 Federico Levi 之前问的问题，都涉及个人的行为。这是现在越来越清楚的，就是让市民参与，这样才能获得他们的依从性。如公共健康方面的推荐，是否接受免疫地接种等，为了要减少免疫之间的差异，有一些国家如法国开始大幅改变免疫接种政策，在此之前必须要通知公众他们做的政策改变是什么，同时还要向公众征求意见，了解人们对于免疫接种的看法。如果是由政府来做会产生大的影响，因为涉及大数据，也改变了向公众推荐的强制接种疫苗的数量，效果是立竿见影的，特别是对于疫苗而言。以前人们对于推荐的疫苗和强制疫苗有看法，觉得推荐的疫苗不是很安全，出于公众健康的原因他们觉得不需要，但是现在不一样了，与政府沟通得比较好。

Federico Levi：另外在数据处理方面，您之前也谈到了隐私的问题，如何解决数据的隐私性？您对于未来数据隐私有什么样的看法？因为在某种程度上我们知道有的时候人可以预测是很可怕的。

Sune Lehmann：在收集数据的过程当中，我们深入地思考了隐私问题。隐私不是一个单独的问题，涉及很多问题。如法律方面，有的时候获得法律许可获取数据，同时要确保数据的存储是安全的，所以也涉及安全，另外还有同意的问题，就是消费者有知情权。如提前告诉学生会收集数据，确保他们的知情权。想到隐私就觉得晚上在客厅坐在沙发上，如果有人监视你，会觉得很奇怪吗？怎样确保自己一直感觉到被人监视？怎么确保这一点？我们把可识别个人身份的信息和原始的数据分离开来，确保研究者只能获得他们需要的数据，所以我们进行了大量工作进行数据收集组织，这样才能确保个人隐私得到保护。现在欧洲在数据处理方面，出台了一个政策叫 GDPR，现在欧洲数据监管方面越来越严格了，我们比他们更严格，基于个人的数据，能够披露多少个人的情况？基于个人的行为，能够多大程度上预测人们的未来行为？或者说信息在数据通道之间的传输会带来什么样的问题？有的时候通过手机 Wi-Fi 可以看到周围这些人的 Wi-Fi，可以用这个来确定所在的位置，因为 Wi-Fi 的热点都是相对固定的，所以即使没有 GPS 的数据，即使我们不用谷歌，我们也可以较为准确地预测人们的轨迹。更令人惊讶的是，我们甚至可以推断出谁和谁是朋友。我们可以基于 Wi-Fi 的信息预测谁更有可能打电话给谁、有哪些人在 Facebook 上是朋友。你所在的一个地区，你们用的是同样 Wi-Fi，虽然有的时候有噪声，但是通过数学模型可以把数据整合在一起做预测，所以手机上看到的 Wi-Fi 热点，不仅仅可以让我们看到你的社交网络，而且还可以透露其他的信息，这是很可怕的，即使我们致力于保护人们的隐私，但是在对待数据方面，也必须要非常严肃，而且有的时候会利用数据开发新的产品。在研究过程中必须保护人们的隐私，因为还不知道研究会带来什么样的应用。

Federico Levi：最后一点很重要，让人们意识到会存在风险，这是第一步。要让研究机构或者公司意识到数据收集带来的后果。回到今天论坛的主题，Adilson Motter 您认为复杂网络在何种程度上得到了广泛的教育？或者说在何种程度上人们应该意识到网络效应？或者说他们对于网络的理解，会给他们的日常生活带来什么样的影响？根据您的研究，是不是应该让公众能够得到或者了解您要传达的观点？

Adilson Motter：在我的机构我教的是物理，对物理的定义是关于量子、力学、混沌、复杂性等。从这样的角度看，在复杂性当中包含了其他比较成熟的领域，如量子物理学等，还有一些生物物理方面的领域，也整合在了复杂性领域当中。这个领域发生了什么样的改变？随着不断的演化，它会滋生全新的研究领域，这些领域自己会蓬勃发展，所以对我而言，复杂的网络、复杂的系统只是思考的一种方式，科学家是最后一个发现复杂网络的人，因为我们生活的世界一切都是复杂的。我们现在都意识到了以前的研究方法有局限性，但是不应该教。

Adilson Motter：在物理学当中，粒子物理学等物理的每个领域在各种程度上都受到了网络因素的影响，人们都有所了解。

Federico Levi：但是外行人呢？如一般性的活动，虽然大部分的人不了解一些细节，但是关于相对性事件有一些观点可以传达给大众。

Adilson Motter：这正是我要说的，复杂性的概念可以灌输给公众，这样公众可以意识到他们的应用当中复杂性发挥的作用。如我的大学生，他们要选自己的专业，有的学生就选择了复杂性专业，有的课程是覆盖复杂性、复杂网络的，未来的趋势是会有一些专门的课程是关于网络科学的，可能是跨学科的课程。不同的学科讲的语言都是不一样的，对物理学家来说主要依赖数学公式，工程师主要是模拟，如果是生物学家他们最重要的工具就是老鼠等，虽然有的时候有一些词听起来一样，如机制，但是用在不同的领域是不一样的，所以如果和细胞的生物学家一起合作，对他们而言发现机制就是发现流程当中的分子，对我而言机制就是了解细胞当中发生了什么。

Federico Levi：这就是教复杂性涉及的。在座如果有问题请举手，如果没有，我们总结一下，Vittoria Colizza 因为您提出了很有意思的一点，就是在何种程度上常识会主导或者引导我们。复杂的问题靠常识是没有办法解决的。就 Adilson Motter 所说的您怎么想？

Vittoria Colizza：当然要取决于目标是什么。您讲到的是受过教育的人，如物理学家，或者科学家，而普通的公众是不一样的。复杂系统，还有网络科学，它们有一些科学的结果在大众当中进行传播，如轴心的概念等，但是同时这些都是科学当中非常基本的元素。在我的演讲当中谈到了人的行为，如果要让公众了解背后的科学是非常难的。当然如果出现流行病传播，或者流行病爆发的时候，会有很多人关注，会有几百万博文出现，媒体也会报道。但是除非进行详细解释，否则公众还是不了解详细的情况。

Federico Levi：最后请各位简要说一下你们的研究在几年之后如果对创新起到推动作用，这个作用会是什么？

Heman Makse：就是未来的创意生活。神经网络离我们并不遥远。关于神经元是怎样控制我们的行为，已经有了很多数据。结构和功能之间的关系是很重要的，如果真的能够了解大脑当中的两者关系，就可能立即运用在人工智能方面，能够实现人工智能的飞跃。这是我目前做的工作，这是很酷的。

Vittoria Colizza：很重要的一点，就是复杂网络的相互关联在公共健康方面已经有了大量的投入，能解决很多的问题，包括人的疾病或者是动物引起的疾病。我们如果有更统一的了解，就是更整合的了解或者是联合的研究，就可以建立起一个框架，能让我们更好地解决相关的问题。

Adilson Motter：因为我们都在地球上，更重要的问题是怎样解决不平等、怎样减少不平等，这样大家都能够提高生活的水平。其中一个方式就是评测，这是我研究的方向，当然不仅限于这个领域。

Sune Lehmann：要推动创新，应该更加实际。其他人谈到了自己的研究，我希望我做的研究能构建更有效的社会，在未来 15 ～ 20 年实现更有效的社会。现在大家都在评测怎样移动和交流，我希望建立起可以产生更少废物、提高效率的世界。

吕琳媛：我个人认为创新不是单一的技术，或者某项专利。我认为在进行创新的时候，应该要和真正的社会活动及社会需求连接起来。虽然并不知道我们能够为未来的创新做出什么样的贡献，但是我认为肯定会起到帮助，至少是在教育方面，可以培训建立起两个社群的关系人，可以做更多贡献。

Federico Levi：再次感谢各位讨论嘉宾！也非常感谢大家出席今天的论坛！谢谢！

未来（科学）论坛2：推动人类表型组研究领域的发展

面对全球经济进入大规模、长周期颠覆性创新集群发展新阶段，寻找颠覆性技术将成为把握科技和产业变革的重要抓手，以及抢占全球科技经济发展制高点、增强国际竞争优势的重要途径和驱动力量。人类表型组学研究已经成为继“人类基因组计划”后的又一战略制高点，为生物医学研究提供了新的突破口，将为健康中国和创新驱动发展目标的实现提供科技支撑。

1　论坛综述

浦江创新论坛未来（科学）论坛2：推动人类表型组研究领域的发展，由复旦大学副校长、中科院院士金力主持，讲演嘉宾共4位：美国系统生物学研究所所长，美国国家科学院、工程院、医学院院士 Leroy Hood；中国科学院大学副校长、中国科学院院士徐涛；澳大利亚国家表型中心执行理事、英国皇家医学院院士、复旦大学名誉教授 Jeremy Nicholson；复旦大学教授丁琛。与会中外嘉宾围绕推动人类表型组研究领域的发展为主题，重点就如何实现以颠覆性技术引领现代经济实现新旧动能转换，如何围绕《积极牵头组织国际大科学计划和大科学工程方案》组织培育大科学计划项目等方面开展研讨，进而为未来推动表型组研究领域的发展提供指导。

面向个体的深度表型组研究为医疗变革提供科学支持

继人类基因组学之后表型组学的深入发展，推动生命科学的探索进入新的历史阶段。作为系统研究某一生物或细胞在不同环境条件下所有表型（从基因、蛋白质到代谢各尺度）的学科，表型组研究重点关注某一生物的物理和化学性状随着基因突变及环境改变而变化的规律。历经几十年的发展，表型组研究尤其是面向个体的深度表型组研究已在外科、肿瘤、营养等诸多医学领域获得了重大突破，并从疾病研究走向了临床应用，未来必将引起医疗各学科的深度变革。

医学影像技术为生命科学研究与发展提供强有力的科技手段

随着人们及医疗机构对重大疾病认知的进一步加深，传统以胶片为介质的影像分析技术不断向多元化、数字化、网络化的医学影像技术发展，不断实现与分子影像、功能性成像等技术的融合，并使之提升到对细胞、组织结构、细胞内分子及基因的检测观察，进一步推进诊断及治疗相结合的一体化医学影像设备与医学技术的相继成熟，进而将对重大疾病的发现及诊疗提供强有力的分析手段。

分子生物学发展推动精准医学和群体医学向实践应用迈进

当前，对人类生命和疾病本质的探索已成为现代医学未来发展的使命，促使医学研究不断从宏观走向微观，从细胞水平发展到分子水平，尤其是精准医学和群体医学的相继出现与发展，使得分子生物学与基础医学、临床医学、预防医学、检验医学等逐步实现密切结合，推动人们探索人类生命本质的进程不断向更高级的阶段演进。

2 嘉宾演讲实录

面向个体的深度表型组研究：孕育中的医疗革命

Leroy Hood　美国系统生物学研究所所长，
美国国家科学院、工程院、医学院院士

当代医学的发展与演变得益于深度表型组的发展，特别是针对遗传上存在心血管疾病、糖尿病、各种炎症等疾病，开展深度表型组数据分析，并对相关性进行进一步临床验证，可实现对疾病进行有针对性的行为干预，进而能够发现更多的医学风险，提出新的诊疗方案，寻找更有效的治疗靶点。

人们意识到了人类的复杂性及深度表型组研究的重要性，但是从一开始没有意识到这种深度的表型组学能提升对于疾病的了解，深度基因组学研究能够使人们对于人类的健康和疾病有科学的了解，有深度的基因组学就能够深入地了解如何更好地防治慢性疾病，今天演讲重点关注它的科学重要性及它如何能够帮助人们在未来进行慢性病的防治。

为何现在人们会对医疗和健康如此关注？在20世纪70年代，没有人意识到科学对于人类可以作为一种量化分析，当时对于生物的复杂性知之甚少，但一位教授对于生物学的复杂性产生了浓厚兴趣。从那之后的40年间，生物学复杂性经历了7个阶段的变化，在这7个阶段当中不仅仅让人们意识到了生物的复杂性，而且也推动了21世纪医学的发展。第一阶段，就是把工程学应用到生物学当中，使人们能够有读写DNA的工具，这个技术不仅能对人类进行高通量的衡量，还能够搜集数据，从而产生大数据及其分析。第二阶段，即DNA的测序推动人们于1985年春天启动了人类基因组学的项目，当然这个项目实际上于2000年年初开始，它使得人们拥有了一次解密人类复杂性的重要机会，并让人们能够了解人类遗传的变异，能够分析人类的健康和疾病的表型组。第三阶段，把化学工程、计算科学、生物学整合在一起，使人们意识到了跨专业的生物学是一个理想的环境，能够实行或者开展现代的生物学，使得生物学家可以充分利用各种各样的学科和工具进行研究。第四阶段，是本人1992年帮助比尔•盖茨建立了一个健康部门，成功地开发了早期的技术来分析单分子生物、单细胞生物等。第五阶段，是本人于 2000 年成立了系统生物学研究所（ISB），主要是希望通过跨专业的方法来解决复杂的生物学问题，所做的一项重要工作就是界定了两个非常重要的 21 世纪医学概念，以系统性的方法来防治疾病，叫作系统医学，由于深信医疗是可以预防和参与的，所以将其称为 P4 医学。医疗分为两个领域，健康和疾病领域，当时鲜少有人会思考健康领域。第六阶段，本人于 2014 年所启动的一个试点项目，称之为量化的健康项目，即对 800 个人进行深度表型学的研究，并成功地在第二年建立了一家公司，对于个人消费者提供一些服务。第七阶段，作为美国最大的私人医疗公司的首席科学官，本人最终将 P4 医疗和医学纳入了主要的医疗体系当中，2014 年有 108 个人参与了此试点项目，探索科学或者量化健康的可能性。

在美国，认为健康主要有两个决定性因素：遗传占到了 30%，环境和生活方式占到了 60%，剩下的是医疗体系，对健康只做出了很小的贡献，占比不到 10%。密集的亚型研究将会使人们能够评估遗传和环境及生活方式对于健康的贡献。试点项目对 108 个人进行了量化分析，每 3 个月用一些设备对每个个体的诸如蛋白质、代谢物等 1200 个指标进行分析，并分别建立个人数据云，然后通过对数据云的分析来持续进行自我追踪与生活方式监控，并获得可行建议，这不仅仅能够帮助提升他们的健康水平，还可以预防疾病。每个月每个人都会产生 2 ～ 3 个可以行动的可能性，通过生物学家和健身教练的共同参与，这种教导方式非常成功，有 70% 的人实际上在教导之下都执行了可行性建议，这个结果非常好。对于其中 96 个参与者进行的 96 个血样，可以看到很多人在遗传上都是有一些缺陷的，68% 的人有炎性问题，59% 的人有心血管问题，54% 的人有糖尿病方面的风险，108 个人当中有 53 个人是前驱糖尿病，但是很多人在行动下慢慢恢复正常，一开始提出 200 多个可以执行的可能性，在整合了不同的数据之后可以看到行动的可能性（actionablc possibilities）得到了大规模的增长，现在可能性更多了，很多都是和遗传、营养、微生物、数字健康方面有关。经过 9 个月的实验，大部分人都希望继续参与这个科学健康项目，并且大多数人都意识到其实他们没有想象得那么健康，事实上对于大多数普通健康人而言，如果把你的科学素养看作是一个楼梯，其实大部分人都会在楼梯的底部，通过行动的可能性就会越来越健康，就是在一生当中能够不断地提升你的健康，这样便可达到楼梯的顶部，在 80 ～ 90 岁的时候身体仍然保持着足够的能力，你的心理也是健康的。为实现这样的目标，必须要做出一生的承诺，要一直推行科学的健康。

个人如何以健康的方式老去？成立于 2015 年的 Arivale 是一家为消费者提供科学健康服务的公司，基本覆盖了美国所有州，可以在全国范围内进行临床实验。目前，已发现超过 100 多个健康向疾病转变的案例，大多数慢性疾病都是如此。系统生物学研究所与其合作分析了这些临床实验数据，下面是这些数据所展现的一些内容。

密集的表型组研究有点像哈勃望远镜，使人们能够深入探讨宇宙的暗物质，密集的表型组研究使人们能够探讨人类健康和疾病方面的暗物质。在 108 个实验参与者中，将数据分为代谢物、临床实验、生活方式、微生物分类、遗传特性、蛋白质六大数据类型，每个数据类型中会分析每一个数据比特，从统计学上寻找与另外一个数据类型的数据比特相关性，最终找到了3500个统计方面的相关性，这在之前是不知道这些系统实际上是相互联系的。事实上，如果仅看数据相关性的图，有点像毛球一样，看不到任何主要的特征。但是，如果把那些统计概率最低点除去，就会看到其中有70个领域，每一个领域在生理上或疾病上都是有关联的。以总胆固醇的摄取数据为例，有50个相关分析物，与很多微生物和维生素E呈正相关，与内源性甲状腺素呈负相关。在这70个组群中可以发现一些与药物关联的有趣状况，如药物甲状腺素（合成激素）能降低低密度脂蛋白胆固醇，这是发现医疗领域关键问题及解决方案的一个全新的方式。

从大数据当中可以看到非常好的统计关联性，但是统计关联性并不是真的有意义，除非把它转换成假设，然后再用实验的方式进行生物学上的验证和认证，方能识别出一些机制及药物的靶向和生物指标等。人们能够通过全基因组的数据来发现超过100种疾病风险，把个人的全基因组特点包括一些正向和负向的相关性结果进行一个风险分析，然后再把它和2000个正常的个体基因组进行比较研究，可以判断该个体是处于中型风险，还是高风险或者低风险的人群。目前，全基因组关联分析研究（GWAS）覆盖了大多数常见疾病。

为什么这些多基因的分析可以被认可呢？把高风险和低风险的样本都搜集整合，将个人平均结果和整体结果进行比较，发现它在风险增长方面是一个线性的关系，以胆固醇为例，低密度脂蛋白胆固醇与遗传风险呈单调关系。研究可以得出这样的结论：大多数人所关注的疾病显示出了一些基因关联性。因此，通过这样的分析可以降低遗传的风险。

另外，可以通过分析包括蛋白质、代谢等在内的分析物来确定生物年龄大小，并与实际年龄进行比较。把实验者按年龄分组，观察他们控制的表现，分析他们的代谢物，结果发现他们表现相近。同时还有一个很有趣的发现，70～80岁这一组的框是比较宽的，框的底端可以横向地把它和40岁、50岁相关联，可以看到它的表达差异相近。这些70～80岁的人生物年龄比实际年龄要低，如果这些人患有糖尿病或者冠心病，生物年龄要比实际年龄高得多。这种生物上的健康分析让人们拥有一个帮助分析生物年龄的工具，并且帮助优化生活方式。同时也在探索一些其他的方式来分析人的生物年龄。

接下来，对于这样的实验数据集的一个解释就是从健康到疾病的转变。在2017年有一个50多岁的女性有胰腺癌问题，对其血液进行了4次分析，将分析结果和之前所分析过的2000个人进行比较，发现其中一种蛋白质非常突出，可以表现出胰腺癌，它是癌症传播的必要蛋白质，而且主要在胰腺中表现，是潜在的生物标志，如果要开发胰腺癌药物，那么该蛋白质就是潜在的靶向。此外，还做了一个识别疾病的网络预诊断，以四阶段的胰腺癌为例，发现9个不同的信号通路，第一次验血结果并没有发现通路，第二次可以做出诊断，第三次有两个通路，第四次验血有5个通路，每一次均能看到更多的通路。

这样就能够在早期发现癌症。现在做的是将每个个体每次的验血进行分析，然后会出现这样的问题：发现的异常值是否和其他的网络相关？是否有统计上的关联性？现在发现的异常值如果不和任何疾病相关联，就会引起关键的问题，那该疾病的信号到底是什么？很显然需要很多的机器学习和 AI 能力来确定接下来 5 ～ 10 年当中哪一种异常值表明有疾病，又能表明哪一种疾病。希望未来每一个人都能够尽早地发现疾病症状，如阿尔茨海默病这样的症状等，在疾病尚未完全显现时可以尽可能地考虑这个疗法。这关系到 21 世纪预防性药物的发展，通过系统地研究几百种早期疾病的转化，以力争发现这个疾病的靶向及疗法。

当然，目标是把所有的慢性疾病在其表现之前就尽早逆转过来，这也涉及研究疾病所采用的不同方法，把它作为一个连续体，从健康的状态到转化的状态然后成为一个严重的疾病，希望能够尽早地发现这个疾病转化最早的点，这是需要在任何临床症状出现之前，如阿尔茨海默病，用小鼠的模型进行研究，发现在疾病显现之前 4 ～ 6 年就会出现转变的情况。前面谈到的这些特点，可以通过大脑网络的分析很早地发现，而且发现有指数级的网络发展。首先做的研究与阿尔茨海默病相关，因为它一直是一个非常复杂的疾病，过去 12 年当中的临床实验没有一个是成功的，没有任何有效方法来治疗。可能了解大脑代谢过程，但是对该病本身知之甚少，希望能够以范式的转变来真正地转变阿尔茨海默病的治疗，因此称之为多适疗法，也叫大脑认知。在系统生物学研究所（ISB）附近建立多模态阿尔茨海默病诊所，未来将以这里为基地应用最新的技术，包括成像技术、免疫测试来进行研究，希望能够把它升级，可以服务更多人群，扩大到卫生系统、美国甚至世界，同时希望把该研究方法拓展到其他神经性疾病上。研究发现，在阿尔茨海默病患者出现认知退化之前 4 ～ 10 年就开始了转变，通过血液当中的生物标记来确定最早的转化点位置。问个 12 年前就存在的问题，如何在生物上优化关于阿尔茨海默病的沟通？有人提出了 36 种方法，包括药物、运动、饮食及其他方面，有 200 个人用了 36 种方法，80% 的人最后恢复到了正常。

大脑认知研究是研究了人及动物的大脑，可以用电脑游戏来评估认知能力的不同方面，包括认知图上的能力等都可以评估出来。人在 30 岁左右时大脑的功能达到顶峰，之后开始走下坡路。如果某人大脑失去了一些能力，可以设计一些电脑游戏使他恢复这些能力，因为大脑是非常灵活的，除非神经有非常严重的损失。通过这种计算机化的疗法可以使 8 岁孩子达到 30 多岁时候的脑力水平，这是一个非常强大的工具，它把大脑视作一种可以被锻炼的器官，如锻炼身体一般。

最后，关于 N=1 的实验：实验患者是 3 期膀胱癌，先从传统的精准疗法开始，对肿瘤进行测序，然后做活检，发现有两种药物，让他吃这种药物，几个月之后又对他进行了手术。在密集表型组分析过程中做了以前从未做的事情，即对 5000 种蛋白质进行蛋白质组的分析，有了 5000 种蛋白质就可以建立一个热星图，由于这个人参加的该项目已经

5年时间了，可以对他建立一个热图。在用药治疗早期时未发生改变，这个药完全无效果，手术之后用热图可以描述其反应。这也是未来免疫疗法的良好候选人，未来基本上每一个患上复杂疾病的人都可用此法治疗。

总之，在过去的100年中，美国在医疗行业发生了两次重大的革命，第一次是1910年调研150人后撰写的一份报告，表明未来应该用科学来治疗疾病和培训医学院的学生，其他学校也迅速跟进，采用科学来诊断和治疗疾病，这是20世纪的医学；第二次革命是21世纪的医学，即系统驱动的医学，如P4医疗、系统医学、科学健康等，这是受到密集表型的驱动的。人们希望能够用密集表型的分析来了解个人的健康和疾病，最为重要的是利用这种方法来了解人类是如何从健康转移到疾病的，再去分析如何能够逆转这种趋势。大家可能心存疑问，到底现在推行的是21世纪还是20世纪的医学？现在大多数精准医学都是20世纪的，原因在于可能仅涉及一点表型分析或者基因学分析，而且仅关注疾病本身。未来的医疗应关注科学健康，这才是了解疾病的关键。

影像学：生命的全景

徐涛　中国科学院大学副校长、中国科学院院士

生命是物质运动最复杂的形式，一个人类个体生命活动涉及从离子、分子、细胞、组织、器官一直到宏观环境等各种不同运动的影响，这些不同层面运动在时间和空间上都跨越 10^{10} 量级的差别。对于生命科学研究而言，影像学特别是影像遗传学研究为其提供了强有力的手段，小型化、自动化、智能化、高清晰度、高敏感度、高通量、诊疗一体、跨尺度融合等影像设备均成为未来发展的重要方向。我国2017年成立的国家多模态跨尺度生物医学影像中心，致力于开发新一代影像技术，将建立起覆盖从宏观到微观的全尺度、多模态整合影像设备体系。

本议题共同探讨人类表型组的研究，着重探讨影像组学，这是人类表型非常重要的内容，着重关注于技术和仪器设备，在今后5年将会开发此类的技术。生命应该是物质运动最复杂的一种形式，可以想象一个细胞就像是一个小的宇宙一样，只有10微米，人类大脑也像宇宙一样，有 10^{12} 个神经元，就像是宇宙一样，每一个神经元都会有1000个连接，可以把人类的大脑看成是一个1.4千克的宇宙，人体也可以看成是一个宇宙。

生命是由许多元素组成的，微观层面包括了核酸、氨基酸、新陈代谢等，还有不同的细胞、各种器官等，但是生命作为功能实体本身并不是这些成分的总和，而且生命的活动也是在不同的层面发生的，在空间层面有生命的活动，在原子层面也就是 10^{-10} 级别

层面，在时间的尺度方面可以看到有分子的世界，再到个人的生命，这里面包含了大约10个级别。这些生命的活动实际上是相互关联的，也是不可分割的，如何打破这种尺度的障碍，如何整合多尺度的信息或者多模的信息，仍然是一个挑战。

影像技术是生命科学发展最重要的赋能因素，人们认为所见即所信，人类开发了非常重要的技术来观察人体，这些技术都基于不同的模式，显像的模式是什么？实际上就是一种技术的方法，是基于衡量的原则来获得物体的具体属性，如电子显微镜，主要是了解电子和材料之间的关联，它可以让人们了解微观层面的结构；如果是光学显微镜，它能让人们了解器官的结构和离子的运动、分子的运动等。不同的显像模式可以告诉人们结构、功能、组件方面不同的信息。例如，光学显微镜是非常具体的，可以看到细胞当中的分子层面，但是清晰度又不是非常高；对于电子显微镜而言，可以看到清晰度非常高，但是对比度不是很高，所以很难找到一个蛋白质。MLI也是如此，核磁共振成像的对比非常清晰，介入式的看不到分子层面，如果你想看到分子层面可能得用CT，每一种模式都有自己的优劣势。如CT，它的敏感度非常好，但是对比度很差，信号噪声的分辨率不好，最好是能够把多种模式整合在一种技术上，这就是人们多模影像的优势，即不管在敏感度还是分辨率还是信号噪声比等方面都有良好的表现，会看到它可以获得多种技术的互补优势，给人们带来更多的信息。多模态的成像有3种方式：可以是同步的原位成像，也可以做持续性的原位成像，还可以是非原位持续性成像。既可以衡量一些参数，还可以做参数的整合和融合。通过工程上的创新及科学的创新实现多模态跨尺度的成像技术，希望能够实现显像设备小型化及人工智能、自动化。通过新的工具我们希望能够做影像遗传学的研究，基因组学、蛋白质组学及各种组学都是生命这一出大戏当中的演员，影像遗传学就是剧本情节所在。希望通过影像遗传学能够提供生命现象的全景概览，除了身体的表面还能看到骨骼、器官及心脏的跳动、血管，包括神经元细胞及个体细胞，还有细胞之间的连接。这就是生命现象的总揽。

为了达到以上目的，很重要的一点是要有大规模整合的成像设备，这些设备的趋势是高清晰度、高敏感度并且是能够进行跨尺度影像的融合及多模态功能结构和组成成分，高通量、自动化，并且能够实现诊断和治疗一体化，还可以进行大数据的分析。很多发达国家已经在这些设施方面进行了大量的投资，包括美国的HHMI、MGH，以及哈佛大学的研究所。2017年，中国在北京怀柔科技园开始建设国家生物医学影像中心，称之为全国多模态跨尺度生物医学影像中心，由北京大学和中科院生物物理学院共同建造，总投资大约20亿元，建设时间是2018—2023年。该项目是中国“十三五”规划中的工作重点之一，其科学上的目标不仅要发现在生命现象中的空间、时间动态及内在的关系，进行影像遗传学研究，探索一个新的领域，还为生物医学的研究及革新提供新的工具和技术，且要研究记忆认知、肿瘤及冠心病的相关议题，引导新时代生物医学的进展。针对这个中心工程方面，影像的空间尺度是10^{-10}～1米，空间的精度是10^{-10}～1毫米，影像储存能力达到15PB，整个中心包括四大主要设备，从微观到中观到宏观的设备及全尺度的影像整合系统。不仅仅有成像的模态，还结合在一起成为多模态的成像系统，如项目中第一类装置的目标和功能是要进行生物体的结构与功能的成像，来研究大脑的认知和关键的疾病在空间与时间的相关性。众所周知，一般做PAT扫描需要20分钟，如果全身扫描90秒以内，放射的损伤更小。举个例子，将要建设的高敏感度、全景式的2米长的CT系统，将是世界上最高的敏感度、最宽广的视野及最快的速度的人类分子成像设备。该系统尺度可以达到4.5毫米，敏感性增强了40倍，这样的扫描系统可以在快速衰变的情况下使用。如碳半衰期是20分钟，该设备就给人们带来了新的可能性，来测量细胞体当中的代谢机制。将要建造的高敏感度M1级的系统，敏感度非常高，它的时间精度小于1毫米，也不需要冷却，可以直接和大脑连接。第二类装置是建造多模态活细胞成像设备，通过高时空分辨率成像，记录生物体生理下精确的生命活动，有跨尺度的大脑成像MRI、光电子控制，还有光子、电子、X光模式的融合，还有超高分辨率的激光共焦显微镜系统，只有2.2克，可以很容易地把它安装在老鼠的脑上面。这是一个双色的高分辨率的小型化多分子显微镜，它有一些关键的设备。第三类是显微镜的设备，目标是重点研究生物大分子的高分辨率成像，有TEM系统，还有冷成电的TEM和原位动态TEM、业态TEM、高通量三束扫描电子断层成像系统和一系列的亚系统。第四类装置是可以进行AI分析，可以处理其他3个设备搜集的数据，可以应用在大脑科学、心血管疾病及肿瘤上，对于肿瘤的治疗可以把所有成像技术整合在一起进行特征的抽取，协助早期的诊断，精准治疗，以及对于其疗效进行一个评估。即能够利用双光子成像，通过硬件的融合和算法的融合，采用高速3DSEM去解密学习和记忆的过程。未来，我希望采用这种时空一体的PAT、MR的成像，应用在心血管的分子药物当中。

目前，全国多模态跨尺度生物医学影像中心的设计看起来就像是一个细胞一样，中间就是细胞核，周边还有很多的建筑物。那些显像设备都是分布在不同的建筑物当中，向全世界开放的。每一个人都可以申请在这里工作，有专门针对客人的办公室等。

分子生物学在精准和群体医学中的应用

Jeremy Nicholson　澳大利亚国家表型中心执行理事、
英国皇家医学院院士、复旦大学名誉教授

复分子生物学技术是生命科学研究中最先进、最前沿的技术，而精准医学和群体医学是生命科学最重要的组成部分，精准医学和群体医学的发展需要分子生物学技术来推动。随着分子生物学技术的发展，特别是人类基因组、干细胞、基因治疗等技术的进步，极大地推进了人类寿命的显著提升、健康与医疗品质的显著改善，未来分子生物学技术在精准医学和群体医学中不断应用，将深刻改变人类对其本身的深度认知。

今天，主要交流过去25年在分子表型组学方面的一些研究，利用这些技术来加深人们对于人类表型的一些了解，进而把它应用在实际的领域当中。过去9年，我主要负责的帝国理工学院医学部有机会在现实临床环境当中推广相应的技术。首先谈一谈面临的问题，这个世界出现了很多新的疾病、问题，如人口老龄化给人们带来了很多的问题。但是任何一切和人类疾病有关的问题实际上都是依赖于人们和环境之间的互动，要了解一下对于人类要了解什么，需要哪些衡量指标来了解人们的健康和疾病。

赋能的科学或者说分子表型分析及整合两者建立的模型来分析人类的疾病和健康，然后要把这些新的科学转化为临床的解决方案和医疗的解决方案，这样才能成为可以执行的解决措施。如果没有办法把这个信息传达给医生，那所做的一切科学研究都是无用的。所有的科学研究都应该是务实的，都能够应用在现实世界当中。每个人都想活得很长又很健康，如100年的寿命，并且这100年过的健康且幸福。在发达国家中，活100年还是可能的，但是可能最后的二三十年人生中会有各种各样的疾病缠身，生活相当痛苦。因此，我们必须要思考如何预防疾病。只要生病了就必须要进行有效的治疗，这就是精准预防、精准治疗。

生命当中的一切实际上都是由基因和环境之间的互动决定的，环境包括饮食、药物等。例如，在中国有中药，有时候是食补的一种方法；还有生活当中接触到的一些环境，孩子和成年人接触到同样东西受到的影响是不一样的，之前的演讲人都谈到了，必须注重环境的变化。人们和世界之间的关系是非常复杂的，任何进入身体当中的东西必须要经过很多层的阻碍，这个过程中会接触到很多的细菌，最后引发生病，直到最近有一些疾病才被人们真正了解。基因和环境之间的关系实际上就产生了表型组学，因为基因和环境共同作用给人们带来了疾病的风险，使人们必须利用表型组学来进行疾病和健康的分析。为进行精准医学研究，人们开发了一些技术和方式，可更好地照顾这个患者。但是要采用技术和方法，部署技术是需要克服障碍的，毕竟涉及很多利益相关方，包括政府、制药公司、患者、教育者、监管机构等，所有这些都会成为技术成果转化的障碍，在想到技术成果转化的时候可能要想一想它在现实世界当中是不是真的可以实现，而且也要考虑成本，毕竟大家的财产资源都是有限的。但是精准医学在每个人出生之前就应该开始的，基因和环境的相互作用在胚胎期间就已经发生了，真的要学习的东西还很多。以糖尿病为例，人们知道1型、2型糖尿病，实际上糖尿病至少有10种亚型，整合了不同1型、2型的特征，共有16种普通的治疗方法，但是对于这种治疗和已经表达出来的表型似乎都没有什么关系，第一次介入、第二次介入、第三次介入当中都不知道为什么要用这些药物，大家都只是在猜，医生做了决定，开一系列的药物，试试看能不能成功。因此，人们需要精准的生物学，这些药物的组合必须是准确的，要了解患者的生物学特征，这样才能达到最好的疗效。不仅仅是糖尿病、癌症，其他疾病都是一样的。现在人们的生活方式越来越差，美国人过去 20 年也是越来越胖，肥胖有点像传染病一样，人数越来越多，其实这是生活方式或者环境驱动的，在中国也越来越西方化，包括美国和欧洲通常的疾病，很多不良习惯从孩子就开始了。例如，在英国，50% 孩子不锻炼，30% 孩子喝酒，10% 孩子抽烟，不良的生活习惯增加了心血管疾病、中风、2 型糖尿病、癌症的发病率，尽管在医学上可以发明很多的创新药物，但是如果不改变人的行为模式，那是没有用的。对于医学科学家来说，一项非常重要的工作就是要教育公众，让他们能够改变自己的生活习惯。当然，科学家不能仅仅依靠自己就做到这一切，这需要公司和政府的参与。

举个例子，疾病为什么会发生这么快的变化？帝国理工学院两年前发布的论文显示了 2 型糖尿病在全世界蔓延的情况。2014 年的情况表明，中国是世界上 2 型糖尿病人数最多的国家，但每年都在发生改变，并且有些国家如太平洋岛国的人数也发生了巨大的变化，主要是因为体重太重了。为什么短期内会发生这么重大的变化？这些变化已导致一代人之内医疗的负担大幅增加，现在中国糖尿病患者已经超过 1 亿人，30 年前不是这样的。还有抗生素滥用，婴儿都开始接触抗生素了。如果男孩第一年就接触抗生素，他们更有可能在青少年的时候肥胖，这主要就是因为体内微生物发生了改变。婴儿出生的时候，特别是剖腹产婴儿会获得妈妈的一些病毒，剖腹产的时候晚期的时候特别容易肥胖。微生物组对人类的基因来说是非常重要的，它是肥胖的重要决定因素。当然和微生物组相比，人们所接触到的还是非常少的，肠道的微生物组大约有 100 万亿，一生当中有 10 ～ 15 吨细菌会被冲出去,这些微生物的变异性和非传染性疾病有关。如有关自闭症、癌症、糖尿病等，要去测量并且理解这些疾病，并预防这些疾病，这对于整个世界来说是非常重要的，对于治疗是非常重要的。代谢组学涉及各个基因组，人的身体有不同的细胞类型,包括各种组学,在不断地交换和变化,其代谢物质在体内不断循环。举个例子,从胆固醇中获得的类固醇，每天在肝脏中代谢，其中有一些乳化的作用，肠道中的微生物不会立刻改变肠道的环境，但是可以产生胆酸，而且是生物活性的，这是微生物与肠道中癌症及肝脏癌症到底有什么样的关联，这种微生物是不是会改变这种疾病的发生率,饮食也将影响到这种微生物，所以是互相影响的关系。此外，肠道中的微生物是不是影响到疗法，肠道微环境将会影响抗癌药物的作用。几年前提出的 CPT-11 会引起胃肠道的问题，通过一种抑制剂，从肝脏当中产生，再到肠道，可以进行一系列的干预来调节药物带来的毒性。在科学界中，代谢组、表型组学是更广泛的科学部门，可以进一步研究来了解生物系统。

通过光谱测定可以有很多种不同的方法创建代谢的细节研究，这里需要一些非常复杂的技术，实际上因为是做探索性的生物学研究，所以要用到一系列新的技术，这些技术在不断发展当中，需要进行一些技术的调整来获得生物学上的结果。英国国家表型组学中心正在研究一些和疾病风险相关的表型组，现已研究了几千人的表型组学，来了解那些表型组和哪些疾病的风险相关。这个中心还负责制定国家医疗政策，通过表型组研究疾病新的诊断法或者患者的分层法，并改变他们的行为，降低疾病的风险，进而在临床中心帮助患者采取一些决策，帮助他们真正治疗疾病。一般表型组分析需要几个月，但是有的时候分析结果不能在实际当中适用。现在全球大约有 6 个表型组学在做这些方面的研究。2012 年，有一个药物测试中心转化为表型组学研究中心，进行了代谢组学相关的研究及探索性的研究。它的规模很大，在伦敦中心大约有 50 名专家。几周之前，在澳大利亚也部署了相关的中心，今后也会有类似的一系列研究开展。还有很多大学及政府部门包括卫生保健计划进行合作的项目，希望一开始就有一个临床转化的平台。他们做了很多测量，做了负荷实验，包括动物的实验，会测量 40 000 ～ 50 000 个组，还有身体当中几千个相关的表型组都会做这样的研究。规模很大，需要相应的设备，需要高通量设备，同时进行合作。很多仪器都是同时加工做，还有一些不同的研究，一次 10 ～ 12 个重点研究在进行，而且都是非常复杂的。还有需要进行原数据的数据过滤、分析和处理。对于实验室的工作人员，一个样板可以做一系列研究，然后就会出现很多的结果。在这个实验室当中可以完全复制光谱议的结果。还有同步发展的，2012 年、2013 年以前很多大学和研究机构做的研究，甚至 2005 年就有人发表的论文，当时没有引起太多关注，但现在大家已经认识到了重要性。现在有了表型组学中心，可以更容易地进行研究，通过建立起表型组学中心的网络，希望能够以标准化的代谢生物研究方法在微生物层面了解和疾病相关的表型组，以及研究疾病和气候变化的关系，因为气候变化将会改变人们的行为方式、行为习惯包括微生物等。

举几个例子，如阿尔茨海默病的预测，我们和很多人一起研究了很多年，针对阿尔茨海默病做了相关认知的研究，它的准确率达到 72%，这个论文还没有发表，这是目前研究出来的阿尔茨海默病转换的最准确的预测。还有代谢 G-MWAS 分析，可以开发完全针对某种疾病的药物。如肥胖症，研究了几千个美国人及英国人，了解整个系统到底是怎样的，发现微生物在美国人研究人口当中体重变化关系达到 8%，而 G-WAS 基因只有 4.5% 关联度。我们在网络上开发的一款软件：记载 6500 种代谢物质及它们之间的关联性，把一些生物标记也包括进去，红色的是正向关联，绿色的是负向关联，这样就可以了解它们之间的通路；根据它们在身体内的物质就可以得到一个代谢物质的地图；还可以了解代谢基因，在人体代谢系统当中找到和代谢密切相关的微生物；同时还有各种各样的食物数据，有营养物数据，可以把人们吃的食物代谢情况和生物标志联系在一起，哪种食物和最重要的 BMI 的指数相关，之前只能说可能红肉对你不好，而水果对你好，现在可以确定地说为什么是这样。蓝的是负面的相关性，红的是正面的相关性，把它称为营养物，代谢的探索工具。还有另外一种路径进入多层次网络，遗传方面的修正，盐是很重要的因素，过量摄入盐会产生高血压。盐这些实际上都在同一个路径当中，生物标记可以和肾当中发生的一切相关联，从而造成血压的升高。有些是非常复杂的，第一次终于有了工具，可以把微生物的代谢和其他的代谢分开来看，这是匹兹堡大学几年前做的研究，非裔美国人患癌的风险超过非洲人的50倍，如果让人每周吃美国人的食物，让美国人整天喝粥，再分析他们的菌群和代谢，结果实际上是相反的。两周之内结果就逆转了，而且还进行了生物标记，饮食的改变会大幅改变生理状况，从而改变或者减少患癌风险。这就是表型分析非常重要的优势。我去年发表了一篇关于糖尿病的论文，研究饮食的变化给患者的代谢带来什么样的影响，饮食当中有不同的配方，100%健康食物，他们代谢情况都发生了变化，这些都是从不健康到健康人的情况，但有些人朝着相反的方向发展了。当然，不可能通过饮食一个方法帮助到所有的人。对于个人而言，饮食健不健康真的取决于你的肠道菌群，有的对你来说不健康，对别人来说可能是健康的，可以建立健康或不健康饮食的个人档案，进而对个人进行监督，这实际上就是量化健康的方式。举个例子，两个女性，妈妈70岁了，女儿49岁，但女儿健康状态更差，因为吃了大量的肉，也不锻炼，每天都喝酒，而妈妈的饮食更为健康，比女儿要健康得多。如今只需花费5分钟，成本是10美元的尿检，就可以知道自己生物化学检查的结果了。

有关临床、营养的问题。医生在临床诊断当中做的任何决定都会影响到真正的人，因此必须要做正确的决定。临床诊断当中一般采用患者表型分析来仔细追踪患者个人的一些变化。同时还对物体MLI（多层绝热）进行分析，以及对患者表情的分析，医生进行诊断、采血、验血、成像，再介入、化疗、手术，然后分析看能不能基于表型信息进行新的诊断、新的方式来选择疗法，并监督患者看看他们的生理特征是不是有所好转。结果发现，这方法适合于任何疾病。在临床的表型中心有各种各样的患者，如癌症化疗、心血管基因等，这里的医学问题就是你的肾功能衰竭和慢性衰竭，如果不换肝就会死。采用这个设备，对于患者进行活检，有控制组和不同的志愿者，还有训练组、测试组、MLI，让他们进行了所有的肝脏测试。这里有一些比较好的例子，选一个疾病，马上可以知道这些患者当中谁会先死去，谁最需要肝。实时的表型分析的应用，是在手术当中经常会使用的。可以用光谱议来分析，把分子分开，以一定速率来比较2500个代谢物，以此进行建模，让外科医生知道他到底切的是不是肿瘤的地区。大分子可以缓慢加速，进行衡量，外科医生看到的就像交通灯一样，可以告诉你92%。用它治疗乳腺癌，确保切之后的地方是没有癌的。这样一个技术本身会给手术带来革命，使得手术的环境就像是实验室一样，对于大多数人来说手术似乎和科学没有什么关系，现在手术也成了一种科学。这不仅仅可以用在癌症上，还可以用在其他的一些疾病上，如肠道疾病，只需要2秒时间，而不是3～10天。这样就可以实时地进行诊断，这是以前的肠镜做不到的。还可以做各种各样的分子成像，可以通过表面来衡量分子，可以把质谱仪和设备整合在一起，这样就可以看到这个组织。举个例子，一个肿瘤的活检，利用质谱仪呈现组织的图像，红色的是肿瘤，绿色的是肌肉，蓝色的是其他的一些东西。利用不同的技术和不同的衡量指标，可以区分不同的组织指标，红色的就是癌症的生物标记。用质谱仪进行扫描组织，找到生物的标记，然后根据数据库读取它，自动诊断这个组织。还可以对这个组织进行建模，预测一下癌症在哪里，可以根据数学模型进行预测，哪里是肿瘤、组织或肌肉。如果只是想知道是不是肿瘤，可以通过分析遗传的亚型来判断。例如，乳腺癌中基于成像可以知道到底是什么样的肿瘤；如果是肝癌，可分成 3 个亚型：有化学标记物的，有三维图像的，可有把生物标记用三维方式表现出来，多个切片连接在一起的；还有以生物标记路径的方式标记出来，大概有 300 万个代谢数据。但不能仅仅通过表型组学做出这样的图，表型组学样本太大，需要成千上万的序列才能够有这样的力度。这就是一个全新的技术，可以看到抑制肿瘤的成像。

有关视觉化的问题，需要分层医学，需要了解患者不同的路径。可以把数据用很多不同的方式形成一个决策引擎，如临床的决策引擎，不要去挑战医生的决策，只是给医生一些工具，在临床和本科学生这边做一些培训，也可以让患者了解他们的过程是什么样的。为了要创建这样的引擎，需要创建很多视觉化的工具，如一个模型、一个患者或者一组人的数据，可以通过技术来进行数据的搜集和检测。这是分析复杂数据的方法，这是帝国理工做的工具，在澳大利亚还在进行更大规模的研究。南威尔士州也在做这样的试验，不是和一般电脑上看到的数据一样，它这种呈现更容易理解。左边是医生，中间是患者，在一个沉浸式的环境当中向这个患者解释他得了什么样的肿瘤，再和他解释手术的过程。这样的技术不仅可以让医生做很好的诊断或者帮他们做治疗的设计，也可以给患者做解释，让他们做好手术的准备。还有三维技术、3D 代谢，可以让人在令人惊叹的环境当中进入代谢系统的内部，也可以用它和医生进行互动，给他们介绍相关的技术。有很多不同的数据做解释，包括临床数据、手术数据、手术时间、手术类型、代谢数据，这很可能是世界上第一个完全可以用于临床并且可以完全互动的系统。

希望能够有这样的一个手持设备，就像是超级电脑，可以放在墙上使用。在一些大学已经有了一些像 iPad 一样的设备，如加州大学，但是很少能够有把自己的数据整合在里面的。还有的做了一些其他工作，如这是一个手机，它有一个软件可以解释三维质谱仪的代谢影像，也可以多一个屏幕使它成为真正的 3D 影像。例如，一个手术室里面的组织切面，医生在分析肿瘤，希望能够更好地了解患者的情况。可以戴上眼镜，显示肿瘤的各个方面，这个技术已经准备好了，要来改变世界。

最后，人们不可能给所有人提供个性化的医疗，因为人太多了、成本太昂贵，但是可以尝试通过技术在发达国家发展一些技术，然后在发展中国家加以应用。一些实验室通过非常昂贵的实验发现的生物标志，在英国的中心、在非洲、在赞比亚的实验室中开始使用这些生物标志，发现有很好的效果。因为科学是为世界上所有人服务的，不仅是富有阶层。我们面临着很多的问题，当前有非常棒的技术，必须要在国际上把这些技术结合在一起解决世界的问题。今天所成立的国际表型组学研究中心也是一个非常好的实现改变世界的方法。

蛋白质组学与精准医疗

丁琛　复旦大学教授

> 精准医学最基本的任务就是通过科技创新及患者、医生和科学家的共同合作，推出个性化的医学或者护理。精准医学短期的目标是要治疗癌症，长期的目标是要应对各种各样的疾病。一定意义上讲，精准医学发展受基因组特别是蛋白质组学的推动，但是人类蛋白质组学发展受一些瓶颈制约，2014年才发表人类蛋白质组的相关报告。此外，低丰度转录因子蛋白的覆盖技术的发展、一站式蛋白质组数据平台的建立，以及大数据技术的应用，为建立精准医学和蛋白质组研究提供了新的契机。

精准医学最基本的任务就是通过研究技术让患者、医生还有科学家共同合作，推出个性化的医学或者护理，短期目标是要治疗癌症，长期目标是要应对各种各样的疾病，但是目前仍然面临着很多的挑战。精准医学基本上都认为这是由基因组推动的，但是实际上需要筛查一些不同的表型组，包括一些蛋白质及其他的表型组，面临很多的挑战。需要去识别真正的“驱动力”，例如，在做筛查的时候发现很多的变异或者差异值，但是哪一个是真正驱动疾病的，就需要去了解。了解了驱动因素之后才能针对性地开发药物，这需要考虑耐药性并且要有临床实验。2015年美国总统奥巴马宣布了精准医学倡议的启动，几个月之后中国政府也启动了精准医学关键技术研究和发展，这也是“十三五”规划中的一部分。这两个都是很大的项目，强调了基因组学推动的精准医学，但是也不能忽略蛋白质组学的作用。从基因组到蛋白质组，还有很长的路要走。2001年，6个国家的科学家宣布了人类基因组第一份草稿；2014年，人类蛋白质组的相关研究在《自然》上发表，这意味着蛋白质组学研究比基因组研究落后了15年。2015年，两个分别在做蛋白质组学的研究小组发表了人类蛋白质组草案的论文，其中一篇论文搜集了32种不同的人体组织，包括24种成人组织和器官，还搜集了不同的细胞型，检测到有6000～8000个蛋白质，共发现17 294个蛋白质，占可能基因编码蛋白的84%。还有另外一个教授领导研究的应用不同数据的模型，搜集了几千种细胞类型和组织，以及之前已经发表的手稿当中的超过2万条数据，实验的染色体覆盖率超过了90%。这两个论文给人们带来了非常强烈的信息，现在蛋白质组学其实是基因组当中非常重要的一部分，从生物学技术研究一直到临床上的应用，一共有4个瓶颈。第一个是深度覆盖，这是之前两个论文提到的，达到深度覆盖，又要在很短的时间里实现，需要开发快速测序技术，很快地搜集数据，如3～6小时之内。第二个是蛋白质量是不够的，不像基因组，蛋白质没有办法放大，需要扩大一些蛋白质或者把它分解成很多的碎片才能有足够的量。第三个是在基因组研究当中有一些已经成熟的数据平台，但是蛋白质组学当中没有这样的平台，包括数据的储存、处理、分析等。现在有人花了6年时间开发出了系统，进行蛋白质组学数据的分析。第四个是需要一些很好的案例来展示怎样可以运用蛋白质组学的方法解决生物医学的问题。

第一个问题，短期之内深度覆盖，2011年很多实验室都提出了深度覆盖的方法，关于单一细胞株，用质谱仪来分析分片，包括T细胞等，还采用了深度覆盖的方法覆盖了11 000个不同的基因产品，这种蛋白质组和转蛋白质组的方法是可以互相弥补的，这种蛋白质组的方法可以实现完整的组学分析。但科学家们往往会需要更长的时间实现深度覆盖，例如，如果需要把蛋白质分成不同的分片，如100个分片可能需要10小时，有的时候要花21天时间覆盖1万个蛋白质的产品，如果进行重复就不能使用蛋白质组的方法进行实际研究，这限制了蛋白质组在生物学方面的应用。2013年，我们开发了一种快速测序的蛋白质组平台，充分利用了高pH、低pH的阶段，用了非常陡的梯度，这样在12小时之内就可以识别8000个蛋白质，36小时内识别1万个蛋白质，大幅减少了时间，从原来的21天缩短到一天半的时间。现在整个时间又进一步地缩短了，从原来的36个小时到6个小时，大幅提升了蛋白质组方法在生物学研究当中的应用。第一个原则，用SCF和SAL的方法，对机制进行讲解，MLN是一个药品，可以阻止蛋白质的活动，抑制E_3化合物，可以用它进行实际的生物学的分析。进行负面控制同步进行了3次生物学的复制，24小时之内完成所有的实验。很短的时间就可以发现8000个蛋白质，基本上覆盖了之前SF混合物当中所有的机制，而且还提出了一些潜在的基质，开发了相应的方法，可以在3～6小时短期内实现深度覆盖。

第二个问题，关于低丰度蛋白质的问题。针对一些受体，对于大多数实验室而言都是研究转录的因子，要检测低丰度蛋白质是很难的，转录因子是非常活跃的，是生物过程当中非常关键的因子，人类当中大约有1500个转录因子，丰度很高，在蛋白质组当中要识别它们是很难的，要把它们和具体的应答元素连接在一起，调节基因的表达。调查了数据库当中的一些信息，可以看到大约有100个响应因子包含在TFRE当中，把它们整合在一起，一旦用了这样的转录因子之后，就可以覆盖蛋白质层面的转录因子，这种实现了转录因子的深度覆盖之后TFRE的方法可以提升转录因子的检测度。如果想要TFRE的深度，可以进行比较，它也是MR层面的深度覆盖的方法，可以检测600个转录因子和700个转移转化，蛋白质层面的转录因子，覆盖面是非常深的。还可以覆盖

1000 个转录因子，降到了 70% 的基因编码蛋白质。现在我们进行了 3000 多个试验，覆盖 1400 个转录因子，占到了 95% 的基因编码蛋白质，并在 11 个哺乳动物细胞株当中找到 1000 个转录因子，占到了 50%。我们一共测得 500 种以上转录因子，发现 PMA 活化与细胞增殖有关的转录因子，而 Gleevec（格列卫）则抑制这些转录因子。除宏观外，在细节上，我们也发现 Gleevec 可能是通过改变 MAD-MAX-MYC 这个经典转录因子复合物的平衡模式来抑制细胞增殖的。再看一下细节，减少 CFIB 基因组合的能力，改变了复合物的平衡模式，这是 2013 年的数据，我们学生认为这其实不是一种很方便的方法，也不是很有效，对于 TFRE 的实验来说仍然还是需要花两天时间才能拿到最终的结果，花的时间太长了。为什么不能把 DNA 作为基准呢？这样可以大幅减少孵化的时间和孵化的量，从 200 ～ 10 微米，要筛选转录因子，只要进行非常简单的试验，可以直接把它注入质谱仪当中就可以了，整个测量时间只需要 3 小时，这就证明了这种方法的高复制性和鲁棒性，而且它也大幅减少了测试的量，同时提升了它的敏感性。只要一个维克蛋白质就可以衡量 200 个不同的转录因子，而且这种优化的目标可以用在临床实验药物的筛选上，也测试了即使是 5000 个细胞当中我们就可以找到 200 个转录因子。同时我们还和医生一起合作，用了非常少量的活检就可以在蛋白质层面找到 150 个转录因子，方法的敏感度是非常高的。

接下来要回答的问题就是在整个身体当中表达的转录因子到底有多少？因不能以人作为目标，我们选老鼠做这个实验。我们选了 32 种不同的组织，包括 24 个成鼠的组织，还有另外 8 个幼鼠的组织、胚胎的组织。采用自己的系统进行数据的搜集，展示在不同的组织当中表达的转录因子的多少。结果表明，从 32 种不同的组织当中发现了 941 个不同的转录因子，之前出版的论文显示整个老鼠的身体实际上是发生了 141 个转录因子，与之相比，该研究大幅提升了转录因子的发现数量，从原来的 141 个增加到 941 个。通过非常简单的联合聚集的分析，发现这 24 个组织的转录因子都有相当的模式。例如，胃肠都是消化系统，会组合到一起，还有和脂肪相关的，会组合在一起。研究还可以发现，哪一种转录因子是普遍存在的，哪些是在某些组织当中的。通过 QPCR 研究建立了一个数据平台，从中可以看看有没有你感兴趣的转录因子，它们的表达是怎样的，在鼠的身体当中是怎样分布的？把肺和肝分开，因为这是两个完全不同的组织，可发现不同的转录因子的规律。还有能不能用 TFRE 的方法找到一个组织当中转录因子的差异？把肝作为一个例子，实验连续进行了 48 个小时，搜集了 16 个不同的样本。除此以外还做了 TFRE，进行了 6 种层级组学的实验和测试，发现了影响生物钟最关键的转录因子，在这之前蛋白质组的研究当中是没有发现的。还发现了 P7M 会调节基因编码的转录因子，有一些是向上调节的，有一些是向下调节的。

第三个问题，为什么要建立一站式的蛋白质组数据平台？前面说过在基因组学的领域已经有了很好的平台，有些已经商业化了，但是蛋白质组学的研究领域却没有这样的数据平台。蛋白质组比基因组更复杂，因为它是完全动态的，尽管有一些很好的工具，但是只能处理部分的流程，如从质谱仪的数据一直到对口的支持，有些可以储存数据，但是其他的没有办法做。因此，我们希望建立一个平台来覆盖整个流程，从数据到数据的搜索、处理、分析、挖掘，然后再和全世界的科学家进行分享。现在我们设计了这样一个系统，通过设计对象是人、鼠或者植物，某个组织、肝、肺或者细胞株的实验，找到 GPRE 或者其他的一些蛋白质等。设计了这个实验之后要把原数据在系统当中输入，然后再介绍要怎样做这个实验，会自动地过滤质谱仪产生的原数据，会根据你注入的原数据进行数据的筛选，系统会自动显示实时的质谱仪的数据，可以用手机、电脑来检验这个数据，还可以监控质谱仪产生的数据。通过高性能的计算机可以分析 100 ～ 1000 种不同的实验，有超过 50 种不同的工具处理数据，有了这个知识之后想要和世界各地的合作者分享，现在我们已经完成了整个平台搭建工作，接下来要测试它的能力，之前已经提到了以前的工具只能是处理比较少的原文件，如 100 个文件，但是通过这个高性能计算机可以处理超过 5000 个甚至 2 万个原文件。第一次蛋白质组研究的时候是搜集了 2000 个，大概 100 小时内就能够分析完成，并且可以和世界各地分享。该数据平台配置了两个高性能的计算机，一个在北京一个在上海，现在还有第三个计算机，在复旦大学的张江校区，这是唯一能够覆盖整个系统的平台，唯一的一站式蛋白质组的数据分析。项目组去年已经出版了相关的论文，现在已经可以用手机来搜集数据，但平台仍然在继续建设当中。该平台能实现两大功能，首先是数据的搜集，可以进行 PTM 及各种各样基因组学的试验；然后是数据分析，每年可以进行 3 万多个样本的分析，以及对于内生性质谱仪进行了识别和优化，同时能筛选 PTM 机制的相互作用，如将 TRIM65 鉴定为 MDA5 的 E3，抗病毒应答方面发挥了 些作用。

第四个问题，精准医学在抗癌方面的一些案例。针对我国 10 个致命性的癌症，开展了中国人类蛋白质组计划（CNHPP）。科学家们开始从基因组学的研究向蛋白质组学研究发展，关注弥漫型胃癌的蛋白质组学研究。该研究的样品制备工作流程是每一个患者都会采样，包括癌症的组织和附近的组织，流程分成四部分：第一，转录因子；第二，进行分析；第三，解决消化；第四，基因组的测序。研究人员从 84 个案例当中进行分析，包括四层数据、转录因子、基因测序等，并根据蛋白质分析分成四类。第一组的生存率是最好的，第四组对于化疗的方法不是那么敏感。同时也总结了 4 种致癌的方法：第一是癌症增长的路径；第二是新陈代谢；第三是吸附和联合；第四是免疫应答。发现在免疫抑制方面像 IDO1 和 IGO1 是反映在了蛋白质当中的。对于第三组来说可能用免疫疗法治疗比较好。同时，项目组启动了一个描述胃当中的蛋白质组的新项目，把胃分成胃底、胃体、胃窦、胃大小弯等 7 个部位，每一个部分取了 10 个样，总共搜集了 70 个不同的组织，进行蛋白质分析，发现有 5000 ～ 6000 个蛋白质，还有一些特殊的蛋白质，还进行了一些生物的分析，包括蛋白质在不同组织当中的分布，在 7 个胃部部位建立蛋白质组的范围等。最后发现胃上部是和新陈代谢有关的，下部主要是与细胞中心有关的，有一些蛋白质在上部是高度表达的。对原癌基因的表达情况分析，发现胃窦、幽门、胃角为一大类，其原癌基因表达量较高，对抑癌基因进行相似的分析，多个抑癌基因在胃窦及幽门的表达较高。肠型胃癌标志物 VEGFA 和 NOTCH1 在胃底部位的表达明显高于其他部位。弥散型胃癌生物标志物 TGF-β1、FGFR2 各部位表达差异明显，TGF-β1 在贲门中的表达明显高于其他部位。另外，取了肿瘤组织和附近的组织，和正常组织相比没有太多异常的情况。

精准医学和蛋白质组的大数据发展需要三步：搜集数据；在蛋白质层面进行分析；其他一些表型方法一起合作，用大数据或者人工智能来提出一些精准医学的解决方案。

最后，感谢人类表型组研究院，感谢复旦大学。

3 互动交流

提问：Leroy 教授，您之前一直在强调设计，您能不能再详细地谈一下 N=1 实验的设计，为什么这种方法更重要？

Leroy Hood：第一，我们每一个个体都是由我们所生活的环境界定的，每一个人都是不同的。第二，基于某种具体疾病，它对于每个个人的影响也是不一样的，如果通过一般的民众反馈情况治疗个人的疾病，实际上一次又一次地被证明是不奏效的。而我们做 N=1 实验实际上就能够优化个人的疗法，因为该设计要考虑到独特的基因组、生活方式及所接触到的环境等因素。举个例子，几年时间之内可能会有几百个 N=1 的例子，可以把它们整合在一起，然后评估一下 N=1 是不是比较经典的疗法。特别是对于现在人们较关注的疾病而言，该疗法效果如何，如阿尔茨海默病、癌症等。它肯定会在医学上如 1985 年那样，当时基因组学改变了生物学，充分释放出潜力。但像这样的转变需要很长时间，人们可能需要看到不同的证明才能够真正接受这种方法。因此，N=1 的方法在今后 10 年应该是非常有前景的。

提问者：我想问 Leroy 教授一个问题，您怎么衡量人的生物年龄？生物年龄和代谢能力之间有没有什么关联呢？

Leroy Hood：我们所做的就是去发现或创造一种衡量的方法来衡量蛋白质和不同化学物的代谢，在 10 年时间内这样的一种变异体会发生很大变化，它表达的水平也是完全不一样的。在手术的环境中，那些个人如果处于指标极端的下部，你会看到他们是不是能够满足最低的要求。这只是一种表明生物年龄的方法，其他的个人可能会参考基因组的方法，有各种各样的指标是可以考虑的。目前，我们选了 12 000 个分析物，以代表 100 多个不同生物的系统，某种程度上对于每个个人的反映平均化了。这是一个很好的衡量指标，因为它涵盖了很多的生物分析，还有临床的化学物质、蛋白质、代谢物，都得出了同样的生物年龄，这就说明这种方法实际上可复制性非常高。

提问者：我来自人类表型组学研究所，听到 ISB 和澳大利亚现在有关于表型组学研究的倡议，不知道教授能不能谈一下怎么把不同国家地区的表型组的数据整合在一起？未来我们会有来自不同国家的数据，怎样利用不同地区的数据呢？

Leroy Hood：首先把不同国家和地区的数据整合在一起其实是取决于要有一个标准的运作规则，这样才能更有效率地合作，这是表型组倡议很重要的原则。在这样的基础上，就需要这种能力来运用类似的搜集方法，再和你自己的方法整合。在 3 年前我和土耳其的一个同事用了同样的协议进行深度的表型组研究。在欧洲每个人的数据都是不同的，搜集了数据以后才能进行深度的比较，开发出技术来很快地进行基因组的分析，而且获得更多的细节。在基因组的层面和生活方式方面，可以再进行蛋白质测量及临床方面试验，如代谢测量，这是非常好的比较，关键是要建立一个标准化的流程。Jeremy 也强调了这一点，在数据当中有 45 000 人的数据，会出现各种各样的问题，需要有一定的分析能力来做 5000 个深层次的表型组研究。未来不同的基因组不同的人群会有什么样的反应？另外，他们暴露在不同环境当中会有什么样的反应？我觉得这些都是可以研究的问题。

金力：数据的整合实际上是一个简单的过程，但是并不意味着整合的数据会产生有用的信息。为了要让数据变得有用，就需要去处理，称之为和谐化。我们希望联盟能够用标准的流程使得数据有意义。在联盟当中有一些工作组，已经准备好了要设计一些 SOP 的标准，进行数据的处理。目前，至少在中国我们所做的是和专家一起合作制定标准的材料，然后把这个材料再分给不同的实验室作为参考，这样就可以把自己的数据进行比较，即使用的设备是不同的，产生的数据也是可比的。

丁琛：我再补充一下，关于 SOP，我也是这个项目的一分子，这个项目要准备标准的材料、数据、方法，为基因组学、表型组学及其他组学的研究做参考，我们从一个细胞株提取材料开始，把它们分成超过 4000 个 CPN，分给不同的实验室或者不同的企业，我们欢迎世界上其他所有的实验室都来参加 MAQC 项目，做标准化的测试，看一下组学数据是否和世界各地的实验室有可比性。

提问者：我来自印度，能不能说一下做深度表型组研究时候样本的规模？我们能否减少一些样本的量，如一般会有几千人参加实验，做这种深度表型组研究需要多少样本？怎样获得这些样本？

金力：我回答第一部分的问题，统计上为了要监测到不同，你要了解这个信号的整体规模是怎样的。如果这个信号足够大，要求的样本数量就比较小。针对这个问题，如果做深层的表型组分析，那就要看需要设计获取多少信息。从分析当中能够获得多少有用的信息，是没有这方面答案的，要看在做什么样的工作或者研究。

Leroy Hood：首先要强调的是平均人口的基因组和环境的分析。现在要了解的是人群当中的个体，在评估几千、几万甚至几十万的测量，一个一个地评估，做了 2 万人的评估之后就可以进行人群的分层，根据感兴趣的问题进行分层，但是分层需要基于个人的分析，而不是平均人群的分析。这个其实又回到了NF1的观察，如三阶段的膀胱癌，如果只有一个样本，但是这个样本使我们所了解到的信息是完全改变了未来对这种癌症的治疗，这就是足够重要的样本了。以前大家总是错误地认为到底需要多少人才能带来改变。有一本书是哈佛大学写的，它提到了体育业等行业选择人的时候有平均的概念。书里面的重点是只是看到个人是没有办法做到平均的，深度表型组的分析对每一个个人来说都是很重要的工具，可以来评估个人的各个不同方面。再比如某一种疗法当中，对于普通人群取一个平均值是会产生误导的，大型的制药公司已经花费了数百亿美元进行大量的人群实验，信号也是非常微弱的。美国销售量排前10的药物，大家对于药物的反应很不一样，有效率从4个人当中有1个人觉得有效到25个人当中有1个人觉得有效。如果你用NF1的方法，就可以很快地把有反应的人和无反应的人区别开来，重点研究有反应的患者。

金力：我记得有一句话是我还在读研究生的时候学到的，那个时候说冗余是你最好的朋友。我刚刚开始从事基因组的研究，NF1研究当中说到如果只是基于平均数的实验这是不对的，生活有的时候也是我们最好的朋友。

提问者：我想问一下Leroy先生，我是GCLC联盟的，很多国际研究组织正在关注把不同的数据连接起来，包括把代谢数据和3种组学数据相结合。有一位教授通过3种组学的数据来了解社会的类型，但他觉得这个没有什么用，你们觉得这种多组学的分析怎样才是可行的？有没有标准的方法可以治疗多组学相关的疾病？未来是不是有这种潜力？

Leroy Hood：对于多组学过程深度表型分析而言，现在所做的大多数工作还是处于发现的阶段，研究大型人群，寄希望从数据当中可以发现哪些规律，对系统有什么看法，哪些系统和其他系统是有互动的。如相对于某种疾病而言，或者就某种年龄段而言，哪些系统是和其他系统进行互动的。现在还处于最初的阶段，才刚刚要了解多组学分析能给我们带来什么，那些进行多组学分析的人可能只是在看基因组学的分析或者蛋白质的分析，把不同数据类型进行整合，希望能够发现一些新的可行的可能性，这样对于生物学或者疾病会有一些新的洞察。因此，多组学的分析真的是非常重要的，但不能仅有1～2种类型的多组学的数据，必须要尽量涵盖多类型的数据。由此带来一个一个很重要的问题，那就是到底要进行多少实验？到底有没有足够的资金做实验？目前，表型分析的联盟面对最大的挑战就是要说服各个国家的资金提供方来接受表型组学，这样才能了解整个人类的表型，而不是一些生物数据的表型。对于多组学，怎么进行分析也是非常重要的，以及至少需要多少种类型的数据才能获得最优的洞察，包括生物学和其他的系统。

提问者：我来自中南大学，你搜集了很多的人和老鼠的组织，进行了大量的工作，包括人类蛋白质项目和一些肝组织方面的研究工作，我对于大脑更感兴趣，你对于大脑组织的分析怎么看？你觉得表型分析、蛋白质、大脑和精神失常之间有什么关系？

丁琛：在 TFS 项目当中包括了大脑的组织，可以追踪里面的转录因子，在人类蛋白质组的第一个环节当中也包括了人类的大脑组织。大脑中有一些非常有用的组织。之前我们出版了关于肝器官的研究论文之后，有一个科学家建议研究大脑组织当中的转录因子，所以我们现在正在做一些工作，可能之后会看到一些最新的数据。由于目前阶段还没有触及疾病，特别是大脑疾病，我还没有办法和你分享一些结论或者数据。

提问者：我来自中国科学技术大学，我是一名临床医生，我主要关注的是糖尿病，对糖尿病我要做一些评论。就治疗而言，第一个药物或者第二个药物、第三个药物不重要，因为要考虑到它的功能和其他一些因素，因此，我特别喜欢表型分析研究项目。目前，糖尿病的患病率在中国是大幅增长的，但实际上这是因为人们改变了对糖尿病的定义，是另外一种类型的糖尿病。我想问表型组的研究会不会重新界定或者改变疾病的定义？特别是对高血压和糖尿病的定义。

Leroy Hood：是的，不同基因的环境有不同的属性，现在我们可以分辨很多非常清晰的糖尿病阶段，表型组介绍了一些生物的细节，现在所有的糖尿病药品就可以量身定制地或者精准地提供给患者。有一个领域会发挥重要的作用，如能不能用 GWAS 的数据来区分低风险、高风险的糖尿病患者，如果是那些低风险的糖尿病的患者，可以通过简单的改变自我完善，而那些高风险的患者实际上很难控制好自己的糖尿病，除非接受一些具体的疗法，LDL 及其他的一些疾病也是如此，那些高风险的患者如果没有外界帮助，很难控制好自己的 LDL 的水平，而那些低遗传风险的患者可以很容易地控制自己的糖尿病，如通过改变自己的生活行为。因此，多组学的方法能够给予我 100 多种方式来研究这个疾病如何和个人互动，因为毕竟它考虑到了每个个人的独特性，这点是非常关键的，不能再根据普通人群进行分析。

Jeremy Nicholson：目前最为重要的就是要在早期糖尿病就开始解决问题。现在患糖尿病的人越来越年轻，很多人 30 多岁就患上了糖尿病，一定要早期诊断，因为这些人之后可能会出现各种各样的并发症，如失明等，必须有方法能够更早地诊断出年轻人的糖尿病，这样才能尽快地改变他们的生活方式。

提问者：据统计，70% 的 2 型糖尿病患者死去是因为心血管疾病，目前没有什么药品可以减少心血管方面的死亡率，这说明我们治疗的方法是错误的。或者可能是我们定义糖尿病患者的方式发生了错误。

Leroy Hood：要推动医学变革的另外一点就是健康科学，使人们能够了解为什么会生病，进而才能用其他的方式作为标记来检测到生病的迹象，才能推动人们采取一些措施来逆转生病。这过程中关键是要采用健康的项目，要尽早地诊断出疾病，目前可以通过很多的衡量方法来应对复杂的人体。

提问者：4 位演讲人的演讲都非常棒，有一个问题是关于糖尿病和心血管疾病的，糖尿病的问题实际上就是心血管的问题，现在糖尿病的治疗其实没有考虑到心血管方面的治疗，我不知道他们的研究到底正不正确。刚刚所有的演讲人都提到了糖尿病，但其实很少谈到心血管的问题，我的问题是到底要如何解决心血管并发症？

金力：在我下一个演讲当中我会举一些心血管疾病的例子，你提的问题还没有正确的工具或者标志让人们来评估这类疾病的状况。

Leroy Hood：我们还没有涉及研究糖尿病的这方面问题。如果能够尽早地发现，如果能说服人们来改变生活方式，可以很容易地恢复健康，科学上可以和医生及心理学家一起合作，说服个人改变他们的生活方式，这是非常关键的。现在很多医生说你快要得糖尿病了，要减重，要做运动，但是人们一般不听，这需要有人坐下来对他单个地讲，让人们理解这到底会有什么后果，生活方式的变化能够带来什么影响。

Jeremy Nicholson：现在可以衡量一些蛋白质的参数，10 美元就可以测试了，过去几年已经有了这样的技术，可以获得精度更高的参数，特别是和心血管疾病相关的参数，以前没有这样的测试，现在能够更深入地了解这个疾病是如何发展的。希望人们能够找到治愈的方法。

提问者：我来自重庆西南医院，想问一下丁教授，您的议题重点提到胃癌早期的发现，我想了解一下你们接下来会做一些什么研究来尽早地诊断出胃癌？你们还会做什么工作使得研究对于临床的实践起到作用？

丁琛：这是一个非常好的问题，目前这个技术对于诊断特别是早期诊断是非常有吸引力的，但挑战是要如何在血液或者血浆当中的蛋白质包括代谢物质中发现和癌症有关联的物质。首先，第一个问题是根据蛋白质的类型划分，癌症到底有多少种亚型？其次，不同患者对药物的反应如何？怎样把它和蛋白质的模型进行关联？现在还在研究早期诊断，效果还不是很好。

Leroy Hood：还有一种比较有力的方法，不知道胃癌方面是不是做了这个工作。通过评估个人的基因对于胃癌的风险，可以做的是把这个风险最高的 10% 或者 20% 的人选出来，仔细地分析后再了解他们的深度表型，然后发现他们最早的转化点，最后获得生物标志。举个治疗阿尔茨海默病的例子，有一个网站提到在美国各地大概有 3000 人在 65 岁之前有很高的风险会得阿尔茨海默病。在他们到 50 岁中期的时候，跟踪研究 5 年，看一下他们的转型点，包括代谢的研究、表型的研究，再找到生物标志，表示转换的生物标志，未来如果要开发药物的话，至少对这些高风险的人可以针对这个生物标志。如果可以给所有人做表型分析，就可以找转换点，这对于其他的疾病也是可以借鉴的。

Jeremy Nicholson：肠胃的病包括胃癌，它会影响到微生物，因为这些微生物对于人体的环境非常敏感，可能会在不同的基因组或者代谢物的基因组当中发现，这也是非常有意思的研究角度。

提问者：我来自北京基因组研究所，我觉得我们现在处于这样一个阶段，可以做一个数据整体的研究。我们现在有个体动态的数据云，有很多生物的数据产生很多的进展，我们也在做人群的研究，在中国我们在做大型的表型组研究，在接下来几十年当中会怎样呢？个体动态的数据云肯定会形成一个知识库，其中会有很多的问题，要找到很多的答案，它会被简化吗？如何让我们有足够的信心来应对最为复杂的疾病，还是说我们需要用 IT 技术支持？我们现在有 108 人的实验，也有 4000 人的实验，每个人都会产生更大型动态的云，和他们的医疗数据相关的云，如果我们有足够的知识、异常值，是不是可以简化这个流程呢？还是说有没有方法预测需要研究多少人？接下来几十年当中每个人都会有密度很高的数据库，因为有足够的知识，可以做简化，如每天检查一次身体。

Leroy Hood：你问的就是你需要衡量多少参数，在有了数据云之后知道异常值，可以发现疾病的转换点。之后可以大量减少需要去测量的参数范围，例如，家里就能使用的仪器，手指上的一滴血做测试，可能需要做 5000 次测试，98% 的测试都可以很容易地完成，然后可以帮你诊断这个疾病。现在还处于发现的阶段，还不知道哪些是最关键的，但是 15 ～ 20 年以后将能够大量地缩小参数的范围。

提问者：有没有什么预测的方法？现在需要去研究多少人才能搜集足够的数据？

Leroy Hood：如果有足够多的钱和足够的人，就可以更快地做到。现在都是在研究一些适度人群，和希望能达到的人数还是有一定距离的，还有成本也是非常高的。如果有更好的数字测试，就可以做到小型化、智能化和一体化，在 10 年之后这种测试应该比现在的规模要小 10%。过去 2 ～ 3 年中看到基因组测序的分析从 2000 个减少到 300 ～ 600 个，这个取决于需要证明什么。如果要做密度表型研究，需要数据云，那就不能现在减少范围。但如果真正了解了某种疾病和它的转换点，如糖尿病已经开始了，但是仍然需要大范围的表型分析，因为还有很多的疾病我们还不知道它的标志。如果能够知道这些微生物的标志包括哪些慢性病，那就可以缩小参数的范围了。

Jeremy Nicholson：这个问题取决于到底看什么，如果是比较异步模式的疾病，那肯定必须要覆盖更多的人群才能覆盖更多的亚型，如自闭症可能有 32 种不同的类型，有一些简单的疾病可能不需要研究那么多的人，可以简化它的生物标志。可能对于典型的疾病有 20 ～ 30 个就可以了，一些复杂的疾病就不一样了，所以要取决于疾病本身。

提问者：我是关注于慢性疾病的，这对政府来说很重要，因为政府必须要准备预算。

Leroy Hood：每一种疾病都是复杂的疾病，曾观察到最有意思的一点就是在实验室当中 4000 个患者都患有普通的疾病，这需要对选择基因进行修正，因为这个疾病是非常复杂的，不是通过一个基因就可以做决定的。

提问者：Jeremy 先生，谢谢您今天精彩的演讲，也看过您多年的论文。我有一个问题，是关于您之前做遗传的变异性研究的一张图片。你觉得低的 BMI 是不是有两个原因造成的？有一些表型可能并不是由遗传决定的，主要是受到环境和生活方式影响和决定的。对于此类表型我们可以用代谢组学的研究，也可以用表观基因组学进行研究，这样可能会看到更多的 BMI 表情的变异性。对于一些表型可以用不同的组学进行不同表型的研究，因为有一些表型可能不适用于遗传研究。

Jeremy Nicholson：不同的疾病有不同的症状，肯定会产生不同的系统性影响，在不同的组学当中也有不同的表现，也会有不同的科学衡量指标。你必须要找到合适的组合来描述你所感兴趣的是哪个疾病，不是说遗传的疾病是由基因组学来解释最好，最好是用比较多的组学研究分析一种疾病。

Leroy Hood：我们现在还不知道怎么去理解这样的一种表达方式，但是有一些非常好的例子，如刚说的 10 种疾病，分析物和高遗传风险有很高的相关性。我们可以在所有不同的层面研究很多不同的疾病。最终对遗传病而言，我们还是想要看一看到底突变是什么样的情况，但是这有很多的反应，不是只有一个标志性的实体。

Jeremy Nicholson：所有的生物实际上都是超级网络联系在一起的，你改变了人类基因组、代谢物，改变身体免疫信号，其他都会改变。

提问者：我来自复旦大学，谢谢你们精彩的介绍。昨天我以为国际表型组研究是不太可能的，但是今天听了你们演讲我发现了一些希望。我希望能尽量对所有的患者进行表型组的研究，但是因为预算的问题很难覆盖，如何让整个科学社区都参与进来并为这个项目做出贡献呢？你们是如何衡量这个项目的成功的？

Leroy Hood：这是一个非常重要的问题，问到了成功的衡量指标，我们真的要思考一下如何衡量成功。

金力：今天就技术的选型方面，首先这个技术本身要好，要有效，而且价格要便宜。我不认为目前没有办法选择最佳的技术，我们肯定要竭尽全力去做出正确的决定，与研究机构、科学家、医生合作而言，希望我们这种联盟是一个开放的平台。大家必须要意识到表型组学能够帮助找到更多诊断疾病的线索，打开更多治疗疾病的大门。生物流程或者生物机制的进一步描绘需要不同领域的科学家进行合作，因此，必须要建立一个开放的平台。

提问者：我来自北京基因组学研究会，有两个问题。第一个问题，如果有无限的数据，如 10 亿个样本，完全的表型组学研究，有各层的组学数据，有什么计划去分析这些数据？如何利用完全的表型组的数据优势来提高找到主要因果关系的概率？第二个问题，能不能再评论一下数据分享的政策，可以想象数据分享应该是之后合作最关键的一部分，特别是国际协作方面最关键的一部分。

Jeremy Nicholson：这个问题特别好，也很难直接回答。很重要的一点就是这个项目所产生的数据已经非常多了，分析数据是一个重大的挑战，不仅仅在分析方面，数据存储方面也是一个挑战。虽然有很广泛的能力，但是有一些技术利用起来比较快，如有一种技术使人们可以很快地研究上百万人，基于这个信息来选择在生物上重要的人群，然后再详细进行分析，而不是去搜集 100 万人的几十万个参数，这太耗时了。或者找到最为重要的500个参数，这样就可以大大减轻数据分析的负担。此外能够评估一下各种各样的工具，然后列出优先顺序，对数据的范围要缩小。再接下来要做的就是要知道哪些信息是最可能有用的。

Leroy Hood：在某种程度上分析是有两个维度的，第一，数据搜集者会进行初步的数据分析；第二，联盟要尽快地把数据提供给其他方，以便有分析能力的人可以自己去尝试。

提问者：那数据分享的政策呢？因为你不能免费把数据提供给他人。

Leroy Hood：这个问题本身很复杂，因为有些公司可能会有巨大的数据，希望能够获取这些数据，当然他们肯定不会免费提供，学术人士也不会免费提供数据给他们，但是还是希望和他们一起合作，这样才能把他们的数据和我们产生的数据进行统一，这可能就需要在知识产权方面进行一些谈判，这是可以解决的，也是可以做到的。但可能会面对有两种不同类型数据的问题。

Jeremy Nicholson：补充一点，我们希望把数据分享给整个科学社区，但是说起来容易做起来难，因为这里谈的是大量的数据。不可能把所有的数据放在一个超级电脑当中，我们每年产生的数据量非常大，如所有中国的基因组学和美国的基因组学，每一个表型中心都会产生很多数据。最大的挑战就是你要知道到底哪些数据要保存及哪些要分享，因为这里有很多不同的平台，如何下载代谢的数据和蛋白质组数据也是不一样的。

提问者：很多数据不是那么敏感的，但是表型组的数据是非常敏感的。

Jeremy Nicholson：有一些数据库可以把个人的私密数据隔离开来。正如把钥匙给你，你可以进入我的花园做一些东西，但是你找不到我个人的私密数据。基因组学数据就是这样处理的。

Leroy Hood：不能忘掉云的巨大优势，表型组的联盟很有可能想要拥有自己的云，我们是可以设置的，也不需要付钱，不像亚马逊和谷歌那样还需要付钱用它们的云。在云上可以获得你想要的数据，不管你想要多少都有。我们自己要组织一下，看看怎么提供数据。

Jeremy Nicholson：你可以获得任何你想要的数据，但是除非你有软件分析能力，不然拿到数据也没用。

金力：时间有限，论坛必须要结束了，感谢所有的演讲嘉宾，感谢参会嘉宾，感谢所有的观众，感谢各位的参与。谢谢大家。

第 10 章

“一带一路”创新之路建设专题研讨会——打造“一带一路”创新共同体：理论与实践

打造“一带一路”创新共同体，是建设创新之路的重要内容和保障。围绕创新共同体建设，亟须进一步明确建设内涵、思路与方向，特别是与“一带一路”国家围绕创新共同体建设形成共识。为此，本次专题研讨会发挥浦江创新论坛多边合作平台作用，在“一带一路”沿线国家多边合作机制基础上，交流各国科技创新合作需求、实践与构想，对推进“一带一路”创新共同体建设展开深入研讨。

1 研讨会综述

研讨会嘉宾包括：科技部国际合作司司长叶冬柏，中国科学技术发展战略研究院综合发展所所长陈宝明，中国－巴西研究与商务中心主席 Ronnie Lins，福建省科技发展研究中心主任林继扬，巴基斯坦经济合作组织科学基金会主席 Manzoor Hussain Soomro，乌兹别克斯坦前副总理、现任世界经济与外交大学副校长 Saidkasimov Saidmukhtar Saidgazievich，云南省科学技术情报研究院院长马敏象，泰王国驻华大使馆科技参赞 Pasupha Chinvarasopak，广西经济社会技术发展研究所所长王频。研讨会由中国科学技术发展战略研究院副局级调研员王宏广主持。

“一带一路”合作已取得务实进展

叶冬柏指出，科技部加快启动实施“一带一路”科技创新行动计划，从科技人文交流、共建联合实验室、共建科技园区和技术转移这 4 个方面来推进“一带一路”科技创新合作，取得了积极进展。林继扬认为，福建正在加快建设“海丝”互联互通的重要枢纽、经贸合作的前沿平台、体制机制创新的先行区域和人文交流的重要枢纽，并以此促进创新能力开放合作。Pasupha Chinvarasopak 指出，泰国在科技园中建立了中泰技术转移中心，极大促进了两国的技术转移。马敏象认为，5 年来云南围绕“一带一路”倡议做了大量的工作，建设了卓有成效的开放性平台，包括“中国－东盟创新论坛”“中国－南亚技术转移中心”等。王频认为，在“一带一路”倡议下，广西充分利用区位优势，着力推动区域创新一体化进程，打造区域创新资源汇集高地，推动先进技术成果向东盟转移转化，提升创新合作环境，取得了良好的效果。

“一带一路”科技创新合作仍有巨大潜力

Saidkasimov Saidmukhtar Saidgazievich 认为，“一带一路”沿线国家在创新领域进行合作有着重要的意义，如在生态方面的研发合作可以帮助解决中亚国家面临的水资源短缺问题。Ronnie Lins 认为，应当把“一带一路”沿线国家更紧密地联合在一起，同时在科技创新方面加强交流分享，促进技术转移和转化。Manzoor Hussain Soomro 认为，“一带一路”沿线国家在科技合作方面有巨大的潜力，在农业、信息技术、环保等关键领域都有开展合作的良好机会。王频指出，未来合作潜力的挖掘应注重产业升级、外贸优化、提升服务能力与完善创新平台几个方面。

应对全球保护主义抬头趋势，更应强化创新能力开放合作

王宏广认为，在当前一些发达国家实施保护主义和技术封锁的情况下，“一带一路”国家更应该互通有无，共享资源、技术、经验，促进共同发展。陈宝明认为，近年来国际上出现较多的科技民族主义、封闭主义、排他主义、利己主义，但越是在这样的形势下，我们越要强调推动科技的开放与共享，因为科技的开放与共享才是对整个世界的发展最有利的事情。马敏象认为，当前的贸易保护主义与技术封锁对于中国来说确实是一个挑战，在这种形势下不应加剧分歧，而是需要找到解决问题的途径，而“创新共同体”将是很有效的手段。Manzoor Hussain Soomro 认为，应当从历史研究出发，更好地学习各国的科技发展历史，同时共享各国经验、共建知识中心。

“一带一路”倡议与沿线国家利益存在重要契合点

Ronnie Lins 认为，“一带一路”已经成了沿线各国非常拥护的一项倡议，各国已在该倡议下推出了大量的项目。Manzoor Hussain Soomro 认为，本国的企业和相关机构能够直接受益于“一带一路”倡议，获得更多的资源共享和更优质的项目支持。Saidkasimov Saidmukhtar Saidgazievich 认为，乌兹别克斯坦在生态环境、基础设施等方面的问题只有通过与其他国家的共同努力才能够解决，而“一带一路”倡议将是非常有效的解决方案。Pasupha Chinvarasopak 认为，“一带一路”倡议与“泰国 4.0”计划有良好的契合点，中泰两国应共同推进创新合作，挖掘新的机遇。王宏广认为，中国在推进工业化的进程中积累了大量的设备、经验、技术，通过这些技术的转移，会对“一带一路”沿线国家的经济发展、生活改善、环境优化带来帮助。

“一带一路”倡议有助于应对共同挑战

叶冬柏认为，在新技术革命的背景下，加强科技创新合作已经成为世界各国的普遍共识，也成为各国共同应对新技术革命挑战、推动实现创新驱动发展的共同选择。Ronnie Lins 认为，在“一带一路”中，不同的国家面临不同的挑战，但我们可以对共同关心的议题给予更多的支持。Saidkasimov Saidmukhtar Saidgazievich 认为，首先需要解决的是“一带一路”沿线国家发展的不平衡性问题。王宏广认为，对于科技与经济处于劣势的发展中国家来说，获得发展动力的办法只有通过合作才能实现，这也正是“一带一路”倡议正在寻找和拓宽的途径。

2 嘉宾演讲

合力推动“一带一路”创新共同体的形成与发展

叶冬柏 科技部国际合作司司长

“一带一路”建设已成为中国与世界各国推进科技创新合作的重要渠道。推动形成全面开放新格局、构建人类命运共同体，对于充分发挥科技创新的支撑引领作用、深化国际创新合作提出了新的要求。

“一带一路”倡议是党中央统筹国内、国际两个大局，顺应地区和全球合作浪潮提出的重大倡议和构想。习近平主席在 2017 年 5 月“一带一路”国际合作高峰论坛开幕式的讲话中指出，要把“一带一路”建设成为创新之路。这是在准确把握全球经济社会和科技发展趋势的基础上，对“一带一路”倡议内涵的极大丰富，是古丝绸之路真正意义上的现代发展，具有跨时代的重大意义。

在“一带一路”建设中，科技创新是推动政策沟通、设施联通、贸易畅通、资金融通、民心相通的重要支撑和先导。在新技术革命的背景下，加强科技创新合作已经成为世界各国的普遍共识，也成为各国共同应对新技术革命挑战、推动实现创新驱动发展的共同选择。在“一带一路”相关国家的共同努力下，中国将“一带一路”与相关国家的相关计划进行对接。“一带一路”科技创新合作不断取得积极进展，成为“一带一路”建设的合作亮点。各国的科技创新合作机制、创新对话机制与科技伙伴关系进一步深化。

首届“一带一路”国际合作高峰论坛举办以来，科技部加快启动实施“一带一路”科技创新行动计划，从科技人文交流、共建联合实验室、共建科技园区和技术转移这4个方面来推进“一带一路”科技创新合作，取得了积极进展。一年多来，我们与4个国家签署了科技人文交流协议，通过科技部“国际杰青计划”、中科院“人才计划”等渠道，共接待800余名“一带一路”相关国家科研人员来华短期科研；共建了15个国家级的联合实验室或联合研究中心，同时筹备建设一批“一带一路”联合实验室；已经与菲律宾、印尼等8个国家启动或探讨建立科技园区的合作关系；分别与东盟、南亚、阿拉伯国家、中亚、中东欧地区共建了5个区域技术转移平台，取得了务实的成果。

当前，“一带一路”建设已成为中国与世界各国推进科技创新合作的重要渠道。推动形成全面开放新格局、构建人类命运共同体，对于充分发挥科技创新的支撑引领作用、深化国际创新合作提出了新的要求。新一轮科技革命和产业变革加速推进，要求国际合作更多地以科技创新的能力合作为中心。时代赋予科技创新以新使命。

浦江创新论坛“一带一路”创新之路建设专题研讨会已经进行到了第三届。在历届研讨会上，中外嘉宾共聚一堂，围绕“一带一路”创新之路建设，共同研讨、献计献策，对推进“一带一路”创新合作和“一带一路”建设发挥了积极的作用。希望与会的各国专家、学者能够在“一带一路”创新之路专题研讨会这个高层次的平台上，围绕“打造‘一带一路’创新共同体：理论与实践”这个主题，加强研讨与交流，提出需求与建议，共同应对国际科技创新合作面临的新挑战，共同推动“一带一路”创新共同体的形成与发展！

新形势下深化国际科技创新合作路径

陈宝明 中国科学技术发展战略研究院综合发展所所长

全球科技创新进入空前的密集活跃期，科技革命和产业变革开始深刻影响全球的创新版图和经济结构。当前形势下，应重视全球科技创新治理，推动科技成果惠及全球。

我今天汇报的内容是在当前国际科技发展环境和形势发生了较大变化的背景下，应该如何推进国际科技合作，包括3个方面：一是对世界科技创新发展趋势的认识；二是结合人类命运共同体的建设谈一下“一带一路”的创新之路建设，打造创新共同体；三是新形势下我国深化国际科技创新合作的主要途径。

从全球来看，我们面临着新一轮科技革命和产业变革的挑战。在对这一趋势的阐述方式上，存在多种表述。有的表述为“新技术革命”，有的表述为“新一轮技术革命和产业变革在加速推进”,还有的表述为“科技革命和产业变革在孕育发生”。表述方式的不同，体现的是从不同的发展阶段对科技革命和产业变革的理解。如果是“加速推进”的表述，主要侧重点在于以信息技术为核心的新兴技术对经济社会发展的改造，这是当前的一个主要特征。如果从科技革命的大周期来讲，历史上每次科技革命都是根本性的技术变革。如果从科技革命起始期的角度来看，应该表述为“科技革命和产业变革正在孕育发生”。

当前，全球科技创新进入空前的密集活跃期，科技革命和产业变革开始深刻影响全球的创新版图和经济结构。习近平总书记曾讲道，“科学技术从来没有像今天这样深刻影响着国家前途命运，从来没有像今天这样深刻影响着人民生活福祉”。习近平总书记所讲的“国家前途命运”可能主要是指我们中国的前途和命运。既然科学技术能够对中国的前途和命运带来影响，那么它对于其他国家的前途和命运也会带来深刻的影响，同样也会对全球的前途和命运带来深刻的影响。

信息成为渗透经济社会生活各领域的先导技术,新一代的信息技术向网络化、智能化、泛在化发展，移动互联、大数据、云计算、人工智能、物联网正在引领新一轮产业变革，信息技术与新能源等相融合,推动着产业结构向高级化方向演进。在新技术革命的推动下，世界进入了经济结构、政治结构、治理结构等多重结构的重构期，全球进入创新发展新阶段。在新阶段，创新是开启新的增长周期的关键。既然创新如此重要，在经济增长低迷的形势下，各个国家很自然地会在科技创新上存在保护主义、封闭主义的倾向，尽可能独自掌握先进的科技，然后将其作为竞争的武器。这就是近年来国际上出现较多的科技民族主义、封闭主义、排他主义、利己主义的原因。但越是在这样的情况下，我们越要强调推动科技的开放与共享，因为科技的开放与共享才是对整个世界的发展最有利的事情。

从全球治理来看，各国围绕推动科技创新的共享开放也在进行积极的努力。例如，G20 在 2016 年杭州峰会上围绕创新增长蓝图达成共识，一致决定通过创新、结构性改革、新工业革命等推动世界经济增长。G20 又在 2017 年汉堡峰会上以“塑造联动世界”为主题，强调进行结构性改革，承诺将保持市场开放并对抗贸易保护主义，并致力推动全球范围内的数字化，制定国际标准及打造安全的网络环境等。

在 2017 年世界经济论坛的开幕式上，习近平总书记指出:“世界经济面临的根本问题是增长动力不足。创新是引领发展的第一动力。与以往历次工业革命相比，第四次工业革命是以指数级而非线性速度展开。我们必须在创新中寻找出路。只有敢于创新、勇于变革，才能突破世界经济增长和发展的瓶颈。”

全球产业分工格局的形势也正在发生变化。以前的分工主要依靠要素禀赋，现在则越来越依靠科技创新能力。尤其是 2018 年以来，发达国家利用核心技术控制产业链、价值链的趋向越来越明显。过去我们对于发达国家与发展中国家之间的产业分工已经有较深的理解，即发达国家占据高端（如同大脑）、发展中国家从事加工组装（如同手脚），但我们主要关注国际经济的相互联系，而忽视了产业分工相互依赖的不对称性。

新技术革命对于个人也提出了挑战。在新技术革命形势下，个人如果不能掌握先进的技术手段，也会面临被时代淘汰的风险。

2008 年金融危机以来，随着世界经济增长陷入低迷，经济全球化在统计数据上的表现是处于倒退中的。博鳌亚洲论坛 2018 年发布的报告显示，2009—2017 年 G20 中 11 个新兴经济体所实施的贸易保护主义措施总计达到 3893 项，美国所实施保护主义措施高达 1378 项。当前全球正面临第二次世界大战以后最大的一轮国际经济重构时期。在这种形势下，创新全球化是进步了还是倒退了？我觉得这是一个需要去认真思考的问题。从大的趋势来看，创新全球化趋势不可逆转。首先一个因素是，全球化正在向数字化转型。目前全球服务贸易总额的一半都是依靠数字技术实现的。在经济全球化出现一定程度倒退的同时，数字全球化在快速增长。其次一个因素是，科技要素流动的全球化，包括当前的科技人才全球流动。我认为最主要的推动因素之一在于各国对科技人才的争夺。当前跨国公司研发的 90% 都是在海外进行的。

归结以上所述，我们如何看待一个国家的科技进步和科技交流？我认为，任何一个爱好和平的国家的科技进步对世界的发展来说都是有益的。任何国家都不能为了自己的科技进步而去打压别的国家的科技进步。正常的科技交流对世界的科技进步和发展都是有利的。任何国家都不应该去阻碍正常的科技交流。我们既要认识到科技交流和科技进步相辅相成、互相促进的关系，也要承认竞争对于促进科技进步的作用。

人类命运共同体已经被写进了联合国的决议。在党的十九大报告中，习近平总书记也强调，“构建人类命运共同体，建设持久和平、普遍安全、共同繁荣、开放包容、清洁美丽的世界”。为了促进“一带一路”建设，中国在 2016 年发布了《推进“一带一路”建设科技创新合作专项规划》，它的中期目标和远期目标都是要构建创新共同体。这个规划的近期目标时间是 3 ～ 5 年，现在已经过去一半了。创新共同体就是营造以合作共赢、和平发展为核心的国际环境。从世界观来说，就是既要承认世界科技创新的多样性，也要承认它的统一性。多样性就是每个国家对科技创新有不同的需求、不同的道路、不同的特点，统一性就是每个国家的科技进步都有共同的需求、共同的目标、共同的愿望。从国家观来说，就是要强调国家之间的平等互助，尊重各个国家科技进步的需求。从文化观来说，强调文明、开放、互鉴、学习。从发展观来说，强调包容发展、在竞争中合作、在合作中共赢，尊重各个国家自主选择的发展模式和发展道路。从义利观来说，强调科技的普惠性，要使科技成果惠及全球人民，尤其避免把科技作为控制、打压的手段。

我认为未来最主要的是全球科技创新治理的问题。全球科技创新治理面临两个方面的任务，一个方面是适应新发展要求的全球科技创新治理。新的发展要求就是新技术革命提出的挑战。在这个意义上，我们首先要推动全球数字经济共享发展。虽然数字经济的发展可能带来更多的数字鸿沟，但更重要的是我们可以利用数字经济的平台功能、共享功能来促进各国更平衡的发展，给更多的创新创业者更多的机会。其次要加快新技术、新产业、新业态国际规则的制定和衔接，这已经成为全球治理非常重要的内容。再次是加强包容性的创新和合作。共同应对气候变化、增加能源供应、推进节能减排和环境保护，合作推进负责任创新与绿色发展。最后要加强对发展中国家科技援助。另一个方面的主要任务就是要促进创新全球化深入的发展。包括建立全球科技治理框架，深化科学技术的研究合作，针对人类面临的共同挑战展开合作。同时要促进全球的技术转移和扩散，结合全球价值链的发展需要，研究提出符合广大发展中经济体利益务实、包容的新规则。此外，针对数字化经济的转型，我们还要加强全球数字化转型的国际合作。

开展创新合作，共同应对挑战

Ronnie Lins　中国－巴西研究与商务中心主席

把“一带一路”沿线国家更紧密地联合在一起，同时在科技创新方面加强交流分享，促进技术转移和转化。

在未来探索新的合作关系时，我们面临着挑战和机会。尤其是在“一带一路”倡议的带领下，可以促进文明的进步。在“一带一路”倡议下，我们不仅有共同的目标，也希望能够在文化、信息等方面的交流达到新的深度。未来的经济发展和创新仍然是主要趋势。在“一带一路”中，不同的国家面临不同的挑战，但我们可以对共同关心的议题给予更多的支持。例如，技术的发展能够帮助提供相应的解决方案，特别是物流方面如果有更多的创新，就能够促进“一带一路”沿线所有国家的建设。

习近平主席指出，必须要有创新合作模式与协作平台，才能取得共同的进步。我们在过去已经了解了诸如自由贸易、合作协议及强化各国间合作关系等的政策，而目前的工作是要去探索更好的创新合作模式。我们需要相关的行动计划，帮助我们在未来一些重要的项目上取得成功。习近平主席同时指出，要探索有特色的发展模式。很多国家都在寻找新的发展方式，并且设立了明确的目标，有的甚至成立了联盟，以及促进创新的平台。这一领域的投入越来越高，将会促进新一轮的工业革命取得成功。

创新的重要性，不仅体现在“一带一路”创新共同体的建设中，对于国防建设和日常生活应用同样重要。例如，网络安全方面的技术创新就与人们的日常生活紧密关联。回顾历史，很多创新都促进了不同国家之间的合作关系，如GPS导航、微波炉、冷冻技术、果汁原液等。这些微小的创新同时也丰富了人们的生活。“一带一路”倡议也将促进下一轮的创新，改变我们的生活。在这个过程中，我们也应该进行良好的管控，引导它健康地发展。

未来各国在合作与商业交往中会有更多信息交流。例如，面对气候变化的共同议题，我们希望通过技术改进和创新能够真正地做到减排。3D 打印的出现，未来可能通过打印房子为贫困人口解决住房问题。在医药方面的任何一个创新都可能拯救很多人的生命。另外，如机器人的高精度发展，包括遥控，甚至一些 ICT 新的应用，都能够进一步丰富人们的生活。在此过程中会有更多的信息交流。目前人工智能技术已经能够给医生提供更多的诊断手段。大量传感系统能够在道路两旁监控路况，同时帮助保护行人的安全。其中很多创新举措被不同的企业采用，并在“一带一路”沿线国家展开了大量的合作项目。例如，现在很多农民已经受惠于最新型的技术，可以通过物流平台运输农产品。

在教育和文化方面，目前有很多在线学习平台，能够让一些以前无法接受教育的地区接受教育。“一带一路”倡议下，各国推出了很多在教育领域合作的项目。目前共有 1500 万的华裔在美国工作，这本身就有助于在文化教育方面推动很多项目的开展。在文化领域中，如果能够搭建文化平台，促进文化交流，将使很多青年人获得更多受教育的机会。此外，在现代城市中如果有一些文化古迹，也可以通过一些新型的技术手段进行勘探。这将在探索人类文明的同时，最大限度地保护环境。

当前创新已经形成了跨境的趋势。电商平台促进了很多产品、服务的跨境流通。“一带一路”经济带是联通亚洲和非洲的沟通桥梁。很多交流沟通平台都将为“一带一路”倡议的成功做出不可磨灭的贡献。很多国家都在向着同样的目标努力，在一些领域推动一些联合项目，如高铁项目、跨海隧道、基础设施建设等。在全球数字经济的大背景下，在网络、现代化的电子通信方面也有很多项目，包括智能制造、5G 技术等，将把我们的产品和服务提升新的高度。同时，正因为有了“一带一路”倡议，才让我们可以共同开发可替代性的清洁能源，共同应对气候变化的挑战。

“一带一路”已经成了沿线各个国家非常拥护的一项倡议。目前各国在该倡议下推出了大量的项目。我们希望“一带一路”沿线国家更紧密地联合在一起，同时在科技创新方面加强交流分享，促进技术转移和转化。当前各国都把科技创新作为重点，跟随新一轮工业革命的大趋势。同时，必须用更加开放的思想来接受新的知识，这将是确保成功的关键。我们应当与各个大洲、各个国家的相关企业、相关协会进行广泛的合作，互相分享理念，共同构建人类命运共同体。我非常同意习近平主席的观点，我们的奋斗主要是为了增进全体人类的福祉。所以我们应该继续推动合作、推动创新、推动对话。

“海丝”核心区创新驱动发展的进展

林继扬　福建省科技发展研究中心主任

科技创新对“海丝”核心区的建设起到显著的支撑作用。“海丝”核心区将大胆尝试，继续推进创新驱动发展，不断深化对外开放合作。

我将从3个方面做汇报，第一是整个“海丝”区目前建设的总体概况；第二是在“海丝”区域开展创新驱动试验的一些情况；第三是对如何在“海丝”区推进创新驱动提出个人的建议。

首先是总体建设情况。习近平总书记提出“一带一路”倡议以后，国家部委共同响应。在2015年发展改革委、外交部、商务部联合发布的《推动共建丝绸之路经济带和21世纪海上丝绸之路的愿景与行动》中，明确了福建作为“海丝”核心区的建设地位。福建的区位优势很突出，是古代海上丝绸之路的重要起点与发祥地，在对外经贸文化交流史上发挥过重要的作用。除“海丝”核心区外，近年来中央还相继批准设立了平潭综合实验区、中国（福建）自由贸易试验区、福州新区、福厦泉国家自主创新示范区、国家生态文明试验区。福建将这六区的建设采取多区互动的形式加以推进。

从近几年的改革情况看，科技创新对核心区建设起到显著的支撑作用。2017年，福建省综合科技创新水平指数居全国第12位，经济发展方式转变指数居第6位，科技促进经济社会发展指数居第8位，知识产权综合实力居第8位。核心区还具有明显的侨台优势，80%的台胞祖籍在福建，东盟国家2000多万华侨华人中有近1200多万人祖籍在福建。我们在核心区建设中，非常注重发挥侨资、侨智、侨力的作用。

近年来核心区的重大改革试验加快推进。与沿线国家和地区经贸合作、人文交流更加紧密，新增对外投资额年均增长1.2倍。自贸区推进了11批285项创新举措，其中全国首创103项，平潭的一岛两窗三区建设扎实推进，对台先行先试步伐加快。开放合作水平进一步提升，核心区支持企业开拓国际市场，推动外贸优进优出，外贸综合服务等新业态加快发展。实施精准招商，实际使用外资年均增长6.2%。支持有条件的企业走出去，对外投资额年均增长32.8%。积极推进闽台经济社会融合发展，43家台湾企业在闽投资，实际使用台资74.5亿美元。出台支持台湾青年来闽就业创业的新举措，目前在闽工作生活的台胞超过15万人。

其次是核心区开展创新试验的情况。该创新驱动发展试验是2017年11月发展改革委与科技部联合支持的一个试验区建设。福建正在加快建设“海丝”互联互通的重要枢纽、经贸合作的前沿平台、体制机制创新的先行区域和人文交流的重要枢纽，这是我们开展创新驱动的主要意图。这个试验区主要是探索促进经济要素有序自由流动、资源高效配置和市场深度融合，推动沿线各国实现经济政策协调，开展更大范围、更高水平、更深层次的区域合作，共同打造开放、包容、均衡、普惠的区域经济合作架构。福建省委省政府接到试验任务之后，研究制定了整体实施方案，提出了五大重点任务：深化科技体制机制改革、推进“海丝”核心区创新发展试验、构建“海丝”协同创新网络、打造科技成果转化特区及深化两岸科技交流合作等相关内容。

核心区着力深化经贸合作。2014—2017 年福建与“一带一路”国家进出口总额为 2055 亿美元，占同期福建货物贸易总额的 30.5%。截至 2017 年年底，在商务部备案的福建对外直接投资企业和境外分支机构已达 2000 多家，中方协议投资额 266 亿美元。为推动企业家加快走出去，福建成功举办“21 世纪海上丝绸之路博览会暨福州海峡两岸经贸交流会”“21 世纪海上丝绸之路建设暨国际产能合作研讨会”“亚洲合作论坛工商大会”等活动。2014—2017 年，福建企业累计对“一带一路”建设参与国家设立投资项目 222 个，中方协议投资额 60.4 亿美元。2018 年上半年，“一带一路”建设参与国家和地区在福建新设外资企业 81 个，新增合同外资 10 亿美元。

核心区的互联互通不断加强。建成万吨级以上泊位 168 个，集装箱外贸航线达到 138 条，空中国际航线 46 条，港澳台航线 17 条，开通中欧国际货运班列，实现“海丝”与“陆丝”的有效对接。在合作平台建设方面，福州设立的“中国－东盟海产品交易所”被列为 21 世纪海上丝绸之路八大重要平台之一。首创跨境人民币交易结算系统，截至 2017 年年底，发展会员 358 家，交易商 2000 多个，媒介交易额超过了 3000 亿元。

核心区的人文交流渐入佳境。成功举办了“福州海上丝绸之路国际电影节”“国际旅游节”“海上丝绸之路国际艺术节”等活动。马来西亚、菲律宾是福建重要的入境游客市场。2017 年上半年，接待马来西亚游客 17.38 万人次，同比增长 11.1%，接待菲律宾游客 5.87 万人次，同比增长 19.5%。这与两个国家中祖籍为福建的华侨华人较多有关系。

核心区以高层互访为契机展示“海丝”核心区风采。福建省委领导相继访问了澳大利亚、新加坡、马来西亚、印尼等国家，出席了相关的恳谈会。核心区以项目活动为抓手，发挥其影响。成功获批 3 个中国－东盟海上合作基金项目，累计获“海合基金”扶持金额达 1.5 亿元，举办了六届“中国福建周”活动，积极推动福建省与“海丝”沿线国家经济、文化、旅游、教育等领域的合作。

核心区积极搭建文化交流平台。厦门大学、华侨大学、福建警察学院等高校与“海丝”沿线国家开展教育合作项目 80 项，打造了“华侨大学－泰国政府官员中文学习班”“福建警察学院外警班”等多个教育交流合作金牌。华侨大学、福州大学还成立了“海丝”相关研究机构，培养“一带一路”国际人才。通过组建大学联盟，打造高校优势学科品牌。福建目前有来华留学生近万人，其中“一带一路”沿线国家留学生 6000 多名，占比约 3/4。核心区积极推动教育合作交流。福建师范大学与印尼、菲律宾两所大学共建孔子学院，累计向菲律宾、泰国、越南、印尼等国派出汉语教师志愿者 15 批 824 人次。福建还与“一带一路”建设参与国家的83个闽籍社团和452家华文学校、海外华教机构合作，开展以“丝路梦寻”“武夷问茶”“茶都学艺”“闽都印象”等为主题的海外华裔青少年中国寻根之旅，组织冬令营或夏令营400多期，吸引30多个国家和地区的100多个华人学校的4万多名华裔青少年参加这些活动。

最后简要介绍一下推进“海丝”核心区创新驱动发展的路径与对策。我国提出坚持“一个核心”，即坚持创新是引领发展第一动力，推动以科技创新为核心的全面创新；“两个关键”，即依靠深化改革和扩大开放这两个动力，坚持把改革创新和扩大开放贯穿于建设的全过程；“三个要点”，即注重平台建设、注重机制活力、注重成果应用；“五个引领”，即培养发展一批新产业、攻克转化一批新技术、构筑提升一批新平台、融合催生一批新业态、推广应用一批新模式。

我们在推动交流合作方面还将做一些大胆的尝试，如“中国海峡项目成果交易会”“中国国际投资贸洽会”等。进一步发挥国家技术转移中心等平台的功能，建设15个国际科技合作基地和12个海峡两岸科技合作交流基地，举办“海丝”科技创新合作及科技外交官跨国技术转移专场对接活动。此外，还将通过举办技术培训班为“海丝”沿线国家和地区培训技术管理人才，带动产能输出和对外投资。

在深入拓展经贸合作方面，鼓励企业抱团式发展，走集群式国际产能合作道路。带动装备、技术、标准和服务出口，重点对接机械、纺织鞋服、电子信息和农牧渔业等优势项目。支持企业设立境外产业合作园区、工业制造基地、农业生产基地，加快建设境外海外合作中心、中国－东盟海产品交易所，有序带动“一带一路”国家的产能优势，不断提升区域经济合作水平。

核心区将继续深化对外开放合作。加强与联合国等相关组织的合作，力争在福建设立办事处和分支机构。在平潭建设“中国－小岛屿国家部长论坛”，选定永久会址。在福建举办一系列高峰论坛，策划每年在厦门举办“金砖国家海丝战略合作论坛”。利用福建省名企较为发达的优势，通过服务外包、投资合作、产业园区建设，扩大福建的外向型经济发展。

加快“一带一路”倡议下的务实合作

Manzoor Hussain Soomro　巴基斯坦经济合作组织科学基金会主席

“一带一路”沿线国家在科技合作方面有巨大的潜力，应共建知识中心，促进本地区科学技术的进步，推动“一带一路”倡议的发展。

我今天要跟大家探讨的是我目前就职的机构所做的工作，以及未来的工作规划部署。我所在的经合组织科学基金会虽然在巴基斯坦，却并不是巴基斯坦的机构，而是由土耳其、伊朗、阿富汗、哈萨克斯坦、巴基斯坦等 10 个国家共同成立的机构。这 10 个国家的石油储量占到全球的 12%，燃气储量占到 25%。基金会聚焦于西亚地区，涵盖了科教合作和发展银行等方面的业务。基金会的目标是推动科技研究方面的合作、相关的融资支持，同时还致力于在整个区域推进科学知识普及。例如，我们会为青少年提供学习与培训机会，提升他们的创新理念。

我无须过多强调科技创新的重要性。目前全球已经达成了共识，认为科技创新是可持续发展不可或缺的关键因素。虽然中国大陆、中国台湾、韩国等发展中经济体已经经历了快速的发展，但全球正面临越来越多的挑战，包括能源短缺、气候变化等。我们希望科技创新可以帮助应对这些挑战。对于可持续发展的问题，联合国已经为此设定了目标，包括经济、环境、社会责任等具体的目标。学术界、产业界、企业界都要承担各自的责任。所有的主体应当携手合作，才能共同完成这些目标。

接下来我们讨论一下“一带一路”倡议。“一带一路”倡议主要关注文化交流、政策协调、基础设施连接、贸易投资及金融合作等几个领域。该倡议使得我们机构所在的地区产生了更强的连接性，意义十分重大。我们的企业和相关的机构能够直接受益于该倡议，获得更多的资源共享和更优质的项目支持。特别是一些中国的企业与机构主动与我们携手合作，推动地区的发展。

中国已经在科研方面进行了大量投入。1981—2015 年，中国已经逐渐向全球技术领袖的方向发展了。中国目前与很多世界科技巨头有很好的合作，也收购了一些具有科研优势的企业与机构。我认为中国将具备成为全球技术领袖的能力。在全球信息技术产品出口方面，中国目前已经占到 32% 的份额。而在“一带一路”倡议下，很多投资也与技术相关。目前的投资约有 43% 流向能源领域，41% 流向铁路建设领域，这些都将推动相关技术的进步，而能源、交通、电信、水资源都是我们亚洲地区的重要投资领域。在“工业 4.0”的背景下，我们需要这些资源的投入，才能进一步推动科技的发展。中国在这方面做了大量的工作。

“一带一路”沿线国家在科技方面有巨大的合作潜力。在农业、信息技术、环保等关键领域，我们都有开展合作的良好机会。具体来说，企业可以开发合作项目，建立科技产业园区等，共同推动全球技术中心的转换。我们应当构建一套成熟的合作机制，来推动常态化科技与文化交流。

近几年全球化的发展遭遇了一些波折。例如，一些企业家开始谈到美国在一些领域不再持有开放的态度，使得他们在一些合作项目上遭遇了挑战。因此，我们希望人文主义能够继续发展，人类命运共同体的理念可以战胜保护主义。

经合组织科学基金会对于“一带一路”倡议下的合作项目十分感兴趣。当前全球中产阶级在迅速崛起，经合组织地区也出现了大量受过良好教育、技术能力全面的年轻劳动力。我们在商业方面也出现了巨大的发展空间。我们希望能够集中力量，建立一些知识中心，以推动“一带一路”倡议的发展，促进本地区科学技术的进步，同时帮助联合国2030年可持续发展目标得以实现。经合组织科学基金会对于与中国科技企业合作持有非常开放的态度。

当前全球开始出现颠覆性的技术，我们需要大量的人才和知识储备才能运用这些技术。我们希望建立一个亚洲的科技智库网络，召开相关的新兴技术论坛，并吸纳公众的参与。公众的参与对于技术的普及和应用是非常重要的。我们与中国科技学会少儿科技中心进行了长期合作。我们希望未来能够针对“一带一路”倡议进行更好的合作。此外，我们也在推进“双百大学”合作项目，即在中国选择100所大学，在“一带一路”沿线国家选择100所大学，然后推动这些大学之间的研发合作。

只有文明的融合和边界的融合才能促进世界的和平与和谐。而对于“一带一路”的相关行动计划来说，合作是至关重要的。

通过创新合作解决发展的不平衡性

Saidkasimov Saidmukhtar Saidgazievich　乌兹别克斯坦前副总理

“一带一路”倡议有助于解决乌兹别克斯坦长期以来面临的问题。“一带一路”倡议的成功实施将大大促进沿线国家的发展。

习近平主席提出的“一带一路”是具有划时代意义的倡议，并将极大促进世界的发展。我曾在1993年来过上海，是乌兹别克斯坦独立以后我第一次正式访问上海。我向时任中国外交部部长表达了希望能够游览上海的想法。他告诉我，上海不太值得看，还是看一下广州吧。今天我再次来到上海，20多年过去了，上海已经发生了翻天覆地的变化。今天来到中国的外国游客都会问，这一切到底是怎样发生的？我认为，答案就在于中国政府的正确领导和所实施的正确的经济与创新政策。为什么其他国家在同一时期内没有发生如此大的变化？如果我们看一下“一带一路”所涵盖地区的地图，我们会发现不同国家的发展是非常不平衡的。很多国家也都有创新的方案，但为什么他们的发展并不是太成功呢？这再一次证明了国家治理及正确的国家政策对于国家发展的重要性。

乌兹别克斯坦在历史上曾是古丝绸之路的重要参与者之一。多个世纪以来，来自中国的驼队正是通过乌兹别克斯坦的领土走向西方。所以说，乌兹别克斯坦为丝绸之路的发展提供了安全与稳定。历史上，中亚及乌兹别克斯坦经历了一系列的起起伏伏。中亚曾一度成为人类文明发展的中心。早在公元9世纪时，乌兹别克斯坦就出现了大学的雏形。从9世纪到15世纪，乌兹别克斯坦的一些基础学科得到了广泛的发展，包括数学、天文学、化学、生物学等。但从15世纪以后，该地区的发展逐渐衰退了。因此，考虑到乌兹别克斯坦发展的现状，我们认为需要参照中国的发展模式来振兴国家。

从两年前开始，乌兹别克斯坦发生了很大的变化。新任总统是一个坚定的改革者，他开始推动实施开放的政策。所以现在乌兹别克斯坦发展变化非常快。习近平主席提出的"一带一路"倡议对于解决乌兹别克斯坦长期以来积累的问题是非常好的解决方案。乌兹别克斯坦长期以来积累了生态环境、基础设施等方面的问题，只有通过与其他国家的共同努力才能够解决。如果"一带一路"倡议能够成功实施，将会大大促进沿线国家的发展。

首先需要解决的是"一带一路"沿线国家发展的不平衡性。这不仅是指经济的发展，也涵盖社会领域。所以乌兹别克斯坦高度重视解决经济与社会问题。首要的是保证人民接受教育。目前乌兹别克斯坦的文盲率目标是零，所有的孩子都需要接受义务教育，包括基础教育和中等教育。其次应该增加大学生的数量。乌兹别克斯坦同其他中亚邻国一样，在大学生数量方面是比较落后的。高等教育机构的数量仍然不足。所以乌兹别克斯坦新的政策目标就是提高高等教育的普及率。但这是一个非常艰巨并且耗资巨大的任务。乌兹别克斯坦及整个中亚地区的人口增长非常迅速。乌兹别克斯坦每年的人口增长率大概是15%。乌兹别克斯坦独立时的人口大概是2100万，目前的人口已经达到3400万。这对于发展经济和解决社会问题来说是一个非常大的负担，尤其对于实现零文盲率这样的目标来说更是如此。所以，推动创新，推动基础教育、农村地区教育和高等教育是解决问题的唯一办法。

整个中亚地区的经济体制也要进行改革，需要确定新方向和新的创新点来促进经济的发展。乌兹别克斯坦与其他国家一样，也在建立科研中心及各类实验室和科研机构，并对学者进行培训。但问题仍然在于如何能够实质性提高高等教育的质量和效率。乌兹别克斯坦希望将教育水平提高到世界水准，一个非常重要的典范就是中国在教育领域的一些做法。

另外需要强调的是，在创新领域进行合作有着重要的意义。在生态方面。根据相关的预测，在不久的将来，中亚国家将会面临水资源不足的问题。所以，现在中亚各国的领导人也开始考虑如何通过创新合作来解决水资源不足的问题。在交通方面，中国提出"一带一路"基础设施互联互通。这个倡议如果能够实现的话，乌兹别克斯坦能够向东走向大洋，向西也会通向出海口。对于这些规模巨大的合作问题，我呼吁各国建立联合专家工作组，共同帮助解决资金投入的问题。很遗憾的是，大多数"一带一路"沿线国家都存在资金不足的问题。经济发展与创新发展当然会帮助解决资金不足的问题。但在"一带一路"建设的初始阶段，为了促进投资与合作，我们还需要伙伴邻国的资金支持。

为了建设“一带一路”，我们面临的问题还有很多。乌兹别克斯坦也意识到了这些问题，并开始做出很多的工作。乌兹别克斯坦非常愿意参加“一带一路”项目的建设。非常感谢中方能够提出这样一个规模宏大的倡议，这个倡议能够促进整个世界的发展。中国的确在承担一个大国所应有的责任！

“一带一路”科技创新合作的最新实践

马敏象　云南省科学技术情报研究院院长

构建创新共同体，应遵循共商、共建、共赢的原则，科技成果要惠及当地民生。

国际创新合作是大势所趋，不可逆转。创新共同体的一个重要的含义就是要实现包容性增长。今天研讨的主题是创新共同体的理论与实践，我将围绕“实践”着重向大家介绍和汇报一下近年来我们在“一带一路”倡议之下开展的一些工作。

“一带一路”倡议提出5年来取得了丰硕的成果，但我们不可回避地看到，也面临很多问题和挑战。特别是2018年以来，世界格局发生很大的变化。大家主要关注到有两点。一是贸易保护主义抬头，二是技术封锁。对于中国来说，确定是一个挑战。我们怎么来看待这样的问题？我想我们不能在这种形势下加剧这种分歧。我们需要找到解决问题的途径。我认为“创新共同体”将是很有效的手段。一国政府可能基于现实利益采取贸易保护主义和技术封锁的措施。但对于科学界而言，交流与合作是他们的天性。而科技的成果可以惠及全世界每一个人，包容性增长的实现途径就是合作与创新。

我要向大家重点汇报面向东南亚科技创新合作的实践与体会。5年来，我们围绕“一带一路”倡议做了大量的工作。我也非常荣幸参与了这样的工作。

第一个是开放性的平台。我所在的机构承担了很多开放性平台的建设工作。如“中国－东盟创新论坛”等。通过这些平台，我们目前已经与联合国亚太技术转移中心等一些国际组织建立了明确的合作关系。这种合作关系通过两个方面实现，一是项目支持，二是经费支持。我们也与南亚和东南亚一些国家建立了机制化的合作关系。例如，我们的“中国－南亚技术转移中心”，目前在巴基斯坦、尼泊尔、阿富汗、孟加拉国都建立了分支机构。我们也建立了相应的双边技术转移中心。我们还在南太平洋岛屿国家建立了机制化的合作平台，帮助他们推广新能源、利用可再生能源，以及提高应对气候变化的能力。

这些合作平台是双向的。我们一方面向南亚、东南亚辐射，另一方面还向发达国家学习并建立合作。我们与美国、德国、法国、英国、芬兰都建立了很好的合作关系。与法国主要是开展气候方面的合作，与德国和芬兰主要是开展水资源处理技术方面的合作。我们从发达国家引进技术，在中国进行示范以后，再与南亚、东南亚合作。这就是科技合作的魅力所在。科学家的发明创造通过与其他人分享来推动技术与成果的扩散。再比如澳大利亚和新西兰，我们与他们构建了机制化的合作平台，将他们的农业品种和创新系统引进来。“一带一路”是一条创新之路，同时又是文明之路、文化之路。我们通过这些合作建立了科技人文交流体系，并进一步推进项目的合作。

“中国－东盟科技论坛”成立以来，我们坚持实践，不停地举办各种论坛和合作。在此过程中我们感受到大家的需求。所以在创新合作过程中，我们主要关心的不是我们的技术怎么走出去，而是南亚、东南亚国家需要什么。我们通过机制化的平台建设促进了中国和东盟的人文交流，促进了中国的技术产品向东南亚的转移，得到了当地老百姓的认可。

第二个是“中国－南亚技术转移中心”。南亚有20亿人口的大市场，东盟有6.5亿，中国有13亿，加起来约占全球人口的三成。南亚一直是我们关注的重点。2014年6月，“中国－南亚技术转移中心”在昆明正式成立。同时召开了部长会议，各国部长都到场参加，表明大家的合作愿望是强烈的。中心的成立不仅能促进中国与南亚的合作，还能促进南亚国家之间的合作，放大合作的效应。中心成立以后，我们连续举办了各种部长级的高端论坛，组织企业的对接活动，让各方表达需求、寻找共识、推进合作。我们认为，创新合作不是辐射的关系，而是双向互动和交流的关系。为了提高合作效率，我们还在南亚国家建立了分支机构，共享合作平台、共享需求信息。我们举办了“南亚青年科学家创新中国行”活动，组织南亚的青年科学家到上海和昆明感受大科学工程建设。

这些工作的背后，是来自国家和国际组织的支持。我们将资源投入到实际工作中，搭建合作交流平台，并最终惠及南亚、东南亚各国普通民众。我们在合作中还非常重视通过国际化培训加强科技人文交流。专业化的培训并不需要花费太长时间，就能得到良好的效果，并了解他们的需求。

最后谈一下体会。在推动构建创新共同体的过程中，一是要建立一个共商、共建、共赢的原则，科技成果要惠及当地民生；二是要做好科技人文交流，作为创新合作的重要抓手；三是要利用国家级的平台，有效汇集各方资源；四是要发挥国际组织、网络的作用；五是要积极推动南亚国家企业间的合作，依靠企业推进成果的转化；六是要加强市场调研、了解需求；七是要有耐心，因为创新合作的不确定性太多，如果没有耐心，将要成功的事情就可能被放弃。另外，政策、机制合作方面的研究也非常有必要。

“一带一路”倡议下积极打造“泰国4.0”

Pasupha Chinvarasopak 泰王国驻华大使馆科技参赞

“一带一路”倡议与“泰国4.0”计划有良好的契合点。中泰两国应共同推进创新合作，挖掘新的机遇。

非常高兴今天有这样的机会跟大家分享一下我们在泰国如何推进创新，以及如何通过建设创新产业园来共建创新共同体。

首先介绍一下泰国推动经济增长的政策。泰国政府推出了“泰国4.0”计划，希望通过产学研合作，实现“泰国4.0”的目标。这个计划涵盖了从农业到轻工业再到重工业的广泛领域。我们希望通过大量的创新与创意，打造智慧型的泰国。我们关注的重点包括数字化、生物化学、航空航天、物流、机器人等。

接下来给大家介绍一下泰国的科技园。科技园已经成为泰国不同地区推动经济发展的引擎。泰国科技园最早是从2002年开始建设的，位于曼谷北部。10多年之后，泰国各个地区已经建起了科技园。科技园受到泰国科技发展署的支持。它的使命是推进最新的科研成果，促进技术转移，促进私营企业的发展。目前政府与私营企业展开了良好的合作，共同推动科技园的发展。现在入驻科技园的企业中有30%都是私营企业。私营企业一共建立了90多个研究中心，以及100多个孵化器。科技园中有很多的试点项目和试点企业。科技园中还有大量来自国际的专家。我们还在科技园中建立了中泰技术转移中心，极大促进了两国的技术转移。

那么如何通过合作来创造价值？我们在科技园中建立了一些实验室，希望将产品推广到整个泰国和东盟的市场。接下来我们希望能够建立起一个商业生态圈，在科技园中孵化更多的企业，并且打造出为人类创造福利的技术。此外，我们还希望推进先进技术的本地化及其在亚太地区的落地。包括本地的一些科研合作项目也是由跨国企业与泰国本土企业合作推动的。

在泰国不同的地区，包括西北、东北和西南地区，还有不同的产业园。这些产业园结合不同地区的优势和特征，分别侧重食品、农业、医疗、数字化、生物、能源、材料等领域的发展。产业园为园内企业提供商业支持与深度孵化服务，同时也针对一些初创企业和创业者提供办公场所、设计中心、知识产权管理等方面的服务。我们还在产业园内建设了一些示范性的工厂。

其次介绍一下我们的东部经济走廊。我们发起东部经济走廊的原因是为了推动“工业4.0”的发展。从地图上可以看出，该区域主要集中在泰国东部。东部经济走廊中的创新中心涵盖了很多的创新企业，包括自动化、机器人、人工智能等前沿领域的研发。此外还涉及生物农业、化学、生物技术以及航空领域的创新。

前面讲到的科技园与东部经济走廊，都有很多的创新合作项目。这些载体为他们创建了很好的合作平台。希望中国与泰国能够共同推进创新合作，挖掘新的机遇，创造更好的明天！

广西推进创新合作的进展与构想

王频 广西经济社会技术发展研究所所长

“一带一路”倡议下，广西充分利用区位优势，不断深化与东盟国家的交流，着力推进科技创新合作。

今天我向大家汇报的内容主要有3个方面。一是广西与东盟开展创新合作交流的基本情况，二是面临的一些问题、需求和挑战，三是下一步的基本构想。

首先是广西与东盟国家开展创新发展交流合作情况。东盟国家是“一带一路”沿线国家的重要组成部分。2018年是中国－东盟创新年，也是中国与东盟建立战略伙伴关系15周年。广西是中国面向东盟开放合作的前沿和窗口，南宁则是中国－东盟博览会永久举办地，迄今为止已经举办了15届。近几年来，广西紧紧围绕习近平总书记赋予广西三大定位的新使命：一是加快构建面向东盟的国际大通道，二是要把广西打造成为西南、中南地区开放发展的一个新战略支点，三是要形成21世纪海上丝绸之路与丝绸之路经济带有机衔接的重要门户。广西利用区位优势，不断深化与东盟国家的交流，在科技创新方面做了大量工作。

第一，着力推动区域创新一体化进程。自2012年开始实施“中国－东盟科技伙伴计划”以来，广西做了比较多的工作。一是利用“中国－东盟技术转移中心”的载体作用，与东盟9个国家分别建立了双边技术转移的工作机制，组建了联合工作组。广西还与越南广宁省建立了首个省际国际区域性技术转移中心。新合作渠道的建立，为深化中国与东盟的创新合作奠定了坚实基础。二是打造东盟国家多边交流合作平台。每年9月举办的科技创新大会，已经成为稳固的多边交流与民间洽谈机制。六届大会以来，已经有近千位东盟国家的嘉宾参会，有40多位副部级以上官员在大会发言。三是扩大中国与东盟的创新合作朋友圈。我们构建的合作网络已涵盖300多家机构，其中1/3来自东盟国家，同时也吸纳了“一带一路”其他沿线国家参与。

第二，提升创新资源集聚力，打造区域创新资源汇集高地。广西把自己定位为国内面向东盟，辐射西南、中南，开展创新创业服务的前沿阵地和落脚点、加油站。我们把中关村“双创”基地引入了南宁高新区，把华大基因、中国科学院、国家海洋局第四海洋研究所、国际水稻研究所等的一批面向东盟的业务全部整合落户广西。一批面向东盟的产业研究院、联合研发中心、联合实验室也都落户广西。我们还大力助推东盟国家创新能力的整体提升。目前已在东盟9个国家建立了15个联合实验室和创新中心，在东盟8个国家建立了12个农业科技园区。这些机构有效促进了中国与东盟的技术转移，对东盟国家科技经济发展起到了带头示范作用，促进了创新共同体的形成。

第三，提升技术转移影响力，推动先进技术成果向东盟转移转化。我们根据东盟各国的经济、文化、科技发展特点，共同策划、组织了一系列科技交流活动，自2013年中国－东盟技术转移中心成立以来，累计举办各种形式的科技创新与技术转移活动50多场，其中20多场在东盟国家举办，意向金额达50多亿元。我们还举办了一系列培训班，为东盟国家培训了一批科研人才和管理人才。

第四，提升新兴产业引领力，加快产业发展动能转换。一是广西提出了桂、粤、港、澳与东盟在医药创新产业上开展国际合作的设想，得到了东盟国家的支持，并发布了建设合作圈的“南宁创意”。二是启动构建全球大数据中心“药用植物4.0”计划，共建国际创新园，开展中医药重大创新研究。三是构建“中国－东盟信息港”，形成了一批致力于空、天、地、海互联互通一体化的重大专项。

第五，优化创新合作环境，构建良好合作生态。一是鼓励国内研发机构在广西开展科研活动。广西出台了一系列政策措施，支持科技开放。设立了专项资金，支持东盟国家到广西进行科技创新交流，2017年支出经费就达到10亿元。二是积极落实和拓展“发展中国家杰出青年科学家来华工作计划”。提出了一项“百名东盟杰出青年科学家来华工作计划”，目前已有5名杰青工作岗位在广西落实。

其次是创新合作的需求和挑战。一方面，当前的合作规模还比较小，双方的优势还未充分发挥。另一方面，过度依赖政府间的交流合作，合作方式相对单一。未来合作潜力的挖掘应注重几个方面。一是在产业升级方面，着力打造面向东盟新兴市场的现代化制造业基地，同时按照中央的要求打造区域金融合作中心。二是在外贸优化方面，加快建设面向东盟的电商基地。三是提升服务能力，发挥广西的区位优势，加强与东盟的物流联动。四是优化完善合作机制，全方位扩大中国与东盟的合作。五是进一步优化科技创新平台。

最后是关于广西与东盟创新合作的发展规划。第一是全面深化与东盟的科技交流合作，制定具体行动计划。第二是加快构建“一带一路”背景下中医药大健康产业的国际创新合作圈，并构建桂、粤、港、澳区域创新走廊。第三是建设“东盟科技城”，汇聚中国与东盟的资源，将科技城建设为升级版的旗舰项目。下一步，广西将更深入地参与到“一带一路”的合作中！

共享经验与技术，开创“一带一路”国际合作新局面

王宏广 中国科学技术发展战略研究院副局级调研员

世界的经济中心、政治中心、文化中心甚至军事中心，总是随着科学中心的转移而转移。在当前一些发达国家实施保护主义和技术封锁的情况下，“一带一路”国家更应互通有无，共享资源、技术与经验，促进共同发展。

回顾过去2000年的历史。人类首先经历了农业文明，解决了今天70多亿人的温饱问题。人类又经历了工业文明，机械化、电器化大幅减轻了人们的体力劳动。当前信息化正在减轻人们的脑力劳动，智能化将进一步使人类的智能程度大幅提高。未来由生命科学引领的科技革命，可能会直接延长人的寿命。所有这些都离不开科学和技术的发展。

有科技才产生了产品，有产品才形成了产业，有产业才有了经济发展。因此，2000年科技和经济发展的规律可以用一句话来总结：世界的经济中心、政治中心、文化中心甚至军事中心，总是随着科学中心的转移而转移。而科学中心又随着人才中心的转移而转移。谁拥有了顶尖的人才，谁就拥有科学技术。谁拥有了技术，谁就拥有了经济。谁拥有经济，谁就拥有发展权。在当前的世纪，经济越发达，创新的动力就越大。所以，经济和科技互动形成的优势，使得那些没有经济和科技优势的国家处于边缘状态。而解决的办法只有一个——合作。这也正是“一带一路”倡议正在寻找和拓宽的途径。

从中国方面看，中国经济对世界经济发展的贡献长期保持在30%左右。也就是说，世界经济增量的30%左右来自中国。而更值得关注的是，世界科技增量的50%以上来自中国。世界论文增长的约51%，专利增长的约80%，以及科研经费增长的55%，都来自中国。中国的科技正像中国的经济一样在高速发展。这也为“一带一路”的科技合作提供了前所未有的良好环境。与此同时，回顾中国经验，这些年来获得的高速增长，很大程度上是依靠加速工业化的过程实现的。当前“一带一路”许多发展中国家的工业化还没有完成。而中国在推进工业化的进程中积累了大量的设备、经验、技术。通过这些技术的转移，会对“一带一路”沿线国家的经济发展、生活改善、环境优化带来帮助。在当前一些发达国家实施保护主义和技术封锁的情况下，“一带一路”国家更应该互通有无，共享和交换自己的资源、技术、经验，促进共同发展。希望我们进一步开拓“一带一路”国际合作的新局面！

3 互动讨论

提问1：我们在与东盟国家合作打造创新共同体方面做了很多尝试，也取得了一些突破。未来如何处理不同国家合作需求的多元化问题？如何充分发掘各国的比较优势？

马敏象：在实际工作中确实面临这些问题。我们最早曾经针对南亚、东南亚做了大量的国别研究，但现在来看，这些研究相对泛化。例如，东盟国家的发展水平差异很大，需求也千差万别。我们现在就调整了研究思路，不再做一般的规划式研究，而是依托各国本土的机构，开展具体的针对性研究。例如，如果需要研究巴基斯坦的合作需求，我们就会跟巴基斯坦工业理事部开展合作研究，切实了解巴基斯坦的具体情况。这是我们今天做创新研究的趋势和方向，这样才有指导意义。同时，依托中方企业与机构帮助发掘沿线国家的优势，弥补短板。例如，阿富汗、尼泊尔等国的承建能力较弱，我们就会推动中方企业帮助他们。又例如，印度在软件方面很有优势，我们就推动在山东临沂建设了一个软件产业园。这些都是合作的典范。未来，我们还要着力解决中小企业走出去面临的信息不足、渠道不畅的问题。

王频：我再简要补充两点。第一，我非常赞同分类研究的方法，现在广西也在按照这个思路推进。我们有智库对东盟国家进行专业的研究。第二，交流互访是很好的机制。如果仅仅从理论层面进行研究，对于行业的需求还是会存在信息不对称的现象。因此，广西很多高校都与东盟国家建立了互访，并且把交流对象拓展到了东盟的企业。面对东盟企业的需求，我们的互访能够更直接地帮助解决对方的问题。

提问2：我想问Saidkasimov先生，“一带一路”国家面临很多问题，包括投资问题等，作为中亚国家的一员，我们如何解决这些问题？

Saidkasimov Saidmukhtar Saidgazievich：中亚国家，包括乌兹别克斯坦，在发展历史上曾有起起落落。14世纪时，中亚地区出现过一个非常著名的政治家帖木儿（音）。他建立了一个非常庞大的国家，仅次于成吉思汗的大帝国。当时的贴摩尔帝国几乎占据了如今欧亚地区27个国家的版图。中亚也曾是世界文明的中心，在各个领域尤其是高精尖科学方面非常先进。乌兹别克斯坦曾建立了世界上最早的天文馆，拥有最先进的天像图，以及相关的计时工具。现在经常用到的“算法”这个术语，就是12世纪乌兹别克斯坦一个非常著名的数学家发明的。但后来，中亚地区的地位开始衰退。此后的历史中再也没有出现过这样辉煌的景象。再看一下现在的情况。目前中亚地区几个国家都属于中等发展水平。如果将阿富汗包括之内，中亚地区各国经济发展的平均水平就更低了。因此，目前新任的乌兹别克斯坦总统与其他中亚国家的总统一道，正在制定中亚地区经济发展的路线图。在此过程中，我们仔细研究中国经验、中国模式。中亚各国基于自己的国情，积极借鉴、吸收中国的经验。乌兹别克斯坦总统已经宣布，今明两年将成为乌兹别克斯坦创新发展年。乌兹别克斯坦将积极与其他国家开展投资和创新方面的合作与交流。我们希望在几年之内成为中亚地区的领头羊，并积极帮助、扶持我们的邻国阿富汗。

Manzoor Hussain Soomro：我非常赞同 Saidkasimov 先生的观点。中亚地区在历史上曾经是科技的摇篮。尤其是 16 世纪时，我们很多国家都从中受益。但我们目前还没有专门去研究历史上的科技发展。未来或许能进行深入研究，并加以借鉴。巴基斯坦在 12、13 世纪也曾有过先进的天文台。如果没有历史上我们对科学创新的贡献，很多的现代成就是不可能达成的。所以我认为，我们可以从历史研究出发，更好地学习各国的科技发展历史，同时共享各国经验、共建知识中心。

第11章

绿色技术银行高峰论坛：创新驱动绿色发展——联动政产学研用，推动绿色技术银行建设

1 论坛综述

建设绿色技术银行是中国落实《2030年可持续发展议程》和《巴黎协定》的重要举措，是践行习近平总书记“创新、协调、绿色、开放、共享”五大发展理念、构建以市场为导向的绿色技术创新体系的重要组成部分。在绿色技术银行正式运行的开局之年，将召开首届绿色技术银行高峰论坛，邀请一批国内外政府部门代表、具有全球影响力的行业专家，以思想分享、主题对话等形式，搭建务实有效的对话平台，以科技和金融的双重视角探讨全球绿色发展。

首届绿色技术银行高峰论坛以“创新驱动，绿色发展——联动政产学研用，推动绿色技术银行建设”为主题，举行开幕式暨全体大会、绿色技术标准体系论坛、绿色金融及投资论坛、国际技术转移合作论坛、能源互联网论坛、绿色技术创新展示等系列活动。从宏观层面解析国际国内对于绿色发展理念和路径的探索，从微观层面聚焦绿色技术转移转化全链条中的3个难点：即绿色技术分类与评价标准、金融与技术的融合、沿“一带一路”国家的技术合作等瓶颈问题，从政、产、学、研、用多视角多维度，寻求共识，同时选取能源互联网等热点领域专题研讨，推动行业发展。

2 嘉宾演讲

大力推进绿色技术银行的建设

吴远彬 科技部社会发展科技司司长

> 建设绿色技术银行是中国落实联合国 2030 可持续发展议程的重要举措，是完善绿色领域科技成果转移转化机制、促进绿色发展和生态文明建设的重要探索。

尊敬的马春雷副秘书长、祝宪副行长，各位来宾，女士们、先生们，大家下午好。非常高兴参加绿色技术银行高峰论坛，作为这次论坛的联合主办方在此对会议的召开表示热烈的祝贺，对各位来宾表示诚挚的欢迎。2015 年 9 月，联合国发展峰会通过了《2030 年可持续发展议程》，习近平主席表示中国将与各国共同推进可持续发展目标的实现。建设绿色技术银行是中国落实联合国《2030 年可持续发展议程》的重要举措，是完善绿色领域科技成果转移转化机制、促进绿色发展和生态文明建设的重要探索，科技部作为牵头落实部门，和上海市一起加快推进绿色技术银行的建设，建立了绿色技术银行管理中心，创设 35 亿元绿色技术成果转化基金，建设了绿色技术信息平台、转化平台和金融平台三大平台。2017 年 12 月，绿色技术银行第一次领导小组会议召开，完成了绿色技术银行发展过程当中的建章立制、框架搭建，到目前为止已经正式运行将近一年时间。

绿色技术银行启动建设以来三大平台建设初见成效，各方面取得了积极的进展。信息平台有技术成果 7000 余项，正式上线运行对外开展服务；转化平台构建了绿色技术成果转移转化的立体网络，建立长三角科技服务联盟等现有平台长效合作机制，与云南、太原等相关地方签署战略合作协议，围绕重点区域、重大需求提供绿色技术系统解决方案，还转移转化了黑臭水体治理等多项绿色技术；金融平台投资了海上风电的项目，还将进一步建立加强与绿色技术应用、示范相结合的协调机制。同时，绿色技术银行还开展了卓有成效的绿色技术国际合作与交流，2017 年联合举办可持续发展目标科技创新的研讨会，在第八届清洁能源部长级会议和第二届创新使命部长级会议、联合国气候变化会议中国角等组织了绿色技术银行的会议，2018 年与世界知识产权组织达成建立合作伙伴关系协议，建立技术分类体系的匹配衔接，开展绿色技术评价方法与标准研究，还推进了与联合国工业发展组织及相关国家的交流合作，在国际上产生了良好反响。

党的十九大报告做出我国经济已由高速增长阶段转向高质量发展阶段的重大战略判断，将创新驱动发展、绿色发展作为基本遵循，绿色技术银行建设与发展面临新的历史机遇和使命担当。

一是进入新时代统筹推进五位一体的总体布局，特别是在党的十九大报告中提出要构建市场导向的绿色技术创新体系。绿色技术银行迎来绿色技术成果转移转化快速发展的历史机遇，为落实构建市场导向的绿色技术创新体系的战略部署，科技部会同发展改革委等相关部门正在研究制定落实相关的政策文件，绿色技术银行提供绿色技术成果+金融支持和人才支持及市场化的综合运作这样一个综合性服务体系，将打通科技成果转化通道，构建市场导向的绿色技术创新体系。

二是支撑打好环境污染防治攻坚战。绿色技术银行应当担负起推动环保产业发展的重任。2018 年 6 月中央印发了《中共中央　国务院关于全面加强生态环境保护坚决打好污染防治攻坚战的意见》。科技部党组也发布了关于科技创新支撑生态环境保护和打好污染防治攻坚战的实施意见。在这两个意见中都明确了科技创新支撑环境污染防治和绿色发展的目标和任务。绿色技术银行是落实好上述文件精神的重要载体，要围绕环境污染防治和绿色发展中的重点瓶颈问题提供技术解决方案，推动生态环境领域先进技术成果的转移转化和推广应用，助推生态环保产业成为新的经济增长点。

三是落实联合国《2030 年可持续发展议程》，绿色技术银行要为区域绿色发展提供技术解决方案和示范。为落实联合国《2030 年可持续发展议程》，提出国家可持续发展议程的创新示范区，绿色技术银行应当面向可持续发展创新示范区建设，提供区域绿色技术发展解决方案，做好相应的试点示范，推动科技创新在国家可持续发展示范区建设中的支撑和引领作用。

四是瞄准绿色技术转化的重大需求，绿色技术银行要探索发展新机制。绿色技术银行是科技成果转移转化体制机制探索的试验田，在加强自身能力建设的同时，要加强体制机制的创新，以改革开放的新思路创新国际国内先进绿色技术汇集和集成模式，探索需求导向的技术解决方案和组织实施方式，建立合理的利益分配机制，面向区域重大关键瓶颈问题与地方政府、企业联合开展试点示范，创新技术应用示范与金融资本结合方式，加快金融资本推动绿色技术成果的产业化和落地应用。推进绿色技术银行相关机构的市场化发展，形成可复制、可推广的绿色技术转移转化模式。

朋友们、同志们，当前我国加快推进生态文明建设，推动经济高质量发展对绿色技术有重大需求，期待按照国际化、市场化、专业化的发展思路和原则，抓住时机、扎实发展，把绿色技术银行的建设做实、做好、做出成效。谢谢大家！

运用核心关键技术推进绿色化变革

马春雷　上海市人民政府副秘书长

要运用核心关键技术推进绿色化变革，通过信息智能技术大幅提高绿色发展的质量和效益，为绿色发展提供科学依据和技术支撑。

尊敬的吴远彬司长，尊敬的祝宪副行长，尊敬的Zhoshybayev Rapil Seitkhanovivh主任，各位嘉宾、各位代表，大家下午好。金秋十月是上海最好的季节，很高兴与那么多新、老朋友相聚在黄浦江畔，共同参加首届绿色技术银行高峰论坛，在此请允许我代表上海市人民政府向出席今天论坛的各位嘉宾表示热烈的欢迎，也向大家长期以来对上海经济社会发展特别是科技生态发展给予的关心、重视、理解、帮助和推动表示衷心的感谢。

人类文明的发展既是一部认识自然、改造自然的历史，同时也是一部发展科技、应用科技的历史，近年来发展生态文明推动绿色发展已经成为全球共识，习近平总书记指出绿色发展是生态文明建设的必然要求，代表了当今科技和产业的变革方向，是最有前途的发展领域。绿色发展是发展质量和效益的突破性提升，要抓住科技创新这个核心，通过创新建立科技支撑体系，依靠市场化实现绿色转型。要运用核心关键技术推进绿色化变革，通过信息智能技术大幅提高绿色发展的质量和效益，为绿色发展提供科学依据和技术支撑。建设绿色技术银行既是我们落实联合国《2030年可持续发展议程》国别方案的重要举措，同时更体现了我们国家坚持绿色发展的理念，建设美丽中国的坚定态度和坚强决心。绿色技术银行总部落户上海是国家对上海的信任，必将成为上海加快建设具有全球影响力的科技创新中心、提升城市的能级和核心竞争力的重要支撑，近几年来在科技部的领导下，上海积极设立绿色技术基金，完善绿色技术标准体系，搭建绿色技术的信息平台，构建转移转化的立体服务网络，推动科技成果的转移转化示范，有效地提升了绿色创新资源的集聚力和科技金融的影响力，为上海科技创新中心的建设注入了新的活力。

今年6月，上海市第十一届委员会第四次全体会议明确提出上海要努力成为全球学术新思想、科学新发现、技术新发明、产业新方向的重要策源地，上海把绿色技术银行建设作为实现这一目标的重要抓手，将始终坚持国际视野和开放共享的理念，顺应全球绿色发展的要求，进一步动员优势资源，采取有效措施，发挥在技术集成、金融创新等方面的优势，持续创新市场运行的机制，加快推动绿色技术成果的落地。不断地拓展绿色技术交流合作的空间，力争绿色技术银行建设取得更大的进展。

绿色技术银行高峰论坛将为各方搭建一个探讨全球绿色发展的高层次交流平台，我们衷心地希望与会的各位专家能够在本次论坛上集思广益、畅所欲言，为绿色技术银行的建设建言献策，让我们每一个人思想上有启发，回去了以后工作上有推动。最后衷心祝愿论坛取得圆满成功，各位身体健康、工作顺利，谢谢各位。

要保证绿色金融的健康规模化发展仍需要政府和市场密切配合

祝宪 金砖国家新开发银行副行长兼首席运营官

不仅要加强对全社会支持绿色发展的共识引导，更要研究如何利用绿色金融的杠杆作用支持需求侧转向绿色、可持续的生活方式和生产方式，要思考建立切实可行的可持续性的绿色金融的商业模式。

尊敬的吴远彬司长，尊敬的赵永峰区长，各位嘉宾，女士们、先生们，大家下午好。非常荣幸有机会参加这次绿色技术银行高峰论坛，借此机会我想和诸位分享一下新开发银行对绿色金融、绿色发展的一些感想和体会。

绿色发展是新兴市场经济和发展中国家实行可持续发展的必然要求，工业化是过去200年间全球经济增长和生活水平迅速提高的主要驱动因素，但同时传统的工业和模式下生产和消费体系也导致了资源的迅速枯竭、生态环境的退化和气候变化的威胁，已不能适应全球发展的可持续性。目前新兴市场经济和发展中国家正面临着独特的挑战和机遇，可以借鉴以往的经验教训，避开过去工业化发展过程当中曾经陷入的资源和环境陷阱，在发展过程中着手构建支持可持续发展的新的经济模式，绿色发展就是以可持续发展面临的问题为导向，实现可持续发展具有操作性的抓手。绿色发展要将环境制约转化为推动社会、经济、环境3个方面可持续发展的契机。技术进步和规模效应应作为增强绿色发展竞争力的重要方面，在绿色发展的范畴下，重点应从引导收入和就业增长驱动转向那些能降低碳排放及污染，增强能源和资源效率，防止生物多样性和生物系统遭到破坏的公共和民间的投资。

我们面临的挑战是在符合绿色发展理念的产业和项目下，虽然可以为全社会带来资源和环境方面的正能量，但这种影响目前无法以经济收益的形式体现出来。值得高兴的是，随着生物技术、新材料、金融科技等领域技术不断进步和突破，可再生能源等行业前期投入积累产生的规模效应逐渐显现，绿色产业的经济收益率不断得到改善。例如，光伏发电的成本现在在许多国家和地区已经接近甚至低于常规发电成本，采用新材料对现有建筑物进行能效改造长期来看所节约的资金成本远高于改造成本。但同时我们也要看到，虽然从长期来看，绿色发展可以依靠产业和项目自身经济效益及外部性收益的市场化内部化等方式实现良性循环和可持续发展，但是在初试阶段还不得不通过有针对性的公共支持、政策改革和法规变革来促进和支持。因此，在相当长的范围内仍具有一定的公共产品和服务的属性，要保证绿色金融的健康规模化发展，仍需要政府和市场密切配合，逐步建立和完善绿色金融基础设施和政策框架，明确绿色金融实现路径和收入分配机制，使绿色金融产品相对于其他金融产品具有相当或者更高的市场吸引力，引导更大规模民间资本进入绿色经济相关领域。

绿色金融可以通过政府对相关项目贴息、项目担保PPP、发行绿色债券等多种方式有效缓解相关项目风险过高和资金期限错配等瓶颈，降低项目融资成本，引导和带动更多的社会资本资金投入绿色领域，从而成为政策调控和财政补贴等手段的有力补充，实现绿色项目外部性的内部化，推动项目变得更为可融资，在全社会范围内进行更优的总体回报。

新开发银行成立3年来在绿色金融上做了一些有益的尝试。新开发银行目前已经批准总额超过60亿元的27个项目，相当部分集中于绿色可持续发展领域，以上海智慧新能源为例，这是新开发银行在中国实施的首个项目，提供了5.25亿元贷款，支持利用上海临港产业区厂房资源，建立100兆瓦分布式光伏电站，探讨利用大数据管理从而采取了自发自用的模式，而非经过长距离的电力输送，其示范效应能够较好地保证各方对于绿色项目的定义，同时经测算该项目已有较为稳定的财务效应。同时新开发银行还提供了20亿元贷款支持福建莆田海上风电项目，项目总容量为250兆瓦，建成后发电相当于每年减少90万吨二氧化碳排放，目前新开发银行正准备对广东阳江海上风电项目提供类似的贷款。

2016年新开发银行在中国银行间债券市场发行了总规模为30亿元的绿色金融债券，认购倍数为3.1倍，这是首支由总部在中国上海的国际金融机构发行国内债券，也是国际金融机构首次在中国这一最大新兴市场发行绿色债券。内部审核和信息披露上遵循国际化标准，通过独立第三方机构按照绿色债券原则和人民银行有关规定的要求开展相应工作。长期来看绿色金融可以从供需两侧有效支持绿色发展，从绿色经济的供给侧来看，科技进步将有效降低绿色技术的成本，促进绿色经济的可持续发展。而要实行绿色科技的发展和突破，要求金融支持不拘泥于传统方式，要探索风险投资、绿色技术证券化等新模式，从绿色经济的需求方来看，公共部门、企业和个人需要分担绿色发展可能带来的短期成本增长。为此不仅要加强对全社会支持绿色发展的共识引导，培养绿色理念，更要研究如何利用绿色金融的杠杆作用支持需求侧转向绿色、可持续的生活方式和生产方式。要思考建立切实可行的可持续的绿色金融的商业模式，既不能停留在从概念上支持绿色金融，也不能过多地依靠财政补贴、免税等短期激励措施，应该深入绿色产业经营中，依靠金融媒介和平台的作用创新自我良性循环的运行方式，进而创造可持续的金融需求。除了传统的绿色信贷，金融机构也可以探讨绿色气象保险、绿色产业担保和碳排放交易等机制。绿色技术银行就是在这种大环境下应运而生的，致力于建立以市场为导向的绿色技术创新体制，必将为绿色金融体系健康发展、绿色经济可持续发展起到重要的推动作用。

新开发银行愿意与绿色技术银行开展广泛和深入的合作，谢谢大家。

3 视频致辞

联合国工业发展组织贸易投资和创新司司长视频致辞：尊敬的各位来宾，我向上海科学技术交流中心等单位承办的绿色技术银行高峰论坛成功举办表示热烈祝贺，联合国工业发展组织非常高兴能够支持这个论坛的举办，本次论坛以绿色技术、绿色发展为核心愿景，突出了绿色技术和创新，我非常有信心本次论坛将成为交流绿色技术实践、经验和专业知识的理想平台，并推动经济转型。

17 年前中国商务部、上海市政府和联合国工业发展组织共同成立了工发组织上海投资技术促进中心，旨在促进双向投资和技术转移，我们很高兴看到工发组织上海投资促进中心在推动上海成为具有全球影响力的科技创新中心过程当中发挥了重要作用。中国政府在实施《2030 年可持续发展议程》中采取了一项重要措施，依托上海科技交流中心建立绿色科技银行，工业发展组织很高兴被邀请参与分享我们的专业知识和经验，推动绿色技术银行的发展，从而促进包容性和可持续的产业发展。我很高兴看到上海科学技术交流中心和工业发展组织上海投资促进中心为此次活动付出的努力，并在此基础上探讨合作的具体方案，我相信在不久的将来，双方一定能够取得切实成果。

请接受我最美好的祝愿，愿本次论坛成功举办，为今后的合作奠定良好的基础。谢谢。

4 主旨演讲

建设绿色技术银行　加快科技成果转化

干频　绿色技术银行建设领导小组秘书长、上海市科委副主任

> 坚定不移走绿色发展、生态发展之路，推进绿色技术创新，加快绿色技术成果转化是上海贯彻落实国家重要部署和要求，谋求更高质量、更高水准、更高境界发展的科学路径，也是提升国际科技创新中心策源能力的重大举措。

尊敬的各位领导、各位来宾，女士们、先生们，大家下午好，很荣幸参加 2018 绿色技术银行高峰论坛，和大家一起共话绿色技术创新和科技成果的转化，下面我简要报告一下绿色技术银行建设的主要做法、进展情况和下一步的工作安排。

第一部分，关于绿色技术银行的主要做法。首先坚定不移走绿色发展、生态发展之路，推进绿色技术创新，加快绿色技术成果转化是上海贯彻落实国家重要部署和要求，谋求更高质量、更高水准、更高境界发展的科学路径，也是提升国际科技创新中心策源能力的重大举措，近两年在科技部的指导和支持下，上海坚持把注重绿色技术创新作为加快

推进绿色技术银行建设的重要抓手，深入开展绿色技术创新和相关成果转化的实践和探索，着力突破制约绿色科技成果转化和产业化的瓶颈问题。

具体做法：第一，抓组织机制的优化，成立绿色技术银行协调小组，健全和完善部市共商，市级层面成立了包括 16 个委办局在内的绿色技术银行协调小组，进一步集聚资源、加强统筹，加快推进绿色技术银行的全面建设。形成常态化工作调研、工作简报等联络机制，建立了联系机制，通过信息沟通和工作协商确保各项工作的落地，其中虹口区委、区政府高度重视绿色技术银行的服务工作，积极做好项目的承接，落实总部等载体空间及配套相关措施。

第二，抓自身能力建设，提高服务能力。绿色技术银行管理中心是绿色技术银行的运行管理中枢，设在上海科学技术交流中心。根据科技部的要求，按照工作定位，制定了管理中心总体的建设方案。明确了管理中心的职责，落实了专人专事的推进机制，基本界定管理中心和有限公司各自分工，管理中心作为公益性平台承接公共服务职能，有限公司作为市场化运作主体承担市场化的功能。目前正在筹建成立混合制国有非控股股份有限公司，在功能和治理结构上既体现市场化、专业化的方向，又突出政府的战略意志。

第三，抓法规政策完善，激发创新活力。相继发布促进科技成果转移转化的实施意见、转化条例和行动方案，聚焦成果转移转化的关键环节，从立法、政策及工作行动计划等多个层面加快探索和突破，加大创新创业人才的激励力度，明确将科技成果的使用权、处置权、收益权三权下放给单位和科研团队，明确可持续发展转移转化扣除直接费用后净收入的 70% 以上可用于奖励个人和团队，激发了科技人员的活力。

第四，抓成果应用示范，促进融通创新。聚焦绿色发展，强化技术应用和示范，力求点线面取得实效。点上聚焦城市矿山再开发产业，扩大资源汇聚范围，促进社会多主体融合，全方位开展布局寻求突破。聚焦土壤污染防控的机理，夯实本市土壤修复产业发展的基础。推进城市固废再利用产业的发展，形成了 5 项技术和 4 条示范生产线，根据李强书记提出的上海要率先开展高新区零排放试点的相关要求，深入研究摸清排放的基本情况，为高新区零排放提供基础。着力推进水环境改善，抓住网络化这个牛鼻子，构建水环境预警监控网络和预警决策系统，打造城市原水供应和排水两个决策网。在国内率先推出控制质量指数预报，实现 PM2.5 预报，在面上推动崇明、临港、迪士尼及上电股份入选国家能源互联网项目，实施科技部主导的相关示范，计划示范运行 87 辆燃料电池车辆，兴建一座 70 兆帕加氢站，加快由生态保护转变为发展优势。

汇报的第二个方面，绿色技术银行的建设进展情况。在科技部和领导小组各成员单位的指导支持下，在市委市政府的领导下，我们广泛动员社会各方力量，全面开展绿色技术银行的工作。经过一年多的努力，各项工作在稳步推进中。

第一，绿色技术公共服务平台建设取得新成效，按照转移转化全链条的需求，绿色技术银行加快构建绿色技术创新成果研发、评价评估、转移转化信息服务体系，打造绿色技术公共服务平台，注重各平台协同发展，为各类主体提供服务，加快绿色技术转移转化和产业化，加强信息服务能力，重点以绿色技术的成果库、专家库为主题，对入库项目进行分级分类管理，形成成套技术解决方案，为各类主体提供信息服务支持，构建分类和评价体系，制定绿色技术标准框架，形成了绿色技术导则，进一步健全绿色技术分级分类标准体系和评价标准体系，培育专业化服务机构，涌现出一批全国有影响力的市场化转移转化服务机构，如盛知华等机构，并与 19 家中科院上海分院研究所、15 家在沪高校技术转移中心等建立了紧密联系，建立了长三角绿色领域的科技创新协同合作，与太原、新疆、西藏、云南等地区建立战略和长效合作机制，面向全国绿色科技成果转化区域合作立体网络基本建成。

第二，绿色技术与金融技术结合有了新的探索，设立了总额达 35 亿元的上海绿色技术创业投资基金，按照秉持好中选优的原则，聚焦新能源发电、节能环保、生态环境等领域，从国家科技成果转化项目库、绿色银行推荐项目及众多项目中严格筛选讨论近 50 个项目，目前绿色技术产业基金已完成了第一个项目的投资，也就是上海绿色环保能源有限公司的海上风电项目，投资金额为 3.5 亿元，是上海市科委重点支持的科研项目，形成了多项关键核心技术。上海绿色环保能源有限公司也是上海电力实业公司的下属企业，完成股权改制，成为国家电网系统首个混合所有制改革的项目。继上海绿色环保能源有限公司海上风电项目，这次绿色基金助力绿色技术成果转化最好的例子。5 个项目进入了净值调查的阶段，绿色基金正在积极筹备投资方案，其中唯一项目通过临床实验中心大数据筛查将辅助生育技术转化成科技成果，打造成建设全国领先的人类辅助生殖技术综合科研技术平台，太和水环境专注于黑臭水体治理，引导水下生态修复技术是行业内唯一获得美国发明专利的高科技产品，水域面积 6500 万平方米，在城镇黑臭污水治理领域应用前景广泛。

第三，绿色科技成果应用示范有了新的成果，加快技术 + 金融的系统解决方案的推广，重点推进绿色科技成果转化示范，对接太原等国家可持续发展议程创新示范区，与太原市人民政府签署了战略合作协议，梳理出有区域针对性的重点项目，并针对项目进行评价评估，10 多个重点项目已获得太原市科技局的高度认可，近期将和他们共同组织绿色技术专项活动，重点推进生物膜治理黑臭水体及污水处理厂体表改造示范项目的落地建设。在新疆喀什地区通过绿色技术集成和整合支持新西兰小南瓜种植项目，小南瓜的品质好、收益高，通过育种、深加工带动相关产业发展，进一步增加农民的收入，达到地区脱贫的目标。在西藏日喀则市亚东县开展亚东人工规模化繁衍技术，初步形成了完整的产业链，直接带动资本投资 3 亿元，带动当地人均 2000 多元增收，一举使亚东县成为西藏地区率先实现脱贫摘帽的贫困县；对接“一带一路”重点推进高真空软土快速硬化，在菲律宾 50 平方千米的湖边新城建设项目中应用，该项目已于今年博鳌论坛上在菲律宾总统杜特尔特的见证下正式签约。此外，重点推动了绿色环保软包装成套技术项目的落地，该项目为现代物流包装的智能化发展提供了可行的技术方案，经过一年多的推进，目前已启动了荷兰企业的注册流程。绿色技术产业基金和中航信托拟联合为其提供融资服务。

第三方面，绿色技术银行建设下一步的工作计划。下一步我们将在前阶段工作的基础上重点推进以下 4 个方面的工作：

一是在服务能力上下功夫，优化组织协调机制，协调绿色技术银行建设领导小组各成员积极推进绿色技术银行的建设，发挥上海市建设主体作用，加强人才队伍和配套体系建设，促进绿色技术银行管理中心建设，推进绿色技术信息转移转化和金融三大平台建设，加快高水平的权威绿色技术评估认证机构、转移转化机构和金融机构在虹口区的集聚，建成绿色技术成果转化服务示范载体。

二是在战略研究上下功夫，按照国家战略部署和要求，聚焦绿色技术相关领域资深专家，开展战略研究，引导绿色技术银行平稳、健康、快速发展。

三是在应用示范上下功夫。面向市场组织技术评价评估，整理国家科技成果转化项目库、绿色技术银行项目库及国家科技重大项目等技术成果，筛选一批成熟的绿色先进成套技术面向市场化进行转化。加强成果集成，形成示范项目，探索绿色技术的系统解决方案。

四是在服务区域发展上下功夫，进一步对接国家可持续发展议程创新示范区，探索形成对接方案和落地措施，为示范区绿色技术转移转化服务。

以上是绿色技术银行建设的主要成果和下一步的打算，通过今天的会我们希望能够听取方方面面的意见，祝愿绿色技术银行在大家共同努力下能够发展得更好，谢谢大家的聆听。

加强中哈绿色技术合作

Zhoshybayev Rapil Seitkhanovivh　哈萨克斯坦共和国国际绿色技术与投资项目中心主任

> 我们想更多地利用绿色技术，希望绿色技术领域的领袖们更多地在哈萨克斯坦走一走、看一看，创造更多的合作机会。

尊敬的组委会，尊敬的各位领导，尊敬的来宾们，请允许我以哈萨克斯坦国际绿色技术与投资项目中心主任的身份参加本次论坛。在本次论坛上我们将讨论很多关于绿色技术的问题，我们很乐意回答这些问题。不久之前哈萨克斯坦和中国建立了绿色技术上的合作联系，也发展了哈萨克斯坦的绿色技术，对于哈萨克斯坦来说中国是最大的外贸合作伙伴之一，我们两国之间最近几年的贸易额已经达到了 100 亿美元，中国的公司大量在哈萨克斯坦进行投资，包括石油天然气、建筑、矿业、交通、金融领域，2015 年哈萨克斯坦投资发展部和中国发展改革委签署了关于在基础设施和创新领域合作的框架协议，我们实施了超过50多个项目，项目金额达到280亿美元，涵盖了哈萨克斯坦的各个经济领域。今天的世界经济发展一个重要的议题就是可持续发展，可持续发展依赖的是绿色能源、绿色经济，而今天的哈萨克斯坦拥有传统的能源，石油、煤、天然气，同时也将大量发展再生能源的利用。哈萨克斯坦每年举行的民族代表大会都提及这一议题，在哈萨克斯坦寻找可替代能源发展哈萨克斯坦绿色经济，这是我们国家的重要任务。2013年5月30日，哈萨克斯坦推出了向绿色经济转型的概念，提出到2050年再生能源在国民经济当中占比达到50%，2020年能源GDP占比达到25%，2050年对废物利用加工率达到50%。我们国家将成为区域性的利用新兴能源的国家，哈萨克斯坦总统提出了“光明之路”的倡议，哈萨克斯坦也在2017年举行了绿色能源世博会，这也是响应了联合国相关议题的号召，我们这个国际中心的发展依赖于与很多国家的合作，包括与中国、日本、韩国、土耳其、欧盟、美国、阿联酋等国的合作，我们与这些国家相应机构的领导见面，签署了一系列合作协议，开展了一系列的项目。根据“光明之路”的计划，我们专门推出了合作计划“绿色之桥”，由一系列的框架文件构成，用于保证绿色成长，同时也保证中亚地区的稳定增长，目前已经有16个国家参与这个项目，我们想利用这个机会希望更多的嘉宾参与这个项目，共同应对气候变化，希望中国也加入进来。

今天我们建立了这方面的数据库，通过数字经济学习其他国家的先进经验，如俄罗斯联邦、欧盟及经合组织的经验。同时我们也开展绿色技术的登记工作，可以持续更新数据库，我们也愿意和其他国家的相应机构进行相关的数据交流，我们这个中心积极推进数字经济、绿色经济，在数字平台和智能平台上推动经济的可持续发展。我们特别关注与中国的合作，中国在可持续发展领域拥有很高的地位、很多的经验，和中国的大型企业进行富有成效的会谈，其目的就是推动合作项目的落地。绿色技术银行也成了合作伙伴，正在开展富有成效的合作。尤其是第一步合作已经成功实施，包括太阳能电站项目是在哈萨克斯坦建立的，容量为50兆瓦，使用的太阳能吸收板是中国制造的，第二期工程装机总量也是50兆瓦。中国的公司参加了这些项目，哈萨克斯坦有一系列的中国投资，投资总额已经超过了5亿美元，这些工作得到了中国科学院驻哈萨克斯坦实验室的帮助，哈萨克斯坦远程测绘实验室进行了相应的数据搜集。尤其是中国国家主席习近平提出了“一带一路”倡议之后，中国和哈萨克斯坦两国在实践“一带一路”的同时对于沿线国家和地区的生态水平给予了高度的关注，这也是响应了习近平主席的“一带一路”倡议。我们的中心也提出了一系列的绿色发展的计划，包括绿色桥梁、绿色经济，还和国际机构紧密合作，如国际可再生能源署等。我们想更多地利用绿色技术，希望绿色技术领域的领袖们更多地在哈萨克斯坦走一走、看一看，创造更多的合作机会。我们的经济是开放的，希望在绿色领域大家共同合作，一起进步。

谢谢各位的倾听。

建设国际创新港　助推绿色产业发展

赵永峰　上海市虹口区人民政府区长

虹口的创新发展可以用一张名片和 4 个关键词来概括。一张名片，就是国际创新港。4 个关键词：国际技术转移和成果转化、北外滩金融港、上海虹口国际人才港、国际高层论坛。

尊敬的各位领导、各位来宾，女士们、先生们，大家下午好。非常高兴能够在绿色技术银行高峰论坛上向大家介绍虹口区创新发展的有关情况。虹口作为上海中心城区之一，在上海建设具有全球影响力的科技创新中心的大背景下，结合部市合作绿色技术银行项目，积极建设国际创新港，助推绿色产业发展，主动加强国内外战略合作，致力于成为国际科技创新网络的重要节点和国际技术转移和成果转化的桥头堡区域。综合而言，虹口的创新发展可以用一张名片和 4 个关键词来概括。

所谓一张名片，就是国际创新港。虹口是因水而生，因虹口港而得名，北外滩是上海航运业的发祥地之一，历史上也是上海进出口货物和散货运输的集散地，新中国第一家证券交易所也在这里鸣锣开市，在上海市委、市政府的领导下，虹口加快发展现代高端航运服务体系，努力打造财富管理高地，北外滩作为服务上海国际航运中心和国际金融中心建设，以及上海“一带一路”桥头堡重要承载区的功能得到进一步提升。2017 年在全市科技创新中心建设的大背景下，虹口区立足并超越了传统的物理港口的概念，逐步探索出一条和上海科技创新中心建设六大承载区和临港主体承载区错位发展，具有虹口特色的差异化发展路径，打出国际创新港的崭新名片。

国际创新港是新时代具有虹口特色的科技创新功能区，具备两大核心要件。一是超越，作为传统物理港口的转型升级，凸显科技 + 金融的优势，进一步拓展增值服务，发展多元产业，成为承载国际创新资源的虚拟港口。二是集散，将虹口定位为国际化创新资源、文化资源的枢纽交汇地，成为国际化创新资源进入上海的优先选择区之一，进一步促进功能性的机构、企业、人才、资本、技术的创新资源的集聚和扩散。国际创新港建设以国际技术转移和成果转化为核心，在功能发挥上首先具有国际创新资源的整合力，发挥对创新资源的集聚、交互、配置功能。其次，具有创新价值实现力和创新产业的竞争力。发挥加速产业升级和城市更新的功能。第三，具有创新效应的带动力，发挥辐射引领功能，用资本链引领创新链，发展产业链，有效提升服务国家“一带一路”建设，服务长三角地区一体化发展的综合能力。在发展定位和路径上，国际创新港立足于发挥虹口区地理位置、文化、航运、金融等优势的效应，以创新要素集聚国际化、创新发展模式国际化、评价标准体系国际化为发展路径，着力吸引国际创新资源与扩散，促进创新引领与辐射，营造有活力的创新生态环境，加快打造科技创新信息流、成果流、人才流、资金流的汇聚点。

如何才能打造出国际创新港这张亮丽的名片，需要在发挥好以下4个关键词的作用上形成强大合力。第一个关键词，国际技术转移和成果转化。这是虹口国际创新港建设和绿色技术银行推进的有机衔接点。两个龙头项目都立足于推动国际技术转移和成果转化，为此，虹口加大与世界著名技术转移平台机构孵化器的合作力度，以北外滩为核心，打造国际技术转移的集聚区。重点引进和集聚一批具有国际影响力的国家级的技术转移和成果转化服务机构及金融服务机构，引入平行基金+平行孵化的孵化模式，落实国际著名的孵化器。目前，虹口已经和美国硅谷、西雅图，以色列特拉维夫等地的国际创新服务机构对接，并在宝马上海研发中心、国科（上海）国际创新产业基地、中比科技创新产业加速器、牛津大学创新项目转化等建设上取得初步成效。还集聚了如上汽集团新能源汽车充电技术的研发平台、上海家化科技创新中心、中国科学院上海技术物理研究所红外光电技术研发平台、上海新材料技术研发创新平台等。其中，中以上海国际创新港通过市区合作共建，正在探索中以合作从传统的园区发展模式向资金链引领创新链的模式发展，力求打造成为上海乃至长三角地区中以科技创新成果展示、发布、推广、交流和交易的集散地。宝马上海研发中心专注于未来出行趋势的研究及创意设计，是宝马集团投入运营的全球第三家技术研发中心，除了承接设计项目，还可以发挥创新平台的功能，作为第三方设计机构服务于其他公司，携手本土高科技企业共同繁荣行业创新生态系统。国科（上海）国际创新产业基地于今年7月正式落户虹口北外滩地区，是虹口区人民政府和中国科学院控股合作打造的综合性国际创新孵化平台，成立后将立足于上海辐射长三角，搭建创新创业生态系统网络，聚集科技创新资源，促进科技成果转化和科技产业发展壮大。

第二个关键词，北外滩金融港。北外滩金融港聚焦财富管理服务水平，致力于打造上海国际金融中心财富管理的新高地。当前北外滩金融港正加快推进，提升北外滩财富管理服务水平，推进中小企业登陆多层次资本市场等方面初具成效，目前虹口区共集聚金融企业和机构1500余家，管理的资产规模接近5万亿元，全国1/10的公募基金落户北外滩地区。

第三个关键词，上海虹口国际人才港。国际人才港于2017年启用，坚持全球视野、国际标准，落实和对接好上海人才高峰工程，以强大人才优势提升城区核心优势，着眼于人力资源市场和产业链的培育孵化，促进人才、项目、资本向重点区域转移，把虹口打造成为全球优秀人才向往之地。

第四个关键词，国际高层论坛。近年来我们积极参与浦江创新论坛、中国（上海）国际技术进口交易会、上海国际工业博览会等重大国际性科技交流活动，北外滩财富与文化论坛、杭州航运财富论坛，连续发布新华－波罗的海国际航运中心发展指数、上海国际航运中心建设蓝皮书等，进一步打造具有国际影响力的创新思想交流互动平台和科技创新成果展示发布交易平台，虹口的国际创新影响力进一步提升。

我们相信国际创新港与绿色技术银行的联动发展将进一步放大辐射带动效应，促进区内绿色产业长远和可持续发展。一是引领绿色产业有效集聚，推动互联网、大数据、人工智能和实体经济深度融合，增强专业服务、文化创意、绿色环保等特色产业的比较优势，培育形成经济新的增量。二是推动绿色技术创新元素和金融要素集聚融合发展，建设绿色技术创新要素集聚示范区，支持筹建上海低碳研究院和上海碳交易联盟，全力打造绿色技术创新链。

放眼未来，伴随着国际创新港进一步深化，虹口区将努力发展成为国际创新网络的关键节点，成为上海经济发展新的经济增长点，通过国际合作优势拓展成为上海开放创新的新坐标之一；伴随策源产业新方向的能力显著提升，逐步成为上海科技创新中心建设中国际化程度高、人才集聚度高、集群特色鲜明的重要功能区之一。同时在绿色产业发展上随着绿色技术创新元素和金融要素集聚融合发展，绿色技术产业链将会更加完善。我们相信在各级领导、部门和市场主体的关心、关怀和大力支持下，经过不断努力，未来的虹口将潜力无限。

聚焦 2020，展望 2035，虹口将加速成为国际技术转移和成果转化的桥头堡地区之一，基本建成以跨境技术转移转化为核心的国际创新港，基本建成人才、信息、资金、技术等国际创新要素及功能型国际机构汇集、交汇之地，全力支撑上海具有全球影响力的科技创新中心建设。

谢谢大家的聆听，欢迎大家为虹口国际创新港和绿色技术银行项目建设献计献策，也真诚地欢迎各位到虹口创新创业，谢谢大家。

WIPO 的绿色使命

Marion DIETTERICH　世界知识产权组织全球挑战司司长

政策会影响整个创新链的每一个环节，我们需要有一个很好的政策环境，以推动创新。

首先我要感谢科技部及上海市人民政府、绿色技术银行的支持，我是世界知识产权组织全球挑战司司长，我们主要关注全球健康、气候变化及食品安全相关的方面，同时我们有两个公司合作项目，一个是关于全球健康领域的创新，另外一个是绿色技术促进和发展的创新。我主要谈 4 个话题，第一，介绍一下世界知识产权组织。第二，为什么及如何进行工作来支持绿色技术的发展，面对全球气候变化的挑战。第三，2018 年全球创新指数，关注能源领域，尤其是绿色技术的创新。第四，介绍一下绿色知识产权公私合作的项目。

首先，什么是世界知识产权组织（WIPO）呢？WIPO是联合国的专门机构，使命是领导发展均衡有效的国际知识产权体系，使创新和创造能够实现社会、经济及文化的利益，世界知识产权的绿色使命是从2007年开始的，当时一共有192家成员国要求WIPO支持千年发展计划，即现在所说的可持续发展的目标。在这样的使命当中，一共有191个成员国加入，我们主要在两个领域发力，一个是全球政策讨论，更好地进行知识产权及应对气候变化讨论；另一个是支持绿色技术的转让，以符合联合国气候变化框架公约。WIPO绿色使命是全世界国家在联合国都要满足可持续发展的目标。

非常著名的《巴黎和约》，也就是希望全世界共同努力确保气候温度上升不超过2℃，大家可能会问我们怎样才能做到这一点呢？我们需要有非常好的政策回应，每一个层面，无论是国际层面还是国家层面还是市级层面，都需要有广泛参与者才能达到这一目标。我们认为政策会影响整个创新链的每一个环节，可能是最为重要的影响因素，如果有很好的政策指引，能够打造创新的环境，会有很多供给侧和需求侧的方案，从研发一直到技术的实施到向整个市场推广，都需要有一个很好的政策环境。

接下来我介绍一下2018年全球创新指数，我们每年都会做一个全球创新指数，今年的主题就是能源，通过创新为世界提供能源。首先，创新对于应对全球能源需求的挑战是非常关键的。其次，能源创新正在全球发生，但是不同国家的目标是不一样的。最后，新能源创新的系统是必需的，每个环节都需要努力。但是，新技术的采用和实施还面临很多挑战，公共政策需要发挥重要的作用，无论是推动能源的传输还是需求。

给大家举几个例子，现在我们在能源创新方面有了长足的进步，如离岸风能和高浓缩太阳能，这是非常好的能源选择。超高压线和智能电缆，可以在很长的距离传输电力。在能源领域的创新不再是高收入国家或者新经济体的专利。印度和中国在光伏发电技术的下游应用方面走得很远，草根层面也做了很多能源创新，例如，一些小规模的系统能够提供能源，让那些住在边远地区的人也可以用到电。但是，需要在更高层面有技术和非技术的创新，例如，需要提供更多的能源选择，在需求方面需要有更好的智能城市、家庭和建筑，能源效率提升的行业及未来提供能源和出行解决方案，以及需要有像智能电网这样的系统为能源系统的优化做出贡献。

绿色能源专利方面有哪些变化？我们发现绿色能源的专利2005—2013年翻了一倍，但是从2013年专利的数量及每年的申请量开始下降，为什么下降呢？可能有如下几个因素。首先，在全球范围内这一领域的投资下降了，整个研发的投入也下降了；其次，一些绿色能源变得更加成熟；最后，传统能源价格的下降使大家在新型能源上的投资动力降低了。我们需要有很好的公共政策才能推动能源的进步，但是需求方也有自己的角色可以扮演，政策制定者有责任促进创新，政府需要承担更大的风险。很好的法规框架可以使得能源创新更有动力去完成，技术的合作和创新网络对于整个创新的生态来说都是非常重要的解决方案。

接下来就是引入世界知识产权绿色框架，这个概念是什么意思呢？全球市场促进绿色技术的创新和传播，把那些寻求可持续解决方案的买方和卖方联系起来。首先，我们有一个数据库，大家都可以免费访问，有超过3000项绿色技术。我们一共有84个合作伙伴，包括跨国组织、中小型企业、研究机构、非政府组织和政府组织，他们有很好的洞察力和提供了很好的合作机会。我们这个网络的用户有超过7000名，来自170个国家，有超过500个联系方式。让公司知道我们这个概念，让他们把这个概念介绍给其他公司。有8个领域，今天我们关注能源领域，该领域现在有1563项技术，在数据库里面表达了55个需求，现在在中国有6个合作伙伴，如在上海的南南组织，有5个供应商提供了15项数据，我们希望在2019年这些数据有进一步提升，和绿色技术能源紧密合作。

产品看起来像什么样呢？我们是一个匹配需求与供给的项目，2018年的项目在菲律宾马尼拉，由澳大利亚政府出资，在过去4年里已经有4个这方面的接洽项目，前3个在亚洲。2018年我们关注绿色能源技术项目，农业、能源和水，关注3个国家，印尼、柬埔寨、菲律宾，结果怎么样呢？为学校提供了净水处理系统。像OKRA这样的机构是混合能源的寻求方和提供方，正在柬埔寨进行广泛的农村发电合作。还有两个潜在的项目也在进展当中，他们都位于柬埔寨，目前还有有关建立水亭子的实施项目的细节性交流。现在上海的公司已经和印尼公司进行合作，进行海水净化，帮助提供本地社区净水。

绿色技术政策和需求是非常重要的，另外绿色技术的发展路径还在不断地演进过程当中，时不我待，建立合作伙伴关系将会使我们做得更好，希望能够使我们的专业及个人生活在这一贡献过程当中受益。最后，如果大家对我的讲演有任何问题，可以跟我交流。我来问你们，如何回答这样一个问题：如何帮助中小企业发展绿色技术，如果大家有兴趣可以会后和我交流。谢谢大家。

中国绿色发展指数报告区域比较

关成华 联合国工业发展组织绿色产业平台中国办公室主任

> 绿色发展是要靠提高治理水平来改善和提高的，绿色发展和以往单纯地追求经济上的发展不一样，政府在社会参与、媒体监督等方面都应该走一条不同的路。

各位领导、各位嘉宾，大家下午好，很高兴有机会分享我们研究的一些工作。

2012年6月里约峰会之后联合国工业发展组织和环境规划署合作了一个平台，叫作绿色产业平台，总部设在维也纳。由于北京师范大学经济与资源管理研究院的名誉院长李晓西教授从2010年开始研究中国绿色发展组织的，他在2012年12月应邀参加联合国绿色经济研讨会，同时访问联合国工业发展组织绿色产业平台，那个时候就达成了一个协议，北京师范大学经济与资源管理研究院作为一个机构加入绿色产业平台。后来，当时的环境司司长特意到北京师范大学揭牌成立这个机构，我们就开始了联合国工业发展组织绿色产业平台中国办公室的工作。值得一提的是，我们这个办公室是联合国工业发展组织绿色产业平台在维也纳之外的唯一一个区域执行机构，所以还是有很高的含金量的。

绿色产业平台主要是通过搭建一种伙伴关系来推动各国绿色产业的行动，在平台上汇聚了中外高端科研资源和专家智库团队，依托联合国的全球化网络，致力于分享世界绿色发展的经验，推动中国绿色产业的发展。我们每年都会到工业发展组织总部去交流工作情况。我们是做关于绿色发展组织的研究并加入到合作平台的机构。

我们的研究在国家层面也得到了重视。2015 年 12 月 31 日国家主席习近平做新年致辞的时候，他桌上放的材料，上面是关于“十三五”规划纲要的建议稿，下面就是《2015 年中国绿色发展指数报告》。当我们这个研究报告在 2010 年一发布，新闻联播做了报道，英文版也已出版。这个报告出版之后，我们国家政府在建立生态文明建设目标评价考核制度和发展改革委在建立绿色发展指标体系及生态文明建设考核目标体系的时候都参考了这个指标体系。结合绿色发展指数的研究，我们在绿色发展领域还开展了一些相关的研究工作，我当时牵头主编了一本书——《绿色发展经济学》，现在卖得很好，作为本科生、研究生的教材，我们在绿色发展和绿色金融、人类绿色发展指数、中国城市绿色竞争力指数、绿色企业标准方面都做了一些努力。

接下来向大家介绍一下我们的研究体系和方法，我们审计的绿色发展指数指标体系由 3 个一级指标、9 个二级指标和 61 个三级指标组成。3 个一级指标是经济增长的绿化度、资源环境承载潜力和政府政策支持度，用的是专家打分法，在经济、资源和环境不发生重大变化的情况下保持稳定性。3 个一级指标的权重是按照 30%、40%、30% 分布，保持研究的连续性。在具体数据测算上采用的是级差标准化法，两个步骤，一个是标准化，一个是加权求和。我们列了 3 个公式，第一个公式是正向指标，正向指标越高证明绿色发展的情况越好。第二个公式是逆向指标，如果计算出来得分越高，证明绿色发展理念问题越多。步骤二是加权求和。我们是以一个极值作为参照系，把数据做了线性变化，所得到的结果最后会落在 [0，1] 区间，没有负值产生，看起来效果也是很好的，在整个研究过程中考虑到大家接受的程度，都是正值区间。

接下来介绍研究的结果，这个结果是今天在这个会上第一次和大家见面，我们还没有公开出版，我介绍两个。一个是 2017 年中国 30 个省绿色发展指数和排名情况，另一个是 2018 年的情况。前面我介绍了方法，这里我特别说一下数据，我们的数据首先都是来自官方的统计年鉴，如中国统计年鉴、环境统计年鉴，中国环境统计年报、城市统计年鉴、工业统计年鉴等，研究也是依据国际惯例，数据年份是推后两年，2017 年发布的报告用的是 2015 年的数据，2018 年发布的报告用的是 2016 年的数据。2017 年的排名只测了 30 个省市自治区的，西藏不参与测评。前十名集中在东部，中间是集中在西部和东北，中部省份是偏弱的，反映了中国绿色发展的情况。2018 年反映的情况和 2017 年的情况基本一致，但是东部的优势进一步明显。

通过比较 2010—2018 年绿色发展指数的整个年度排名，发现以下几个现象。第一，我们以 4 个省（直辖市、自治区）——北京、上海、青海、内蒙古为主，简单汇报一下，上海的情况一直比较稳定，排在北京的后面，第二的位置。青海急剧下落，跌出前十。内蒙古从后面现在进到第 3 名。最后谈一下发展和建议的情况，我们认为中国的绿色发展出现了一个中部塌陷的情况。中部六省历年排名都没有进过前十，有的省如河南、山西基本上都是排在后面的。这也是中部发展的尴尬情况，经济实力并没有很好地发展上来，但是资源和环境的破坏造成的影响又非常大，面临的发展任务也是很重的，这也和我们平时的感觉是一致的。例如，如果你坐火车，从北京到上海来，就会感觉到中部整个环境状况，包括空气状况是比较差的。

第二，是和今天大会的主题比较契合的。我们认为绿色发展是需要创新驱动的，我们本身也研究中国的地级以上城市科技创新能力，但是为了表示权威性，我们用了科技部的 2016 年、2017 年中国区域科技创新评价报告，和我们的报告做一个比较，对比的结果实际上是显示科技创新和绿色发展是一个正相关的关系，相关系数达到 0.65。这也是东部发展得比较好的原因。

第三，一级指标里面有经济增长绿化度、资源禀赋潜力、政策的影响。我们从 4 个省市来看，分别是上海、浙江、青海和甘肃。上海、浙江，资源是非常有限的，但是他们在经济增长绿化度上发展很好。青海和甘肃的资源禀赋是好的，但是其经济和产业，包括创新方面，长久地没有非常出色的表现。实际上，我们取了一个词，叫作“低端锁定”。资源禀赋并不能带来非常大的贡献，我们认为资源禀赋的贡献弱于经济社会绿色转型带来的高质量增长。一个是高质量增长，一个是绿化度，一个是政策，政策里面很重要的是看投入，看我们在绿色发展方面整个投资的衡量。西部将来整个发展也面临很严峻的问题，单纯靠资源禀赋，绿水青山如何变成金山银山，这是一个非常大的时代课题。

第四，我们是做一个系统、深入的研究，发现绿色发展是要靠提高治理水平来改善和提高的，我们寄希望于绿色发展和以往的唯 GDP、单纯地追求经济上的发展不一样，政府在社会参与、媒体监督等方面都应该走一条不同的路。我的学生最近做了一个研究，关于新媒体参与环境治理对效率和经济学的研究。我们政府发展经济的方式或者管理社会的方式是从以往统治管理到今天绿色发展治理的阶段，治理这样的概念是国际组织最先提出来的，和公民参与、媒体监督特别是信息技术的应用、新媒体的应用紧密结合在一起的。要提高绿色发展的水平，实际上是要提高社会治理的水平，治理水平的提高需要我们改变以往的观念，采用一些新的适应时代要求的新的方法。

最后再介绍两个人，一位是2018年诺贝尔经济学奖的得主——保罗·罗默，另外一位是做气候经济学研究的——威廉·诺德豪斯。诺德豪斯教授1972年就做了一项很有意义的工作，他提出了净经济福利指数的研究，他的努力就是要把都市中污染产生的成本从GDP当中扣除，但是要加两个，一个是资源服务，另一个是家务劳动，这两个在我们的核算体系里面并没有体现。守望绿色的经济学家，也是绿色GDP的先驱，他的获奖让我们觉得很受鼓舞。我们还做另外一个研究，绿色发展指数之外我们是寻着这条路用两年时间拿到了中国的数据，明年上半年推出一个中国的真实进步指标，通过3个账户，经济、环境、社会，一个国家一个区域发展一年的净收益究竟是什么，我们要剔除掉不该加进来的东西，加进来像志愿服务和家务劳动这样一些应该加进来的东西。这两个经济学家的获奖激励我们做研究的人做更好的研究，以服务社会。

这是我的兼职和我个人的介绍情况，有这么多职务，但实际上我就做两件事，绿色发展、科技创新研究，希望我们的研究成果能够持续得到关注，也希望大家在这个方面有什么问题和我们联系，我就介绍这么多，谢谢大家。

以绿色金融推动绿色发展

李新彬　中国工商银行总行金融业务部

绿色金融可以通过自身资源配置机制，把非常稀缺的资源配置到企业中去，并通过环境控制的筛选机制促进企业绿色发展。

各位嘉宾，女士们、先生们，大家下午好，我代表金融界就工商银行在绿色金融建设方面所做的工作跟大家做一下介绍。

绿水青山就是金山银山，在资源环境的约束下，可持续发展现在已经成为国际社会的一种共识，绿色发展是其中的应有之意，绿色发展过程中孕育着非常大的金融机会，根据新气候经济全球委员会的预测，要使全球的气候变化保持在2 ℃以内，每年在节能环保领域新增的资金需求为4万亿美元。第二个数据，根据中国环境与发展国际合作委员会课题组做的关于绿色金融转型与促进绿色产业发展的课题报告的预测，2015—2020年，工业污染治理、环境修复、环境基础设施建设、可持续能源五大领域需要的资金为15万亿～30万亿元。政府的财政支持资金是非常有限的，我们拿出的比例在15%，85%融资份额。15%是政府资金的撬动，包括政府直接投资、政府补贴及免税相关政策，另外85%的资金来源于市场化的融资渠道，更重要的是它可以分散金融风险。工业革命以来历次技术创新包括绿色技术在内实际上都伴随着金融制度的创新，通过前端风险投资基金、股权基金、绿色信贷、绿色保险、绿色证券，帮助绿色企业分散风险，促进产业化，促进服务于社会功能的实现。绿色金融也能通过自身资源配置，把绿色金融非常稀缺的资源配置到某一家企业、某个方向，通过环境控制的筛选机制促进企业实行绿色的发展，把绿色要素纳入企业发展过程当中。

我们的战略目标主要有 3 个，一是提高绿色项目和客户的投资回报率，对于符合绿色发展要求的，回报率高，资金更容易获得；对于不符合绿色发展要求的项目，可能资金的成本会很高，或者获得不了资金的支持。二是在服务企业或者社会的过程中我们能够通过金融资源的配置，让企业或者消费者提高金融绿色偏好或者绿色意识。三是培养社会责任。2013 年 11 月 4 日由中国银行业协会召开的全国银行业化解产能过剩暨践行绿色信贷会议上，29 家金融机构签订了绿色信贷的共同承诺，工商银行代表 29 家银行业机构宣读了中国银行业绿色信贷的工程承诺，也介绍了工商银行化解产能过剩的信贷风险，推进绿色信贷的经验和做法。

绿色金融领域上的一些实践，主要包括构建绿色的信贷体系，积极服务于绿色的技术客户，大力支持绿色债券的发展，创新推动绿色金融服务，包括加强绿色交流的合作和强化绿色金融研究几个方面进行展开。在中国融资体系结构中，银行的信贷是一个基础性的来源，特别是最近在治理金融风险的条件下，银行的信贷功能发挥越来越重要的作用。从信贷的整个实践过程看，绿色信贷是一个比较复杂的体系，实际上在银行的整个信贷体系中从企业愿景、发展战略、文化、政策制度、业务流程到产品的设计、单笔信贷风险控制本身全部纳入绿色信贷的相关风险评价机制和要素。在构建绿色体系当中我们也是经历了较长时间的发展过程，具体可以推到 2013 年，我们率先在中国国内银行业制定了绿色信贷行业信贷政策，行业政策覆盖所有信贷投向的领域，哪些行业做和不做，绿色标准都有明确的规定。2007 年出台了关于推进绿色信贷的意见，成为国内首家在全行范围内大力推进绿色信贷的银行。2010 年印发了加强绿色信贷的意见，境内公司贷款实现了绿色信贷分类和管理。2013 年签订了协议，2015 年董事会审议通过了新修订的绿色信贷发展意见，2016 年印发了节能领域的信贷指导意见，签署了绿色机构能源效率的声明。2018 年首次下发专门针对环保产业的金融服务的相关要点。信用风险评级是银行风险控制的非常重要的手段，工商银行建立了绿色信贷分类与客户评级的关联，把绿色信贷的相关东西纳入风险评级的风险评判因子，实现了对科技环境和社会风险的科学量化管理，对公司客户环境与风险的分类、统计与管理，建立并形成了覆盖全行绿色信贷风险的监控体系。绿色信贷体系中我们一直把环保的一票否决和绿色信贷管理要求贯穿在整个信贷业务的流程过程中，无论从信贷的调查、审查审批、合同签署乃至贷后管理的各个环节，这个过程中一旦发现环保的问题、环境违法的问题，一票否决。例如，贷款调查，企业涉及环保不合规的问题，坚决不予准入。审批环节如果发现类似问题，终止项目进程或退回、否决。合同方面会明确约定企业环保的要求，如果企业环保没有达到要求我们会按合同的约定进行违约的相关处理，贷后管理当中总行建立了100多人的信贷监控中心，包括对企业环境违法、环境达标的风险要素和国家部委发布的对于企业的预警我们都会跟踪监测，相关内容我们会下发全行执行，有的要求分行核查，核实以后如果属实要求停止贷款或者要求客户提前归还贷款。我们也支持了绿色信贷、技术类企业的发展。绿色出行领域当中，第一个事例——摩拜单车，2016年首发于上海，这种早期的客户除了新能源汽车、互联网汽车发展趋势以外，确实在中国的一些大城市如北京、上海与地铁衔接，解决了“出行一公里”的问题，形成了一定的商业模式。工商银行对于这类客户去年4月通过股权投入支持了企业的发展，当然今年4月随着美团的收购，我们实现了退出。我们通过摩拜在绿色交通领域也在实践探索。第二个事例——北京地铁一通行，我们投资了1亿元，作为最大股东。北京地铁每周1000万人次，我们利用这个App应用，在微信和支付宝之前，大大减少了地铁卡的发行量，也提高了通行效率，这是我们支持绿色金融的内容。在债券领域中，2015年年末人民银行、发展改革委推出了绿色金融债和企业债，2016年5月银行间交易协会也推出了绿色债券融资工具，我们的客户是北汽，北汽发行的债券25亿元全部由工商银行进行承接，这个项目在国内形成一个绿色债券发行的先例。

在创新绿色金融服务当中，我们通过供应链融资、租赁+保理、财务顾问等多种创新方式推动整个绿色金融的发展，如构建了三平台一种新的信贷业务模式，在中国互联网领域特别是互联网+零售电商领域走在全国前列。工商银行也建立了自己的“融e购”平台，我们为企业免费提供这个平台，减少了企业仓库，纸质合同交流就在平台上实现。我们实行大数据融资，包括资金流、信息流和相关的物流，挖掘相关信息，给企业主动授信。目前，已经为10万个客户主动授信600亿条。中建是非常大的央企，它的整个供应商采购通过我们平台进行，我们为中建供应商融资总额现在已经超过了30亿元，全部通过在线进行，也没有任何纸质，业务流程处理非常快，实现了秒贷。

现在很多绿色企业都处于早期的萌发阶段，商业银行参与的过程中还是有一些技术上的难度，我们也不断加大投贷联动。例如，出台了关于科创企业投贷联动的意见，对环保技术类企业给了3亿元的授权，也开发了相关的新的业务模式，早期通过股权和贷款相配合，用股权的投资收益覆盖贷款的高风险。另外，为了保证这些能够落地，我们在体制机制方面加大探索，例如，今年在深圳设立了总行级的科创企业的金融服务中心，直接由这个中心做投贷营销审批，在上海的张江、北京的中关村设立了特色市场，专人负责绿色环保、绿色技术的相关科技类企业的拓展，保证专业化经营，提高服务的效率和资金的可获得性。在整个产品的创新方面我们提出了科创企业的启航计划，实现了涵盖企业初创、成长、成熟、转型期的全覆盖的金融服务。大家可能一提金融服务就想到信贷、融资，其实不是如此，早期针对它的特点可能需要不同的融资方式，而不是银行融资解决。但是进入到企业成长阶段或者 Pre IPO 阶段，银行的介入就是主渠道。这不等于银行不提供融资服务，成长期采用信贷 + 现金管理和增值型的服务。成熟期会用并购融资等全套的金融服务体系。

我们也加强了和绿色机构的交流合作，与国际金融公司和世界自然基金会及联合国环境规划署相关机构，包括同业的摩根大通、巴克莱银行、汇丰银行不断加强绿色金融服务方面的交流；配合绿色金融委员会推荐绿色金融发展，倡议并推动绿色金融成为 G20 核心议题；接受绿色金融委员会委托开展绿色风险的量化研究，并取得了研究性进展。牵头组织了绿色金融委员会等单位共同编写绿色金融的国际国内相关的教材。与相关机构协同发展方面，我们和科技部建立了绿色金融产业的合作模式，例如，双方成立共同的产业基金，投资于绿色产业。与科技部下属的评估中心合作，对企业绿色技术风险进行评估。我们也和高等院校如中科院等相关机构加强合作；与创业园区、创投公司进行合作，例如，和机器人企业——中科新松在训练营、孵化器方面进行合作。工商银行对优质企业给予积极的融资支持。

关于成效方面，2003—2018 年我们对于产能过剩行业的贷款压降了 600 亿元，通过绿色信贷推动信贷结构的调整，环境友好类占比达到 99.9%，绿色信贷领域贷款超过了 1 万亿元，我们也成为国内最大的绿色债券的承销银行，承销规模位于国内金融界首位。我们在推动绿色金融实践和发展过程当中获得了一些社会荣誉。

今后我们也会进一步加强和政府、产业、学界包括国际组织的合作，共同推进绿色产业的发展。谢谢大家。

推动负责任投资和可持续技术　实现包容和可持续发展

Lucia CARTINI　联合国工业发展组织贸易投资司高级产业发展官

联合国工业发展组织的生态工业园，是和绿色技术银行合作的领域之一，我们不单在这一领域里发力，同时还和世界银行环境部等其他多边和双边组织进行合作，支持生态工业园区的规模扩大和升级，在世界范围内展开这类工作。

非常感谢中国科技部、上海市政府和绿色技术银行邀请我参加这次峰会。我的演讲内容首先介绍一下什么是联合国工业发展组织（UNIDO），它在创新方面扮演了怎样的角色。我是在技术投资和创新部门工作的，我会介绍一下投资与技术促进办公室 (ITPO)，同时我想介绍一下我的同事王晓磊，他是 UNIDO 上海办公室的负责人，为我参加这次峰会做出很多努力。

首先，介绍一下联合国工业发展组织，UNIDO是联合国专门机构，促进工业发展和减贫、包容的全球化和环境可持续发展，有七大重点，首先是共同富裕，还有促进经济竞争力，保护环境，加强知识交流和机构建设等。如何做到这些呢？首先是通过技术合作，因为UNIDO是联合国专门机构，可以通过全球峰会来分享最佳范例，还会有一些非常好的活动。根据这个峰会的主题，与UNIDO最相关的一点就是创新，创新在促进经济竞争力方面扮演了重要的角色，没有创新就不会有技术的发展，就不会有企业家愿意去开新的公司，创新肯定是我们工作的重点之一。

其次，介绍一下投资和创新之间的关系。如何来升级科技？如何使得企业更加有竞争力？尤其是发展中国家的公司，如何获得具有全球竞争力的地位？为了促进创新就需要投资，无论是人力资源还是资本投资，需要帮助发展中国家，UNIDO在30年前就建立了这样的工作网络，目的是希望可以起到更好的对接作用，在投资者和投资项目之间能够建立起桥梁。投资办公室的使命是什么呢？工业化国家为了促进当地的投资，获得关于投资机会方面的知识，了解在发展中国家有哪些投资机会，和发展中国家的公司做一些交流，而发展中国家的投资和技术促进办公室希望可以吸引更多的资本来投资，从发达国家找到更多的投资方。ITPO的大部分办公室都设在亚洲，如首尔、东京、上海、北京，在中国有两处办公室。在意大利、法国、尼日利亚都有办公室，尼日利亚是在非洲建立的第一家。

ITPO提供顾问方面的服务，能够为商业机会牵线搭桥，有一些对内和对外的商业咨询工作，使得大家有投资需求的时候可以找到这样的机会。我们提供的是非常全面的服务，既能找到国内又能找到国外的投资者。在阿拉伯国家，他们非常想要促进企业发展，促进投资，尤其是在一些初创公司方面的投资，那边是非常有企业家精神的。我们在那边找到了很多中小型企业的发展机会。在俄罗斯也是，俄罗斯其实对技术是非常积极的，我们在俄罗斯索契也有一些全球的峰会，人们充分交流商业计划。在日本也有非常活跃的办公室，能够把全世界的各种代表团都吸引到日本和日本的商界进行合作，完成投资机会。在意大利更多的是涉足农业领域。在德国更多关注的是与睦邻国家进行合作，尤其是与东欧国家的合作。在尼日利亚我们更多关注的是吸引国内投资。在日本我们关注的是绿色技术，因为日本是绿色技术领域里的领先之国。

接下来谈一下UNIDO上海办公室的情况，我们希望能够与绿色技术银行合作，共同实施一些项目。今天早上有来自绿色技术银行的官员介绍了相关的项目。我们和上海商务委进行了大量的合作，当然还有一些其他的合作机构，包括亚太示范电子口岸网络、中国国际经济技术交流中心，上海外国投资促进中心、上海市科学技术委员会，这都是我们在上海的合作伙伴。上海办公室的主要目标是帮助那些本地的中小企业识别国外的投资机遇，并且使本地机构加强参与，促进外商直接投资和国内投资。当然对于工业发展组织的总部和ITPO上海进行了大量的战略性合作，包括组织中国境内的论坛和相关活动，工业发展组织也会派出代表团提供相关服务，例如，下周进口博览会将会在上海召开，UNIDO 总干事将会参加此次工业博览会，并且带领工业发展组织的代表团参与此次盛会。他和我们的上海办事处在这些重要的国家级的会议及活动当中发挥着重要的促进作用。这次贸促组织在上海的活动，在绿色产业促进做的相关工作。最近组织了研讨会，包括第二次国际年轻人深圳大会等，这些都符合工业发展组织的目标。为了促进人工智能的发展，我们组织了 2018 世界人工智能大会，同时上海办事处也是中国（上海）国际技术博览会的主要组织方之一，这是每年在上海举办的盛会之一。绿色技术银行与工业发展组织一起来探讨建立生态工业园区，我们希望通过它更好地促进环境可持续发展，把生态工业园区进一步地升级。UNIDO 有 3 个部门，一个是国内投资与创新部门，另外一个是合作关系部门，他们在工业发展组织中发挥着很重要的作用，还有绿色工业发展部门等。同时我们也通过环境部门执行多边环境协定，我们大多数工作都是帮助发展中国家加速他们的生态工业园区的可持续性发展。作为联合国的专门机构，工业发展组织也是斯德哥尔摩公约的执行机构，帮助消除持久性有机污染物，逐步淘汰消耗性臭氧层物质，通过提供一些技术支持性的项目来支持清洁生产及绿色行业发展国家的路径图，这些都是工业发展组织在促进能源使用效率、资源使用效率上所做的工作，这是一些背景性的信息和介绍。

工业发展组织的生态工业园，也是和绿色技术银行合作的领域之一，我们不单在这一领域里发力，同时还和世界银行环境部等其他多边和双边组织进行合作，支持生态工业园区的规模扩大和升级，在世界范围内展开这类工作。希望那些工业园区的地产资源和生态工业园能够满足高标准的环保要求，所谓工业园区是一个制造和服务业社区，他们位于共同的地产上，会员企业通过合作管理环境和资源问题，寻求提高环境、经济和社会的效益。其中一家企业可以帮助其他的企业来提升产能和效率，因此，它就带来了新的经济机遇，而且是以可持续发展的方式来提供。同时工业发展组织非常强调可持续发展城市的理念，在不同区域和地区进行推广，这也是和绿色技术银行在未来进行合作探讨的可能领域。为什么工业发展组织要和世界银行等合作开发生态工业园区呢？因为它有很多社会效应，我们的受益人将能够提升健康和安全标准，提升和促进循环经济理念，对于资源进行循环再利用，同时能够更好地防治和控制环境污染，正如我之前所说，这些举措能够带来更多的新的商业乃至就业机会。

我们与世界银行等部门联合发布了报告，第一个报告是国际性框架，用于建立生态工业园区，我们研究了不同区域的生态工业园区。第二个报告是新近发布的，它是一个践行者手册，实施生态工业园区的践行者手册。工业发展组织的生态工业园区的一些项目在越南，我们把现有的工业园区进行升级和扩展，做了很多的培训、专家讨论及调研视察工作，帮助他们改善污水处理管理体系。区域层面，我们希望能够巩固国家和区域工业园区的可持续发展和合作战略。

这是我所介绍的全部内容，谢谢大家。

绿色技术银行高峰论坛1：绿色技术标准体系论坛

1 论坛综述

浦江创新论坛是由科技部和上海市人民政府共同主办的高层次国际创新论坛，是一个以全球视野谋划和推动创新的国际科技合作平台。首届绿色技术银行高峰论坛作为浦江创新论坛的合作论坛在上海同期举行，由同济大学承办的绿色技术标准体系分论坛是其中的重要主题之一。该论坛将通过全面深入的交流，与各方来宾共同研讨绿色技术标准体系建设过程中的关键问题，推进绿色技术分类、评估与认证方法体系建设，论证绿色技术标准第三方服务联合体运行模式，以国家可持续发展议程创新示范区、高新区零排放园区建设为例，探索绿色技术标准体系制订、应用和推广的现实路径。

论坛共邀请到包括科技部领导和来自联合国环境署国际环境技术中心，相关科研院所、学术机构，地方政府和上海高校及科技园区在内的50多位专家、学者和企业界代表与会。论坛将“聚焦绿色技术，立足标准体系”，汇聚国内外智慧积极为绿色技术银行建设献策建言、共话发展。

2 致　辞

绿色技术银行标准体系建设是推进绿色技术银行健康良性发展的基石

干频　绿色技术银行建设领导小组秘书长、上海市科委副主任

尊敬的各位来宾，女士们、先生们，大家上午好。在这金风送爽的金秋十月，我们欢聚在上海召开2018绿色技术银行高峰论坛，以绿色技术标准体系为主题的论坛，探讨绿色技术标准体系建设和非技术评价分类等热点问题，为加快推进绿色技术银行发展出谋划策。首先请允许我代表2018绿色技术银行高峰论坛举办方对本届论坛的召开表示热烈的祝贺，对大家的到来表示诚挚的欢迎和衷心的感谢。绿色技术银行标准体系建设，是推进绿色技术银行健康良性发展的基石，2015年，习近平总书记出席联合国气候大会时签署了《2030年可持续发展议程》并首次提出建设绿色技术银行的理念。2016年，李克强在联合国总部组织的联合国可持续发展座谈会上，正式宣布发布《中国落实2030年可持续发展议程国别方案》，明确建设绿色技术银行的目标。同年，绿色技术银行作为科技部落实联合国《2030年可持续发展议程》和《巴黎协定》的重大举措，被列入2016年、2017年、2018年科技部党组一号文件。2017年，“一带一路”国际合作高峰论坛后，绿

色技术银行被科技部纳入关于落实习近平主席在“一带一路”国际合作高峰论坛科技创新倡议的实施方案。上海科技创新具有改革多重叠加的优势，科技部希望上海担此重任，并将其列为支持上海建设具有全球影响力科创中心的重点任务。按照科技部和上海市专题部署，科技部与上海市密切协作，全方位推动绿色技术银行的建设工作，研究制定了绿色技术银行建设领导小组工作职责、绿色技术银行发展战略和建设方案、绿色技术银行管理办法等纲领性文件。绿色技术银行旨在形成国际化、市场化、专业化的绿色科技成果加金融转化机制，向国内外提供绿色发展的整体解决方案。目前尚未建立国内外统一的绿色技术和标准体系，为此，在 2016 年年底，同济大学在上海市科委支持下开展绿色技术标准及评估体系的研究，承担了国家重点研发计划项目。我们很高兴看到今天有许多高校、科研单位和国际组织都积极参与绿色技术标准体系的建设和研究，期待未来与联合国环境署等国内外机构开展相关的合作。

此外，在今年召开的长三角区域大气和水污染防止协作工作会议上，科技部副部长提出了长三角高新区零排放的设想。上海市委书记李强先生要求上海率先开展高新区零排放示范。9 月 17 日，科技部召开的高新区零排放推进会议要求上海结合绿色技术银行的建设，做好绿色技术在高新区的推广运营。今天下午我们也将围绕高新区零排放园区的建设，探讨绿色技术标准体系的制定、应用和推广等现实路径，邀请张江高新区等 4 个高新园区的负责人员参会，交流园区零排放建设工作提出的绿色技术需求，为绿色技术银行发展献计献策。

在此，我代表上海市科委再次感谢科技部相关司局，同济大学等高校、科研院所及国家可持续议程创新示范区、高新区单位对绿色技术银行建设给予的大力支持、指导帮助。我们愿意与国内外的同行，共同推进绿色技术银行的建设。我相信本次论坛必将极大地促进绿色技术标准体系的建设和应用，为我国乃至全球可持续发展做出有益的探索。最后预祝本次论坛取得圆满成功。

良好的标准体系可以促进技术推广

顾祥林　同济大学副校长

尊敬的干频副主任，麦主任，各位来宾，大家上午好。金秋十月、丹桂飘香、秋高气爽之际，很高兴大家一起相聚在上海，参加首届绿色技术银行高峰论坛，为绿色技术银行的发展建言献策，共同探讨绿色技术标准体系的建设、发展和应用；为绿色技术的应用和转化，提供标准保障，促进我国绿色技术在国内外有效的转移和转化。在此，我首先代表同济大学对本届论坛的召开表示热烈的祝贺，很高兴同济大学能有机会参与绿色技术银行的建设工作，并承担绿色技术标准体系研究中的部分工作。作为一所综合性、研究型，国际化的一流大学，同济大学一直高度重视绿色技术的研究与开发，近 20 年以来，同济大学在绿色能源、绿色校园、宜居环境、污水处理等各方面开展了一系列的研究和技术开发，并且有一些工程的应用，取得了非常好的效果。2016 年，同济大学申请了上海市科委支持的项目——“绿色技术标准及评估体系研究”，率先开展了在绿色技术标准方面的学术研究。我们觉得任何一项技术如果可以很好地推广，除了技术本身以外，一定要有标准体系的支撑，这是我们做工程应用及做技术转化的非常重要的质量保证。

2017 年，同济大学成功得到了科技部的支持，获得了国家重点研发项目——“绿色技术评价项目及产业政策体系研究”,是对绿色技术标准体系研究的继续和深入。2018 年，同济大学参与科技部改革专项，进一步推进绿色技术标准体系的研究。在这里感谢上海市科委和科技部对同济大学的支持，使得我们在经济上和政策上，有能力从事这样一件非常有意义的研究工作。随着绿色技术银行的发展及绿色技术标准研究的深入，已经越来越多的机构单位及兄弟院校积极参与到了绿色技术标准体系的建设和应用当中来。我们希望同济大学和大家齐心协力，共同推进绿色技术标准体系的研究迈上一个新的台阶，最后预祝 2018 年绿色技术标准体系论坛圆满成功。

利用更环保的技术促进绿色发展

麦海石（Mahesh PRADHAN） 联合国环境署国际环境技术中心副主任

大家好，尊敬的干频副主任，顾先生，我想感谢主办方和承办方举办这次绿色技术标准体系论坛。非常高兴地看到，有这么多有意思的分论坛在今天举行，绿色技术体系标准论坛也是我今天参与的论坛，很高兴看到同济大学为这次论坛提供了很多支持。我在环境署工作，和同济大学合作很长时间了。我们很高兴在去年加入到绿色技术银行的建设中，这也是 2030 年重要发展的相关举措，非常高兴并希望继续与绿色技术银行合作，参与其相关的建设，与上海市科委一起合作。今天我想强调的是技术的一些相关的重要内容，其实我们在这方面有非常多的讨论。因为，我们现在面临第四次工业革命。上周我参加了马来西亚会议，探讨了很多关于第四次工业革命的情况。第一次工业革命涉及蒸汽方面，第二次涉及大量的工业生产力的提升，第三次是自动化，第四次工业革命我们要把所有的事情结合在一起，包括智能系统、AI，以及正在发生的一些技术。第四次工业革命非常重要。

联合国通过了《2030 年可持续发展议程》，提出了 17 个可持续发展目标。可持续发展，也成了我们议程的一个重要的术语。联合国同样有科技支持的相关机制，这也是《2030

年可持续发展议程》所提议的机制，其中我们有一个网上的平台，它涉及数据科技的转移，来帮助这些转移更顺利地进行。

我相信今天早上肯定会有很多很有意思的演讲，在绿色科技方面，它涉及一些关键的点，那就是更少的排放和污染，我们怎样确保更少的污染？怎样消耗更少的资源或者更有效地利用资源，做好回收？我相信这对于绿色技术也是很有帮助的。在创新方面，如何把这些科技结合起来呢？我们需要一个系统性的举措，不是单一性的举措，这就是绿色技术的一个力量。很高兴看到来自同济大学的学者们介绍这方面的工作。

最后谈谈关于这些绿色科技的应用。联合国环境署认为气候变化是我们考量的重要问题，我们将面临更多极端的情况，我们必须要更高效地利用好有限的资源，本周在印度尼西亚和巴黎有一个很重要的环保方面的会议，我们会探讨相关的举措。同样，我们有绿色经济这样一个新议题的提出，怎样更好地减少塑料的应用，对于海洋环保也很重要。还有空气污染和淡水，绿色技术的应用，对于这些重要的环保领域都是很关键的，也是很紧迫的。同时我们也看到，如塑料的处理，同样还有纳米技术，这些领域我们相信也有很好的前景。

我们非常希望与绿色环境技术合作，我们也会投入其中，除了中国作为领导者的角色之外，其他国家，如拉美和亚太地区，他们也愿意做出他们的贡献，我们也会提出可持续评估的指南。对于绿色技术的评估我们希望更新这方面的指南，这个也是我们想与绿色技术银行探讨的方面。如何更新这些指南，如何利用已有的绿色技术，如何提升我们的能力，以及更好的利用好“一带一路”的契机等。

明年，在日本我们将会举办一个全球的对话峰会，来探讨环保方面的技术，大概会在 2019 年 5 月举行，很高兴和大家分享更多的信息。

希望 5 月我们可以在日本再次见面，更深入探讨绿色技术银行的相关问题。再次感谢大家聆听。

3　主旨演讲

低碳技术标准体系

李会芳　清华大学 循环经济产业研究中心副主任

> 国际上的低碳标准严于国内的标准，在标准推进主体上，国际上多以市场力量推动，政府为辅，这具有很好的公益性和时效性。

尊敬的各位专家和来宾，大家好，我来自清华大学环境学院循环经济产业研究中心。

绿色技术标准体系是个非常大的概念，今天以低碳技术为例，分享一下国际上标准的发展状况。

国际低碳标准工作主要集中在重点耗能工业和消费领域，如电力、钢铁和水泥等。美国国家环境保护局2012年就发布了火电行业碳排放标准；钢铁行业领域，欧盟通过了钢铁生产各个流程技术标准，世界钢铁协会针对钢铁生产全生命周期建设了一整套的二氧化碳的排放系统；水泥行业领域，美国加州大气资源委员会制订了地区的低碳水泥行业标准，他们的目标是2020年实现每吨水泥碳排放量达到0.69吨。以上是重点的工业领域。在消费领域，美国和欧盟重点推进交通工具能耗排放标准的提升。围绕排放强度、总量控制、核算体系等方面，2011年美国的石油天然气、化工电力等行业与政府签订了单位产品温室气体排放标准。在体系方面，制定基于碳交易市场的核算检测标准，2005年设立的欧盟排放交易体系，为石油、钢铁的主要工业部门排放设施制定了完整的温室气体检测与报告标准。在排放管理方面，有国际标准化组织发布的一系列气体认证和验证要求，对于规范温室气体的验证提供了指南。此外，国际低碳标准制定是依托于国际化组织，如ISO等，CCS领域有一个专门的标准技术委员会，下面有5个工作组；同时，通过行业协会如国际铝业协会，发布了一些标准指南，引导企业自愿减排，这些协会主要是通过发挥生产企业的积极性和主动性，提升排放目标的可达性。

低碳标准在推动产业发展中发挥着积极作用。第一个作用是有利于技术推广和技术改造，例如，火电行业，美国环保局公布的碳排放标准相当严格，不采用CCS技术很难达到标准要求，标准的制定对推广CCS技术是有很大的促进作用。再例如，2009年美国环保局启动的钢铁工业技术路线图，促进了铁矿低碳新技术的研发。第二个作用是促进产业转型升级，以汽车为例，欧6标准的限制标准非常严格，这个标准促进了新技术的发展，也带动了汽车制造和零部件生产的行业技术升级，同时又促进了电动汽车新兴产业投入和规模发展。第三个作用是促进能源结构调整，例如，2013年美国有超过25个洲设定了能效标准和目标，与此同时，美国能源部也提供了相关的资金支持，尤其是针对可再生能源技术，直接带来了可再生能源使用比例的增加。

下面介绍一下国内外低碳技术标准的差异对比。在碳排放管理方面，我们其实是起步比较晚的，刚刚起步，2015年发布了首批11项温室气体国家管理标准，一个是通则，还有10个重点行业核算方法和报告要求，这个标准解决了企业温室气体排放怎么算，算一些什么的问题，为建立全国统一的碳排放交易市场提供了技术支撑。在节能方面，2016年年底统计出已经发布的能效强制性标准共有73项，能耗限额强制性标准104项，还有推进性的国家标准150项；2017年，发展改革委、国家标准委发布了《节能标准体系建设方案》，可以看到这个节能标准体系按照节能的过程包含了基础共性目标设计等7个子体系。

总体而言，国际上的低碳标准严于国内的标准。在标准的制定方面，国内和国际上有一些区别，以建筑领域为例，在标准推进主体上，以政府主导为主，国际上以市场力量推动为主，政府为辅，这具有很强的公益性，时效性也很好。在运行能效标识方面，国外的所有环节已经比较完善，甚至要求竣工验收的阶段必须通过严格的能源审计。第一，我们要缩小与世界先进水平的差距，在低碳领域占领这个技术高地，从追赶者，转变我们的身份，成为标准的制定者和领导者。第二，低碳标准有助于我们突破国际贸易壁垒，因为我们国家包括生铁等产品的出口附加值比较低，但是大量的温室气体排放留在了国内，发达国家提出碳关税和碳交易，是新的绿色贸易的壁垒，我们依靠制定低碳标准，推动国内的技术研发推广和应用，提高国内企业的核心竞争力，跨越国际壁垒。第三，制定标准有助于管理机制的形成，制定标准可以加强管理依据，有效推动相关管理进程。

绿色技术分类体系

郭茹 同济大学 环境规划与管理研究所副所长

> 绿色技术银行的发展致力于解决国内的问题，致力于解决“一带一路”其他发展中地区的问题；绿色技术银行关注产品全生命周期的链条，它是一个整体解决方案。

非常荣幸来跟大家分享我们过去两年在同济大学张教授的牵头下完成的一部分工作，张教授集合了多家国家知名研究结构，包括中日友好环境保护中心、上海财经大学和上海理工大学。绿色技术分类体系是一个非常好的话题，每次大家对什么是绿色技术有非常多的探讨，今天主要跟大家介绍一下我们的思考。

我主要从国内国外政策发展共识的角度，以及全球市场环境、技术市场包括理论研究成果等方面进行介绍。环境问题的日益加剧，在国际层面已经形成了共识。2015 年的《2030 年可持续发展议程》提出 17 大类目标，一共 169 个具体的小指标和 200 多项具体的指标要求。从国内层面看，科技部非常重视，2016—2018 年的科技部党组一号文，均提出绿色技术银行的建设。尤其是在 2018 年提出要深入推进建设绿色技术银行，并提出具体的要求，包括市场化、专业化的绿色科技成果加金融的转化技术和平台。绿色技术银行不光是推进技术的创新，更多是非常典型的模式上的创新。绿色技术银行的发展致力于解决国内的问题，致力于解决“一带一路”其他发展中地区的问题；绿色技术银行关注产品全生命周期的链条，它是一个整体解决方案。我们接下来看绿色技术的定义，看看从技术到绿色技术到底发生了什么。我们认为从技术到绿色技术虽然只增加两个字，但是背后代表巨大的理念变化。目前，与绿色技术相关的概念非常多，除了绿色技术之外，还包括环境无害化技术、友好技术、清洁生产技术、低碳技术等。绿色技术的内涵包括战略性、公益性、动态性和综合性。我们总结了一下，比较知名的分类体系，如世界知识产权组织提出的绿色技术分类，大家关注的领域差不多，集中在污染防治、资源、能源、气候变化等。目前，很多分类是自下而上的分类。对技术做一个分类的划分，符合动态性的原则。绿色技术问题层出不穷，我们更希望是一种结合，参考国际经验我们提出了自己的分类体系，从我国当前和未来的可持续发展关键问题出发，构建符合绿色技术银行需求的绿色技术分类体系，目前分类涉及 3 层。现有的分类体系和绿色技术银行的中间匹配影射需要做很多工作；绿色技术标准的多元价值取向使得发展中地区和发达地区的分类标准排序不一样；后续更新和动态的优化也很重要。绿色技术是实现可持续发展的基础，反应了人类与自然关系的转变，绿色技术分类体系是未来绿色投资创新的关键，将在实践应用中逐步完善。

非常感谢大家！

科技评估标准化建设与绿色技术标准体系

徐耀玲　国家科技评估中心副总评估师

> 科技评估与绿色技术标准体系密切相关。从核心目标来看，都是为了技术创新和应用，也是为了服务于高质量发展。

大家上午好，我报告的题目是“科技评估标准化建设与绿色技术标准体系”。与前面两位嘉宾稍微有点不同，我换了一个角度，从科技评估的角度来看绿色技术标准体系，这两者有很强的内在关联。给大家介绍一下我们科技评估标准化建设的进展，刚才两位嘉宾谈到，其实绿色技术的整个工作推进涉及评估这个环节，我们中心和我本人都是长期研究科技评估标准化的，借这个机会给大家介绍一下，希望与相关方面加强合作。

现在我们正在组建全国的科技评估标准化技术委员会，我们还组建了全国科技评估机构的协作网，也在加强培养科技评估和标准化两方面的复合型人才队伍。2016 年，科技评估标准化工作组成立暨第一次工作会议召开，审议通过科技评估的标准体系。分 3 个层次，基础层、通用层、专用层，基础层主要包括术语、准则、分类等；通用层包括管理类标准和技术方法类标准；专用层标准可以有多种分类角度，如科技政策的评估、计划成果的评估、区域绩效评估等，也可以有其他的分类角度，这个分类角度不是唯一的，这里面也涉及成果的评估和区域的评估等，也涉及绿色技术。下面介绍一下科技成果相关的标准，也顺便介绍一下相关的平台。关于科技成果标准，相对来讲政府性的标准数量比较少，一般是指国标、行标、地标，国标、行标比较多。现在科技成果管理研究会也正在推进团体标准的工作。

科技评估与绿色技术标准体系密切相关。从核心目标来看，都是为了技术创新和应用，也是为了服务于高质量发展。从标准或者标准体系内容上看，刚才介绍科技评估的标准体系包含3个层次，各项标准评估与绿色技术是密切相关的，绿色技术相关的标准，我个人理解，它可能涉及术语的定义，是最根本的一个，还有它的分类、认证、筛选、管理评估等。从涉及的利益相关者来看，他们涉及的利益相关者很多是相同的，如科技人员、院所、高校、企业、联盟协会、技术所有者等。标准化工作涉及的组织和平台，一个是全国科技平台标准化技术委员会，重点负责国标，同时推进国际的标准、标准的国际化；另一个是国家标准化管理委员会，重点负责团标，还有其他的组织和平台，专家队伍等，绿色技术跟这些平台均是有关系的。标准化的工作，有政策规划、标准研制、推广应用、研究咨询、跟踪评估、交流合作等，绿色技术标准化工作与此是类似的。

下一步要加强科技评估、科技成果、绿色技术等方面的标准化工作的合作交流和资源共享，促进协同高效发展，实现创新、协调、绿色、开放、共享五大发展理念。

谢谢大家。

促进以市场为导向的绿色技术发展的标准问题

陈海红　中国标准化研究院 研究员

> 根据绿色技术的范畴和标准的作用，初步构建了绿色技术标准体系，包括两大部分，一部分是市场准入要求类的强制性标准，另一部分是规范引领类的推进性标准。

各位领导和嘉宾，大家好，很高兴有这个机会跟大家分享一下我们承担的科技部重点研发计划的课题——“促进以市场为导向的绿色技术发展的标准问题研究”。我们分享研究的初步成果。

习近平总书记在十九大报告中指出，加快生态文明体制改革，建设美丽中国，推进绿色发展，加快建设绿色生产和消费的法律制度和政策导向，是我们实现可持续发展战略目标的重要支撑和保障。绿色技术是降低能耗、降低污染、改善生态，促进人与生态发展的技术。绿色技术的涉及面非常广泛，他的重点领域包括节能、节水、循环经济和清洁生产，新能源和可再生能源，环保绿色农业、生态保护与修复等。下面介绍一下我们的初步研究成果。

根据前面演讲嘉宾的介绍，标准化在促进绿色技术发展方面起到了越来越大的支撑作用。我们认为促进绿色技术发展的强制性标准，准入类、要求类的强制性标准，可以起到淘汰落后产品或者产能，严格市场准入门槛等作用。推进性标准发挥两大作用，一是规范作用，构建相关的市场原则，营造公平的环境，提升产品的性能和质量；二是它还具有重要的引领作用，引领行业的科技创新降低成本。根据绿色技术的范畴和标准的作用，我们初步构建了绿色技术标准体系，包括两大部分，一部分是市场准入要求类的强制性标准，包括已经发布的如污染物排放的标准，能效标准，终端应用水效标准，高耗能产品的效能标准等；另一部分是规范引领类的推进性标准。我们通过 9 个子体系来构建技术标准体系，其中包括基础通用类，特别是前面郭教授提到的分类的大标准，都在基础通用的子体系当中，另外我们把一些综合类的绿色产品工厂园区，绿色采购等标准放在共性综合类子体系当中。

强制性标准，以能耗限额标准为例，目前国家已经发布了 106 项高耗能行业的能效标准，这个标准提出限定值、能耗准入值等目标。限定值主要以淘汰落后产能 20% ～ 30% 作为取值的依据；能耗准入值是固定投资项目节能评估的重要依据。综合性标准，以绿色金融为例，国际上环境经济和金融方面正在制定国际标准，如绿色在建项目的环境效益标准及中国提出的绿色金融投资标准都在制定当中。国内还没有绿色金融相关的国家标准。可喜的是 2018 年我们协助部分地方开展地方绿色金融标准体系的研究，协助他们完成的 4 项地方标准已经发布，包括绿色融资企业、绿色融资项目、绿色银行的评价规范，银行业绿色金融专营机构建设规范。相关的地方标准的发布实施为下一步国家标准的制定奠定了良好的基础。

节能子体系。在节能方面支撑绿色技术比较重要的系列标准有节能量评估标准等。我们开展了很多工作，发布了企业节能量计算方法，还有项目层面的节能量计算方法，节能量测量和验证技术通则等，可以为节能技术的效益评价提供比较准确的评价，以避免纠纷，促进合同能源管理的实施，促进节能技术的推广和应用。

节水子体系。从技术大纲的农业、工业、城市生活、非常规水源 4 个方面构建节水的子体系，包括工业用水重复利用技术、节水工业技术等技术。

在循环经济和清洁生产方面，主要涵盖了基础通用产业服务利用标准，资源再回收利用标准，包装物及二手货再使用标准等。

新能源和可再生能源子体系。按照不同的新能源的种类构建新能源技术标准的子体系。绿色农业方面主要涵盖 7 个方面，包括农林畜牧生产设施，农林畜牧生产技术等。

环保产业方面，主要涵盖 8 个方面，包括各种污染物的防治，水污染、大气污染、噪声污染防治和放射性污染物的防治等。环保方面我们制定和发布了几个系列的标准，如高效能污染物控制装备竞价技术要求等，我们提出了更高的能耗指标要求，便于筛选更加高效能的环保装备。

另外一个系列如污染物处理系统设施运行效果评价技术要求，涵盖资源能源消耗的指标，生产管理指标等，促进了环保技术的推广和应用。

在生态系统保护和修复方面，从生态保护修复管理、规划和建设，森林、水体、湿地岩溶等生态系统的保护和修复，以及生物多样性保护、综合管理、防灾减灾等12个方面构建生态系统保护与修复技术的标准体系。

经过研究我们发现存在一些问题，并给出了一些政策建议。4个主要的问题，一是绿色技术标准体系缺乏统筹和规划，绿色技术涉及的面非常广泛，涉及很多交叉的领域，相关的一些主管部门规划和指导不够。绿色标准体系与绿色技术创新和市场推广的需求衔接不够，特别是技术效果评价和推广方面的标准，总体数量不足，构建体系的时候发现有些领域标准数量比较多，比较完善，有些领域数量比较少，特别是我们需要的一些标准。另外，已经出台的部分标准，更新速度慢，内容老化之后，国标之间的重复或者矛盾这样的问题层出不穷。二是支撑绿色技术创新和推广的关键技术标准有缺失，重点领域和行业缺失统一的绿色技术定义，特别是分类标准的缺失，可以直接导致技术创新的政策难以精准发力；评估、验证的关键技术的缺失，导致技术应用效果难以衡量，影响用户对绿色技术的认可和接受；绿色技术推广转移机构，绿色技术评价验证机构不齐，缺乏良性的市场竞争机制。三是强制性标准对绿色技术市场的促进作用不足，覆盖面不足，指标不够先进，更新不够及时，包括强制性标准的培训标准不到位，实施监督机制不够健全，对主体市场的倒逼作用不够，难以推进市场，造成需求不足。四是绿色技术相关标准供给水平有待提升。仍然以国标、行标等供给方式为主，难以适应绿色技术快速创新、新型绿色技术不断涌现的特点，我国绿色技术相关技术研究薄弱，与国际先进标准有比较大的差距。针对以上的问题，我们提出了政策措施建议，包括4个方面，第一，希望加强绿色标准体系的建设，我们认为应该是由相关的主管部门，联合制定标准体系建设行动计划，统筹规划绿色技术标准体系建设方案，力争在2022年前制定一批国家标准和团体标准。第二，重点突破制定一批关键绿色技术标准，例如，集中力量制定统一的绿色技术定义分类的标准，然后加快相关重点领域的一些标准建设，如环保、节能、节水、清洁生产等。第三，加强强制性标准的实施监督，进一步扩大强制性标准的研究，扩大标准覆盖面，促进节能低碳等绿色技术的研发，并且将知识产权和绿色技术进行结合。加强节能环保的场景宣传，促进相关方重视标准。第四，创新绿色技术标准供给方式。我们建议鼓励行业协会、学术团体和产业联盟等及时对绿色技术创新成果形成团体标准，快速满足市场需求，鼓励绿色技术提供企业在国家标准服务平台上公开绿色技术性能指标，形成领跑标准，激励绿色技术创新的领跑者，加快采用环境技术验证等国际标准，引领国内绿色技术创新；依据标准建立分等级的绿色技术评估和效果验证制度，实施绿色技术标识，支撑财税政策、绿色金融政策的精准发力。

绿色医院建筑评价标准

朱滨 中国建筑标准设计研究院绿色建筑研发中心主任

世界上提出的绿色建筑标准有很多，包括美国、日本、新加坡，大多是从一些企业和协会的角度提出的，政府推动的不是那么多，我们国家走的是自上而下的道路，都是国家颁布的标准。

大家好。非常感谢组委会给我这个机会跟大家交流，刚才几位老师的演讲，包括这两天参观了绿色技术银行，使得我对绿色技术银行有了更多的了解。

首先我做个自我介绍，我除了是中国建筑标准设计研究院绿色建设研发中心主任以外，还承担了中国建筑节能协会绿色医院专业委员会秘书长的工作。中国建筑标准设计研究院是中国二级企业。我们主编、参编国家标准不多，但是建筑口的标准是比较多的。

世界上提出的相关的绿色建筑标准有很多，包括美国、日本、新加坡，大多是从一些企业和协会的角度提出的，政府推动的不是那么多，我们国家走的是自上而下的道路，都是国家颁布的标准。绿色建筑这个领域，标准体系在大的国标领导下有很多地区性的标准，还有不同类型的标准。建筑运维一体化是我们努力的一方面，包括医疗建筑方面。美国的标准当中将医院建筑一体化列入强制条文，我们后面会推动这方面的改变。绿色的外延有所扩展，才能使得商业化运作更有成效。

绿色校园评价标准

谭洪卫 同济大学教授、博士生导师

标准技术体系，其实不是单项的标准体系，聚焦校园一个社区，一个城市，是集成的技术体系，这里面的技术体系逻辑关系和层级关系需要我们思考。

大家好，我这个题目叫“绿色校园评价标准”。大家刚才提到了绿色技术标准范畴、定义。绿色技术的范畴、定义其实很复杂，我想顺便说一下关于绿色本身。从字面上定义，大家很困惑。其实在国外可能很少看见“绿色”的字样，经常说“可持续发展”，其实是同一种理念，这方面不用太纠结字样，是围绕可持续发展的一种技术体系，用在各个行业，应该是这样一个逻辑关系。我本人在同济大学从事绿色建筑方面的研究，和朱主任是一个领域。绿色建筑领域，其实覆盖面很广，有民用、商业、工业建筑，有医院、酒店、商场、办公楼，类别非常多，这几年我聚焦校园这一类。我同时也是绿色大学校园工作委员会的秘书长，所以结合校园领域跟大家谈谈关于绿色技术标准体系的问题。由于时间关系，主要针对以下几个问题跟大家分享：一是绿色校园的发展状态。二是绿色技术标准。标准只是为了起到支撑的作用，什么样的机制保证，也是很重要的问题。三是评价。我们谈绿色技术的标准，让技术怎样实施落地，而实际上落地的效果如何，评估的体系不健全。刚才看了绿色建筑的技术体系里面，我们做了很多的认证，但是没有落实到运营效果的认证，也存在着很大的调整。在国内，我们是做绿色校园起步比较早的，2008 年起步，绿色大学工作委员会是隶属于中国建筑节能协会下面的专委会，联盟为政府提供决策支持、专家团队和规则，覆盖很多问题，包括校园的规划、绿色规划、绿色设计、智能化运维等，目前在国际上开展了很多国际交流。下面简单谈一下绿色技术标准推进的机制，比较一下，中国、日本、韩国、北美之间是有差别的。简单说，自上而下的方式，我们有很强势的政府指导和资金支持，国外很欠缺，不可能从政府拿到资金作支持，欧美可能是社团主导型，我们以政府主导，红头文件下发后贯彻执行，这是一个特点。举个例子，我们国家的绿色校园是三部委联合在 2008 年推动的，财政部的 4 万亿元中有一笔资金支持我们的建设；举个国外的例子，加拿大一所大学基本上靠校董会通过社会的募捐来争取预算资金，这是加拿大哥伦比亚大学的方式，大学校长亲自挂帅，还有一个委员会监督，还有地方的可持续发展委员会，通过可持续校园的项目来推动。我在 2008 年提出，目标是把学校建成可持续发展的大学，我们的最终目标是建设可持续发展社会，不是为了标准而研究标准，我们在校园里面做这项工作的目的是驱动大学的可持续发展。大学和一部分行业不一样，有一个重大的社会责任，有推广启蒙教育的功能。

关于校园的绿色科技支撑体系，从技术到标准体系大家一直在思索，不是那么容易。不是简单出一个标准就能解决问题。我列了一些关键的支撑技术，包括能源的绿色校园规划，这是一个非常艰巨的挑战。从目标来说，我们不是为技术而技术，为标准而标准。建筑领域提出超低能耗等目标，最近很热，大家忙于制定零能耗的标准。国外提出零碳校园，这个概念更苛刻，不是节约能源就可以了，要降到零碳，是要把教授出差的航空燃油费纳入学校的碳考核机制里面。

我们提的目标是向零能耗迈进，这个迈进可以把能耗降下来。实现零能耗很重要的是用可再生能源，怎样去做。国外有很多校园里面设施很大，可以大规模发展光伏系统，国外提出走向零能耗的校园要跟地域发展结合起来，我们今天也在进行这样的示范。我们缺乏后评估，我们正在起步这方面的标准编制，通过这个来进一步深化推进绿色校园建设。我们的标准技术体系，其实不是单项的标准体系，聚焦我们校园，一个社区、一个城市，而是集成的技术体系，这里面的技术体系逻辑关系和层级关系需要我们思考。

中国环境标志

周卫东 绿色消费与绿色供应链联盟秘书长

推动绿色供应链和中国环境标志的过程中有6个方面的思考供大家参考：政策和措施覆盖面不全，企业积极性有限，政策衔接得不好，缺乏国家的顶层设计，信息披露质量不高，宣传不足。

中国环境标志，我们叫绿色圆环标志，是中国第一个环境标志。这个标志产生15周年了，主要应用于对产品生产过程的认证。这个标识和其他标准不一样，覆盖产品的全生命周期，从生到死，从原材料到半成品、成品、运输、销售、回收整个环节中的绿色表现。这个环境标志为中国的政府采购，特别是绿色采购制度提供最基础的保证。从绿色产品标准的制定到清单的制订，全过程由生态环境部和财政部推动，这是具有中国特色的，国外很少利用政府的职能推进这个事情。环境标志的发展最重要的成果，与生态环境部主要职责相关，是促进污染物减排和资源利用的效率，推动产业合作。绿色供应链这个概念国际上最早于1996年首次提出，国内在2017年做了国标，将绿色设计、绿色制造、物流、回收等做成一个闭环。

推动绿色供应链和中国环境标志的过程中有6个方面的思考供大家参考。第一个是政策和措施覆盖面不全；第二个是企业积极性有限；第三个是政策衔接得不好；第四个是激励机制不健全，缺乏国家的顶层设计；第五个是信息披露质量不高；第六个是宣传不足。

太原国家可持续发展议程创新示范区建设关键绿色技术需求

徐华 太原市科技局副局长

形成具有太原特色的可持续发展模式，为中国乃至世界资源型地区转型发展提供实践经验。发布了太原市关键绿色技术需求。

非常荣幸能够参加今天的绿色技术标准体系论坛，首先我介绍一下太原国家可持续发展议程创新示范区的基本情况。2018年2月13日，国务院正式批复太原以资源型城市转型升级为主题建设国家可持续发展议程创新示范区，并要求重点针对水污染和大气等问题。太原市出台了太原国家可持续发展议程创新示范区基本规划、太原可持续发展中长期目标，建立了太原可持续发展的指标体系，以落实《2030年可持续发展议程》为主线，以破解可持续发展瓶颈问题为抓手，以科技创新为核心，以体制机制改革为保障，形成具有太原特色的可持续发展模式，为中国乃至世界资源型地区转型发展提供实践经验。下面我对近期太原市水和大气污染改善方面发布几个公开征集的重要需求，第一项是晋泉复流技术需求，晋祠泉域由于煤炭资源的过度开发造成地下水位不断下降，大量超采地下岩溶水于1994年断流，目前晋泉水位距泉口3.4米，急需复流技术解决方案，目前我们征集解决恢复复流技术的解决方案。第二项是优水优用相关技术需求。太原是黄土高原，多旱少雨，在水质、口感上与地下水都有一定的差距，优水优用希望得到技术的解决。第三项是降低供水成本的技术的需求。按照水质要求最高的饮水标准处理，处理成本很高，导致供水成本高，价格倒挂影响供水市场的扩大，供水能力不能发挥。第四项是用电化学技术去除脱硫废水的高氯离子技术需求。第五项是农村清洁供暖技术需求。第六项是用煤气化炉渣无水处理技术需求。

中国绿色园区评价标准及实践进展

付允　中国标准化研究院资源环境分院主任

> 零排放、近零排放在园区层面怎样实施、制定和推广，这是一个很好的话题。

聚焦园区这个领域，现在的标准不多，尤其是污染物治理更少，标准主要聚焦在工业园区建设方面。这些标准正在制定，我本人作为项目负责人正在主持国家重点研发计划，我们正在联合清华大学和中科院制定这些标准。工业和信息化部发布了绿色园区评价要求，是以标准格式写的，不是以标准形式发布的。上海也出台了绿色产业园区的导则。我们提的零排放、近零排放在园区层面怎样实施、制定和推广，这是一个很好的话题。截至今年年初，一共发布了两批46家国家绿色园区，包括26家国家开放区，20家省级开发区。从分布区域来看，东部有19家，西部有19家，中部有8家，总体来看一共有120多家园区申请绿色园区的工作。从园区的指标来看，我们统计2014—2016年，无论是资源利用还是工业部分综合利用都有上涨的趋势。由于近两三年经济形式的影响，有点下降，有些企业受到房地产、建材市场的影响比较大。简单介绍一个案例——天津泰达，是首批国家级开发区也是国家级示范工业园区，国家级循环经济试点，前期的创建过程中以产业集聚为主，以电子汽车加工这些主流的产业为主，后期做了网络搭建的工作。

上海高新区零排放实现路径的初步思考

钱光人　上海大学高等研究院副院长、博士生导师

> 我们需要政策上的机制创新，完善绿色机制建设，包括要建立一个高新园区行业污染排放标准，要制定一个财税和激励政策，要有经济调控手段，促使循环发展。还有市场跟政府联动，推进企业和企业之间高度耦合布局。

感谢张教授的邀请，高新区零排放这个概念是科技部也是中央交给上海的任务，李强书记提出要率先开展示范，刚才中国标准化研究院副主任介绍了中国生态工业园区，后面介绍了天津泰达的经验。根据国内外的经验，我们要思考上海的高新区开展这样的零排放，从哪里起步。我的报告分 4 个部分。关于上海高新区排放现状，我们看看“上海高新区”怎么理解，大家谈到上海高新区一定要了解张江的高科技园区，根据科技部对上海高新区的布局，以张江为核心区，加上 22 个分院，包括金桥、市北等，约 531 平方千米。高新技术在工业园区如何通过技术创新，如何通过机制体制创新使高新区的经济实现又快又好的发展，这是上海在新一轮的改革开放再出发当中所需要思考的问题。

张江核心区有两个谷——中国的硅谷和中国的药谷，目前大概有 2 条 12 英寸[①]的生产线，6 条 8 英寸的生产线。国家战略新兴产业布局张江，但落户张江的企业的资源的消耗非常大，水耗很大，能耗也高。当时在张江做环评非常大的一个难点是，张江的企业集聚在这里，排放对周围老百姓潜在的危险风险使得这个项目一直批不下来。这几年通过研发布局，应该来讲上海的生物医药的发展非常快，每 10 个新药有 3 个新药的孵化从张江起步，汇聚在这里。如何来减少张江在产业集聚过程当中带来的一些潜在的环境风险？市北是非常小的园区，当时 5 平方千米园区当中，综合排放指数列为第一位。他们是单位土地产出税务最高的园区。上海化工区在化学工业方面应该是全国做得最好的，率先在全国实现五个一体化的模式，每个化工企业都设有自己的污水处理厂，搞统一的污水处理模式，更重要的是上海化工区环境风险防控做得非常好。我们发现张江金桥和市北，应该说都是整个国家级的高新园区中绩效非常好的。日本川崎当时是钢铁城市，胡锦涛总书记（时任）去过几次川崎，说川崎的城市建设产业改造、产业更新的模式值得上海学习。他们这几年做了大量工作，废水的零排放、钢铁工业和危险服务行业协同处置，是日本川崎零排放工业的模式。

谈一下关于高新园区推进的初步思考。根据零排放的概念，希望很多专家谈这个零是近零，不断洁净的过程。我们需要政策上的机制创新，完善绿色机制建设，包括要建

---

① 1英寸=2.54厘米。

立一个高新园区行业污染排放标准，要制定一个财税和激励政策，要有经济调控手段，促使循环发展。还有市场跟政府联动，推进企业和企业之间高度耦合布局。

绿色技术应用的若干问题

杜欢政　联合国环境署－同济大学循环经济研究所所长

我们要建立绿色的循环体系，可能需要政策、技术、商业模式3个方面结合起来才能够做。

各位关注绿色技术的朋友们，大家下午好，上午大家讲理论，下午应该讲应用。应用是慢慢聚集到工业园区，绿色技术要消除环境的污染和推动新的发展方式的转变，我从资源循环利用、固体废弃物循环利用的角度讲绿色技术的应用问题。这里面第一需要技术，各种技术的集成，大家想想看光靠技术行不行，工业园区产生的各种废弃物，源头产生有的量大有的量小，实现产业化的处置必须规模化、连续化、稳定进行。从这样的角度我们思考，要建立绿色的循环体系，可能需要政策、技术、商业模式3个方面结合起来才能够做，这是我今天想和大家分享的核心观点。

要形成一个绿色技术的创新体系，这个创新体系包括创新主体，包括政府、企业、高校、科研、金融等多元系统，从绿色技术研发公共平台、绿色技术标准、检验认证评价体系、绿色技术交易体系等构建一套完备的基础设施。跟其他技术不一样，我们要从这样的角度建立起创新基础设施，最终使创新要素和创新环境平衡。

顶层设计和基层创新结合起来才能形成一个新的创新体系。绿色技术是一个独特的东西，跟其他技术不一样，遵循规律，结合起来形成示范的案例，技术才能做进一步推广。

零排放园区大气污染原位生态控制关键技术体系与绿色技术标准化建设重点

修光利　华东理工大学资源与环境工程学院党委书记、博士生导师

如何根据我们国家的特点制定自己的标准，这是高新技术园区零排放应该考虑的重要的问题。

跟国际上相应的环保型的涂料和油墨对比，我们国家的很多标准产品目前代表行业最合适的水平。欧洲和美国有各自的背景，如何根据我们国家的特点制定自己的标准，这是高新技术园区零排放应该考虑的重要的问题。我们国家的标准是不分规模的，美国和德国对小型的排放，是按照抓大放小思路来控制的。我们现在很多设备材料被掌握在其他国家手里，需要科技攻关。零排放控制体系和综合管控平台，建立零排放评价标准体系非常重要，可以帮助实现我们钱老师设计的3个零，零排放、零风险、零废物。

零排放园区绿色技术应用投融资途径与模式

王勇　上海绿然投资管理有限公司董事长

整个绿色技术应用和产业化的顶层设计是我们要重点关注的，如果没有这两个基础，投融资后也没有办法以资本的杠杆解决。

我的背景跟大家有一点不一样，我当了7年的大学教师，有十几年的企业管理经验，这几年在进行一些绿色企业的投资。绿色技术银行的成立是世界上的大事，我们绿色债券发行量变成全球第一，占了全球22%左右。我跟大家分享这些年在绿色投资方面我们得出的一些想法或者我们可以供大家分享的一些建议。今天我们的主题是零排放园区，特别是这两年环保法规政策的执行，中央巡视以后尤其是化工园区经受了非常大的压力。面对过去40年改革开放以来最严峻的投融资的环境，我们的工业园区特别是化工园区又沉积了环境的风险，而且还沉积了大量的社会风险。

整个绿色技术应用和产业化的顶层设计是我们要重点关注的，如果没有这两个基础，投融资后也没有办法以资本的杠杆解决。法律的出台会推进绿色技术的发展。

我们现在的投融资渠道，特别是融资的渠道，PPP非常困难，P2P基本都失败了，这些不太可能适用。我们做了大量绿色技术投融资，我们做股权投资，现在还一直做早期清洁能源方面的投资。今年以来他们的股票表现非常不好，现在面临质押爆仓的风险。我们说投融资都有风险，绿色技术的投融资具有公益性，相对来说可能收益会低一点，但是如果没有收益，这个工具可能是不成立的。绿色技术银行在这方面会起很大的作用。

绿色发展或者绿色技术的投资是必由之路，怎样能保持园区级企业的持续发展？我们想通过建立政府的产业基金，吸收社会资本，可能是比较好的方向。

绿色技术银行高峰论坛 2：绿色金融及投资论坛

环境保护与绿色发展已经成为当前中国经济发展的重要内容，金融业如何促进绿色经济发展，构建以市场为导向的绿色技术创新体系，推动生态文明建设，加强中国与“一带一路”沿线国家在绿色技术、绿色金融、绿色产业等方面的交流合作，是值得深入探讨和思考的问题。“绿色金融与投资论坛”是“绿色技术银行高峰论坛”分论坛之一，旨在探讨如何构建与绿色技术的研发、增值、转移转化各阶段风险特征及社会经济效益相适应的全链条绿色金融服务体系。

1　论坛综述

绿色金融及投资论坛开幕式由上海市虹口区副区长袁泉主持，上海现代服务业联合会会长周禹鹏、上海市科技党委秘书长谢文澜和上海市金融服务办公室金融发展协调处处长崔远见发表致辞。主旨演讲由上海财经大学上海国际金融中心研究院执行院长赵晓菊主持，演讲嘉宾有 5 位。第一位嘉宾是上海科学技术交流中心主任王震，他介绍了绿色技术银行的创办背景、理念、架构和三大平台运营的情况及下一阶段的工作；第二位嘉宾是国家科技评估中心副总评估师韩军，他介绍了国家科技评估中心绿色技术评估的指标、体系和方法；第三位嘉宾是国际金融论坛副秘书长兼全球绿色增长中心主任孙轶颋，他分享了他对绿色技术创新发展中存在问题的思考和建议；第四位嘉宾是兴业银行首席经济学家鲁政委，他对中国绿色金融体系框架和进展进行了介绍；第五位嘉宾是上海财经大学上海国际金融中心研究院副院长马文杰，他从评估和金融支持两方面为推动绿色技术转化提出了建议。在互动对话环节的嘉宾有：湖州金融服务办副主任刘一闻，同济大学法学院院长助理刘春彦，安永大中华区碳及绿色金融业务总监李菁，中研绿色金融研究院董事长、江苏开鑫绿色金融有限公司董事长束兰根，上海双创投资中心总经理张赛美，上海创能国瑞能源互联网技术有限公司创始合伙人忻雷，上海环境能源交易所总经理助理李瑾和浙江大学互联网金融研究院副研究员陈周阳。

绿色技术银行为绿色发展提供系统性解决方案。绿色技术银行是绿色技术创新体系的重要组成部分，是汇聚可持续发展领域重点实施技术、强化科技与金融结合、实现科技成果资本化、加快科技成果转化和产业化的综合服务型平台。信息平台汇聚绿色创新资源，转化平台构建转化网络体系，金融平台构建多层次金融体系，三平台共同运作，推动了绿色技术转移转化。

绿色技术评估对绿色技术银行建设和绿色技术转化有重要意义。绿色技术评估对绿色技术银行的建设非常重要，对绿色技术的评价要以科技成果的吸引性、先进性、实用性为基础，并关注其科学性、社会性和经济性。通过评估绿色技术的技术成熟度和市场不确定性风险，可以形成绿色技术信息平台，推动技术资产运作和增值，量身打造金融产品，最终推动绿色技术转移转化。

绿色金融是绿色技术和初创企业发展的关键要素。由于风险大、缺少合格抵押物、信息不对称等问题，绿色技术和初创企业难以融资而发展受限，因此，绿色技术银行需要整合各种金融工具，深入研究绿色技术在收储、增值、转移转化过程中的风险特征，开发出与之相适应的金融产品。

政府政策将推动绿色金融体系和绿色技术的发展。一方面，绿色技术发展面临着信息不对称、外部性和竞争劣势等问题，需要政府给予产业政策、财政和技术支持，绿色技术银行需要当好绿色技术的伯乐、导师、红娘和保镖；另一方面，虽然目前中国各类绿色金融工具已经完备，但仍存在各种问题，需要合适的制度设计，在不需要政府资金支持的情况下，实现绿色金融的商业可持续。

2 致 辞

致辞 1

周禹鹏　上海现代服务业联合会会长、
上海财经大学国际金融中心研究院名誉院长

绿色发展、绿色金融已经上升为我国的国家战略，2016 年 8 月，人民银行、财政部、发展改革委、环保部、银监会、证监会、保监会等联合印发了《关于构建绿色金融体系的指导意见》，标志着我国成为世界首个建立绿色金融政策框架体系的经济体。2017 年，人民银行印发了《落实〈关于构建绿色金融体系的指导意见〉的分工方案》，我国绿色金融体系建设进入了实质性的全面启动阶段。发展绿色金融已经成为全球共识，2016 年根据我国的提议，绿色金融首次列入全球 G20 议题。在人民银行和银保监会的推动下，新兴市场绿色信贷跨购工作组、中欧绿色债券工作小组和中英绿色金融工作小组先后成立。

近年来，我国绿色金融建设取得快速发展，标准设定逐步完善，产品创新层出不穷，在激励措施、地方试点、绿色评估和认证等领域逐步探索出一条路子，为推动我国经济转型、产业升级注入了新动能。当然，相对于庞大的绿色市场发展要求，我国绿色发展还存在诸多不足，未来潜力十分巨大，许多方面都有待于进一步探索研究。

上海现代服务业联合会专门成立了低碳经济服务专业委员会，特地邀请了原杨浦区区委书记陈安杰同志担任主任。这些年来，低碳经济服务专业委员会和上海环境能源交易所合作，举办了若干次关于碳排放交易权的高峰论坛，特别邀请了我国气候谈判的特别代表，阐述我国关于碳排放交易和应对全球气候变暖的各种方针政策与措施。全国碳排放交易中心已经落户上海，这也是绿色经济或绿色金融的一个重要组成部分。

上海国际金融中心研究院作为上海市教委与上海财经大学共同支持的开放型高校智库，经过6年的不断发展，已经成为推动上海国际金融中心建设的重要决策咨询智库机构，在上海社科院智库研究中心发布的《2017中国智库报告智库影响力评价与排名》中，荣登金融创新与金融安全研究议题最具影响力的智库第5名。

今天与会的各位来宾、学者、朋友都是在这一领域里有深刻研究和相当影响力的专家，我衷心希望各位能针对绿色金融体系的构建和绿色技术的研发、增值、转移、转化等相关问题畅所欲言，为推进我国绿色金融产品的创新与研发，提升金融对绿色经济发展的服务水平提供支持。

致辞2

谢文澜　上海市科技党委秘书长

2015年，习近平总书记同各国领导人签署了联合国《2030年可持续发展议程》，提出建立技术银行。2016年，李克强总理在主持联合国可持续发展座谈会上，正式宣布《中国落实2030年可持续发展议程国别方案》，明确了建设技术银行的目标。绿色技术银行是落实《2030年可持续发展议程》和《巴黎协定》的重大举措，科技部将“建设绿色技术银行”列入2017年科技部党组一号文件、《全国社会发展科技创新“十三五”规划》。中国常驻联合国大使也在多个国际场合介绍中国筹备的绿色技术银行工作。2016年9月，科技部和上海市政府举行了部市会商，在科技部的领导下，上海市先行先试，绿色技术银行进入正式建设阶段。

建设绿色技术银行，是践行“创新、协调、绿色、开放、共享”五大发展理念、促进绿色发展和生态文明建设的重要支撑，对探索绿色技术领域科技成果转移转化机制，破解科技成果转化瓶颈，落实《中华人民共和国促进科技成果转化法》和“一带一路”倡议，以及上海建设具有全球影响力的科技创新中心具有重要意义。绿色技术银行将牢牢掌握世界绿色技术发展大趋势，提供绿色技术发展领域的系统性总体解决方案，致力于推进绿色技术转移转化服务，推进绿色技术创新全链条的金融支撑服务，推进面向企业的绿色技术发展综合解决方案，推进面向政府的区域绿色发展系统解决方案，推进绿色技术国际化转移转化服务。

绿色技术银行按照“政府引导、社会参与、公益性服务、市场化运作”运行机制建设，通过加快节能环保科技成果的转移和产业化、强化科技与金融结合，实现科技成果的资本化。绿色技术银行设置3层组织架构：建设领导小组、管理中心、市场运营主体。领导小组是决策机构，由科技部和上海市政府牵头成立，成员包括外交部、发展改革委等国务院相关部门及单位；管理中心负责具体运行管理，由上海市科委负责；市场运营主体是参与建设的机构集群，包括绿色技术信息平台、技术评估机构、技术转移转化服务机构、商业银行、基金公司、众创空间6个市场主体，面向市场开展运营维护和产业化服务。

绿色技术银行将坚持国际化、市场化、专业化原则，汇聚全球先进技术，培育绿色产业，推动世界经济与社会的可持续发展。努力在激发创新主体活力上下功夫，健全完善科技金融服务体系，强化金融对绿色技术、绿色经济的服务能力和水平，为各类创新主体提供有力后盾，注入创新活力。努力在发挥市场配置作用上下功夫，坚持市场主导，集合绿色技术成果、人才、资本孵化园区，充分形成技术信息平台、科技金融孵化加速和国际合作等高度融合的创新格局，使创新资源配置更灵活、更精准，探索符合现代创新服务体系的新模式。

绿色技术银行是推进绿色技术转移转化和金融相结合的新模式、新探索，具有跨度大、涉及面广、参与主体众多的特点，目前没有成熟的经验可以借鉴，希望大家在推进“技术＋金融”有机结合方面给予更多思考、关注、支持和指导，为加快绿色技术银行的建设献计献策。

致辞3

崔远见　上海市金融服务办公室金融发展协调处处长

党的十八大以来，在以习近平同志为总书记的党中央领导下，提出了“创新、协调、绿色、开放、共享”五大新发展理念，十九大报告也明确提出要发展绿色金融。绿色金融作为领导各类资本进行绿色投资的桥梁，在中国具有广阔的发展前景，不仅有利于促进我国经济社会发展，也为金融业发展创造了新机遇。

近年来，上海绿色金融业务取得了积极进展。在绿色信贷方面，截至今年6月末，上海在节能环保相关领域的信贷余额是3026亿元，比年初增加600亿元，增幅为24.76%，高于同期各项贷款增幅。在绿色债券方面，2016年金砖国家新开发银行在上海发行了30亿元的绿色债券，这是国际金融组织首次在上海发行债券；2017年中国绿色债券发行量为370亿美金，同比增长4.5%，占全球总规模的22%，上海证券交易所和中证指数有限公司也推出了绿色公司债指数和绿色债券指数。在碳金融方面，2017年年末，上海碳市场各类品种累计交易量达 8887 万吨，累计成交额 9.1 亿元，交易量居全国首位。

建设上海国际金融中心是党中央、国务院从我国改革开放和现代化建设全局出发做出的一项重大战略决策，践行新发展理念、服务绿色发展是内在要求。下一步要充分发挥上海金融资源积聚、政策规划导向明确等优势，不断完善绿色金融服务体系，积极拓展绿色金融服务功能，努力提升上海国际金融中心服务国家绿色发展的能力。下一步将做好以下几方面工作：

第一，不断健全和完善绿色金融市场体系，大力发展绿色债券、绿色股权融资、环境权益交易、绿色保险、绿色信托等各类金融市场，努力吸引国内外投资者共同参与。

第二，进一步积聚和发展绿色金融机构体系，除了积聚和发展提供绿色金融服务的银行、证券、保险、信托等传统金融机构外，还要进一步积聚绿色基金、股权投资、风险投资、融资租赁等金融机构，以及为绿色金融提供专业服务的第三方认证机构、评估机构、评级机构等专业服务机构。

第三，进一步创新绿色金融产品和金融服务，支持商业银行建立符合绿色企业和项目特点的信贷管理制度，创新绿色信贷产品，完善绿色信贷服务，支持开发基于碳排放权、污染权、节能权等权益的融资工具，支持各类市场和机构开发绿色股票指数产品、绿色债券指数产品，支持保险机构开发绿色保险产品。

第四，进一步营造良好的绿色金融发展环境，不断完善绿色金融发展的政策支持体系，推动建设绿色金融行业标准和规范，推动设立绿色发展引导基金，搭建绿色金融项目产融对接平台，加强绿色金融风险防范等。

建设美丽中国、实现可持续发展是我们共同的愿望，国家绿色发展需要绿色金融保驾护航，提升绿色金融服务功能、打造绿色的国际金融中心是上海国际金融中心建设的必然要求。希望各位专家学者畅所欲言，共同为国家绿色金融发展、为上海国际金融中心献计献策。

3　嘉宾演讲实录

绿色技术银行建设方案及推进现状

王震　上海科技交流中心主任

绿色技术银行提供绿色发展领域的“技术 + 人才 + 资金”的系统性解决方案，最终目标是要沿着“一带一路”向国际提供绿色发展的整体解决方案。在绿色技术银行的建设中，多主体参与的机制与利益分配有待优化，绿色发展的公益性与金融营利性的矛盾有待解决。

2015年习近平总书记出席联合国可持续发展议程。2016年，我国发布了《中国落实2030年可持续发展议程国别方案》，提出要涵盖可持续发展议程的各项目标技术库；9月，科技部与上海市人民政府进行专题会商，提出绿色技术银行落户上海。2017年12月，是绿色技术银行建设的第一次领导小组会。

绿色技术银行是落实发展《2030年可持续发展议程》的技术银行，是习近平同志亲自指定的，是汇聚可持续发展领域重点实施技术、强化科技与金融结合、实现科技成果的资本化、加快科技成果转化和产业化的综合服务型平台，是绿色技术创新体系中的重要部分。

绿色技术银行的组织架构主要分3个层面。一是决策层，领导小组是由科技部和上海市成立的双组长单位，国家相关部委都加入其中，领导小组层面下设立秘书处，由科技部与中国21世纪议程管理中心作为层面决策者。二是协调服务层，协调小组由上海市政府的16个委办局组成，组长由科委主任担任，对上落实领导小组、专家、秘书处协调小组所有工作，对下连接市场化运营主体。三是市场化运营主体，科技成果的转移转化离不开评估转化国际机构。

在服务内容方面，绿色技术银行主要是提供绿色发展领域的“技术＋人才＋资金”的系统性解决方案，最终目标是要沿着“一带一路”向国际提供绿色发展的整体解决方案。

绿色技术银行主要有3个平台。一是信息平台，主要汇聚绿色创新资源，为绿色技术提供转移转化的跨领域、跨区域、全过程的基层服务。二是转化平台，是构建一个转化网络体系，提升绿色技术标准、创新政策和技术配套能力。三是金融平台，着力构建多层次金融体系。

绿色技术银行的建设进展如下。

一是平台建设。信息平台已上线运营，建成了专家库、项目库、成果库，入库项目7000多项，形成16套技术解决方案。转移转化平台已筛选出200多项绿色技术与发明，与40家国内转移转化机构建立了密切关系，实现了30余项绿色技术的转移转化，合同金额超过1亿元；形成了环同济圈，落地载体初具规模，绿色技术银行建设的总部已经开张。金融平台主要由35亿元资金组成，其中，科技部出资9亿元，上海市政府6亿元，虹口区2亿元，“双创”基金18亿元，管理公司GP 0.18亿元，去年年底第一期已经到位。

二是实施伙伴的网络计划。利用交流中心平台，举办了2018年长江经济带互联网＋绿色技术转移转化大会，与云南、新疆、西藏等签署了战略协议。在国际合作方面，与联合国的环境署、世界知识产权组织在品牌推广、园区共建、项目交流等方面已签署备忘录。对外宣传方面，去年举办了联合国可持续发展目标科学技术创新高级别研讨会。

三是全面开展对外服务，主要聚焦绿色发展领域提供转移转化服务。这里主要是项目。第一是科技部重点推荐项目，第二是面向企业的项目，第三是面向国家可持续发展示范区，第四是面向“一带一路”国家，第五是推进科技扶贫工作。

在绿色技术银行的建设中，有两个问题需要思考。一是多主体参与的机制与利益分配有待优化，平台如何让各方形成共同的奋斗目标，把各方组合在一起，还有很多问题亟待解决。二是绿色发展的公益性与金融营利性的矛盾有待解决，绿色发展更多体现公益性，但现在市场化矛盾也很多，特别需要政府给予支持，从企业或区域的角度来讲，没有一种倒逼机制或引导机制，社会公益性与金融性的矛盾永远无法解决。

绿色技术评估实践

韩军　国家科技评估中心副总评估师

绿色技术成果评估要把科技成果的吸引性、先进性、实用性作为基础，还要关注成果的科学性、社会性、经济性。技术水平、知识产权、市场和经济价值、团队水平和风险评估是进行评估的5个一级指标。

绿色技术银行建设的背景主要是响应联合国《2030年可持续发展议程》，技术银行的理念是联合国最早提出的，总部设在土耳其，通过绿色技术筛选和需求评估为欠发达国家提供技术转移。英国绿色投资银行的重点是考虑节能环保等绿色行业的技术转移，包括项目筛选、项目管理。美国也有4个州建立了绿色银行，主要通过PPP合作模式吸引私人资本进入绿色产业市场。

科技部科技评估中心（以下简称“评估中心”）在绿色技术评估方面进行了一些实践，例如，与上海交流中心、同济大学一起进行的绿色技术分类筛选研究，水利专项有69项技术的水环境城市饮用水的评估指标体系构建，中国工商银行总部4个试点项目评估等。

对于成果评价，总原则是遵循SMART准则，就是特定可测量、可获得相关性和可跟踪，把科技成果的吸引性、先进性、实用性作为评估基础，还要关注成果的科学性、社会性、经济性。评估瞄准5个一级指标——技术水平、知识产权、市场和经济价值、团队水平和风险评估，并包括16个二级指标。技术水平关注技术的成熟度、先进性和创新性；市场和经济价值考虑技术的目前市场应用情况、性能、价格竞争力，包括市场规模前景；知识产权考虑技术的知识产权布局、专利态势和有效性；科研团队关注后续研发能力，包括学术地位和团队稳定性；还有风险评估，任何一项技术都存在一定的技术风险，包括市场风险、政策标准风险、团队风险。

“一到九”的概念是美国国防部在技术成熟度评估过程中量化评价重大科研工程项目的方法，评估中心在实践中进行了消化和吸收。以新药研制为例，对应九级技术成熟度，一级是原理，二级要有靶标构建筛选模型，三级是候选化合物，四级是药性，五级是临床试验，六级是安全性，七级是药效指标，八级是三级临床试验的完成和最后一级新药产品的标准。

对于绿色技术银行的建设，介入绿色技术筛选和评估特别重要。习近平总书记在科技创新大会讲话中谈到科技评价要分类改革，准确评价科技成果的科学价值、技术价值、经济价值、社会价值、文化价值，为建设绿色技术银行提供了思考，应该考虑市场价值、社会责任，包括先进性、转化价值等，要特别关注应用导向和市场价值。

在评估体系方面，要特别强调绿色技术发展。绿色技术有自己独特的特点，主要与其应用领域有关，指标体系和别的技术评估有所差别，还要考虑绿色技术的社会效益。特别强调一点，从评估方法来讲，现在是大数据时代，要注意行业数据的分析和大数据综合评估。

促进低碳技术创新的金融与财政机制

孙轶颋　国际金融论坛副秘书长兼全球绿色增长中心主任

绿色技术银行要当好绿色创新技术的“伯乐”，通过评估找到好项目；当好绿色创新技术的“导师”，把项目培育起来；当好绿色创新技术的“红娘”，为项目找到好的投资者；当好绿色创新技术的“保镖”，为项目争取政策支持。

首先讲 4 个问题。

第一个问题是创新与资金的关系。“欧盟 2020 战略”要求到 2020 年研发资金投入占 GDP 的 3% ～ 4%。欧盟复兴开发银行研究发现，拿到银行贷款或其他资金的企业的创新能力要比没有拿到资金的企业高一倍左右；对欧盟 24 个国家的调研发现，创新型中小企业资金需求量比非创新型企业要大。法国一家研究机构去年做了量化分析，发现银行贷款与创新技术、与 GDP 增长呈现非常强的正向相关关系。

第二个问题是钱从哪里来？钱与项目风险、企业增长有关联，初创是三 F 模式，向家里人或亲戚朋友借钱，成熟后有天使基金、私募基金进去，然后慢慢进入银行、证券、市场。但来源方面争议很大，如初创期天使基金投的量少，而且很多初创公司不愿意拿股份换现金，所以 PE、VC 方式是否有效，争议很大。另一个争议是银行贷款，我国银行占了金融资产的 91% ～ 92%，对创新型企业，银行存在一些担忧，一是担忧风险太大，二是无合格抵押物或抵押物没法变现，三是信息不对称，四是回报不确定，结果出现难以贷到钱的问题。

第三个问题，为什么会出现上述问题？有 3 个方面的原因。第一，创新型或低碳绿色企业本身的问题是固有问题，不可回避。初创企业风险大，一是技术风险，不知道初创企业技术过不过关、前期发展怎么样；二是商业风险，技术成熟后有没有客户市场；三是竞争风险，新产品在市场上是否有同行竞争。第二，创新型企业除了知识产权外没有合格抵押物，或有抵押物但没有二级市场变现。第三，回报不确定，这不是用概率算出来的风险，不确定是算不出来的。

第四个问题，创新成本很高，投入量很大，针对项目或企业本身的问题有什么解决方案？

首先，融资难、融资贵有什么解决方案？一是打铁还得自身硬，项目的技术水平、减排或绿色的影响力、效益、质量都是基础和关键。二是对初创期的低碳绿色技术建立风险分担机制或损失分担机制。三是要提高金融机构在这些行业或对这些项目的借贷、投资容忍度，监管适当下架，创新投入就会增加。四是金融创新本身，关键是专利权，有了好的专利制度，银行就可以质押、估值。

其次，重点解决市场问题，一是信息不对称，二是外部性，三是竞争劣势问题。政府政策要起关键作用，为绿色技术创造市场。一是产业政策，要有一个保护初创绿色技术的产业政策和绿色标准体系，服务政策要到位，要实在、实质、实惠，要有连贯性、前后协调，给投资者信心。二是解决外部性问题，初创期有很多收益目前看不到，市场反馈不到，需要通过实践来见证，这需要财政支持。三是技术支持，包括评估、信息披露、第三方见证。

最后，初创企业领导者要有企业家精神和能力，把创新技术、政策支持、金融机构的资本支持结合起来。

根据刚才的分析，对技术银行提 4 个建议：第一，当好绿色创新技术的“伯乐”，通过评估找到好项目。第二，当好绿色创新技术的“导师”，把这些项目培育起来，提高商业化水平和企业家精神。第三，当好绿色创新技术的“红娘”，根据国际分析，帮技术找到好的投资者。第四，当好绿色创新技术的“保镖”，这些技术在市场环境下受到不公正待遇时，能为这些技术争取政策支持。

绿色金融服务体系构建与绿色技术转化

鲁政委　兴业银行首席经济学家

现在中国各类绿色金融工具都已完备，更多需要做的是要找到不用出钱、只用出文件的制度安排，使之商业可持续，这样绿色金融支持技术才能有更好的发展。

根据2016年七部委《关于构建绿色金融体系的指导意见》，绿色金融体系既包含对应的金融工具，也包含相应的支持政策制度安排。绿色发展和绿色金融问题，天然地和技术进步衔接在一起。现在中国各类绿色金融工具都已经完备，有绿色信贷、绿色资产证券化、绿色发展基金、绿色保险，还有环境产权市场、地方绿色金融试验及国际绿色金融合作。

绿色信贷起步最早，发展最快，规模最大，发展最成熟。2006年，兴业银行与国际金融公司合作，落地了中国第一笔能效贷款，成为国际金融公司在中国推广的样板。银保监会、人民银行都对相关制度有比较完整的安排，最近，绿色信贷被纳入MPA管理和货币政策合格抵押操作框架。现在绿色信贷规模比较大，已超过8万多亿元，但在整个贷款中的比例非常小，仅略微超过9.5%。整个中国的各类绿色融资达9万多亿元，95%都是绿色信贷，所以给贷款者的有效激励非常少。我从2016年开始一直在呼吁两项重要的制度安排。

一是降低绿色信贷风险权重。商业银行的经营核心是资本经营，绿色项目具有正外部性而低于正常收入水平，只有降低其风险权重，才能回到正常的没有外部性的项目水平，商业银行才有动力。是不是绿色项目一定风险更低？从目前中国金融实践来看，绿色信贷不良率更低，到2017年6月，绿色信贷不良率大概是0.37%，而所有贷款整体不良率是1.3%。从另一个角度看，如果相信未来绿色低碳发展是全球不可逆的趋势，现在以绿色技术来发展一定有更好的盈利，从中长期来讲，绿色项目的确更安全，收益更高。现在所说的银行防范系统性风险是指中长期风险，气候、绿色发展问题恰恰在中长期显得愈加重要，降低绿色信贷的风险权重是可以考虑的。二是让绿色债权居先。绿色项目有正外部性，每个人都可以享有绿色项目的好处。让普通债权人承担应有的风险，有抵押物的先拿走，接着安置下岗职工，偿还国家剩余贷款，这要修改《企业破产法》。这两项制度安排，都只要政府出文件而不用出钱，但却使商业市场更加可持续。

再看绿色债券，与前面几个季度和2017年第四季度相比，今年发行规模有明显放缓迹象，但还是很快的。还有绿色保险制度，生态环境部正在审议关于环境污染的强制责任险。环境披露在信息披露方面不断推进，首先给市场主体提供了选择权，也给披露的人提供了约束力，现在发债与金融机构的试点环境信息很重要，先披露绿色的、再披露不绿色的部分在银行中的比例，对于银行资金的投放有较大约束力。

绿色金融试点在五省八地积极推进，有十几个省出台了地方绿色金融实施方案。一是可不可以授权地方绿色试验区降低绿色信贷风险权重，可不可以协调上级机关同意先行先试。二是地方真正可以着力的点是产业政策，这对可持续发展非常重要，例如，上海、北京车牌难得，但买绿色的可以立刻上牌，这能极大推动电动车的快速发展，政府合适的机制设计能使政府不用出钱也可以使绿色技术在商业中可持续；在城市里，规定所有公共建筑都是绿色的，然后不断提高民用建筑的绿色比例，最后使之商业可持续；地方建设绿色企业发展园区，什么企业可以进入，如何进行污染物集中收集处理，地方在产业方面有大量政策可做。

国际交流非常重要，目前各种绿色标准不一致，不但3个绿债标准不一致，国际国内不一致，而且绿债与绿贷标准不一致，急需统一绿色认证标准，这是小的层面。科学工作者有更大更多的工作要做，例如，能不能给任何一项经济活动一个绿值。现在更多需要做的是要找到那种不用出钱、只用出文件的制度安排，使之商业可持续，这样绿色金融支持技术才能有更好的发展。

构建支持绿色技术转化的金融服务体系

马文杰　上海财经大学上海国际金融中心研究院副院长

> 绿色技术银行可以整合所有金融工具，针对绿色技术的收储、增值、转移转化各阶段提供全链条的经营解决方案，要深入研究这一过程中的风险特征，开发出与之相适应的金融产品或工具，解决绿色技术的转化问题。

2014—2017年，我国绿色专利申请量逐年上升，年均增长超过3.7%，高于其他专利的整体增长水平。高校占绝对主力，在前二十的申请者中，高校有16家，企业只有4家，但高校转化率不高，最重要的原因是缺乏资金路径，资金缺乏、没有金融支持，已是迫切需要解决的问题。

各个高校都有转移转化平台，但因为功能比较单一，同质化比较强，没有办法支持绿色技术转化。现在各种金融工具都有，但为什么解决不了技术转化问题？最重要的原因是没有整合起来成为一个体系。绿色技术银行就是把所有金融工具整合起来，针对绿色技术的收储、增值、转移转化各阶段提供全链条的经营解决方案，在这个过程中，要去深入研究收储、增值、转移转化过程中的风险特征，开发出与之相适应的金融产品或者金融工具，这样才能真正解决绿色技术的转化问题。

提高绿色技术转化率可以从两方面考虑。一方面是提高企业利用绿色技术的积极性，可以通过市场化手段来激励企业节能减排；另一方面，要提供金融支持，而且是全链条金融支持。怎样提供全链条金融支持？绿色技术银行能做什么？

第一，建立具有估值、收储、信息中介的平台，包括研发人员、应用企业、投资人、所有金融机构。金融机构不愿意投入绿色技术转化的最关键原因是看不懂技术，所以首先要对技术价值进行评估。评估最重要的是两方面，一是技术价值，技术到底成不成熟；二是金融价值，这个技术将来的市场前景怎么样，值不值得投资，能不能带来巨大价值？

有了评估，就可以把世界上先进的绿色技术收储到库里，把信息提供给应用企业做对接。不光收储，还要进行评价，评价后把信息传递给投资人和金融机构，这样一来，金融机构就活了。评估后发现技术将来有市场价值，暂时还没有前景，可以先买断以后再说。

第二，建立一个技术资产的运作和增值平台。对现在暂时找不到应用企业的绿色技术可以先收储，以后可以运作，例如，可做质押、资产证券化，以绿色技术为基础设立衍生产品，这样一来，把资金盘活了，实现了绿色技术的增值。

第三，做融资综合服务平台。绿色技术银行最重要的是要把研发人员、投资人、应用企业这些利益相关者整合起来，提供一个风险分担、利益共享机制。例如，可以把技术分为几个维度进行评估，对它的风险程度进行分类后，为其量身打造金融产品，然后对接投资人。可以考虑两个维度，一是技术成熟度，二是市场不确定性风险。如果技术成熟度很高、市场不确定性较低，就可以买断，在转移转化的过程中提供绿色信贷、绿色债券、绿色租赁；如果技术成熟度比较高、风险也比较高，就可以买断，缩小变现周期，研发人员可以很快拿到钱去研发更新的技术，在转移转化阶段用投贷联动、风险风投基金；如果技术成熟度低、市场不确定性低，买断风险比较大，可以采用技术入股方式，在转移转化中引入风投基金；如果技术成熟度比较低、风险很高，只能靠天使投资。风险一定要和金融工具匹配起来。

此外，要考虑绿色技术银行和碳市场的联动发展，碳市场节能减排以后，可以通过碳交易来获利，进一步促进参与节能减排的积极性。在我国，对节能减排积极性最重要的有两点，一是流动性，二是碳价。在碳配额方面，可以引入市场化机制，第一部分可以免费发放，第二部分市场化，如拍卖。在流动性方面，现在往往快要履约时才交易，原因是缺乏相应的碳金融产品。怎样通过碳市场激励企业节能减排，第一个体现在立法上，第二个是要实时推出碳金融产品，平滑交易不连续的现象。

4 互动交流

马文杰：绿色技术银行的建设离不开众多机构的参与，接下来要讨论怎样支持绿色技术转移转化。首先请教湖州市金融办的刘一闻主任，湖州是绿色金融改革的创业示范区，在绿色技术的转移转化中有什么经验或应用情况？资金是怎么解决的？政府能起到什么作用？

刘一闻：我从政府角度来讲一下，政府怎么看待绿色金融。第一，绿色技术在绿色发展过程中起关键作用，可以改变一个产业，甚至形成头部企业。湖州有蓄电池生产企业，全国 80% 的动力电池都由长兴生产，之前长兴生产技术非常落后，环保不达标，被列为全国重金属污染防控区，后来政府起主导作用，金融机构起资金支持作用，长兴引入了先进生产技术，建立了对废旧蓄电池的回收再利用产业园，经过节能环保技术改造，现在两家企业已经成为头部企业。第二，关于资金问题，绿色技术转化和应用是两个维度，转化更多是作为向标，湖州市政府现在有绿色产业基金、有技术、有资金，项目落地在税收、人才方面有优惠措施；应用更多是企业行为，需要政府引导金融机构以绿色金融的方式给予支持。第三是在绿色技术转化过程中政府的作用，政府希望培育产业形成税收，但政府只有有限的资金，政府可以以有限的资金来撬动金融机构的资金，起到放大作用。

马文杰：接下来有请同济大学法学院院长助理刘春彦教授。在绿色技术转移转化方面，国家出了很多政策，它的瓶颈在什么地方，现状是什么样，与国外还有什么样的差距？

刘春彦：绿色技术转移转化的根本性问题是市场化问题。在中国，不仅在绿色技术转移转化中市场化程度不够，整个市场经济体制的市场化也很弱，市场经济成熟度不够，严重影响了技术转移转化。真正要解决技术转移转化的资金问题肯定是来自于市场，美国是通过并购一个技术公司，装到上市公司里，通过资本市场来募集资金，把公司和市场做大。在这种背景下，讨论绿色技术转移转化所面临的瓶颈肯定是要从长期的角度来解决，绿色技术本身也是一个长期发展的问题。第一要靠资本市场，资本市场必须改革。第二，资本市场还有很多事情可做，例如，政府可以成立引导基金，可以上市，那么为什么不可以发行一个公募，为什么不可以作为私募基金管理人呢？通过这些方式可以解决这个问题。任何市场经济和技术都不能离开法治，只有真正的法治社会、法治市场、法治政府才能真正推动绿色技术转移转化，可以称之为以法治为支撑的技术企业，还有市场三位一体的机制，必须要从根本性上来推动中国市场经济发展。

马文杰：接下来有请绿色债券、绿色认证方面的领军人物李菁总监，在绿色技术发展、绿色技术转化过程中，绿色认证能发挥什么作用，我国信息披露方面的发展现状是什么样的？

李菁：我想说两点，一是关于认证和信息披露的现状；二是认证或信息披露给企业带来的实际好处。绿色债券的发行人根据国内相关法律法规和人民银行、证监会相关要求，需要做发行前的认证报告，之后每一年有一个发行后的认证报告，需要说明绿色债券募集资金投放项目的环境或社会效益，证明确实把绿色金融产品用于支持环保行业，这是第一类认证。第二类主要是上市公司信息披露，9 月 30 日，证监会刚更新了《上市公司治理准则》，加强了上市公司对环境、社会、公司治理的信息披露，这是参考了香港联交所的管理指引。上海 A 股市场、深交所市场未来会遵循新的《上市公司治理准则》，把上市公司的非财务信息披露列为重点之一。强制性条款大约在 2020 年正式启动，现在都是鼓励性的，以前提到披露认证都是政府的强制性要求，但可持续发展不能用做慈善的心态来做，一定是要真正想可持续发展，用商业的形式来运作。信息披露应该会对投资人产生重大影响，证监会在今年 7 月份出台的《绿色投资指引（试行）》，要求国内大的公募基金，以后还会要求私募基金，在自己的投资范围内投资绿色产业，可能会拿到绿色基金的准入门槛，地方省市也有很多刺激鼓励政策，因此，主动进行信息披露有极大可能吸引到资本市场的青睐。第二个是金融机构，绿债发行报告只是一个数字，把数字转化为权益的可能性很高。环境权益有没有可能在下一步做交易？如果这样，就可以形成一个联动的资本市场，投资人投资绿色产业越多，投资的项目企业披露程度越高，最后可能带来的资本收益就越好。做可持续发展，一定要用商业的可持续发展方式来做。

马文杰：接下来有请束兰根董事长，协鑫集团在绿色金融领域非常领先，在绿色技术的应用或绿色发展过程中有什么经验可以分享？

束兰根：作为全球最大的光伏集团，为什么能在短短20年间，从原料到中游再到下游发电，成为中国乃至全球老大？这就是技术转化的作用。在2006年之前，中国没有自主知识产权来生产多晶硅原料。2006年采用的是德国多晶硅冶炼法，光伏发电站是清洁能源，其实上游的多晶硅，包括单晶硅，也是清洁技术，多晶硅原料从二氧化硅经过4000° 的化学反应生产出三氯氢硅，这是最基础的硅料，一旦发生漏气产生化学反应，就是四氯氢硅，这个技术现在是零排放、零污染、全流程的循环，这是我想讲的技术。另外，在下游，协鑫集团在全球所有国家都有光伏发电站，苏州全球互联网能源大会专门发布了协鑫光伏云这一信息化技术，整个生产能做到无人工厂，在张家港采取全自动黑灯工厂，这都是技术转化的体现。

马文杰：接下来有请张赛美总经理，张总在创业投资基金领域是资深专家，绿色技术在转化或投资过程中有什么特点，或者有什么经验可以分享？

张赛美：上海绿色创业投资基金是绿色技术银行中的金融平台，基金是具体落实的载体，承担了技术和金融对接的重要角色。上海绿色技术投资是做股权投资，股权投资是补充传统金融体系中的融资不足部分，它更加市场化，因为PE、VC的投资更讲究企业效益和社会性。在上海绿色创业投资基金的投资人中，政府资金有很大份额。上海双创投资中心是2015年围绕上海科技创新、围绕创新创业而设立的政府母基金，现在是作为绿色基金的管理人。在做绿色投资的时候，首先要确定绿色投资的概念是什么，它的投资范围是什么。绿色投资有不同的定义，实际上，经济发展程度不同，对绿色的定义也不同，中国把核电、水电定义为绿色，但在国际上有争议，发达国家可能更重视气候环境，所以对绿色的不同定义需要进行探讨。可以从两个方面理解绿色。第一，中国是发展中国家，在前30年的发展后，环境治理非常重要；第二，我国现在面临着经济结构的调整，更强调可持续发展，所以，一些新技术、新材料都需要关心，这就是绿色基金现在的投资范围。绿色技术银行提出的聚焦投资范围非常有高度，环境友好、生态文明、生命健康、可持续发展就是绿色基金所需要投资的。

马文杰：接下来有请忻雷总经理，忻总在绿色金融、环保方面做了非常多的工作，特别是合同能源管理，这是什么事情，在国内外开展的现状是什么样的？

忻雷：今年1月在上海成立了上海第一家专门从事能源互联网技术的公司，今天的主题跟公司的责任使命非常相关，公司承载着通过能源数据创新来驱动绿色技术和绿色金融发展这样一个角色定位。政府虽然要求公司做一些事情，但企业和投资家还是更关心这个事情怎么成交。合同能源管理有两个特别属性，第一个是合同，这是一个成交属性；第二个，核心机制是项目融资，绿色金融如果不能建构在底层平台上，项目融资不能让它实现成交，那后面所有的二级市场衍生产品是延续不下去的。合同能源管理的核心是项目融资，更强调第三方的价值，这个东西应该可以被投资、被评估，第三方承担着平台的角色。推动绿色技术银行发展有两块核心。一块是针对以数据来驱动的东西，怎么打破现在行业的难点，难点主要是风险控制和管理。针对单个项目的连续性动态数据的监测和跟踪，可以使项目评估报告不再是一份认证报告，认证提供了一个短期的状态报告，而公司希望提供的是动态连续的信息，不断追踪变化的风险和收益，给投资者一个对接体系，这要在未来克服数据的流通和安全的技术壁垒。第二块是构建金融产品创新的壁垒，金融架构最后还是要形成一个可以被投资的合同能源管理金融产品，希望在未来一年里，能够基于数据，特别是合同能源管理的这些新技术、新数据，为投资者提供可控风险下的绿色基础项目。

马文杰：接下来有请李瑾博士，李瑾博士走在碳金融领域的前沿，请谈谈碳交易、碳金融市场的发展对企业节能减排，包括绿色技术转移转化，到底能起什么作用，现状是什么样的。

李瑾：上海环境能源交易所作为一家专业的碳排放交易平台，一直从事绿色技术转让、评估、投资等相关服务。碳交易的机制原理是解决绿色技术的市场失灵，是一个非常好的环境政策工具，通过制造碳排放的稀缺性来形成碳排放价格，一方面提高污染技术的成本，另一方面提高清洁绿色技术的收益。碳交易中有一个非常核心的环节，就是制定碳排放的基准，这个基准要跟具体的产业和技术相结合，通过排放基准设计，更好地引导整个产业和企业进行更加清洁的技术引进。碳排放交易对长期投资信号有非常好的释放作用，通过碳的价格更好地引导清洁技术和商业模式。还有一种机制是基于项目的补充机制，通过对特定清洁项目和绿色项目的补充，让一些原本经济上不可行的项目增加碳的效益，提高整个项目的经济回报率。中国经历了从国际碳市场到资源市场再到地方性市场的过程，包括去年刚刚宣布启动的全国碳交易体系，都对清洁技术发展起到了非常好的促进作用。大的央企已经明确把碳价格作为收益成本和模型之一，设置不同的情景来分析不同的碳价格对整个新建项目投资回报率的影响。这些都说明碳交易对未来企业的发展模式和采用技术的选择模式有非常明确的影响，但现在碳市场可能还处于发展的初级阶段，受制于基础数据的限制，可能需要把碳交易的政策和具体技术的发展更加密切地结合起来，设计更加精准的政策和制度标准。

马文杰：接下来有请陈周阳研究员，陈周阳研究员在绿色金融、金融科技领域做了非常多的研究，金融科技在促进绿色技术发展方面有什么作用？

陈周阳：首先要明确什么是金融科技。很多人认为金融科技就是把科技应用到金融中去，这是比较浅显的。如果说金融是一个天然的数字化行业，那金融机构就是一个与生俱来的具有科技属性的机构，金融机构不断利用一次次科技革命来进行自我革新和自我改造，所以才有了今天的现代化金融服务行业。为什么金融科技的概念今天才出现？因为技术的深刻变革，尤其是互联网技术的发展，对金融的影响力陡然增加。所以今天看到的金融科技，实际上是在包括互联网技术在内的若干技术的基础上所形成的，没有互联网技术，就没有今天的金融科技概念。还需要强调的就是在发展运用金融科技的时候，一定要遵循金融的本质和规律。随着互联网技术的发展，可能供需双方信息交互程度很高，是不是就不需要金融机构了呢？不是的，除了作为信息中介的任务之外，金融机构更多承担的是风险的识别和管理。对于透明的或交易可识别的方面，技术对金融更容易替代，但很难替代不具有透明性、很难认证的金融服务，如风险管理、风险控制、风险建模，包括投资顾问和主动投资方面的金融服务。那么金融科技对于绿色金融或绿色经济发展的融合发展体现在哪里？就是通过技术的驱动，来改变金融的改革或创新金融市场，包括金融机构，以及金融产品服务供给方式，从而优化金融对社会资源配置的作用、市场化的配置作用，完成经济向绿色化转型的任务。

马文杰：接下来每个嘉宾发言时间在 2 分钟以内，讲讲主要观点。有请刘主任讲讲怎样激励金融机构参与到市场中去，有什么建议？

刘一闻：政府在绿色项目的外部性内部化过程中起非常关键的作用，资本都希望找头部企业，所以政府搞“双创”基金要先讲效益。湖州做了两件事情、两个“低”，第一个是降低绿色项目的融资成本，第二个是降低金融机构的融资风险，也就是一个是绿色贷款的贴息，一个是绿色风险的补偿。第二个分享的观点是搞绿色金融，一定要跳出绿色金融看金融，绿色信贷占比有多少，有没有研究绿色金融对绿色产业发展、绿色经济的传导机制，怎样跟地方政府讲投了多少绿色金融、支持了多少绿色产业发展，是非常重要的，应该把发展改革委、经信委等主管部门拉过来，建立一套机制，一起来把绿色金融做好。

马文杰：接下来请刘春彦教授讲讲，进一步促进国家绿色技术、提高转化率，从国外来讲有什么经验可以借鉴？对绿色技术银行有什么建议？

刘春彦：我非常同意刚才几位专家的意见，要把发展改革委拉进来，把证监会、上海证券交易所、上海期货交易所拉进来，在一个会场讨论问题。例如，张赛美总经理的投资公司，35 亿元，钱多吗？不多。压力大吗？肯定很大。这个风险怎么分散出去？作为资金风险管理公司，发出更多的公募和私募基金，它有回报。通过这种方式，政府补贴这些东西都可以省掉，补贴违反了竞争中性的原则。李瑾博士把碳减排做成碳期货合约，为什么不可以交易？投资公司钱不够的时候可不可以发债？这把张总的风险分散出去了，这完全是市场化的，是可以做到的。最后的结论是，市场化一定是法治化的，市场化之后的法治化就是国际化的。

马文杰：接下来请教李菁总监，在绿色认证方面，对绿色技术银行技术评估方面有什么建议？

李菁：一直都说评估认证遵循的是不同标准，境内外标准的不统一是一个老话题。很快《绿色债券项目支持目录（2018 年版）》会出台，中国绿色认证标准在提高，例如，对火电项目做一个区分，已经存在运营的是一部分，而新建的不会再用绿色债券资金来支持。欧洲对中国的标准在趋于认同，也越来越认可不同国家处在不同阶段有不同的生产需求，因此，认定标准应该在现有生产力的基础上提高，而不是一下拔高到世界顶级的水准，这也是不可持续发展的。针对绿色技术银行，老的传统认证行业是派专业人员到现场进行访谈、合规性核查，但在未来要怎么做呢？今年 9 月，安永在上海成立了一个中心，主要做 AI，做人工数据，近期会做一个绿色金融科技工具上线发布仪式，未来做认证不再派传统人力去现场，而是通过科技手段来解决。对于银行，怎么判定绿色项目，也不需要对标国民经济行业分类，对标各种目录，可以用整个系统化方式来一键式完成；对企业环境效益数据，可以通过科技手段自动完成采集，这能保证数据的真实性、准确性、有效性。传统认证行业会有一个新的更新，利用人工智能、大数据为未来交易作最强有力的支撑。

马文杰：接下来有请束兰根董事长。企业要进行节能减排，但有些企业不愿意，怎么样去激励企业？绿色技术银行存在后，企业最想得到什么样的金融支持？

束兰根：我讲 3 个观点。第一个，如何解决绿色金融的外部性转化为内生性的问题，这个问题没有解决，绿色金融的发展之路就很困难。投资做绿色技术改造、环境改造是具有外部性的，怎样把它变成企业自身的内生动力，需要进一步探讨研究。第二个就是在金融机构对企业进行信贷投资、发债、资产证券化时，怎样解决金融机构收益性与社会效益性兼顾的问题。传统金融追求本单位、本机构效益的最大化，怎样解决金融机构投资的信贷积极性？第三个观点，技术银行不是一个全贷款银行，而是技术转化平台，在这个过程中，如何真正发挥资本市场的作用？光技术是没有办法转化的，这是技术银行下一步要去研究的。江苏省成立了江苏产业技术研究院作为政府产业技术转化平台，由它成立 40 个研究所，每一个行业都有一个研究所进行落地和转化。未来技术银行在绿色技术转化过程中采取什么样的模式？光有技术解决不了问题，光有资金更解决不了问题，一定是资金、技术、平台、人才这 4 个要素结合在一起。

马文杰：接下来请教张赛美总经理，PE、VC 有自己的目的，很多项目是不愿意投的。怎样激励他们参与？绿色技术银行在这方面应该做什么工作，有什么设想？

张赛美：绿色技术已经从中央到地方都达成了共识，金融机构也开始意识到这些问题。如何调动社会资本更多地参与这一行业？第一，就基金层面来讲，绿色技术基金的出资人有政府，也有社会资本。政府希望在资金投入中起引导作用，更多是从国家层面去考虑投资；社会资本主要考虑的是市场化，考虑这个项目是不是有商业价值，有没有社会价值。目的是统一的，不同资金还是有差异，如何处理好不同出资人的利益是很大的问题，现在正在努力把双方利益协调起来。第二，在调动社会资本问题方面，中国很多技术类的新公司有很多不错的技术，但在运营过程中碰到了很大的难点。地方政府的经济增长目标非常明确，也意识到绿色金融和绿色技术的重要性，一些环保和环境治理项目的公共产品，买方大多是政府，但政府出于其他考虑，让企业先垫资做，所以企业往往会碰到很大的财务压力，造成投资机构对这一类项目不敢投。市场化项目投资机构都需要有一个退出机制，资本市场要有一定的容纳度，需要绿色技术银行更多地做政府的配套政策。

忻雷：围绕上海市能源数据科技的布局，着重发挥已有工程技术优势，让银行家、金融家、企业家及能源、金融和管理的工程师在未来项目工程技术数字化的动态平台上，为未来的投资者减少风险、提高收益、降低成本。

李瑾：第一，碳市场下一步需要和技术推广应用更加密切结合，因为我国有宏观的碳排放控制目标，有行业的排放基准，需要更加深入地了解行业的发展动态，制定更加合适的目标和基准，为技术提供更加准确和清晰的定位政策，真正地引导清洁技术的发展。第二，碳交易的价格发现机制还需要进一步充分调动和发挥，真正让碳的价格提高清洁技术的收益。第三，希望未来碳排放的绩效和投资市场能更加密切地结合，让碳的绩效能真正体现在投资收益上，未来绿色技术银行的项目储备、绿色技术储备促进碳交易的政策能更加精准，更加准确地引导清洁技术投资，让碳交易有更多应用。

陈周阳：绿色金融不是政府或金融机构自身融了多少钱，而是在绿色发展过程中，金融真正起到了哪些作用。关于金融科技促进绿色金融或技术发展，第一，可以通过金融科技手段来促进商业银行，包括金融机构的商业可持续；第二，通过金融科技手段打造一个更加绿色、更加普惠、更加高效的金融体系；第三，通过金融科技手段来打造真实可信、完整动态的环境信息披露平台。

绿色技术银行高峰论坛3：探索绿色技术银行国际化路径，助推绿色技术成果双向合作

当前，绿色可持续发展已经成为世界各国发展的共识，成为全世界人民共同关心的话题。中国在推进可持续发展方面也做了大量的努力，为了落实联合国《2030年可持续发展议程》第17条第八款有关目标，科技部与上海市人民政府共同支持建设绿色技术银行这一综合性服务平台，其目标就是促进成熟的、成套绿色技术应用与发展，从而推进全球生态环境保护和绿色发展。

1 论坛综述

绿色技术银行这个载体是加强国际有关绿色技术成果应用的载体，也是加强绿色技术成果与金融相融合的一个载体，同时也是一个平台。

国际化是绿色技术银行"三化"原则的重要内容之一，最终是推动国外的先进适用技术"引进来"，推动国内成熟绿色技术"走出去"。论坛一方面是探讨绿色技术的国际合作模式，另一方面也重点推进一批环境友好型项目，推动国际技术合作。

论坛在绿色技术银行前期开展国际合作的基础上，进一步宣传绿色发展理念，探讨平台国际化模式和可行性路径，并重点面向荷兰、哈萨克斯坦等国家推介一批拟合作项目，以落实前期洽谈的成果。

2 致 辞

以全球视野谋划和推动建设具有全球影响力的科技创新中心

陈东 上海科学技术交流中心书记

为加快建设具有全球影响力的科技创新中心，当前上海正积极融入全球科技创新网络，坚持以全球视野谋划和推动科创中心建设，全方位加强国际科技合作。落实在具体行动上，不仅加大了硬件投入、政策红利，更注重进一步完善科技创新体制机制，营造良好的科研环境，更好对接国际创新资源，力争把上海建设成为全球创新人才交融、成果交易、信息交换的重要枢纽地，创新资本、创新机构、创新平台的重要集聚地。

在上海对外国际科技合作中，绿色技术领域占有举足轻重的地位。近年来，在清洁能源、循环经济方面与欧洲、北美洲、南美洲、东南亚、中亚等地区开展了卓有成效的合作。尤其是在“一带一路”沿线国家，通过促进青年科学家交流，共建技术转移中心、共建联合实验室等方式，支持、推进了绿色农业、新能源、生态环境治理等一大批项目的实施。自2016年科技部与上海市推动绿色技术银行建设以来，这一综合性服务平台成为国际组织、国外机构推进绿色经济合作的又一有力抓手。

建设绿色技术银行，是中国落实联合国《2030年可持续发展议程》的重要举措，也是科技部、上海市3年来推进的重点工作。通过这一平台，我们在多个国际场合宣传了中国致力于推动可持续发展的理念，如连续3年参加的联合国气候变化大会、中美清洁能源部长级会议、联合国可持续发展目标科学技术创新高级别研讨会，及中国－阿拉伯、中国－南亚、中国－东盟技术创新大会；与诸多国际组织、国外机构建立了合作关系，如联合国经济和社会理事会、世界知识产权组织WIPO GREEN、联合国工业发展组织等；也与一些国家就推进绿色技术项目方向开展了合作，如加拿大、荷兰、哈萨克斯坦、以色列等。

今天，我们聚集在这里，分享各位专家对绿色领域国际合作的真知灼见，并重点推介一批绿色技术项目。衷心希望，大家以此次合作论坛为契机，深入交流、促进合作，收获更多、更丰硕的成果。

促进中国与荷兰之间的科技合作

艾珞珂（Anouk van der Steen） 荷兰驻沪总领事馆科技参赞

今天，我们聚集在一起为促进创新，进行企业对接、会议组织及报告撰写，也是为了促进中国与荷兰的合作而努力。这里涉及技术、水处理等不同的产业，都与绿色技术有关。我希望能够促进中国和荷兰之间在高技术材料、电子质子应用、非石化能源、农业等方面的合作。

荷兰是一个非常小的国家，只有中国领土面积的1/200。它同时也是世界上第二大农产品出口国，有非常发达的农业。我们有许多技术方面的机构、大学及研发机构，同时我们也在促进精细农业发展，促进高质量产品跟踪，并能够提供健康、营养的粮食产品。

我也非常希望能够不断提高效率，能够更进一步促进荷兰蔬菜和水果等新鲜农产品的出口，也希望这些企业能够更好地去彰显技术的发展。

3 主旨演讲实录

绿色技术国际合作的金融法维度

倪受彬 上海对外经贸大学法学院院长、博士生导师、绿色技术银行首席法律顾问

绿色技术的国际合作就具有非常好的前景，但是要实现这一个宏伟的目标，需要具体而微的制度设计。

我的演讲可能侧重于法律方面，要建立“一带一路”绿色供应链合作网络联盟，让中国的绿色科技走出去，服务国际社会。绿色技术银行和荷兰的合作应该说是非常成功，而其中不能缺少金融的支持。目前，服务于“一带一路”绿色技术转让的金融机构及基础设施机构包括丝路基金及亚洲基础设施投资银行、新开发银行等机构。绿色技术研发、成果转化全流程都需要金融的支持，从金融的类别来看，包括市场化金融及政府的开发性金融、政策性金融。绿色技术金融的国际经验在全球也有很多可以借鉴的模式，如欧洲的投资银行海外投资框架，日本国际协力机构的实践。

第一，国际绿色技术合作的法律框架亟待建构。绿色技术的国际合作法律框架涉及技术合作的全流程，主要包括技术估值、技术交易、技术出口贸易、联合开发、技术入股与上市等，市场主体及行政主体分别作为参与者、管理者参与到这个框架之中。而其中涉及了很多问题，值得厘清与探讨。就技术开发生产而言，在第一、第二阶段包括创投基金的介入及金融机构贷款。上海浦发银行等机构目前与我们绿色技术银行紧密合作，浦发银行将在绿色技术银行总部设立相关分支机构，贴近绿色科技企业的融资需求。除了传统的贷款工具外，还有其他的金融工具可以支持绿色技术的转移与合作，如债转股，科技企业通过贷款的方式获得了相关的资金，可以约定在一定条件下把这些债权转化为股权，从而实现从固定收益向资本收益的转变，不同的融资工具可以符合绿色企业不同阶段的融资需求。

第二，绿色技术金融合作目标不能仅限于财务目标。绿色技术银行设立的背景之一就是“一带一路”倡议。我们发现，“一带一路”沿线国家的相关部门海外投资企业环保规制不完善，因此，国别的研究是非常细致的研究，因为在某种意义上说，跨境监管合作是国内监管的延伸。“一带一路”沿线相关国家的绿色技术、知识产权制度安排均呈现不同的特征，因此，在国际技术转让与交易中，应该基于国别和区域来细致研究对方的具体制度内容。国别差异在哪里？另外，不少中国企业在对“一带一路”沿线国家的环保责任的认知、理解及落实方面存在较大问题，实际上绿色技术具有社会责任的价值向度，我们很多企业还是停留在简单追求财务的回报层面，很多企业看到“一带一路”沿线不少国家和地区环境管理基础弱，注意力主要放在传统的、眼前可见的发展上，而

非在生态环境保护下的可持续发展上之后，在污染方面更加为所欲为，这就不符合绿色发展的目标。包括私募股权基金同样不能仅仅关注当期回报。如前所述，国家的开发性金融介入绿色技术的转移合作，是因为有政府的公共责任在里面。总而言之，绿色技术的国际合作，需要金融的支持，本身不能离开市场，但又不仅仅是单一市场可以解决所有问题，因此，国家设立绿色技术银行的目标是通过市场的方式，结合政策性金融实现国家战略，落实《中国落实2030年可持续发展议程国别方案》，满足联合国《2030年可持续发展议程》的目标，最终助力于“共享共建”的人类命运共同体目标。

第三，技术贸易与合作的合规，流程需要细致的法律分析。绿色技术的转让合作可以放在国际知识产权技术贸易的框架中来考量。跨境贸易合规目前变得更加重要。美国动用其《贸易扩展法》第232条对华大基因、清华同方等涉及技术进出口的企业进行处罚，美国方面认为你的相关技术转让给像伊朗特定国家，违反他们国家安全。而他们认为，国家安全可以绕过现行的WTO的框架，而由美国进行审查，不需要走WTO的专家组、上诉机构这一套国际法制度安排。技术转让涉及国家安全和保密法问题。此外，包括绿色技术转移还涉及各个国家对知识产权的折价和归属问题，职务作品中包含了公共财政投入，如何在转让、入股方面计算财政的权益，否则就会构成无权处分，同时还涉及国有资产流失海外的问题。全球各国都制定相关的法律，如韩国的《防止泄露及产业技术保护法》，日本的《外国汇兑及外国贸易管理法》，以及我国台湾地区的《战略性高科技货品输出入管理法》。

第四，完善法律制度，促进绿色技术国际合作的保障体制。跨境的绿色技术转让本身应有一个非常好的前景，但是纳入法律框架，政府完善相关制度，恰恰是支持和促进，而不是限制。联合国《2030年可持续发展目标》（简称“SDG的发展”）是否有国际法的约束力？如果没有约束力只是一个倡议，联合国框架下有很多的机构、倡议与实践，包括一些双边、多边条约如何协调，构成一个具有国际法约束力的法律架构，使得绿色技术的国际转移符合这些法律框架，使得法律合作的成果更具有执行力，减少绿色技术转让的重复谈判成本，使得基于人类共同利益的绿色技术转让在现行的敏感技术转让和合作的限制性趋势中不至于受到阻碍。应该通过法律，建构一个绿色技术转让的特殊通道，这需要在全球范围内，NGO和各国政府推动这个法律落地。我们初步的设想，首先，把它落实到双边、区域投资协定中，使得绿色技术转让纳入技术贸易管制的“安全港”，在绿色技术转让税收方面，如果某一项技术属于联合国可持续发展框架的绿色技术或者达到国际绿色标准，增值税、营业税等方面应纳入税收协定中的税收优惠类别。此外，在跨境转让过程中，涉及的绿色贷款、债券跨境发行应在国际资本市场监管合作层面对接目前的“赤道原则”、负责任的投资及ESG成果。在绿色转让的定价方面可以得到国际基金、世界银行的支持和补贴，当然，这涉及分行业的绿色标准的制定及应用问题。关于绿色技术标准，目前同济大学、上海交通大学都在与绿色技术银行积极合作。

总之，绿色技术的国际合作具有非常好的前景，但是要实现这一个宏伟的目标，需要具体而微的制度设计。无论是买卖，还是技术转让，都会涉及双边、多边的税法、竞争政策、保密法的冲突与协调。我们可以率先通过“一带一路”绿色技术转移合作的实践探索，实现双边、区域的绿色技术转移合作制度协调框架，并在此基础上，为最终使得联合国《2030年可持续发展议程》的庄严承诺转化为具有国际法效力的文件，为人类命运共同体建设贡献中国智慧。

荷兰创新中心：助力绿色技术银行，打造创新合作平台

周莹（Rachel Zhou）　荷兰创新中心代表

> 荷兰的创新一直位于世界前列，2018年全球创新指数（GII）排名第二，这都归功于企业实力强、互相关联，且与高校保持紧密合作，同时通过知识产权许可输出实现了国际化。

2018年7月发布的全球创新指数，荷兰位列全球第二。荷兰的创新一直位于世界前列，这归功于荷兰的企业部门很有实力且相互之间的关联非常紧密，同时与高校的合作也非常紧密。荷兰创新中心通过知识产权的技术输出进行国际合作。

创新中心是西荷兰地区的官方促进发展机构。政府发起方是荷兰的经济事务部、外交部及南荷兰省政府，同时在地区上可以看到有鹿特丹、海牙、代尔夫特等市政府的支持。创新平台除了政府还离不开大学和科研机构的支持。

创新中心职责主要分三大板块，一是基金部门，为我们最前沿和快速增长的企业提供资金和帮助，帮助企业落地；二是商务发展部，通过协办创新公司促进科研机构和政府间的合作，这也是荷兰的“金三角”模式，就是政府、产业、科研机构间的合作；三是外国投资部，协助外国企业在西荷兰地区建立公司、拓展业务。

南荷兰省有360万常住人口，是荷兰12个省当中实力最强的。省下属的鹿特丹，有非常先进的物流基础及非常便利的交通网络。这里到机场和到鹿特丹港都是半小时车程。这个地区可以说是帮助外国企业进入欧洲企业的门户。这里有一些非常著名的机构，如荷兰应用科学研究院（TNO），能源研究中心（ECN）及荷兰三角洲研究院（Deltares）。他们在能源、水利和理工方面都有一些非常前沿的技术。

创新中心关注的领域主要是六大板块，分别是环保技术与海洋航运、智能工业、安全与安保、农业、航空航天、生命科学与健康。我们比较吸引眼球和脑洞大开的科技创新案例一个是雾霾净化塔，另一个就是海洋清理计划。

创新中心可以为中国企业、为绿色技术银行提供非常多的荷兰商业信息咨询，同时也可以对接政府、对接产业，安排对接接洽及服务支持。荷兰的税收政策在西北欧当中是非常好的，特别是荷兰政府鼓励企业进行研发，在科创和研发这一块会给很多的支持，包括研发的激励政策。

绿色项目推介会

主持人：万建辉 上海市虹口区科学技术委员会主任

高效能低排放煤炭发电系列绿色技术

施敏　上海外高桥第三发电厂有限公司总经理

该项目涉及的主要相关技术包括节能系列技术、保效系列技术、环保系列技术、安全系列技术、高低位布置汽轮发电技术等。煤电机组超低排放改造“5E”系列技术的研发成功，使“外三”公司（上海外高桥第三发电有限责任公司）能从容地面对效率、环保、安全等多方面的挑战。根据上级申能公司的部署，科技服务首先在申能系统内试点和推广。在申能系统内参照合同能源管理等方式对其电厂进行了技术改造，并提供技术咨询服务。能源科技公司先行先试，多渠道、多方式地推广“外三”公司的节能减排项目，在技术推广和服务方面又迈开了一大步。能源科技服务也为我国清洁煤电的发展开辟一条更为广阔的希望之路。

绿色地热能源——地下含水层热能储存利用技术

Mark Zhu　荷兰普瑞瓦亚洲公司经理

蓄水层（水体的地下部分）非常适合储存热能或冷能。地下冷水可在夏天为建筑降温，而地下暖水则可在冬天使用。若使用蓄水层热能储存系统储存热能或冷能，可以减少 40% ～ 65% 的消耗，同时二氧化碳排放量可减少高达 60%，高峰期的能量使用率可减少高达 95%。蓄水层热能储存系统的使用年限至少为 20 年，持久耐用。

清洁地热能分布式供能系统集成技术

熊健 宝莲华新能源技术（上海）股份有限公司董事长

地热能是清洁环保及最可靠、最稳定的可再生新能源。浅层地热能的开发利用是当今世界对地热能研究开发的重点领域，利用的主要载体是地源热泵技术。地源热泵系统是利用少量电能提取地下浅层的地能（包括土壤、地下水、地表水）或把热能排入大地，从而实现建筑物的采暖和制冷，借助热回收技术还可以在夏天得到免费的热水。其比空气源热泵空调系统节能 40% 以上，比直接电采暖节能 70% 以上，比燃气炉效率节能 50% 以上。本项目已实现与白俄罗斯的国际合作，针对当地气候环境的浅层地热供能，形成特有的自主知识产权和企业标准；结合国内的工程建设优势，将该技术和企业标准植入中白工业园区，达到能够利用浅层地热能进行低碳环保的绿色节能采暖目的，并能保证热泵系统长期高效运行，促进浅层地热能在白俄罗斯全国的推广和应用。本项目成果同时可以应用于乌克兰、罗马尼亚、哈萨克斯坦及中国北部等气候温差较大、土壤冷热不均衡的地区，由此推动浅层地热供能在这些地区的应用与推广，为我国带来巨大的经济效益。

节能节水高效的智能温室种植技术、智慧高效水肥一体化技术

郑恺 Ridder 集团中国区销售总监

Ridder 集团是中国现代化与大型规模设施农业发展领域的农业集成企业，是 AgriGarden IEDA 的供应商和密切的合作伙伴。Ridder 为这个大型规模园艺方案提供了技术支撑、知识交流和培训计划，并提供了一整套温室园艺解决方案。需要说明的是，温室使用 Ridder 驱动系统的 RW 电机、机架和小齿轮进行通风；在温室内使用的 Multima 气候控制系统、Ferti 混合施肥装置、Vitalite 水消毒装置和生产劳动管理系统都是由 Ridder 不断发展的解决方案提供的；在垂直农场里，Ridder 提供了多套水消毒装置和施肥装置，并由 Ridder 高级“马蒂玛”气候控制计算机控制。这些解决方案涵盖了作物建模、工艺自动化、传感器、气候建模、精确施肥、跟踪与追溯及生产率优化的最新技术。

智慧水肥一体化技术

李鸣　上海华维节水灌溉股份有限公司技术总监

该项目将云智慧施肥机应用到水肥一体化技术中，通过对作物生长模型和灌溉数字模型的研究，形成专家决策系统，结合作物生长环境、作物生长需求，实现灌溉、施肥的智能化、自动化，并按时、按需、精准化灌溉。灌溉施肥产品及技术解决方案的推广应用，可从根本上推动农业的现代化、低碳化发展，有效助控农业面源污染，经济效益、社会效益、生态效益显著。该技术方案成功在上海华御种植专业合作社应用，让该农场实现了“智慧种植、智慧温室、智慧灌溉、智慧溯源”，被誉为可学习、可复制、可推广的“华御模式”，为上海乃至全国蔬菜基地提供了标准化、现代化、智能化样板。目前，该项目已成功推广到浙江、内蒙古、安徽、云南，以及乌兹别克斯坦、坦桑尼亚等国内外数万亩的农业种植基地，2017 年中标世界最大单体智慧灌溉项目——1.38 亿元的埃及民生项目，成为中国智慧灌溉和温室装备走向“一带一路”的开路先锋。

农业污水和肥料排放的控制净化技术

Eric van der ven　荷兰杜米勒可环球农业技术公司总经理

对水道、休闲湖泊和湖泊河流进行除冰非常重要。除冰后产生的淤泥满是重金属、多氯化联二苯和磷，对自然环境产生严重的威胁。如淤泥无法清除，土壤和水体将会受到污染。

通常环境是可以自洁的，为了避免产生过量的磷，地表水中的含铁量为含磷量的 10 倍，但地表水中还含有过多的硫酸盐，它可以消除铁，从而导致含磷量与含铁量接近。而如果磷铁比例不符合条件，自洁功能则无法实现，这样的环境污染会导致藻类大量繁殖。因此，将淤泥清除至关重要。

这一技术为环境的改善提供多项重要的帮助：

①净砂（含石灰，可用于路基施工）。

②干净地表水和干净土壤。

③提高磷的可回收概率（磷在全球市场短缺）。

风能发电技术

许移庆　上海电气风电集团有限公司副总工程师

上海电气风电集团 2 MW 系列风电机组为上海电气成熟的双馈、变桨变速机型。该机型风轮直径包括 87 m、93 m、99 m、105 m、111 m、116 m、126 m、135 m。涵盖 Ⅰ～Ⅳ 类及各 S 类风电场，截至 2018 年 9 月，2 MW 装机容量 7.5 GW。

2 MW 机组针对中国低风速地区，特别开发了长叶片低风速和超低风速机型，增强了 2 MW 系列机型的经济和适用性。上海电气风电集团独有的控制技术可以根据用户具体要求进行个性化设计和二次开发。

3.6 MW 机组目前已经形成系列化产品，具有两款风轮直径和两种不同的轮毂高度，更可根据特定风力资源和气候条件，为用户提供个性化的优化设计和服务。

平价光伏一体化产业链项目

Aron　协鑫新能源控股有限公司海外事业部副总裁

该项目依靠自主核心技术的不断创新突破，由传统制造向智能制造转型升级，优化配置全球化产能。通过制定多晶硅、长晶、硅片、电池、组件、系统集成及光伏电站的技术进步路线，依托管理创新、区域化布局和绿证制度，目标于 2020 年年底前，实现光伏发电的平价上网，使光伏发电成为大众用得起的普惠能源。该项目主体协鑫集团，已初步规划绿色能源的全球化布局，资产分布于中国 31 个省（市、自治区）及香港、台湾地区，在日本、以色列、美国休斯敦和圣路易斯，中国上海、南京、徐州、苏州设立了科技研发中心和孵化机构；在北美、欧洲、亚洲、大洋洲、中东等地区积极拓展新能源业务；在越南、印度尼西亚、斯里兰卡、沙特和土耳其等国家设立分支机构，加大清洁能源投资力度；在埃塞俄比亚和吉布提打造东非最大的油气项目。

垃圾的机械和生物处理技术

梁韵嘉　Business manager China,WTT

一个处理量为 38 万吨 / 年的 MBT 工厂工艺流程始于两台双轴粉碎机，以实现城市固废的机械化初步减量。随后，城市固废将被存放在破碎垃圾暂存池中，并通过垃圾吊运分别送到20个生物干化仓中。经过9天左右的工艺处理后，已干化的城市固废（减水量40%）将通过垃圾吊运送到料斗中，由此进入机械处理流程。先将可再循环物选出，并去除有害物质，如PVC和重金属，从源头上遏制烟气污染产生，最终只留下已优化处理的垃圾衍生燃料RDF（相当于50%左右的进料量），并通过皮带机输送到焚烧厂的燃料储存仓中。

工厂工艺还包括：异味控制系统和电脑监控自动化（SCADA）系统，包含生物干化和机械处理全流程异地监控和维护的远程访问。

绿色环保软包装新材料整体解决方案

张嘉盈　艾尔贝集团总经理

该项目集成了长三角区域内上下游企业的新型生物基材料的研发、智能制造、在线包装一体化实施等技术模块，形成了绿色软包装产业链的协同创新，以及可面向国内外开展成套技术转移转化的合作方案。可替代大量白色泡沫等包装污染物，为现代物流包装的减量化、轻量化和智能化发展提供可行的技术解决方案。经过一年多的接洽和推进，目前该项目已准备在荷兰落地，已提交了在荷兰注册企业的法律文书，绿色技术产业基金与中航信托拟联合为其提供投融资服务，帮助其在荷兰落地。

可持续性发展的综合技术——绿磁工具

刘小颖　Natureherit Design & Consult 创始人

绿磁环境认知观测系统界面工具（以下简称“绿磁工具”，GreenMagnets’ tools）能用于地区可持续发展的政策规划、综合技术设计，以及管理实践的交流与展示。绿磁工具是一组多功能、多语种展示交流界面的工具，以“实践为先，交流为重”，帮助社会政策研究人群理解不同地域的经济社会环境情况。体现联合国可持续发展的目标，最大限度地利用、鉴定已有的报告和路径，并有效关联。致力于推动全世界对可持续问题的理解及对话，并从多角度展示社会经济、自然人文、科学技术和创意设计并存的地方解决方案。

绿磁工具分为“绿磁路线”“绿磁地点观察”“绿磁集思对话”三大类型，为服务方提供地域知识内容、技术展示和互动设计实施。

本项目所涉及的主要技术内容：

①国际和地方可持续环境政策交流和地方性综合解决方案。

②运用绿色解决地域空间策划、规划、建筑和景观设计。

③在网络和现实环境的交流界面的技术设计。

④互动和创造性教育路径和装置。

需要配套的其他技术：与普通绿色技术不同，绿磁工具是以地域为中心，针对可持续交流的多方位解决方案，并根据要求和时代变化设计配套新的或老的（未发现的）其他科技。可包括：

①具有广阔运用前景的地区功能、环境综合或单项解决方案，例如，优化气候变化地区性模型，高效和规模化的生态农业／土壤改良／土地价值评估。

②绿色金融和碳排放市场政策（中国）。

③信息互动新技术，智能多语言转换工具。

④高效定位和图像信息技术。

一站式油浮选油气田污水处理技术

邬春学　上海理工大学教授

在石油天然气行业，油气田采取各种措施来稳产增产，如水回注驱油、聚合物驱油、调剖堵水、压裂酸化等。结果造成产出液量大且含水高，三相分离后的污水具有乳化油含量高、粒径小、残余聚合物含量高等特点，并主要体现在高度乳化、含油聚合物，部分地区还高含硫化氢等，传统工艺无法满足其净化要求。油浮选技术打破了传统理念，在混凝沉降的基础上，投加到水中的原油（或液态烷烃）迅速形成分散的小油珠，与水处理药剂形成矾花结合。由于原油的密度小，使结合了油珠的矾花整体密度变小并快速上浮。上浮的矾花在装置顶部形成污泥，外排后达到净水的目的。处理效果比混凝气浮好，在油气田高乳化和高聚合物含油污水处理上有其独特优势，且出泥量少，经压滤回收的原油可重复使用，一站式完成。目前，该项目在国际上已与土库曼斯坦阿姆河项目公司建立了基尔桑集气站、鲍塔乌集气站、皮尔古一集气站、东部气田 4 个污水处理系统。在国内已与中石化华北分公司、新疆克拉玛依市石化园、陕西延长石油（集团）有限责任公司杨家湾天然气处理厂等合作建立了污水处理厂，运行状态与效果都很显著。

绿色技术银行高峰论坛4：
能源互联网论坛——绿色低碳、互联互通、共建共享

绿色技术银行是结合“一带一路”而设立的技术转移平台，为“一带一路”地区提供经示范验证并可复制的集成技术和系统解决方案。

1 论坛综述

绿色能源是绿色技术的重要领域，能源互联网是绿色能源的主要发展方向，和“一带一路”互联互通的基本理念相一致。

绿色互联网是我国“互联网+”行动计划整体部署的重要内容。习近平主席在联合国发展峰会上提出了“探讨构建全球能源互联网”的中国倡议，为能源绿色低碳发展描绘了新蓝图。

以绿色技术银行总部落户上海为契机，以能源互联网示范基地建设为载体，结合上海科技创新规划，推广“多元开发、清洁转化、智能输配、终端高效利用”的新型城市能源系统解决方案。

2 致 辞

能源互联网技术推动能源减排

干频 上海市科学技术委员会副主任

当今世界，信息技术、能源技术、新材料技术交叉融合在一起，正在引发新一轮的科技革命和产业变革。作为世界能源变革的重要方向，能源互联网技术对优化能源结构，推动能源减排具有十分重要的意义。

近年来，我国能源互联网技术在政府的引导下实现了快速发展。2016年，发展改革委、能源局、工业和信息化部共同发布了《关于推进互联网+智慧能源发展的指导意见》。

上海在国内率先启动了能源互联网探索，出台了上海市推进能源互联网+的政策。这几年来，上海在推动能源互联网科技方面已经取得了一定的成效，但是总体上还在探索阶段，尚未形成成熟的模式和产业生态，在发展过程当中还面临技术、政策、市场等方面的难题。

一是要担当。习近平总书记指出，上海应该在努力推进科技创新方面走在全国前头，要牢牢把握科技进步的大方向、产业革命的趋势，加快具有全球影响力的科创中心建设。上海应该在前期已经取得工作进展的基础上继续发挥排头兵的作用，推进示范应用。

二是要加强合作。推进能源互联网产业发展是政府、企业、高校、科研院所的重要任务。我们积极推进绿色金融发展，促进产学研各类创新主体之间的对接。作为承接平台的主要单位，上海科技交流中心积极组织科技成果与市场对接，这次论坛也是在能源互联网方面一个很好的尝试。

三是要营造氛围。发展能源互联网，每个单位都要做出贡献，同时要加大宣传力度，提高公众的认知度，为能源互联网发展营造一个很好的外部环境。

本次论坛的召开，为能源互联网业提供了一个很好的交流平台，希望与会专家畅所欲言，希望通过本次论坛，能源互联网在上海的发展走得更远。

绿色技术银行是推进绿色技术转移转化的重大举措

袁泉　上海市虹口区人民政府副区长

绿色技术银行是我国落实联合国《2030 年可持续发展议程》，推进绿色技术转移转化的重大举措。作为绿色技术银行重要的承载区，上海虹口区把积极建设绿色技术银行的项目作为贯彻落实习近平新时代中国特色社会主义新思想，践行“五位一体”总体布局的重要政策，作为全力服务国家科技强国战略、践行绿色发展理念的光荣使命，同时也作为虹口主动融入上海具有全球影响力的建设中心大局，推动区域创新转型发展的创新行动，我们将全力以赴承接项目落地，扎实有力地推进项目发展。

绿色技术银行通过汇聚资源节约、环境友好、安全高效、生命健康的可持续发展重点领域中的先进技术，加强科技与金融、人才等创新要素结合，加快绿色技术转移转化，促进经济社会可持续发展。随着移动互联网、物联网、云计算、大数据等现代信息的不断涌现，学科交叉融合加速，前沿领域不断延伸。作为世界能源变革的重要方向，能源互联网是先进互联网技术深度融合的产物，对优化结构、推动能源减排、实现经济可持续发展具有重要的意义。

本次论坛的召开为能源互联网行业提供了一个很好的合作交流平台，希望各位与会专家畅所欲言，为构建低碳、高效、清洁、安全的城市能源系统提供新的思路，为城市能源精细化可持续利用提供有序支撑，为互联网＋能源科技体系提供智力支持，推动能源互联网产业的良性发展。虹口区在科技创新体系建设“十三五”规划当中，也明确提出将新能源产业作为“十三五”重点发展的科技产业之一，重点探索储能、智能光伏、能源互联网向互联网产业集聚。

目前，在能源领域已经集聚了中国能源工程集团、深圳能源科技为代表的龙头企业，同时深化了与上海环境交易所的合作，支持筹建上海低碳研究院和上海碳交易企业联盟，积极推进全国碳交易市场落户虹口。为了更好推动绿色技术银行建设及绿色技术产业发展，虹口区也布局了"一圈一圆"的整体布局，进一步优化环境，优化完善服务政策，为促进总部要素集聚、加快产业转型、创新推动实现高质量发展服务。

我们2018年出台了《加快发展总部经济的实施意见》（以下简称《实施意见》）。《实施意见》对新引进的地区企业，根据零售规模和资本给予最高1500万元的开办补助。结合绿色技术银行的建设，虹口将以北外滩为核心，重点引进一批国家级的创新研发机构，技术转移转化及绿色技术企业总部。

在此热情欢迎与会的各位专家，为绿色技术银行建言献策，同时也欢迎大家来虹口创新创业。

3 主题演讲实录

主持人：罗永浩 上海交通大学教授、上海新能源科技成果转化与产业促进中心总工程师

上海电气在智慧能源领域的创新探索与实践

袁毅 上海电气电站集团副总裁

作为上海的大型国有企业，上海电气积极参与崇明世界级生态岛建设，通过整合近年来在可再生能源、储能、智能微网领域的多项成果，为崇明三星镇量身打造了集"风光储充"于一体的智能微电网，构建了"绿色、平衡、互联、智慧"的能源系统，为乡村能源生产消费结构创造了无限可能。

上海电气主要产业聚焦于能源装备、工业装备和集成服务三大领域，致力于为客户提供绿色环保能源于一体的系统集成和解决方案，产品主要包括火力发电机组、核电机组、风力发电、环保设备、自动化设备等。

上海电气电站集团是上海电气集团最重要的一个产业板块，主要从事发电设备、电站工程和电站服务，60多年来累计为全球提供了超过5亿千瓦时的总装机容量。目前结合能源转型现实情况，集团正在积极发展太阳能发电、海水淡化、生物发电、储能设备

及电气传动等新能源产业，同时对超导发电、洋流发电等新型技术，专门成立了综合能源事业部、智能化技术中心推进新的互联网 + 能源结构转型。

2016 年，上海已经正式提出将崇明世界级生态岛建设列入了“十三五”规划，能源结构和清洁能源都有了明确的要求。2017 年，崇明乡镇形成能源功能区、展示区、新型区，同时三星镇也引进了智慧管理的平台，对整个村镇的管理包括垃圾、污水处理等，同时对智慧能源及健康体系都有类似的规划。上海电气作为上海的大型国有企业，我们也希望能够在崇明世界级生态岛上发挥我们的作用，所以我们就积极参与，以崇明三星田园综合体为背景建设了一个互联网 + 智慧系统，推进可再生能源储能领域推进产业化。

这个系统于 2018 年 5 月 12 号启动，8 月 28 号现场安装，目前已经建成，电网的方式就是自发自用。我们的设计理念就是提高可再生能源的使用率。目前根据我们的测算及现在刚刚投运的情况，我们在三星镇田园“互联网”智慧能源示范项目上，第一是完全可以实现零排放发展；第二就是高度协和，我们不追求规模，也不搞大拆大建，重点还是要融入新农村建设发展中去；第三就是解决农村可再生一些痛点，这些痛点在农户，体现在收益很小，集体很难整合资源去进行运作。电网是户用的，农村电网一个特点就是白天不用电光伏发电了，晚上用电但是光伏又不发电了。新一轮电气化发展，我们就是要把农村现有的资源通过分散和智能化的形式把它最大限度地利用起来，同时也能够使能源汽车进入乡村；第四就是上海电气集团转型发展的一个试用平台，在整个项目里面除了汽车利用的梯级电池和光伏板不是我们的产品之外，剩下所有的（包括电池管理系统和所有的产品）都是由上海电气或者上海电气参股企业提供的。

这个项目的一个特点就是有两部分，一个是电网系统；另外，根据农村的特点和农户的物理分布特点，还有一个离网系统。我们通过能量管理系统共同管理电网系统和离网系统。

我们对项目实施也有一些需要思考的问题：第一，乡村能源结构的转变要以新农村建设和更高水平的农村电气化进行统一规划、协同发展；第二，绿色低碳的农村能源结构转变在技术上是完全可行的，但是还需要一些政策和资金上的支持，才能真正实现低碳、绿色的发展。

能源互联网在用户端领域的关键技术与应用

吴小东　上海电器科学研究所（集团）有限公司副总裁、
国家能源智能电网用户端电气设备研发（实验）中心主任

能源互联网将会使能源交易市场产生革命性的变革，能源互联网的参与者不再是简单的供应者和消费者两个角色，而消费者同时也可能会是供应者，所以会形成一个能源产销共生的系统。

从国家层面来看，目前为止，国家发布了20多项和能源互联网相关的政策，如2017年10月发布的《关于开展分布式发电市场化交易试点的通知》。发展改革委、能源局为了推动能源互联网的发展，到目前为止已经批复了55个能源互联网的示范点，其中上海有4个示范，包括崇明岛。要推动能源互联网的发展不仅仅是要做技术的储备，更重要的还需要有政策和市场化的举措推动这些技术在市场落地。

从市场角度来看，埃森哲通过基于物联网技术的发展、基于政府、企业、产业等各个层面在新能源领域的投资建设综合看到，2020年中国能源互联网产业的规模将超过9400万亿元。可以看出能源互联网市场发展潜力巨大，需要技术、政策方面的积累和推动。

从技术方面来看，能源互联网涉及了5个关键的重要发展领域，包括需要不同的能源基础设施互联开放，也就是说不同能源的交互利用，例如，我国“十三五”期间规划可再生能源建设规模将近200 GW。通过互联网技术带来的信息化产生的数据与能源生产相结合、相利用，让我们能够对能源利用进行实时检测，并且做预测性分析，从而实现预测。这里存在一个用户侧对于各种能源产品和服务的精细调度和分配。

总而言之，能源互联网可能对于我们原来的能源交易市场产生一个革命性的变革。也就是说，能源互联网的参与者不仅仅是简单的供应者和消费者两个角色，消费者可能会变成既是供应者也是消费者，会形成一个能源产销共生系统。

能源互联网领域当中的用户端在哪里？中国能源互联网的发展最终希望达到动能和供能的平衡，不像以往供大于求，没有动态的平衡，在单向传递的基础上也要建立双向传递。我们现在的信息通信技术、物联网技术给双向传递带来了可能性。通过互联网、信息技术可以搭建一个双向能源及信息交互的网络。在此期间，由于用户端处在消费的末端，消费是不是智能，是不是充分地利用技术，用户端最终可能是产销者，是一个重要的角色。工业互联网、人能智能包括现在比较热的区块链技术为推动能源互联网的发展带来了比较好的点。用户端在能源互联网当中的意义非常重要，是能源互联网发展当中一个技术制高点，也掀起了一个产业升级的浪潮。

能源流向末端。显而易见，这个末端不仅仅是要对各种可再生能源进行消纳，在消纳过程当中可以在用户端部署新能源汽车。新能源汽车存在用电需求，也存在大规模的新能源汽车使用以后，可能反过来也会成为供电者。在多种能源的情况下，会出现 1+1 > 2，多种能源替补也是互联网当中实现 1+1 > 2 的重要手段。

我们要实现供应端和消费端的平衡，通过这样的调度分配最后达到功能侧的平衡。这带来了新的能源革命，既是消费者又是功能者。分布式能源被称为最能体现节能减排安全灵活多种优点的一个发展方式。

“十三五”期间，国家在发展智能电网的基础上，向分布式能源倾斜来助推产业发展。我们提出来打响蓝天保卫战，当然是一个综合措施的利用，其中新能源的利用也是从根本上能够带来绿色的技术。

分布式发电市场化交易试点会从政策层面推动技术规模化的发展。人工智能技术使我们对能量优化管理，基于海量数据进行分析训练，这样我们能够科学、精确地用能、调能。在这个过程当中，工业互联网的技术发展又为我们助推海量能量数据的采集及历史数据的建立，为科学管理决策提供基础，最终希望实现能源的灵活交易和能源相应。

无论何时何地电能和储能装备都可以实现即插即用，再有一个安全的通信中枢，就可以脱离主电网去独立运行。供电稳定及供电效率的提高也是能源互联网要实现的价值，上海市在推动能源互联网发展过程当中，除了搞试点示范，还要加强理论基础及关键技术的研究。上海市科委有一个科技攻关计划，是基于多元能源的互联网 + 智慧能源数据集成与云端服务技术指南研究。大数据、区块链、人工智能等新技术也将助推用户端技术的发展，这是我们科技攻关课题的研究成果。

说到关键技术可以从不同的视角分析。从管理的视角来看，涉及多能互补的技术。再有就是需求响应，理论上没有什么问题，技术上也做了相应的储备，现在需要的是相应的政策。分布式交易实现就地生产、就地交易可能也需要政策的助推。三联供不是一个新东西，已经很多年了，但是在中国还没有广泛的应用。这里面有很多因素，在美国、欧洲相对比较成熟，已经形成了制造、技术、管理体系化商业应用，且欧美政府也采取税收等一些政策来推动三联供，在已有的商业建筑及大学要通过改造的方式达到 15% 的三联供。在中国有多种因素，例如，燃气的价格远远高于电价，再则三联供多余的电已经可以并网了，第三个是《消费者权益保护法》，三联供的落地，特别是在地下易燃易爆的环境下，还是非常难的。这里最关键的还是在储能。美国纽约州由于冬天时间比较久，暴风雪比较多，地方有一个法规，高层楼内必须要有储能。从安全、绿色能源利用、储能的角度，我们都要推动这样的发展，蓄电池是最关键的一个瓶颈。通过这样的能源管理，我们最终实现多种类多业态的整合。基于大数据的分析可以做结构控制，实现能源可知、可控、可预测、可视化，还需要云计算技术、人工智能技术等。

我们有水库建设虚拟电厂的需求，例如，上海高峰的时候用电负荷是非常大的，在这种高负荷下不是一定要运行的负荷可以调节下来，而是调解你的负荷做到需求相应，达到动态的平衡，这其中还需要动态的支持。上海黄浦区在一个时间段里面达到了5万千瓦时的虚拟电厂，也就相当于50个家庭用户一年的用电量。江苏的力度比较大，江苏将要建成世界最大的虚拟电厂，达到260千瓦时。它对于工业用户、居民用户有一些激励措施，在高峰削减一些负荷，给你一些资金的补偿，通过市场化的方式来实现虚拟电厂。

区块链＋智慧能源在分布式能源当中特别是在交易当中的价值在哪里？我们要研究它的关键技术，搭建关键平台，开展一些示范，重点在建筑、在园区，通过这样的研究能够推动上海市能源互联网的发展，有几个案例：一个是在国家电网实验中心要做到可运行、可实验、可演示，更主要的要研究关键的技术，对系统方案解决带来应用的价值。这里可以实现各种各样的负荷预测、储量分析等；另一个就是现在新能源汽车越来越多，带来很多的问题。一方面是电池利用的问题；另一方面是大规模的充电汽车同时充电的情况下对电网的冲击到底怎么样，有没有可能利用一个移动汽车做一个反向充电。上海市为了推动新能源汽车的发展，从解决瓶颈的角度鼓励推动公共充电设施的建设。我们预期的效果是希望实现新能源汽车与智能电网能量和信息的双向联动。最终我们要促进上海市新能源汽车的推广，包括直流专用站、小区的共享站等具体举措。

绿色技术银行既包括绿色技术的发展，也包括绿色技术的转化，还有资本化。上海电器科学研究所通过技术研究平台、行业服务平台、工程服务平台积累了技术，储备了能力，但是在绿色技术跟资本的对接上还需要再继续努力，也希望得到上海科委包括新能源成果转化中心各方面的支持和帮助。

中国可再生能源资源概览

Jacinto Estima　国际可再生能源署顾问

目前很多国家已经提出了应对气候变化的目标，同时以各种不同的方式来促进可再生能源的发展，但离既定的目标仍然还有很大差距。

我来自葡萄牙。能源产业在发生一些变化，我们看到能源本身的需求在不断发生格局上的变化。很多人因为都市化的存在移居到城市，城市的人口更加集中，会带来一系列能源环境上面的问题。要解决这些问题的关键就是更多地使用可再生能源。当然不仅仅是可再生能源，还包括能源效率问题，这是两个非常关键的解决未来能源短缺问题的途径，很多国家都已经列出了他们应对气候变化的目标，包括联合国《2030年可持续发展目标》，当然也包括让所有人都以普惠的方式享受能源技术带来的益处。联合国2030

年目标中第 7 个就是确保所有人都可以获得经济可靠再生的现代能源，G20 会议及在中国所进行的一系列努力也包括气候变化协议和项目，另外，不同的国家都在不断促进可再生能源的发展，但是不能否定我们离既定的目标还差得很远。

在可再生能源上有很多的投资机会。不同的可再生能源有不同的技术支持，而且可再生能源本身的资源非常丰富，怎样让我们的投资能够发挥最大的作用，需要借助于技术手段来准确地定位。在我们的机构，开发出了一种技术，就是把所有的变量结合在一起，希望能够寻找到最适合建立发电厂和风厂的地方。计算了风貌、土地覆盖、人口密度、可再生能源覆盖程度等，土地所有权和地标性景观等问题。

我们的技术还没有达到非常先进，把所有能源都做一个非常精确的地图给大家看，但是可以做一个简单的数据点分析。希望能够把这些数据也转化成切实可行的方案。

所有的能源分析都是可行的。包括太阳能、风电、海洋能源等所有相关的数据，而所有数据集也是涵盖了全球各个地区所收集到的数据。可以用一个简单直观的方法来得出简明的结果，就是我们的资源地图。我们已经建成了基础设施，并且也已经比较细节化地分析在某一地区使用解决方案技术的细节。通过使用一系列的仿真，可以让你在选择一块地区以后，对整个地区的作物选择查看，可以看到如何选择作物生产能源及其在哪个地方生长得最好，我们也会对如何使用这些工具进行相关指导，本身也进行了相关的训练。

整体的全球资源地图能够提供数据，帮助可再生能源项目的选择，以便进一步展望和评估整体的布局。

能源互联网建设的关键技术

蒋晔　上海市能源互联网创新联盟副理事长、上海方融科技有限公司董事长

> 能源互联网是把能源网和信息网叠加在一起形成的新兴领域，2018 年 1 月国家电网公司发文，显示其将积极参与国家能源互联网建设，预示着中国能源互联网的春天已经来临。

我想从平台建设的维度切进去，谈一谈关键技术。首先简单介绍一下背景，然后把问题提出来，到底是哪几个方面困扰平台建设的，然后再谈一谈面对它积累的解决方案，最后谈一谈未来还有哪些技术要在平台上支撑。

能源互联网时代已到来。能源互联网实际上是把能源网和信息网叠加在一起形成的新兴领域。2018 年 1 月在国家电网发文：国家电网要成为全球能源互联网企业。它将积极参与到整个国家能源互联网浪潮里面，将成为一家积极的参与方。我们搞能源互联网的企业和社会团体得到一个很好的信号。在这样一个好的契机来临之后，我把能源互联网给我们带来的挑战，汇聚如下。

第一就是数据的海量承载。所有要搞大平台、大系统的都会遇到。虽然现在讲互联网技术、设备、物联网、IOT等，但是实际上当我们真正用到这个大平台的时候，其实有一个很大的挑战。你得到的数据到底是垃圾数据还是数据噪声？

第二就是这些数据怎么连在一起来。实际上数据和数据是孤立的。能源互联网很有特点，全国这么大，几亿用户在上面，成千的机组在上面，瞬间平衡的，电流的路径、开关的状态实际上是一个很大的拓扑网。怎么把这个数据和这张网运营起来，这是很头痛的问题。能源互联网放在开放的社会环境里面，将成为一个巨大的挑战，每家公司都会有自己的方式和系统，一个企业往往都会存在信息孤岛的问题，放在整个社会里面这将成为巨大的矛盾。

第三就是复杂繁多的应用场景，有储能的场景、运维的场景、电网交易的场景，等等。每一种场景，这些应用都五花八门，涉及各种领域。这些场景怎样在平台上支撑，当作一个小应用的时候这不是问题，可以复制到这上面去，解决它就可以了。但在一个平台上，压力就很大，当复制到这个平台上，这是最头痛的部分。怎么让数据连起来？怎么支撑未来复杂的应用延展？

针对它跨到第三个环节，到底怎么解决它？我创办的上海方融科技就是一家在做能源互联网的公司。如果只是做一个应用，不需要这么高的等级；当需要做一个平台的话，第一个是数据，怎么把它拉低，第二个是怎么连起来，第三个是怎么支撑未来的发展。我们到底怎么解决它呢？我们在这整个过程当中有一些积累。

能源互联网目前还没有一个真正的国际标准。能源大数据平台的关键技术主要包括三大维度，即全景能源网模型、分布式弹性接入支撑体系、开放式应用生态。

构建能源互联网大数据云服务平台，需基于“6个一”思想：一生态（构建一个“平台+”开放式能源互联网生态）、一标准（形成一套工程、数据、应用服务和安全体系标准）、一视图（统一业务视图，可承载时空化能源全景信息）、一张网（图数模一体化，全网贯通）、一模型（多能源图数模一体化对象模型）、一平台（打造一个统一的能源互联网大数据云平台）。

最后谈谈展望，一是要做好电网和社会之间的结合。能源互联网是离不开电网的，电网形成主干能源交换的环节。二是开放和市场，也就是数据的交易和市场。这个实际上会带来什么呢？就是区块链技术，去中心化交易环境。三是人工智能，当我们有了刚才这些东西，后面的应用就是人工智能，可以有智能调度、能源、形式的多能互补等各种方向。

储能在能源互联网中的应用和实践

王威 宁德时代新能源科技有限公司总监

储能充电站有助于解决大功率充电站建设对配电网容量的需求，同时也是城市热点地区电动汽车充电的有效解决方案，实现城市配电网的增容和电动汽车快速充电。

储能系统是能源互联网的核心，锂电池储能系统最具发展前景。

储能的应用，首先就是新能源发电配储能。这可能在国内用的量还不是很大，但是现在海外用量上升得非常快，第二个就是在输电环节，第三个就是用户环节。三百六十行，每个行当由于动力电池的出现，新的储能解决方案都会出现一个新的解决方案，这个代表了储能未来发展的量。

我们公司从2011年开始就涉足储能系统的构建，在各行各业已经做了示范案例，包括在发电侧、用电侧。下面是我们几个经典的项目，一个是在2011年国家电网风光储输示范项目，还有就是在美国伊利诺伊州储能项目、上海宝马中心储能项目、在北京的国贸大厦做的商业储能充电项目。

我们做的储能充电集装箱的好处就是能够快速地实现电动汽车的充电站快速布点。这个项目能够解决大功率的快充对配电网的影响。储能充电站是城市热点地区电动汽车充电的有效解决方案。电动汽车最主要的就是要停车，在城市的热点地区找到停车位。这些有停车位的地方未必有电，实际上储能是解决这些热点地区的一个最好的解决方案。

与抽水储能相比，锂电池储能对自然环境要求不高，可分布式安装，可靠近用户或靠近负荷中心，而在效率和投资方面，二者基本上一样。目前，我们把储能电池的寿命目标定在25年，电池储能系统基本上要跟光伏储能系统的寿命一样。

一直以来，制约锂电池技术发展的主要因素是成本、寿命、可靠性、安全性等。2018年这些问题已经接近于解决了。储能系统里面重点是解决安全、可靠、长寿命3个方面。电池的危险性可划分为七级，第一级是被动的激活保护，第二级是损坏，第三级是泄露，第四级是喷气，第五级是破裂，第六级是着火，第七级是爆炸。电池产品的安全控制，应不允许超过四级。

回到最核心的一点，2018年是储能的元年，从2011年开始在各个行业积累了很多的案例，但是也比较煎熬，到今年我们明显感觉到无论是在国内还是在国外，储能的量已经起来了。2018年是储能的元年，我们的付出会有回报。

通过能源互联网与大数据融合，实现低碳城市发展

金之俭　国家能源智能电网研发中心副主任

低碳能源的发展需要解决两大问题，一是新能源越来越多，如何去消纳；另一个是如何提升用能能效。

围绕着低碳城市，低碳能源实际上是能源互联网最核心的一个因素。

从整个能源产业的趋势来看，一方面，化石能源对能源的破坏日趋严重，能源生产的消费方式在发生一个比较大的变化。另一方面，整个能源的生产和消费是不可延续的，很粗犷的消费形式一定会发生很大变化，这是经济化、高效化的发展方向。

从现在几个发展趋势看，风电、光伏下降的趋势是非常明显的。也就是说，光伏从2007年到2017年每年下降17%，储能也是。储能现在还没有到可以精细化利用的层面，但是已经非常接近了。实际上，储能也是以非常快的速度在下降。这个下降曲线意味着我们平价上网的时代马上就会到来。

未来，可再生能源的时代是一定会到来的。从整个节能的角度来说，现在把节能已经提高到了一种重塑全球能源体系这样的高度来认识。节能的产业服务也是非常快的，从全球节能源头来说去年增长了9%，中国这一块是增长得最快的，增长了24%，而且从节能合同管理这一块，国内做的也是最大的一块，增长也最大。还有一块就是绿色金融和投资上面也是增长得非常快。

从低碳能源整个发展情况来看，一是新能源越来越多，怎么去消纳；另一个就是用能消耗的问题，怎么提高？原来的运行模式、传统的体系实际上会有一个比较大的变革，大的变革也一定孕育着大的机遇。从能源产业来看消费，供给体制上面都会有一个比较大的变革；从能源整个技术层面来看，从传统的体系结构来看的话，从能源的生产到能源的传输、再到能源的终端都会有一个大的变化。未来我们会怎么样呢？未来的能源体系是信息物理系统，最主要的是在原来的能源体系里面加入信息物理。

人工智能技术这几年发展得非常快，国家也把这一块作为战略性的方向进行扶持。从能源互联网的体系架构上看，我们在做的能源互联网体系实际上包含了可再生能源分布式发电、电动交通融合、信息与能源的共享、物联网、大数据的集成等几大块。现在能源互联网的发展把能源变成数字化的能源，所有能源都叠加了信息在上面，就变成了能源物联网的概念。

能源互联网做得比较多的就是把热的网、电的网跟车整合在一起。综合能源系统最主要是打破各种能源之间的壁垒，能够把多种能源协调的连在一起，可以构成一个高效的互联互通的系统。

能源互联网未来会怎么样？未来的能源体系将是在传统能源体系基础上，加入能源信息物理系统，不再局限于原来的从能源生产到能源网络，再到能源用户的循环体系，而更主要的是在能源信息物理系统的支撑下，从能源生产、到能源管控和能源服务的互动。

“AI+储能”在能源互联网中的实践分享

吴迪　远景能源科技有限公司总监

未来的能源系统将会以“Uber”模式进行重构，最终实现能源的交互，因此，未来的能源管理权要比所有权更为重要。

储能在能源互联网当中的作用是非常明显的，远景能源科技有限公司（以下简称“远景”）本身是做风力发电起家的。我们进入储能领域也正是因为看到了储能的重要性。未来的能源是碎片化的。分布式能源包括未来的发电，不管是光伏，还是风电，跟原来的火力发电都不一样。

我们的用电本身就是碎片化的，包括会场的用电都是即时性。从消费电子的百亿级市场到现在储能与电动汽车，可能是千亿、万亿级的市场。未来我们看待用户侧，当储能的度电成本能够实现两毛钱一度电的时候，用户规模就会爆发。在新能源发电侧，到2025年风电和光伏的装机容量可以达到600 GW，储能消纳其中10%，就需要100 GWh。电网辅助服务上，华东电网总共有100 GW，华东电网应对调频调峰辅助服务的需求最大是5 GW，也就是5%。按此推算，上海平均用电负荷25 GW，也就是需要约1 GW就够了。按此推算，全国的电网辅助需求大概在50 GW左右。目前来看，储能还是主要的电网辅助服务，看待未来的这个市场，更多的是看到当储能度电成本降低的时候用户侧的市场才是最大的。

在这个时候，我们选择的未来应用场景，也是分布式储能的应用场景。我们选择的就是家庭和工商业的储能。我们希望分布式储能有很大规模的应用，单靠传统的一些方法已经没有办法做到了，例如，我们对产品进行了模块化设计，让它的安装变得简易，因为这样容易运输，并且零调试、零维护。

这些小而美的规划所有的路径都是为了能够节省成本，像最早的时候做现场勘察，可能要勘察到配电间，不同的人去看，客户希望一次搞定，只需一次就能把所有的勘探工作都做好，这些就给我们带来了挑战，这需要依靠技术成本去解决。

我们需要用技术的手段帮助实现让它自己去进行算法的优化，这一块也是基于远景自己开发的物联操作系统来实现。这个其实也是基于光伏、风机这一块的经验，我们已经有了将近 7 年的积累，远景本来做风机是硬件，但利用物联技术来软件定义风机，从选址到发电，全方位提升风机发电量。

我们做这个事情真的是战战兢兢，设备放在人家楼里面的。如果他出了问题，赚不到钱，对我们整个影响都是非常大的。我们是战略性地投入，必须得对电池里面的温度、湿度包括电流电压进行实时监控。我们还要满足用户能够随时随地查看收益的需求，这些都对整个实时监控有一个非常大的要求。正是面对这么多挑战，我们要去跟 AI 进行结合。需要自规划，去一个停车场也好，去一个配电间也好；会用点云装置，会自动扫描，一个停车场里面踩十个点、二十个点就形成了建模，并得出仿真的收益。

未来能源也是一个优步的模式，重构未来的能源系统。发电都是实时的，可以进行匹配，在香港也做了一些相应的尝试。它不单是能源流，还是一个信息流，对于发电资产、储能电站对它的管理权会重过所有权。

能源世界的创新由开发者去驱动，有很多的开发，算法的设计需要优化。他们做得更多的是怎么做响应，做用电的预测，我们现在在上海已经拥有 50 多个楼的合作，也是不停地在打消业主的顾虑。对于业主来说，做这件事情刚开始动力不足，如果用停车场的车位，上海都是寸土寸金，如果是一套小型储能就可以打消他的顾虑。我们都在想办法来打消业主在这一块的顾虑。还有一个承重，一个集装箱重量是几十吨，一般的楼放在楼板间是承受不了的，只有可能放在地下室。

微软也装了储能。我们做过北京微软之后，也为上海的微软、深圳的微软打造他们的智慧楼宇。远景在这里面做了一些具体的实践，前期已经在四五十个楼里面运行下来，每天都会有不同的问题出现，我们必须依靠储能技术、物联网技术、人工智能、通信等各种新的技术集合应用。只有不断应用打磨，才能真正解决未来分布式储能在楼宇实现真正的价值。

4 互动对话

主持人：郑广宏 上海市科学技术委员会社会发展处处长

嘉　宾：袁　毅　上海电气电站集团副总裁

何维国　国网上海市电力公司浦东供电公司总工程师

蒋　晔　上海市能源互联网创新联盟副理事长、上海方融科技有限公司董事长

金之俭　国家能源智能电网研发中心副主任

吴　迪　远景能源科技有限公司总监

主持人：今天，围绕能源互联网开展了一系列研讨，而能源互联网分论坛又是绿色

技术银行高峰论坛的一部分，也是浦江创新论坛的重要组成内容。

绿色技术银行的来源大家都很清楚，2015 年巴黎气候大会上习近平总书记签订的《中国落实 2030 年可持续发展议程国别方案》里面提到，中国应对气候变化要建设绿色技术银行，还要推进建设 2030 年可持续发展议程创新示范区。

绿色技术银行到底是什么？绿色技术银行首先不是银行，是绿色技术成果的收储、评估、认证、升值。资本的特质储存要升值，再转移转化，然后是与金融相融合的综合性服务平台。第一个层面是国家领导小组由科技部、外交部、生态环境部等有关部委组成；第二个层面是管理中心；第三个层面就是市场化运营主体，这个主体包括了国外和国内。

绿色技术银行的初心是要走向“一带一路”，面向“一带一路”国家，面向国内 2030 年可持续发展议程创新示范区，也是我国应对气候变化推动的一个重要举措。《中国落实 2030 年可持续发展议程创新示范区建设方案》中，国家领导人提到通过绿色技术银行来为 2030 年可持续发展议程创新示范区服务，要实现可持续发展有一系列的绿色低碳技术需求，都是通过国家和当地的政府来牵引的，希望通过绿色技术银行提供一篮子系统的解决方案。

技术转移转化尤其是绿色低碳技术这个短板，因为它具有社会性、公益性、环保属性，需要政府大力推动和牵引。在推动的过程当中，由于传统的技术转移转化是由供给方推动，说是有短板，那么这个时候再推动要有需求方的牵引。2030 年可持续发展议程创新示范区有一系列绿色低碳的重大创新工程，要推动就得政府搭台，为高校、企业提供应用的场景、应用的需求，就得通过绿色银行来搭这个台。

能源互联网本身有一些区域特质、场景特质还有协同特质。谈到能源互联网，大多数人都谈能源互联网产业，能源互联网产业到底在哪儿？

我刚才的发言仅仅是从绿色技术银行和能源互联网的融合来谈，也包括下一步推动的体制机制。第一年是顶层设计，第二年是区域，第三年是协同，在推动的过程中间一直感受到从体制机制上还有一些需要一起探讨的内容。

袁毅：我是第一次接触绿色技术银行。刚刚的背景介绍，让我了解了在能源互联网产业链上面临很多技术挑战，可以利用这个平台找到很多技术协同方；另外，上海电气这几年在转型当中和互联网在硬件设备上八成以上的产品都通过自主或者参股投资的方式全部介入了，今后也希望借助这个平台继续推进产品和服务的销售，这也是一个很好的渠道和平台。

主持人：刚才你在报告当中也提到上海的能源体系一直强调几个词：安全、绿色、高效、智能。上海崇明要建设世界级的生态岛，有些专家曾经研讨也提过，崇明世界级的生态岛，可再生的能源能不能做到自给自足，甚至有专家提到能不能输出，从这个观点你怎么看？

袁毅：我们不强调规模，目前可以做到三星镇、永安镇包括村委会绿色综合体整个微网范围内的农户可再生能源可以 2/3 满足自用，另外还有 1/3 的余量可以上网。在这个区域里面完全可以实现 100% 的可再生能源。

主持人：能源互联网体系很复杂，核心的骨干是整体电网使得传统的能源能够互联互通，但是与互联网一结合，就要实现智慧化。在能源互联网这个角色的界定上，有些人提到是两张网融合成一张网。这张网是要实现智慧化的网，何总工程师对这方面的体会分享一下。

何维国：很荣幸来到这个平台与大家进行相互交流，能源互联网这几年也是很流行的一个话题。国网公司讲的能源互联网范围比较大：全球能源互联网。从上海这种特大型城市如何去认知全球能源互联网的？作为电网公司来说，上海也好，浦东也好，主要用能 80% 以上都是电。能源互联网有两张网，一个能源网，一个互联网。我自己认为对能源互联网的认识，大家从不同的角度，有不同的看法和不同的定义。

能源互联网首先使不同的能源转换成电，电再变换成没有障碍的连接。国网公司首先要保证电网的安全，不管是哪个能源，光伏也好，储能也好，电动车也好，首先电网要保证安全，这个技术应该说到目前为止没有多大的问题，关键是如何集成。第二个就是互联网，利用互联网的技术如何把能源集中在一起。集中在一起的目的到底是什么？如果分到各个企业来说肯定是为了赚钱。投资需要回报，回报从哪里来？电网也面临着挑战。各城市能源互联网不可能是电网公司一家在做的事情，而是结合社会方方面面的资源，包括充电站也好，储能也好。现在缺少的是一个市场机制，到目前为止我感觉都是在挖别的公司的利润。

我认为这个事情不可持续，必须要由政府来推动，还有一个能源从政府的角度来说，就是要进行环保，对国家用户要进行能源检测也好，评估也好。我们和浦东张江管委会联合开发智慧云平台，把所有能源的用户，包括供给侧的一些数据和用户其他的东西进行总体能耗的评估。浦东政府很关注三大数据，第一个是单位 GDP 的能耗到底多大？第二个是单位土地面积能耗到底是多大？第三个就是单位土地的 GDP 有多大？我们还需要其他技能的评估，同性质的企业的能耗自己去评估，因为这儿没有一个客观性的标准，通过比对就可以看到哪个是能耗比较高的，可以进行干预。我们也在充分利用互联网技术。这套技术肯定是开放的，里面还有一些虚拟电厂。我们在架构设计的时候就碰到一个瓶颈，市场机制如何建？目前浦东碰到的三联供，原则上都不用气了，晚上用电，白天有时候用气，有时候多的话就从里面的储能把它释放出来，主要还是由市场机制决定，晚上的定价还是合算，有些有外包的环保要求。

主持人：对于电力行业，能源互联网也是在基于传统能源网的基础上与信息化的互联。它是一个载体，也面临着当前的一些挑战，这么多年我深深感受到了国网电力在整个开放和包容上受互联网的冲击是很大的。现在的开放包容度做的也是不错的，经常提能源互联网大多谈到的是信息化，但是传统的网络体系自身的一些问题、瓶颈到底在什么地方？只有看清，才能够通过智慧化的手段来帮它真正实现互联互通。从信息化这一块就涉及互联网体系，互联网体系整个的构架供需是，这边需要多少那边就供多少。我们在推动城市建设、交通，看哪个地方集聚性高，但是没有分开，传统数据的积累在这方面做得不是太够，数据很多，时间段分层没有做到，这一块您有什么见解？有请金教授讲一讲。

金之俭：从现在介入的情况来看，能源互联网现在更关注的在数据上面。我们前两年引进了一个“千人计划”专家，专门搞大数据的。现在更多的是在关注大数据应用技术，实际上现在叫作人工智能技术。人工智能技术完全依托在大数据的基础上，大数据基础更多地依靠的并不是数据时间序列越长越好，而是在维度。之所以叫大数据，在于现在的物联网技术发展更多了。我们将能源变成数字化能源，传感器到处都可以看到。每个传感器都是一个维度，你可以看到的大数据维度就非常多。现在从数学的一些理论基础上来做的话，跟原来做的层面比，看到的东西更多更广。人工智能的技术已经发展得非常快了。从这两年整个应用数据得到的结果来看，实际上比原来想象的要高，原来看不到的很多结果都能够看到。

我们现在来做这个平台，一方面是帮助用户，电网的数据那时候很多，但是那时候没有很好地分析。我们现在做分析，实际上看到了很多以前没有看到过的东西，在高维空间上面看到的东西跟在低维空间看到的东西是不一样的。另一方面就是数据分析。大数据能够做一个非常好的东西就是预测。前面做的电网异常的一些小信息都可以捕捉，还有相关性分析。从政府层面来看，一些数据也是可以得到反映，通过数据驱动为整个后面的能源体系服务，我觉得今后会有很大的变革。

主持人：传统的能源体系供给有一个安全体系的构建，但是在能源互联网自身能源体系的安全性方面，远景应该做了大量的工作，在这方面远景有什么考虑？

吴迪：远景一直是解决技术的挑战，就像做风电的时候，做低风速风电，做未来的超导风机，能源也是一样。未来有这么多新能源的接入，对未来传统能源来说一定是一个挑战。事实上，很多时候也并不是这样看待这个问题。我要避免 10% 的负荷 3 小时不出现的话，可以减少整个电网 10% 的投资。这些往往是通过新技术增加电网的安全性。技术一定是双刃剑，比如说储能，一定会有很多的安全隐患。很多储能电站着火，每次看到着火事件都是给我们敲警钟，包括电动汽车也是有很多新的事故在发生。我们始终相信通过技术的进步，不断去寻找技术的一些迭代，如实时监控等，这是远景的一些思考。

主持人：远景提到未来能源的设想，从能源的发展趋势来看，无论是传统能源、还是现代互联互通包括与信息化网络的融合都是如此。针对能源互联网下一阶段的发展和展望您是两边都了解的，可以分享一下您的观点吗？

蒋晔：伴随着智能电网的发展，我们在全国是走在很前面的。我感觉国网公司已经提前经历了一次内部能源互联网的应用，只不过它没有跟社会连起来。上海本身就是一个扁平的城市，扁平度很高，市、地、区三级压得很扁。在一体化环境里面，在信息化技术和电网技术本身的融合上面，上海还是走在了前面。从电网出来，到社会化公司里面，我觉得是一次跨越，恰好也是把这方面的积累走向社会、传播社会的过程。公司很多时候在分析问题时将这些之前遇到问题一起分析就可以很好地对接起来。

怎么把垃圾数据转化为真正有用的数据？怎么把这张网变成一个有机的网，最后形成一个生态？我感觉原来国网是一个封闭独立的系统，一个展望是将其更好地变成开放、互赢的开放式生态，把国网技术汇聚到绿色技术银行里面去。但是怎么去传播转化？我想技术怎么存储，怎么转换这一点说到了点子上。如果说在全上海不能立刻做的话，在一个区域范围通过我们的结合做出一个样板来，可以产生一个真正的联动效应，分享到我们的各个环节里面。从政府到企业再到院校科研机构能够真正地形成一个联动的舞台，这个真正放开的能源互联网是一个更宽泛、更大的舞台。

我们走出国门，是一个大的历史机遇。在工业革命时代，中国落后了近一个世纪。随着改革开放之后连续几十年的发展，我的感觉是这样的：在今天能源互联网时代，中国可以走到前面去。创新、技术使我们很可能成为全球的引领者。我们完全可以展望全球，通过无论是在技术方面的一个积累，还是整个政策甚至资本纽带的互动，就可以形成以“一带一路”为抓手，中国在能源互联网时代跨越到全球的能源互联网时代。

主持人：今天是一个能源互联网分论坛，讨论如何与绿色技术银行下一步的推动紧密结合。绿色技术银行本身是一个国家战略，不是上海的，应该说是世界的。

第 12 章

科技创新青年造就者圆桌峰会

1 综 述

作为2018年浦江创新论坛的重要内容之一，本次科技创新青年造就者圆桌峰会邀请了40余位45周岁以下具有全球影响力的青年科学家、创新创业先锋，就“引领、跨界、突破：打造科技创新策源地”和“笃实、坚守、创新：青年人才的成长之路”两大主题展开了分享讨论。受邀出席的青年科学家和创业者来自量子计算、生命科学、人工智能、电子信息和未来交通等众多前沿领域。本论坛旨在进一步凝聚青年创新力量、传递青年创业声音，构建务实高效的国际青年创新创业人才对话平台，促进国内外高层次人才的跨界交流。同时，通过对话的形式共同探讨未来世界的科技创新趋势，以及青年科技人才心中理想的创新环境。

浦江创新论坛主席、中国科学院院士徐冠华和上海市委副书记尹弘出席论坛并致辞。山西省政协副主席、山西省科技厅厅长谢红、中国科学技术发展战略研究院院长胡志坚、国家外国专家局原局长马俊如及上海市科技党委副书记章卫民出席论坛，并在圆桌讨论环节就未来的世界科技创新趋势和理想的创新型城市形态等议题与青年科学家们展开交流。

2 嘉宾致辞

浦江创新论坛主席、中国科学院院士徐冠华的致辞

尊敬的各位领导、各位来宾，各位青年朋友，女士们、先生们，大家下午好！很高兴今天和大家相聚在一起共同参加浦江创新论坛——科技创新青年造就者圆桌峰会。首先我谨代表浦江创新论坛主办方向出席今天圆桌峰会的各位领导、嘉宾和青年朋友们表示热烈的欢迎！向各位长期以来给予浦江论坛关注、指导和支持者表示衷心的感谢！

浦江创新论坛自2008年创办以来已经走过了10年历程。10年来，在科技部和上海市委、市政府的领导和支持下，在各方面的共同努力下，浦江创新论坛不断凝聚创新共识、凝聚创新智慧、集聚创新力量，已经成为具有较强国际影响力的高层次国际创新论坛，是我国重要的创新领域交流平台，先进理念传播平台、学界思想争锋平台，官产学研互动平台，最新政策发布平台和国际科技合作平台。浦江创新论坛迎来了新十年的新一轮发展，要在梦想起航的地方再出发，要在初心的指导下继续绽放理想。

哲学家萨特有一句话名言：“世界上有两样东西是亘古不变的，一个是我们头顶上的日月星辰，一个是深藏在每个人心底的高贵信仰！”今天在产业变更兴起的历史洪流中，我们中国当今青年在时代的剧变中一定不要忘记自己的信仰和使命，坚定对国家和民族的自信，立下在科技创新过程中改变中国的志向。梦想需要激情，理想需要搏击，青年的声音是时代的最强音，青年的力量将塑造未来的无限可能。今年的论坛首先增设了科技创新青年造就者圆桌论坛，这场特别论坛邀请国内外具有影响力的青年科学家、青年创新创业先锋共话未来科技创新趋势，青年人才成长之路等议题，是青年人才展现才能的难得机遇。青年要有青年的骨气和志气，回顾过去青年时期是令我最感动、最难忘也最引以为豪的时期，我很高兴今天这场洋溢着青春气息，充满着未来畅想的特别论坛能够成为今年浦江创新论坛的序曲，为论坛注入新的活力。

在此，我衷心希望大家能畅所欲言，碰撞交流，在分享和讨论的过程中展现新时代青年的多元化成长路径和风采。我也真诚地期待各位在座的青年朋友们，无论是已经在相关领域发挥重要影响力的创新领袖，还是正在冉冉升起的明日创新之星，都能够拥抱对科技创新事业的热忱与激情，在发展和成就自身的同时为推动国家乃至世界科技进步贡献更多的力量。

上海市委副书记尹弘的致辞

尊敬的徐冠华主席，各位青年朋友，女士们、先生们，在这美好的金秋时节，很高

兴大家相聚在美丽的黄浦江畔，共同探讨青年人才成长，创新策源地建设等非常有意义的话题。这次浦江创新论坛首次设立了科技创新青年造就者圆桌峰会，凸显了对青年科技人才的重视和期待，借此机会我代表中共上海市委、市政府向本次峰会的顺利举办表示热烈的祝贺！向出席峰会的嘉宾和青年才俊们致以诚挚的欢迎！

纵观人类社会发展的历史，创新始终是推动一个国家、一个民族向前发展的重要力量，也是推动城市向前发展的重要力量。放眼当今的世界，纽约、伦敦、巴黎等全球城市无不依靠强大的科技实力、雄厚的创新人才队伍引领着全球创新的发展。而最具有创新热情和创造潜力的青年则是城市创新发展的重要生力军。自从第一次工业革命以来，青年始终站在创新创业的时代前列，以青年人为主体的城市移民成为工业化、城市化发展的重要推动力量，为科技革命和产业变革注入了强大的动力，并且在引领创造城市新的生产和生活方式方面发挥着越来越重要的作用，可以说今天的青年人才的特质决定着明天城市的风格，今天青年的创造影响着明天城市的前景。

上海是一座充满活力的创新之城、人文之城、生态之城，历来包容青年、依靠青年、成就青年，历史上就秉持海纳百川的精神，吞吐万象、兼收并蓄，造就了一批又一批的青年精英。改革开放以来，更是坚持吃改革饭、走开放路、打创新牌，成为青年人才创新创业的热土。

进入新时代，上海正按照以习近平同志为核心的党中央赋予的新定位、新要求，努力当好全国改革开放排头兵，创新发展先行者，加快建设具有全球影响力的科技创新中心和卓越的全球城市。我们深感必须把创新作为引领发展的第一动力，把人才作为推进城市进步的第一资源，着力提升创新策源能力，努力成为全球学术新思想、科学新发现、技术新发明、产业新方向的重要策源地。城市因青年而兴，因青年而强，构筑新愿景、实现新梦想，我们比以往任何时候都更加渴求天下英才，比以往任何时候都更加欢迎青年科技才俊。这些年上海始终把人才工作摆在重要位置，深入实施人才优先发展战略，更加注重培养、集聚用好青年人才，更加注重青年人才事业的发展。我们相继推出了人才 20 条、人才 30 条和人才高峰工程行动方案，加快打造全球性的人才高地，我们坚持不唯学历、不唯资历、不唯论文、不唯奖项，建立健全青年发展的普惠性政策措施，最大程度激发青年人才的能量，长期以来广大青年科技工作者以敢为天下先的勇气，积极投身上海科技创新事业发展，科技贡献度、社会活跃度、成果显示度显著提升，为上海加快建设具有全球影响力的科技创新中心增添了最具活力的青春动能。青年最富激情和创造，在创新上最能够奋发有为。近现代以来世界上许多科学家的重大发现和发明都产生于风华正茂的青年时期。今天以智能化浪潮为引领的新一代科技革命和产业变革方兴未艾，科技创新正在加速推进，顺应科技变革大趋势，着眼建设科技强国，国家对科技创新的重视程度前所未有。利好科技创新的政策法规也不断出台。大型客机装置、先进仪器设备不断完备，创新创业的生态环境不断优化，对广大青年科技工作者来说大家正处在一个大有可为的最好时期。一代人有一代人的使命，一代人有一代人的担当，在这样一个新的伟大时代，我们青年科技才俊没有理由不撸起袖子大展身手，建功立业。希望广大青年科技领袖珍惜大好的时代，珍惜青春年华，倍加珍惜广阔的舞台，团结带领广大青年科技工作者爱党爱国，矢志奋斗，自觉传承老一代科学家爱国奉献、淡泊名利的优良品质，把个人理想融入实现中华民族伟大复兴的中国梦之中，敢为人先，勇攀高峰，瞄准世界科技前沿，面向经济社会发展主战场，积极抢占科技竞争和未来发展的制高点，坚守正道，传播真理，发挥领袖的作用，引领提携后学，让科学精神发扬光大，薪火相传，也希望大家更多关注上海、支持上海、融入上海，在上海有更好的发展。

德国思想家歌德说："你若要喜爱你自己的价值，你就得给世界创造价值。"今天的圆桌峰会为青年才俊们搭建了一个很好的交流、讨论、碰撞思想的平台，衷心希望大家在这里开展深度交流，分享真知灼见，共同为上海建设具有全球影响力的科技创新中心提供智慧支撑，贡献思想力量。

3 论坛实录

主题分享 1：引领、跨界、突破：打造科技创新策源地

信息技术遇上量子物理

陆朝阳 中国科学技术大学教授

目前我们团队在量子计算这几个方面做了布局，我们希望产生高品质和高效率的光子，并且用光子体系演示量子取样的技术，可以超越目前最快的超级计算机。同时，我们在超冷原子和超导这两个体系布局以实现量子模拟技术，主要用来解决在材料设计、凝聚态物理及最终的通用量子计算机等方面的困难。

对于很多人来说，量子物理学是和日常生活没有很大关系的非常高冷的科学，如果我们回顾一下科学的发展史，会发现在过去的 100 年中这个看起来非常高冷的科学已经给人类社会带来了非常多的有用的技术，包括晶体管、激光等，这些技术是今天所使用的计算机和互联网的技术基础。

在 20 世纪，这些重大的科学突破都是基于对量子物理被动观测和对其宏观现象的操作基础之上。最近几十年中，物理科学发生了很大的变化。目前可以在实验室中真正实现对一个光子、一个原子、非常微小的量子状态进行主动的操纵，以前看起来是不可能的，这些基础科学的进步给我们带来了一些新的技术机遇，可以让我们实现以下几件事：一

是安全的量子通信，二是超快的量子计算机，三是对各种物理量的测量。现在的密码都是基于数学复杂线的安全线，量子通信技术是目前人类已知的唯一一种基于物理原理的安全性技术。例如，我们在上海、北京等地已经建立了多个节点的实用化网络，并且在2016年发射了世界上第一个量子科学卫星，并且用这个卫星实现了从中国到欧洲的量子密钥安全分发。因此，目前中国在远距离和实用化的量子通信方面走在全球的前列，并且也推动欧洲和美国开展了相应的研究计划。

不同于已经发展得比较成熟的量子通信技术，目前量子计算机还处于刚刚从基础研究逐步过渡到技术集成和集中攻关的阶段。根据量子计算的实现难度，可以将这个过程分为几个阶段：第一个阶段，可能两三年之内就可以达到量子霸权，即可以造出一台量子机器，这个机器可以对某些特定的问题超越目前最快的超级计算机。第二个阶段，可以针对一些具有重大经济价值的问题制造出一些量子模拟机。例如，可以用它来做组合优化，解决交通的问题。通过量子化学来研究新材料和机器学习，这和之后的大数据和人工智能都相关。第三个阶段，也是最难的一个部分，是打造通用的可编程的计算机。其难度在于高精度的操纵和对错误的纠正。目前我们团队在量子计算这几个方面做了布局，我们希望产生高品质和高效率的光子，并且用光子体系演示量子取样的技术，可以超越目前最快的超级计算机。并且我们在超冷原子和超导这两个体系布局以实现量子模拟技术，主要用来解决在材料设计、凝聚态物理及最终的通用量子计算机等方面的困难。

应对传染性疾病的挑战

Vittoria Colizza　*法国国家健康与医学研究院 EPlcx 实验室研究主任*

> 在未来的10年，会有非常多的传感器和物联网，这些都是在现实生活中已经出现的。设想如果能把这么多的数据充分使用起来，将可以很好地监测甚至捕捉现实发生的事情，能够针对每个人的疾病传播进行充分了解。这些数据对传染病来说至关重要。我们可以很好地学习这些工具的开发，然后开发相应的工具应对未来的需求。

我的研究领域跟传染病相关，我所在的实验室正在研究疾病的分布状况，包括全世界过去几十年最严重的疾病的分布情况，如SARS、埃博拉病毒、禽流感病毒等。现在，科学家们拥有了一些很好的工具和模型，可以更好地针对疾病和传染病的爆发特点进行应对。如何预测及更好地理解疾病的传播？为什么特定疾病是以某种特定的方式进行传播？例如，禽流感病毒是怎样传播的？又是怎么实现的？我们利用大规模的数据分析，旨在提高人们对疾病预防和未来疾病来袭的感知和预判能力。同时，更好地理解疾病在世界范围内如何传播，它们会何时在何地传播，什么时候达到峰值。最重要的是，我们能够采取什么样的干预手段来阻止这些事情的发生。这些工具对各种不同的数据源进行深度整合,而这些数据来自全世界各地的疾病传播方面。为什么这些方法非常重要？因为，直到现在为止，如果没有更好的创新和技术干预，现有的应对机制都是基于人为因素来进行应对的，是根据人们过去对于疾病尤其是传染病的经验。在 2009 年，仍有很多数据都来自于 20 世纪 60 年代。然而,20 世纪 60 年代和现在数据及环境方面的情况都不一样，人口数量、人口传播和流动的速度都完全不一样。现在疾病有可能是在医院内进行传播，这些都需要大家高度重视，需要采取及时的干预措施。研究者们可以针对人类的疾病进行控制，也可以根据同样的方法控制动物的疾病传播，这需要很多来自于各种不同动物种类的数据。

我对未来的设想是会有越来越多的数据资源。有分析指出，现在每年我们生产的数据量都是过去历史上数据量的总和。在未来的 10 年，会有非常多的传感器和物联网，这些都是在现实生活中已经出现的。设想如果能把这么多的数据充分使用起来，将可以很好地监测甚至捕捉现实发生的事情，能够针对每个人的疾病传播进行充分了解。这些数据对传染病来说至关重要。我们可以很好地学习这些工具的开发，然后开发相应的工具应对未来的需求。

Adilson Motter 教授的发言

Adilson Motter　美国西北大学物理与天文学教授

> 我现在的工作主要聚焦于开发现有技术之间的互动，我觉得这对于打造新的技术来说非常重要。实现技术和汽车之间的协同发展是创新过程中的关键。现在计算机在不断向前发展，而计算机和互联网的发展也是相辅相成的。因为有了互联网，大规模的网络搜索才能成为现实，这些搜索为人类社会提供很多崭新的应用场景。很多新应用场景都是在现有学科基础上融合而形成的。

我现在的工作主要聚焦于开发现有技术之间的互动，我觉得这对于打造新的技术来说非常重要。例如，现在很多汽车都快要实现自动化了。过去 20 ～ 50 年，科学家们做了很多努力，让未来汽车变得与现在的不一样，快速发展的科技和创新将使得汽车变得更好。实现技术和汽车之间的协同发展是创新过程中的关键。现在计算机在不断向前发展，而计算机和互联网的发展也是相辅相成的。因为有了互联网，大规模的网络搜索才能成为现实，这些搜索为人类社会提供很多崭新的应用场景。很多新应用场景都是在现有学科基础上融合而形成的。

我学习了很多和技术相关的内容，包括物理学。其中的一个创新之处就是与交通部门开展合作。当前，40% 的商业能源来自于发电，而交通用了剩余的 60% 电量。因此，如果可以把不同的技术进行整合创新，节能效率能够得到大幅提升。如果汽车的能源利用更高效，就能够节省更多的电。未来发电方式应该会比现在更加清洁，但是未来的汽车也不一定会和现在完全不同。因此，变化总是慢慢累积起来的。这需要不同学科的交叉、互动来实现。现在针对能源方面已经有实时定价，能根据能源的使用量进行峰值和波谷定价。此外，自发电已经成为现实，甚至还可以把电卖回到电网。有了这些技术，就会有很多新的创新，包括更好、更加清洁的能源来源。

此外，在生物领域也会有一些创新。之前也有人提到在医药方面存在诸多挑战，如存在抗药性等现象。研究人员也发现如果能够实现多种药物的综合使用，就可以使抗药性得到很好的缓解。因此，不要仅仅使用一种药物，而要将多种药物组合起来使用，这也是学科之间交互带来创新的一个好例子。然而，现在很多医药公司彼此之间并没有很紧密地合作，也没有很好地实现多种药物综合利用以减少抗药性的尝试。这些例子都生动地告诉我们，如何才能让多领域之间发生互动，然后让彼此都做得更好。好消息是相关领域的科研人员现在已经意识到了这些问题，并且也做出了一些改变。例如，已有科学家尝试通过将一个基因激活来实现多细胞的协同激活。通过这些合作可以很好地让新的药物减少抗药性。借助计算机的飞速发展，将使得许多现有研究有更加广泛的应用前景。为了让计算机更快，科学家们尝试把更多的晶片集成到一个更小的处理器中，这是未来几十年我们所希望研究的方向。

基于动态模型的条件相关性

魏思　科大讯飞股份有限公司 AI 研究院副院长

科研领域最近这 10 年在人工智能方面的发现，我们称之为“条件相关性”。我亲眼见证了最近这 10 年深度学习的文字处理效率得到了大幅提升。所有的问题其实构成了一个复杂的体系，机器识别还将面临诸多挑战。

我给大家介绍一下科研领域最近这 10 年在人工智能方面的发现，我们称之为“条件相关性”。在语音识别上，科学家在过去的 50 年间做了很多的工作，实现了两次突破：第一次在 20 世纪 70 年代初，3 年左右识别率提升到了 95%；第二次突破在 2001 年的时候，直到 2010 年的时候我们又有了突破。

在图像识别方面的进展：在 2012 年的时候做了深度视网神经网络，把识别水平做到了接近 98%，怎么来的？我认为基本上是两次突破，第一次是在 20 世纪七八十年代，第二次是最近，可以称其为动态模型（dynamic models）。其通过两个假设，引入引层变量，变成一个比较简单的条件概率，就可以进行建模和识别。原有条件独立性的假设不够好，科研人员现在做了两件事，通过这两件事构建一个隐马尔科夫模型（hidden markov model，简称 HMM）。如果你们要做这些事，一定要考虑一下最近 10 年做出来的模型。

这两个模型的发展历史：一个是云识别界的隐马尔可夫模型。可见跨界其实很重要，因为原来这个模型就是纯粹的模型。到了 20 世纪 80 年代的时候有 3 个实验室，这 3 个独立的实验室把基于最大期望算法（expectation-maximization algorithm，简称 EM）的 HMM 这套体系建立起来，研究人员发现这个体系在多个领域都可以用。最后现在可以做到 OCR（optical character recognition，光学字符识别）上，这是研究领域在 20 世纪 70—90 年代做的非常重要的工作。现在科研人员做了这个模型，这个模型是 1900—1940 年 3 个科学家一起发现的，原来神经元是通过离子通道（音）进行传输，就有了一个数字模型进行简单传输神经肌理的模型。后来有 3 个科学家发现同步可以进行非常深层的传输，从那个时候开始神经网络就开始有了起色。基于上述发现，在 2012 年研究人员攻克了云识别的一个难关，在正常情况下，图像识别已经能够做到接近人类的水平。而且，最重要的是我们在 2014 年发现，除了图像和语音，现在所谓的语音翻译及文字处理都已经可以实现。所以我亲眼见证了最近这 10 年深度学习的文字处理效率得到了大幅提升。

想想小朋友或者是人出生后是如何学习语言和认脸的？那机器是怎么实现类似的功能呢？通常，就是先把资料输入机器。但是小朋友不是这样的。小朋友 1 岁的时候躺在床上听大家说话，不知道说的是什么，通过这些就学会了非常精确的识别语音。这和机器不一样，人类怎样从无到有具备了创造能力？这是人类至关重要的能力。还有一个问题就是概念构建。人类其实并不受定义种类的束缚，例如，人类见到一个新事物，就会产生一个重组的概念。所有的问题其实构成了一个复杂的体系，机器识别还将面临诸多挑战。

在嘉宾交流环节，几位嘉宾分享了对于自己所在的领域及交叉学科的认知。

陆朝阳：我的学科本身就是交叉，我觉得交叉确实是一个趋势，因为在交叉领域你会发现更多新的问题，我觉得这个可能是交叉学科可以获得很多诺贝尔奖的原因。

Vittoria Colizza：在我所在的研究领域，毫无疑问创新就是来自于不同领域的结合，数学还有免疫学。我坚信基础研究一定是跨学科的，所以在某个领域很专业固然重要，但跨学科领域也非常重要。

Adilson Motter：对我而言，做研究的时候非常需要与其他领域展开合作。这肯定是未来的一个趋势，例如，研究过程中需要有很多数据集，大部分数据集都是其他领域、其他行业的人通过非常辛苦的劳动收集和整理好的。

魏思：我认为实际上最大的交叉学科恰恰是科学，因为在100年前大家还没有统计的概念，现在所有科学的基石就是统计，从这个角度来说，科学本质上就是一直不停地交叉，如果我只关注于一个领域可能就会退出行当。我认为科学研究都是交叉的，但是如果你认定一件事，不停地做下来，也可以做得非常棒。

主题分享2：笃实、坚守、创新：青年人才的成长之路

与你想象不一样的无人驾驶

吴甘沙　驭势科技CEO、联合创始人

> 6种看得见、摸得着的无人驾驶，这是一种非常有意思的服务，这是在里面真正运行的服务，不是演习，而且是一种有温度的服务。有很多的老人和孩子尝试这种服务，如果让我们的老百姓真正体会到无人驾驶，真的是非常有意思的事。

今天我和大家说6种看得见、摸得着的无人驾驶。

第一，是无人驾驶在世界各个地方商业化节奏是不一样的。由谷歌的无人驾驶部门拆分出来的一家公司，在美国的亚利桑那州开始了无人驾驶出行的试运营，场景非常简单，人很少，车也很少，很守规矩。而我们在中国进行的无人驾驶测试，大家第一感觉就会看到车一下子多了很多，而整个的环境又复杂了很多。美国的试运营场景是一条非常简单的双向车道，每个方向单车道道路；而中国的这个道路非常混乱，一个路出去进入一个城镇，而城镇道路的状况更加复杂，有各种车辆会从不同的角度挤压你的路权，会挑战你的空间，所以在中国无人驾驶必须有更好的环境感知能力，也必须有更好的决策能力，才能在这样一个环境当中开得安全，开得舒适。

第二，是有温度的无人驾驶。驭势科技去年在杭州来福士做了一个尝试，想象一下你从来福士商场大包小包买了很多的东西，到了B2停车场，停车场非常大，很多人找不到停车位。现在这种服务就是可以用手机叫一辆车，输入你的车牌尾号后知道车停在什么地方，它可以把你送过去。这是一种非常有意思的服务，这是在里面真正运行的服务，不是演习，而且是一种有温度的服务。有很多老人和孩子尝试这种服务，如果让我们的

老百姓可以真正体会到无人驾驶真的是非常有意思的事。

第三，是非常奢华的无人驾驶。这是驭势科技为中国的新区、新城、特色小镇设计的一款车，叫国宝车，这个国宝车的灵感来自于趴着的慵懒的熊猫，和熊猫的样子很相似。这个车有什么特点？它完全没有方向盘、油门和刹车，里面是一个半圆形的沙发，它的概念是“城市移动包厢”，是一个贵宾休息室。这个车也拿到了红点设计大奖，在红点设计的历史上一共有 4 辆无人车拿到奖，驭势科技就是其中之一。为什么说这个车比较奢华？无论是外观还是内饰，和一般的车很不一样，它在运营的时候经常会用来接送贵宾，所以我们说这是一个非常奢华的无人车。

第四，是解决痛点的无人车。这是驭势科技与国际领先机场合作的一款在机场中跑的物流拖车。这个是和空客 A380 在一起，用来搬运行李和货物。它把这些行李从飞机上运到航站楼的传送带或者是反方向，为什么要做这样的无人驾驶？因为今天的人力成本越来越高，像这样的车三班倒，而且机场的工作条件非常恶劣，夏天地表温度达到 80 ℃，这是驭势科技推出的真正为机场解决痛点的无人车。

第五，是非常省心的自动驾驶。它虽然还不是无人驾驶，但是能够真正给人们带来很多好处。这是在高速公路上能够实现全程自动驾驶的一种技术，而驭势科技经常做 2000 千米的拉练，分两天走，一天 12 小时，加起来 24 小时，但是真正人工驾驶的时间小于 15 分钟。大家知道高速上开长途非常累，这种技术可以让大家真正觉得省心。

最后，给大家介绍一种离消费者最近的无人驾驶，我们称之为自动代客泊车。代客泊车大家都知道，是由服务生帮我们停车，现在驭势科技给很多车加上了代客泊车的能力。例如，我到一个商场之后，这个车可以自己找停车位。大家知道上海的商场非常热闹，有时候可能要花十几分钟才能找到停车位，现在这些车可以自己在商场下找停车位。而且这个车非常聪明，无论是头部入库还是尾部入库、侧方位停车，只要理论上空间可以停车，就可以一把入位。这种车我们已经开始批量交付种子用户。

另外，我们把这个也用在了分时租赁，分时租赁的痛点是取车和还车，下面我举一个例子来说明分时租赁的应用。一位先生开车到了自己的办公室，然后直接下车，而这个车会自己停到附近的停车场，而且停车技术非常精湛，两个车位可以停三辆车，可以很好地节约成本。而这位先生要找车的时候，可以让车停在一个特定的位置上和他会合。还有一个是编队，大家知道分时租赁有潮汐效应，现在通过自动调度可以极大地节省运营成本。

拥抱智能时代

王延峰　上海交通大学电子信息与电气工程学院副院长、
人工智能研究院副院长兼苏州人工智能研究院院长

工业时代解决了机器与动力的革命，实现了人类体力的解放。互联网初期解决了信息流通的问题，人工智能的到来实现了信息耕耘的问题，最终要达到人类的脑力解放阶段。其实对于我们每一代人最重要的、最大的命运是所处的这个时代。所以在所处的这个时代中要顺势而为，我们在智能时代要顺应智能时代的潮流。时机并不是你的朋友，时间是你的朋友，所以我们每个人在智能时代到来之时，不是说要抓智能制造这个热点和时机，而是要坚守你的领域，坚守你的领域和智能时代的结合。

我今天和大家分享的题目是拥抱智能时代。那么我们即将告别的时代是什么时代？我们所处的工业时代经历了三次工业革命。这三次工业革命帮人类社会解决了什么问题？就是帮我们解决了体力解放的问题。如果说工业时代的驱动力核心是要解决体力解放问题，那么智能时代为我们解决了什么问题？现在普遍的观点是人类社会处在智能时代的初级阶段，并将走向强人工智能。人们希望目前的弱人工智能可以更加智慧。现在的人工智能有智商，但是情商还不够。它有计算能力，但是还不够算计。刚才吴甘沙总经理分析了在智能驾驶、语音、智能预想、安防等各个领域，智能设备表现的是专才，还不是通才。但是面向未来我们希望智能时代的驱动力带来的就是脑力的解放。

这轮人工智能的兴起是 3 个因素促成的，即算力、数据、算法。随着智能时代的到来，我们希望从 4 个维度来看产业的变革和企业的变革。第一个主题是跨界，那么未来可能要从跨界走向无界，更多不是盯着竞争对手，而是自我本身的成长。这个表现出来是外行颠覆内行，更多的是一个无界整体的状态。从生态战略上要更多提生态驱动型战略，以人工智能为代表的技术是一个基础技术。最近大家看到一个非常重要的信息，麻省理工学院（MIT）成立了一个面向人工智能的学院。这是在这个领域中一个非常大的事件。MIT 成立这个学院之前只有 5 个学院，而且对这个学院赋能的时候提出了 5 项要求，要对其他 5 个学院的发展起到横向推动的作用。所以，人工智能是一个横向的技术，它将和垂直的各行各业进行深度融合和结合。其发展方式是“计算 + 场景”，构建一个新兴行业竞争的动力。

我们处在智能时代的初期，即弱智能时代。我非常看好两个领域，第一个是“人工智能 + 医疗”。希望“人工智能 + 医疗”可以解决目前医疗面临的痛点。所赋予的一个非常大的使命就是拓展我们生命的长度及质感。我们希望活得更长，但也希望能更健康地活更长。第二个就是“人工智能＋教育”，希望拓展每个人见识的广度和深度，这是最重要或者是未来潜力最大的两个领域。

通过“拥抱智能时代”这个主题，我给大家做一个小结。工业时代解决了机器与动力的革命，实现了人类体力的解放。互联网初期解决了信息流通的问题，人工智能的到来解决了信息耕耘的问题，最终要达到人类脑力解放的阶段。刚才尹弘书记在致辞时提到一代人有一代人的使命和责任，其实对于我们每一代人最重要的、最大的命运是所处的这个时代。所以在所处的这个时代中要顺势而为，我们在智能时代要顺应智能时代的潮流。时机并不是你的朋友，时间是你的朋友，所以我们每个人在智能时代到来之时，不是说要抓智能制造这个热点和时机，而是要坚守你的领域，坚守你的领域和智能时代的结合。狄更斯说过“这是最好的时代，这是最坏的时代”，关键是我们青年要肩负自己的使命和责任。

王星泽教授的发言

王星泽　华中科技大学教授、合刃科技 CEO

> 我一直认为科技创新如果有技术壁垒，第一，是需要厚积薄发，第二，是需要非常多领域的知识。我们想要做的是真正去打通从技术到产品的任督二脉，解决实际的问题，创造真正的社会价值。

非常荣幸今天有这个机会向大家汇报一下我的成长经历。既然是成长经历，我就从小时候讲起。那个时候我的梦想是做一名科学家。我非常幸运，因为一直到现在这个梦想也没有改变过，而且科技创新也是我们国家国民经济的主战场。我们国家可能没有任何一个时刻比现在更需要科技创新驱动社会的进一步发展。再回到我的小时候，我就读于一所非常著名的中学——湖北省黄冈中学。可能很多人误解它是一个应试教育的学校，其实不然。我在高中的时候获得非常充分的自由，可以探索我喜欢的东西。那个时候我喜欢数学、物理，也代表湖北省参加全国物理奥赛，在笔试中拿到了全国第一名，后来也代表国家参加国际的物理奥赛，拿了两块金牌。之后在北京大学读了一年之后，在北大老师的推荐之下我就转学去了麻省理工学院（MIT）继续读本科。在海外待了 10 年，8 年间我获得了 6 个本、硕、博不同学科的学位。

我一直认为科技创新如果有技术壁垒，第一，是需要厚积薄发，第二，是需要非常多领域的知识。所以前 8 年在学校里学习了 6 个不同的领域，但是最关注的还是光电，并在斯坦福大学做出了一些成绩。当时为什么选择光电这块？是因为我在 MIT 读本科时，物理系迎接朱棣文教授讲学。当时他还是伯克利劳伦斯国家实验室的主任，我们组织同学和他一起吃晚饭，也是在他的感召之下选择的光电这个领域，我希望我所学到的东西可以真实地产生价值，能够在工业界有所应用。我毕业之后没有马上回国，虽然一直想回国，但后两年我选择在高校、大企业、小企业中工作，在竞争最激烈的行业中磨炼自己。

我感觉自己准备充分的时候，在去年回到了武汉，一方面，在华中科技大学担任教授。其实我在高中参加奥赛的时候就在华中科技大学蹭课。另一方面，我也创立了一家公司叫作合刃科技。我们就是用武汉光谷的光加上人工智能解决一些计算机视觉中的实际问题。因为计算机可以分为两个步骤，第一步是拍照片，第二步是用人工智能分析这个照片和理解场景。人工智能非常擅长实现第二步。但是对于如何用好光，如何最大限度地用光作为这个信息的载体，从而获取信息，这里面有大量未开垦的机会。所以，合刃科技是把以前的几何光学带入下一步的光学领域。

合刃科技从不到100名员工到目前已经发明了100多项专利，也被评为最具潜力的AI公司，包括产业创新前50榜单等。今天回到上海我也非常高兴，包括徐汇区科委的领导也一直帮助我们，让我们落户在这里，我对上海的领导干部的印象非常好，是因为我发现他们对技术和产业的理解非常深刻，而且对于科技创新是真心支持。所以，我在这里也借这个机会宣布合刃科技马上也会在上海落户一个研发中心。这是作为合刃科技在武汉、深圳、硅谷和美国威斯康星州的一个非常重要的补充。无论合刃科技在什么地方，我们想要做的是真正去打通从技术到产品的任督二脉，解决实际的问题，创造真正的社会价值。

体细胞克隆猴技术的建立及应用

刘真　中国科学院神经科学研究所研究员

> 大家对于克隆技术的发展没有必要恐慌。因为任何一项技术的发展都是中性的。例如，核反应既可以用来发电造福人类，也可以用来制造武器，引起战争。所以，关键是怎样正确地引导和规范技术的使用。即便有一些可以引起争议的伦理问题，我们也不要藏着掖着，因为这些伦理问题需要科学家、政府及社会大众一起参与。我们也会经常开展一些科普性的活动，让社会大众对克隆技术更加了解，让大家对伦理问题不要产生过度的担忧。

我今天给大家分享的题目是“体细胞克隆猴技术的建立及应用”。在今年年初的时候我们实验室在《细胞》杂志发表了一篇论文，报道了用体细胞技术孵化出了两只克隆猴。

第一个问题是克隆猴技术为什么这么难？为什么国外都没有做出来，为什么我们先做出来？先看一下研究历史。1997 年的时候多利羊首次被报道，在很短的时间内有 20 多种非常重要的哺乳动物都被成功克隆出来。从 2002 年开始，全世界的科学家都在进行猴的克隆，像美国、新加坡、德国、日本、韩国及中国都有很多的实验室进行这方面的研究。直到 2017 年年底还没有成功。这么多哺乳动物都被成功克隆，为什么猴子不能被克隆？我们总结了一下。首先，是灵长类动物克隆比较难。即便把所有的技术都操作得非常熟练，得到的克隆胚胎培育效果还是非常差。十几年的尝试都失败了，其中做得最好的就是美国俄勒冈实验室，最后也失败了。在 2004 年的时候有一篇文章说现有的技术没有办法成功克隆非灵长类，所以基本上都丧失了这个信心。

要解决这个问题思路也非常简单。首先，要下定决心解决这个非常重要的问题，因为它有非常广阔的应用前景。其次，我们非常耐心、细心地把体细胞和操作的所有流程都进行优化。最后，我们还针对胚胎发育质量差，系统地筛选、提升克隆胚胎发育的因子。经过多年的努力和尝试，我们可以高效地培育胚胎，最后得到克隆猴也是水到渠成。

第二个问题是国际上这么多的实验室做体细胞克隆猴研究，到底有什么用？转基因动物在科研中是非常重要的。它既可以用来研究发育的过程，也可以研究疾病的发病机制。我们认为，有了体细胞克隆技术，可以尝试将人类的治病基因转移到猴子的体细胞中。经过体细胞和移植得到携带有人类疾病的克隆猴，就可以进行后续的药物研发和测试，疾病机制的测试和生物学研究等。

最后一个问题就是关于克隆猴的伦理问题。大家都认为，猴子和人都是灵长类动物，如果克隆猴可以成功，那么克隆人是不是也可以成功？会不会引发一些伦理上的恐慌？首先，我想说虽然猴子和人都属于灵长类，但是它们之间还是有非常大的差异。我们现在做的技术只能把克隆猴克隆出来，目前的技术对于做克隆人还不可行，而且也是不被允许和没有必要的；其次，大家对于克隆技术的发展没有必要恐慌。因为任何一项技术的发展都是中性的。例如，核反应既可以用来发电造福人类，也可以用来制造武器，引起战争。所以，关键是怎样正确地引导和规范技术的使用。即便有一些可以引起争议的伦理问题，我们也不要藏着掖着，因为这些伦理问题需要科学家、政府及社会大众一起参与。我们也会经常开展一些科普性的活动，让社会大众对克隆技术更加了解，让大家对伦理问题不要产生过度的担忧。

在交流讨论环节，几位嘉宾分享了如何度过科研中的瓶颈期和困难期。

吴甘沙：做应用科学，其实最痛苦的就是你认为做出来了很好的技术，但是市场反响一般。突破瓶颈可能要有自我觉察，要有意识地转换角色，从一个科学家转向企业家的角度去看。

王延峰：要把科学家和工程师与产业的需求者拉到一个共同的体系内，这可能是解决当前瓶颈的一个非常重要的方法。解决瓶颈最好的办法是时间，这不是说我们要等待，而是在既定的时间中要做出积极的努力。

王星泽：首先在科研上，这个瓶颈几乎无时不在，科研就是解决任何一个问题，所以这个压力一直都在。我的方法有两个，一个是死磕，二是跨学科、跨领域，从其他的学科中借用一些想法。更重要的是，与科创相关的不仅仅是我个人该怎么样，还有要怎样发挥团队的力量来解决更重要的问题。

刘真：如何让克隆胚胎的培育效率提升？我们用了很长的时间，用了很多的方法都没有成功。我们研究所有非常好的科研土壤和科研环境，所长鼓励我们一定要认准重要的科学问题，大胆尝试，大胆去冒险，不提倡我们做一些保险的、保守的小课题来保证毕业。即便你尝试了很重要的课题没有成功，在毕业的时候我们所也会有一个考核委员会，对失败的成果进行考评，即便没有文章发表也可以让你博士毕业。

4　互动交流

在圆桌讨论环节，各位嘉宾就未来的世界科技创新趋势和理想的创新型城市形态展开了讨论，交流了城市在吸引青年人才、留住青年人才、为青年人才创造良好的发展环境方面的目标和面临的挑战，及科研环境、评价体系、奖励制度、安居保障等各方面对青年人才的影响及需要提升的方向，以下摘选其中精彩讨论。

中国科学技术发展战略研究院院长胡志坚：科学技术创新是年轻人的事业，什么是理想的创新环境，就是关注、关心年轻人的环境。诞生了多少青年企业家、科学家，是检测政策的一个重要的标准。

国家外国专家局原局长马俊如：一个人到一个地方的创新发展更看重的是事业，在这个位置上稍微全面衡量一下会更好一点。我并不反对改善生活条件，但是很多人追求生活条件却不是为了以后做什么贡献。另外在上海谈到优秀人才的时候，不要只看每个人在技术上创新了什么，而是要看这个人带出了什么人才，创造出了什么人才。特别是优秀的企业家，如果他们能够到论坛上谈谈他们的感受，谈谈创造，我想上海会成为一个伟大的城市。

山西省政协副主席、山西省科技厅厅长谢红：上海是人才的高地，技术创新的高地，山西是一个资源性的省份，从目前看还是创新的洼地，希望山西和上海链接起来，把科技资源应用到山西，促进合作，共同发展。

上海市科技党委副书记章卫民：近年来，上海科技两委配合市委、市政府积极打造有利于创新创业的良好氛围。结合今天各位青年科技人才所发表的意见和建议，力求能够在某些方面有所突破，让更多的创新创业人才在上海更好地发展。

中国科学院硅酸盐所所长宋力昕：上海是我们国家重要的科技创新中心，第一，专业比较多；第二，人才比较多，容易交流，容易碰撞，容易产生新的思想；第三，试验条件好。近几年，首先是互联网的发展，从交流、采购、邮件都可以在网上解决；第二是交通的普及，如汽车的普及、城际轨道交通、高铁的建设；第三个原因是上海的房价。上海的努力方向，第一是要在更大的范围内考虑上海科技的发展规划，第二是应该更加重视存量，重视运行机制的改革，第三就是创新的文化建设，第四就是发挥大城市对人的吸引力。

中国科学院院士褚君浩：三点感想：一是确定方向非常重要，二是要勇于解决疑难问题、前沿问题，三是要有很好的团队合作精神。

中国科学院院士丁奎岭：创新要在交叉领域深挖无人区，我们的年轻人已经进入了无人区，通过年轻人看到了中国未来科技发展的希望。

西南交通大学研究员邓自刚：我们所瞄准的是未来轨道交通创新，现在研究的是在高铁和航空之间能够填补空白的速度区。要坚持我们的原创和创新，如果方向找准了，就去努力，我们一定会使中国的轨道交通引领世界。

复旦大学研究员丁琛：关键词，坚持。我自己专注于生命科学，应该说蛋白质科学这个领域。我从2003年就开始做蛋白质组的研究，到现在已经15年，可能还需要坚持更长的时间。要把这个领域做深，让这个领域真正地造福大众和民众。

奥比中光科技有限公司CEO黄源浩：关键词，实践。在产业化中创新，在产业化实践的过程中会遇到原来很多想不到的问题，这个时候更需要回到理论知识，思考怎样从设计上、从原理上解决这些问题，把这个产业化做好，这个时候创新可能会上一个高度。

北京大学大气与海洋科学助理教授李婧：关键词，责任。我从事的研究领域是气候变化与环境污染方面，这些比较基础的学科同样也非常需要创新。这个领域不光是科研人的问题，而是所有的年轻人都要关心的问题，我希望大家都要负起自己的责任，让我们实现一个可持续发展的未来。

中国电科电子科学院研究专家蔺博：关键词，挑战。我在2015年回国之后也比较幸运地承担起我们国家立项的首批国家重点研发计划项目。对一个刚回国不久的新人来说，承担这样的项目压力也非常大。我们研究的是智能安全卡口，这套设备在不久的将来可以逐步应用起来，一些局部的安全问题都会逐步得以解决。

电子科技大学教授、阿里巴巴复杂科学研究中心副主任吕琳媛：关键词，链接。第一，作为青年学者来说，在未来万物互联的时代背景之下，除了自己专业的知识之外，要学会与其他领域进行交流。第二，在进行对科学真理的研究追求的同时，也需要思考这些研究与当前我们所处的社会需求到底是什么样的联系，我们的研究是否能够真正解决一些现实的问题。第三，我觉得在这样一个链接背景之下，我们的思维模式需要升级，要用一种复杂性的思维或者是系统性的思考方式去理解创新，去理解和看待我们所面对的这些问题。

里昂商学院副教授 Nikola Zivlak：说到创新关键词就是知识和教育。我非常坚信知识和教育的力量。另外，我也在观察不同的教育模式。我们必须要有这个方面的意识，一方面有非常美好的技术，但是另一方面要确保人的重要性，我们应该互相帮助，而且应该继续做好人，相信只要共同努力就可以实现有意义的进步。

深磁科技有限公司创始人彭楚尧：关键词，需求。磁悬浮技术的商用化，任何一个技术创新、任何一个成果想创造社会价值必须要满足需求，只有满足需求，解决痛点，这个创新才能真正地产生社会价值，才能实现它的目的。因为创新和学术研究可能还不太一样，学术研究是探索新知，但是需求已经是解决问题。

华南理工大学电子与信息学院院长章秀银：现在高校中的研究可以分成两级，一个是基础的、原始的、前沿的研究；另一个是和产业、应用结合，就是应用基础研究。目前科技对产业界有很多支持，我们在这块应该做更大、更多的努力，做更多的工作，要和产业结合，来支撑科技的发展，科技支持产业创新和产业发展。